FELIX MENDELSSOHN BARTHOLDY

BRIEFE EINER REISE

FELIX MENDELSSOHN BARTHOLDY

EINE REISE

durch Deutschland, Italien und die Schweiz

Briefe, Tagebuchblätter, Skizzen

Mit einem Lebensbild Mendelssohns
und seiner Familie

herausgegeben von
PETER SUTERMEISTER

Mit Aquarellen und Zeichnungen
aus Mendelssohns Reiseskizzenbüchern

HELIOPOLIS VERLAG
TÜBINGEN

Die von Peter Sutermeister ausgewählten Reisebriefe Mendelssohns erscheinen im Wortlaut der Originalbriefe.
Den Text und die hier aufgenommenen Aquarelle und Zeichnungen verdanken Herausgeber und Verlag
Fräulein Marie Wach und Herrn Dr. Adolf Wach,
den Nachfahren von Felix Mendelssohn Bartholdy.

Die Deutsche Bibliothek – CIP-Einheitsaufnahme

Mendelssohn Bartholdy, Felix:
Eine Reise durch Deutschland, Italien und die Schweiz:
Briefe, Tagebuchblätter, Skizzen / Felix Mendelssohn Bartholdy.
Hrsg. von Peter Sutermeister. Mit einem Lebensbild
Mendelssohns und seiner Familie / [Peter Sutermeister].
Mit Aquarellen und Zeichnungen aus
Mendelssohns Reiseskizzenbüchern. – Neuausgabe,
(3. Aufl.). – Tübingen: Heliopolis-Verlag, 1998
ISBN 3-87324-112-9

Die Erstausgabe dieses Buches erschien 1958 im
Max Niehans Verlag, Zürich
Gedruckt mit freundlicher Unterstützung von
Dr. Wolfgang Jentzsch, Bochum

Gedruckt auf säurefreiem, alterungsbeständigem Papier
Gesamtherstellung durch DaviData, Nehren, für
Heliopolis Verlag, Tübingen
1998
ISBN 3-87324-112-9

INHALT

VORWORT DES HERAUSGEBERS 7

BRIEFE EINER REISE 9

Weimar 12. München 23. Linz 29. Preßburg 37. Venedig 42. Florenz 51. Rom 62. Neapel 132. Rom 152. Florenz 164. Mailand 172. Isola Bella 178. Chamonix 185. Charney (Waadt) 190. Château-d'Œx 192. Boltigen 194. Wimmis 195. Spiezwyler 199. Unterseen 200. Lauterbrunnen 208. Grindelwald 211. Faulhorn 214. Hospenthal 215. Flüelen 219. Engelberg 223. Rigikulm 232. Schwyz 234. Rapperswil 236. Wallenstadt 238. Sargans 242. St. Gallen 245. Lindau 246.

Peter Sutermeister

LEBENSBILD FELIX MENDELSSOHN BARTHOLDYS 251

Moses Mendelssohn, der Begründer der Familie 253

Abraham und Lea Mendelssohn, die Eltern des Komponisten 275

Felix Mendelssohn Bartholdy 285

ANMERKUNGEN UND QUELLEN 369

BILDBEIGABEN

Der Rheinfall
Aquarell von Felix Mendelssohn Bartholdy . . 17
gemalt im Jahre 1847. Format: 30×21 cm

Die Hofkirche von Luzern
Aquarell von Felix Mendelssohn Bartholdy . . 35
gemalt im Jahre 1847. Format: 21,7×17,5 cm

Dorfstraße in Unterseen
Aquarell von Felix Mendelssohn Bartholdy . . 53
gemalt im Jahre 1847. Format: 29,8×20,6 cm

Porträt von Felix Mendelssohn Bartholdy 262
gemalt von Friedr. Wilh. von Schadow

Moses Mendelssohn 278
gemalt von Anton Graff

Abraham Mendelssohn 294
gezeichnet von Wilhelm Hensel

Felix Mendelssohn Bartholdy 310
gezeichnet von Eduard Bendemann

Cécile Mendelssohn Bartholdy, geb. Jeanrenaud . . 326
gemalt von Eduard Magnus

Felix Mendelssohn Bartholdy auf dem Totenbett . . 342
gezeichnet von Eduard Bendemann

Brief Mendelssohns mit Noten, vom 14. Juni 1830 . 26

VORWORT

Zur Vollendung seiner Bildung geht der einundzwanzigjährige Mendelssohn nach Italien. Nachdem er bereits in England als Komponist und Klaviervirtuose begeistert gefeiert worden ist, fühlt er sich seiner Kraft und Berufung sicher und begrüßt freudig ein überreiches Leben, das ihn im strahlenden Morgenglanz der Jugend erwartet. Noch verbirgt es die Enttäuschungen, die es auch für ihn, den wahrhaft Glücklichen, bereithält; noch zwingen keine Berufspflichten die sensible Seele, vor den brutalen Zugriffen des kunstfremden Alltags sich zu schützen. Offenherzig und voll Glaube an sich und die Welt verschwendet Mendelssohn die ganze Wärme seines liebenswürdigen Temperamentes an die Menschen. Die Jahre in Italien und in der Schweiz werden die glücklichsten seines Lebens bleiben; und unter seiner umfangreichen Korrespondenz offenbaren wohl die vorliegenden Reisebriefe aus jener Zeit am reinsten seine vielfältig begabte Persönlichkeit.

Die hier wiedergegebenen Briefe wurden mit sehr feiner deutscher Schrift auf Büttenpapier geschrieben. In jener Zeit waren Briefe die einzige Möglichkeit persönlicher Mitteilung aus der Ferne, und die Beförderung durch die Post kam verhältnismäßig teuer zu stehen. Man schrieb deshalb im allgemeinen wohl mit mehr Sorgfalt als heute, und es bildete sich eine eigentliche Kunst des Briefschreibens aus, in der Felix Mendelssohn ein wahrer Meister war.

Es ist das Verdienst seines Bruders Paul Mendelssohn Bartholdy, die Briefe als erster der Öffentlichkeit zugänglich gemacht zu haben. Rücksicht auf damals noch lebende

Menschen (die Briefe erschienen zum erstenmal im Jahre 1861) und auf den sprachlichen Geschmack der Zeit bewog allerdings den Herausgeber, wichtige Stellen wegzulassen, zu verändern oder verschiedene Briefe in einen einzigen zusammenzuziehen. Leider ging dabei der persönliche, an Mozarts Jugendbriefe erinnernde Charme weitgehend verloren.

Dank dem freundlichen Entgegenkommen der daran Berechtigten war es mir vergönnt, die hier veröffentlichten Briefe unmittelbar aus den Manuskripten des Komponisten originalgetreu zu kopieren und damit unter anderem reizvolle Einzelheiten über Mendelssohns Zusammentreffen mit Goethe und Berlioz zum ersten Male zu veröffentlichen. Orthographie und Interpunktion blieben überall unverändert. Die kursiv gedruckten Wörter finden sich in der Handschrift durch französische Buchstaben hervorgehoben.

Daß ich als Ergänzung zu den Briefen nicht nur den Komponisten, sondern auch seinen Großvater Moses Mendelssohn und seine Eltern skizzierte, wird verständlich, wenn man weiß, wie grundlegend für Felix Mendelssohns Entwicklung die Verbindung mit der Familie und ihrer ganz besonderen Kultur zeitlebens geblieben ist.

Für die liebenswürdige Übermittlung von Manuskripten und Erinnerungen, soweit sie sich bei seinen Nachkommen bis heute erhalten haben, bin ich besonders den Enkeln des Komponisten, Fräulein Marie Wach in Wilderswil und Herrn Dr. Adolf Wach in Zürich, zu Dank verpflichtet.

Peter Sutermeister

BRIEFE EINER REISE

durch Deutschland, Italien und die Schweiz

1830–1831

Nachricht an den *Custode*

Mein Bruder Paul
du bist ein ordentlicher Mann, dem man wichtige Sachen anvertraut, ich stelle also hiemit dieses mein Buch unter deinen Schutz. Viel ordentliche Zeichnungen sind nicht darin, aber du mußt es doch verwahren, denn es enthält viel Erinnerung, und das ist immer das Beste. Ich bin überzeugt, daß du keinen Misbrauch davon machen wirst, d. h., daß du nichts draus unter deinem Namen öffentlich bekannt machst, kein Motiv draus zu einem Ölbild benutzt, auch keinen neuen Firnis von Fett, Tinte oder dgl. giebst, also nimm es unter deine Obhut, und wenn ich wiederkomme, so laß sehen ob du gut damit gewirthschaftet hast. Beckchen darf frey in dieser Gallerie copieren, und du darfst kein Trinkgeld dafür nehmen.
Aber ernsthaft zu werden, enthält das Zeichenbuch ein Stück Leben, und so frohes wie es nur einem Menschen geschenkt werden kann, und darum ist es mir lieb, und darum verwahre du es mir. F.

Weimar den 21 Mai 30

Motto: Lacht mich aus, so viel Ihr wollt, ich schreibe schon wieder (Aus Beckchens ungedruckten Briefen) denn ich muß Euch erzählen, wie himmlisch meine gestrige Fahrt gewesen ist. Ich weiß mich solch eines heitern, frischen Reisetages gar nicht zu entsinnen seit meiner Reisepraxis. Früh Morgens war der Himmel grau und bedeckt, die Sonne kam erst später durch, kühle Luft, u. Himmelfahrtstag dazu, die Leute gingen geputzt, und ich sah sie in einem Dorf in die Kirche gehen, in einem andern wieder herauskommen, wieder in einem andern Kegel spielen; bunte Tulpen gab's überall in den Gärten, und ich fuhr schnell und sah mir alles an, in Weißenfels gaben sie mir einen kleinen Korbwagen, und in Naumburg gar eine offene Droschke; die Sachen wurden hinten aufgepackt, sammt dem Hut und Mantel, ich kaufte mir ein Paar Maiblumensträuße u. so ging's durch das Land, wie auf einer Spazierfahrt; hinter Naumburg kamen Pförtner Primaner[1] u. beneideten mich, dann fuhren wir dem Präsidenten Gärtner in einem kleinen Wägelchen, das schwer an ihm zu tragen hatte, vorbei, u. seine Töchter, oder Frauen, kurz die 2 Damen die mit ihm waren beneideten mich; den Kösener Berg trabten wir hinauf, denn die Pferde brauchten kaum zu ziehen, und holten eine Menge bepackter Hauderer[2] ein, die beneideten mich gewiß auch; denn ich war wirklich beneidenswerth. Die Gegend sah so frühlingsmäßig und geputzt, bunt, heiter aus, und dann ging die Sonne so ernsthaft hinter den Hügeln unter, und dann fuhr der russische Gesandte in 2 großen 4spännigen Wagen so mürrisch u. geschäftsmäßig, und ich fuhr in meiner Droschke als Hasenfuß so bald bei ihm vorbey, und Abends bekam ich noch stetische Pferde, damit ein kleiner Verdruß auch nicht fehlte (er gehört nach meiner Theorie zum Plaisir) und ich komponierte den ganzen Tag so sehr gar nichts, sondern genoß faul – Die Sache war herrlich, das ist wahr, und wird nicht wegfallen und nicht vergessen werden. Ich schließe diese Beschreibung, mit der Bemerkung daß in Eckartsberga die kleinen Kinder ganz ebenso Ringe Rosenkranz spielen, wie bei uns, und daß sie sich durch den fremden Herrn mit der bunten Binde um den Leib nicht stören ließen, obwohl er vornehm zusah, ich hätte lieber mitgespielt, als Mogul. Gebt's Alles Elsholtz[3] und laßt's drucken.

Den 24. – Das schrieb ich, ehe ich zu *Goethe* ging, Morgens früh nach einem Spaziergang im Park; nun bin ich noch hier, und konnte wahrlich bis jetzt nicht zur Fortsetzung des Briefes kommen. Ich werde auch vielleicht noch zwei Tage hier bleiben, und es ist nicht Schade darum, denn so heiter und liebenswürdig wie diesmal und so gesprächig u. mittheilend habe ich den alten Herrn noch nie gefunden; der Grund aber warum ich wohl noch bleiben werde ist gar nicht übel u. macht mich sehr eitel oder vielmehr stolz, auch will ich ihn Euch nicht verschweigen. Er schickte mir gestern an einen hiesigen Maler *Schmeller*, einen Brief den ich selbst abgeben sollte, u. Ottilie[4] vertraute mir an, daß der Auftrag mein Portrait zu zeichnen drin enthalten sey, weil *Goethe* es zu einer Sammlung Zeichnungen seiner Bekannten, die er seit einiger Zeit angefangen hat, legen wolle. Die Sache machte mir fast Freude (fast im biblischen Sinne) da ich aber den Herrn Maler « will er wol » bis jetzt nicht getroffen habe, (er mich also auch nicht) da er nun erst morgen anfangen wird, und da er in Zeichnungen wol schwerlich solch ein *fa allegro* ist, wie Du, o Hensel[5], der

Du an einem Abend *Paganini*, Margarete und Herrn von *Schwanenfeld* zeichnen konntest, u. nachher ein Glas Wein ganz verschluckst – so werde ich wohl Übermorgen noch bleiben.

Es thut mir auch nicht leid, wie gesagt, denn ich lebe ganz prächtig hier u. genieße die Nähe des alten Herrn so recht aus dem Grunde, habe bis jetzt alle Mittage bei ihm gegessen, bin heut Morgen wieder zu ihm beschieden, heut Abend gibt er eine Gesellschaft, wo ich spielen soll, und da spricht er nun über Alles, fragt nach Allem, daß es eine Freude ist. Ich muß aber ordentlich und folgerichtig erzählen, damit Ihr alles erfahrt. Des Morgens ging ich zu Ottilie, die ich zwar noch kränklich und zuweilen klagend, aber doch heiterer als früher, u. gegen mich so freundlich u. liebenswürdig wie immer fand; wir sind seitdem fast immer zusammen gewesen und ich habe mich sehr gefreut, sie näher kennen zu lernen: Ulrike[6] ist jetzt so angenehm und lieblich, wie noch gar nicht; der Ernst, den sie bekommen, hat sich mit ihrem ganzen Wesen vereinigt, u. sie hat eine Sicherheit und Tiefe der Empfindung die sie zu einer der liebenswürdigsten Erscheinungen machen, die ich kenne, die beiden Knaben, Walter u. Wolf[7], die ich sonst nicht sehr gut leiden konnte, sind zu ihrem Vorteil ganz verändert; lebendig, fleißig, zuthulich, u. wenn sie von Großpapas Faust sprechen, so klingt das gar zu nett. Der junge Goethe[8] ist nicht hier; er reist in Italien, um seine Gesundheit, die sehr gelitten haben soll, wieder herzustellen; was ich von ihm hier gehört habe, will nicht recht erfreulich klingen, so daß ich es nicht allzu sehr bedaure ihn zu versäumen.

Zur Erzählung wieder zu kommen, schickte ich den Brief von Zelter sogleich hinein zu *Goethe*, der ließ mich zu

Tische bitten; da fand ich ihn denn im Äußern unverändert, Anfangs aber etwas still, und wenig theil nehmend, ich glaube, er wollte mal zusehen, wie ich mich wohl nehmen möchte; mir war es verdrießlich, u. ich dachte er sey jetzt immer so, da kam zum Glück die Rede auf die Frauenvereine in Weimar, und auf das *Chaos*, eine tolle Zeitung, die die Damen unter sich herausgeben, und zu deren Mitarbeiter ich mich aufgeschwungen habe; auf einmal fing der Alte an lustig zu werden, u. die beiden Damen zu necken mit der Wohlthätigkeit und dem Geistreichthum, u. den Subscriptionen, u. der Krankenpflege, die er ganz besonders zu hassen scheint; forderte mich auf, auch mit loszuziehen, und da ich mir das nicht zweimal sagen ließ, so wurde er erst ganz wieder, wie sonst u. dann noch freundlicher u. vertraulicher, als ich ihn bis jetzt kannte. Da gings denn über Alles her: von der Räuberbraut von *Ries*[9] meinte er, die enthielte alles, was ein Künstler jetzt brauche, um glücklich zu leben: einen Räuber und eine Braut; dann schimpfte er auf die allgemeine Sehnsucht der jungen Leute, die so melancholisch wären; dann erzählte er Geschichten, von einer jungen Dame, der er einmal die Cour gemacht hätte u. die auch einiges Interesse an ihm genommen habe; dann kamen die Ausstellungen und der Verkauf von Handarbeiten für Verunglückte daran, wo die Weimarerinnen die Verkäuferinnen machen, u. wo er behauptete, daß man gar nichts bekommen könnte, weil die jungen Leute alles unter sich schon bestimmten u. dann versteckten, bis die rechten Käufer kämen. Ich zog geschwind eine rothe Börse aus der Tasche, u. präsentierte sie ihm, als auf ehrlichem Wege erschlichen; er meinte «Hm – sehr nett gemacht – nimmt sich gar gut aus» – u. die Damen bezeugten ihre Zufriedenheit – so ging's denn weiter in Spaß und Witzen und nach Tisch fing er denn auf einmal an «Gute Kinder – hübsche Kinder – muß immer lustig sein – tolles Volk» u. dazu macht er Augen, wie der alte Löwe, wenn er einschlafen will. Dann mußte ich ihm vorspielen, u. er meinte «wie das so sonderbar sey, daß er so lange keine Musik gehört habe, nun hätten wir die Sache immer weiter geführt, u. er wisse nichts davon; ich müsse ihm darüber viel erzählen, «denn wir wollen doch auch einmal vernünftig mit einander sprechen» dann sagte er zu Ottilie «Du hast nun schon gewiß deine weisen Einrichtungen getroffen; das hilft aber nichts gegen meine Befehle, u. die sind, daß du heut hier deinen Thee machst, damit wir wieder zusammen sind.» Als die nun frug, ob es nicht zu spät werden würde, da Reimer[10] zu ihm käme und mit ihm arbeiten wolle, so meinte er «Da du deinen Kindern heut früh ihr Latein geschenkt hast, damit sie den Felix spielen hörten, so könntest du mir doch auch einmal meine Arbeit erlassen.» Dann lud er mich auf den heutigen Tag wieder zu Tisch ein, und ich spielte ihm Abends viel vor; meine drei Walliser oder Walliserinnen[11] machen hier viel Glück, u. ich suche mein Englisch wieder vor.

Da ich *Goethe* gebeten hatte, mich du zu nennen, ließ er mir den folgenden Tag durch Ottilie sagen, dann müsse ich aber länger bleiben, als zwei Tage, wie ich gewollt hatte, sonst könne er sich nicht wieder daran gewöhnen. Wie er mir das nun noch selbst sagte und meinte, ich würde wohl nichts versäumen, wenn ich etwas länger blieb, u. mich einlud, jeden Tag zum Essen zu kommen, wenn ich nicht anderswo sein wollte, u. wie ich das annahm, weil ich außer der *table d'hôte* keinen Bekannten habe, bei dem ich Mittags sein könnte, wie ich denn nun bis jetzt jeden Tag

da war und ihm gestern von Schottland, u. Hengstenberg, *Spontini* u. Hegels Ästhetik erzählen mußte, wie er mich dann nach Tiefurth mit den Damen schickte, mir aber verbot nach *Berka* zu fahren, weil da ein schönes Mädchen wohne, und er mich nicht ins Unglück stürzen wolle, und wie ich dann so dachte, das sey nun der *Goethe*, von dem die Leute mal behaupten würden, er sey gar nicht eine Person, sondern er bestehe aus mehreren kleinen *Goetheiden* – da wär ich wohl recht toll gewesen, wenn mich die Zeit gereut hätte. Heut soll ich ihm Sachen von Bach, Haydn u. Mozart vorspielen, u. ihn dann so weiterführen bis jetzt, wie er sagte. Folgende Verse standen neulich im Chaos; von wem sie wohl sein mögen?

«Halte das Bild der Würdigen fest. Wie leuchtende Sterne
Theilte sie aus die Natur durch den unendlichen Raum.

Selbst erfinden ist schön; doch glücklich von Andern
Gefundnes
Fröhlich erkannt u. geschätzt, nennst du das weniger
dein?»[12]

u. so noch mehrere, die ich aus Mangel an Raum verschweige. Als Mitarbeiter bekomm ichs von jetzt an, u. teil es Euch mit. Übrigens war ich auch ein ordentlicher Reisender u. habe die Bibliothek u. Iphigenie in Aulis gesehen. Molke Achill. Mde Eberwein Klytemnestra. *Hummel*[13] hat Oktaven u. dgl gestrichen. Antwortet mir nach München, u. seyd für hora, Gerte u. den Brief herzlich bedankt. Ich schreibe morgen oder übermorgen an *Zelter*, das bitte ich Euch ihm mitzuteilen; wohl zu leben, ich muß eben fort. Es ist Jahrmarkt und Gewitter draußen. F.

Weimar, d. 25 Mai 30

Eben bekomme ich Euern lieben Brief vom Himmelfahrtstag, u. kann mir nicht helfen, muß noch einmal von hier aus darauf antworten. Dir liebe Fanny schicke ich nächstens die Copie meiner Sinfonie; ich lasse sie hier abschreiben, u. schicke sie nach Leipzig (wo sie vielleicht aufgeführt werden wird) mit der gemeßnen Ordre sie Dir bald möglichst zuzustellen; übrigens werde ich sie höchst wahrscheinlich in Stimmen u. 4händigem Auszug nächstens herausgeben. Sammle doch Stimmen über den Titel, den ich wählen soll: Reformationssinfonie, Confessionssinfonie, Sinfonie zu einem Kirchenfest (für den Papst), Kindersinfonie, oder wie Du willst; schreib mir darüber, u. statt aller dummen Vorschläge einen klugen; die dummen die etwa bei der Gelegenheit ausgeheckt werden, will ich auch wissen.
Gestern Abend, wo Ihr bei Magnus[14] in einer Gesellschaft war ich in einer *dito* bei *Goethe*, mit *Eberwein*[15], Emma Forring der ich fest stark was gebe, Hofrath Vogel, Kanzler v. Müller, Graf . . ., Frhr. v. . . ., Geh. Rat . . ., Landleute, Bauern, Volk. Die Scene ist im 13ten Jahrhundert. Musikanten u. Bauern in Menge; alle Sänger waren ausgeblieben u. so spielte ich den ganzen Abend allein *item* Conzertstück, Aufforderung, Polonaise in E von Weber, *item* 3 welsche Stücke, *item* Schottische Sonate (welche Damen bewegte) Um 10 war es aus; ich blieb also natürlich unter dummem Zeug, Tanzen, Singen u. s. f. bis 12; lebe überhaupt ein Heidenleben. Der alte geht immer um 9 Uhr auf sein Zimmer, u. sowie er fort ist, tanzen wir auf den Bänken, und sind noch nie vor Mitternacht aus einander gegangen.

Ulrike wollte nach *Eisenach* reisen, wir haben ihr zugeredet zu bleiben, u. richtig hat es der Arzt ihr vorgestern verbieten müssen. Wir brachten neulich einen Abend bei ihr auf dem Fürstenhause zu, u. als wir recht empfindungsvoll, frühlingshaft u. dgl. sprachen, ließ sich noch um 10 Uhr der Oberhofmeister von *Motz* melden, u. machte Abschiedsvisite; selten lachte ich innerlich mehr. D. 26ten Morgen wird mein Porträt fertig, es wird eine große, schwarze, sehr ähnliche Kreidezeichnung; aber ich sehe sehr brummig aus. *Goethe* ist so freundlich u. liebevoll mit mir, daß ich's gar nicht zu danken und zu verdienen weiß; Vormittags muß ich ihm ein Stündchen Clavier vorspielen, von allen verschiedenen großen Componisten nach der Zeitfolge u. muß ihm erzählen, wie sie die Sache weitergebracht hätten, u. dazu sitzt er in einer dunklen Ecke, wie ein *Jupiter tonans* u. blitzt mit den alten Augen. An den Beethoven wollte er gar nicht heran, u. erzählte die Geschichte «nun gestehe ich alles»[16]. Ich sagte ihm aber, ich könne ihm nicht helfen, u. spielte ihm nun das erste Stück der c moll Sinfonie vor; das bewegte ihn ganz seltsam; er sagte erst «das bewegt aber gar nichts; das macht nur staunen; das ist grandios[»], u. dann brummte er so weiter u. fing nach langer Zeit wieder an: das ist sehr groß, ganz toll, man möchte sich fürchten, das Haus fiele ein; und wenn das nun Alle die Menschen zusammenspielen! Und bei Tische mitten in einem anderen Gespräch fing er wieder damit an. Daß ich nun alle Tage bei ihm esse, wißt Ihr schon da frägt er denn mich sehr genau aus, u. wird nach Tische immer so munter u. mittheilend, daß wir meistens noch über eine Stunde allein im Zimmer sitzen bleiben, u. er ganz ununterbrochen spricht. Das ist eine einzige Freude; wie er einmal mir Kupferstiche holt u. erklärt, oder über *Hernani* u. *Lamartine*s

Elegien urtheilt, oder über Theater, oder über hübsche Mädchen. Abends hat er schon mehreremal Leute gebeten, was jetzt, wie mir Ottilie sagt, bei ihm die höchste Seltenheit ist, so daß die meisten Gäste ihn seit langem nicht gesehen hatten. Dann muß ich viel spielen u. er macht mir vor den Leuten Complimente, wobey «ganz stupend» sein Lieblingswort ist, o Hensel. Heute hat er mir eine Menge Schönheiten von *Weimar* zusammengebeten, weil ich doch auch mit den jungen Leuten leben müsse. Komm' ich dann in solcher Gesellschaft an ihn heran, so sagt er «meine Seele, du mußt zu den Frauen hingehen, u. da recht schön thun». Als neulich eine wunderhübsche, nette, zarte ... *etc.* Gräfin Pappenheim[17] hereinkam, sagte er so halb zu mir, halb in den Bart «Zierliches Wesen! Lebt so munter in die Welt hinein, und weiß, daß es hübsch ist, u. Freude macht, u. überhebt sich darum nicht; ist ein zierliches Wesen!» Dann verliert sich's in unverständliches Murmeln. Dann geht er ihr nach, macht sich niedlich, theilt ein Stück Kuchen mit ihr, u. so lebt der alte Zecher. Ich glaube stark, er ist ein deutscher Dichter. – Ich habe übrigens viel Lebensart, u. ließ gestern fragen, ob ich nicht doch vielleicht zu oft käme; da brummte er aber Ottilien an, die es bestellte, u. sagte «er müsse erst ordentlich anfangen mit mir zu sprechen; denn ich sei über meine Sache so klar, und da müsse er ja *vieles von mir lernen.*» O Vornehmigkeit! Ich wurde noch einmal so lang, als Ottilie mir das wiedersagte, u. da er mir's gestern gar selbst wiederholte, u. meinte, es sei ihm noch vieles auf dem Herzen, über das ich ihn aufklären müsse, so sagte ich «O ja» u. dachte «es soll mir eine unvergeßliche Ehre sein.» Öfter geht es umgekehrt! F.

München, d. 6 Juny 30

Lange ist es nun her, daß ich Euch nicht geschrieben habe, und Ihr habt wohl gar Sorge deswegen gehabt; nehmt es nur nicht übel, ich konnte wahrlich nichts dafür, habe mich genug geängstigt deswegen, u. meine Reise beschleunigt, wie es gehen wollte, u. mich nach Schnellposten überall erkundigt, u. bin überall falsch berichtet worden, bin nun eine Nacht durch gereist, um mit der heutigen Post schreiben zu können, von der ich in *Nürnberg* erfuhr; u. da ich endlich hier ankomme, geht heut gar keine Post ab; ich möchte toll werden, u. Deutschland mit seinen kleinen Fürstentümern, u. seinem verschiedenen Gelde, u. seinen Fahrposten, die $^5/_4$ Stund zur Meile brauchen, u. seinem Thüringer Walde, wo es regnet u. stürmt, ja sogar mit seinem Fidelio heut Abend hier, kann sich hängen lassen. Denn so todtmüde ich bin, muß ich nun doch pflichtschuldigst hinein gehen, u. möchte viel lieber schlafen. Seid nur nicht böse auf mich u. scheltet mich auch nicht, wegen des langen Verzugs; ich kann Euch sagen, daß ich heut Nacht während des Fahrens immer aus den Wolken den Zopf oder die Nase kucken sah, die ich hier bekommen würde; nun komme ich an, u. finde Post vor u. Euern Brief No. 3, in dem ich erfahre, daß Fanny *wieder* ganz wohl sey; ich habe von Unwohlsein ja kein Wort gewußt, u. mir die Möglichkeit davon auf der ganzen Reise hierher gedacht, u. da ist es denn auf der einen Seite recht gut, daß ich die Beruhigung empfangen habe, ohne den Grund zur Sorge; andrerseits aber möchte ich Euch doch auch himmelhoch bitten, mir, wenn es sein kann nach Empfang dieses Briefes 2mal wöchentlich wenn auch nur kleine Zettelchen über ihr Befinden zu schicken; ich habe ihr versprochen, im

Monat Juny oder July zweimal zu schreiben, u. da ich nun nicht mehr weiß in welchem der beiden Monate sie es eigentlich gemeint hat, so werde ich schon jetzt anfangen, um nicht zu fehlen. So Gott will, ist sie nun munter, froh u. frisch u. geht im Garten, denn es ist ein gar schöner Tag. Schelten dürft Ihr mich aber nun auch nicht sehr, denn dies ist doch mein vierter Brief in der 4en Woche, u. ich habe von Dir, liebster Vater noch keine einzige Zeile bekommen; wenn ich nur eben die Handschrift sehe, so braucht ja weiter nichts darin zu stehen als Guten Morgen, 's ist doch ein großer Unterschied zwischen einem Wort u. dem Schweigen; dann kann ich doch *sehen*, daß Du wohl bist oder es wenigstens damals warst, so muß ich mir es immer erst beweisen.

Liebste Fanny! Liebstes Beckchen! Da wären wir eben in Süd-Deutschland; es ist Sonntag, die Leute strömen unter dem Glockengeläut spazieren; wenn Ihr nur recht wohl u. froh seid! – Doch ich bin noch ganz wild, sehe ich, u. möchte eigentlich lieber schreiben wie ich heut Nacht gefahren bin, nämlich rasend schnell; dafür gibt mir aber kein Mensch Trinkgeld, u. so will ich denn auch in den gewöhnlichen postmäßigen Trab verfallen, u. Euch erzählen, warum ich Euch so spät schreibe. Einige Tage nach meinem letzten Briefe aus *Weimar* wollte ich, wie ich Euch geschrieben hatte, hierher abreisen, und sagte das auch an *Goethe* bei Tisch, der dazu ganz still war. Nach Tische aber zog er aus der Gesellschaft Ottilien in ein Fenster u. sagte ihr: Du machst, daß er hier bleibt. Die versuchte denn nun mich zu bereden, ging mit mir in dem Garten auf u. ab, ich aber wollte ein fester Mann sein u. blieb bei meinem Entschlusse. Da kam der alte Herr selbst u. sagte: das wäre ja nichts mit dem Eilen, er hätte mir noch viel zu erzählen, ich ihm noch viel vorzuspielen, und was ich ihm da vom Zweck meiner Reise sagte, das sey gar nichts. Weimar sey eigentlich jetzt das Ziel meiner Reise gewesen, u. was ich hier entbehrte, das ich an meinen *tables d'hôte's* finden würde, könne er nicht einsehen; ich solle noch viel Gasthäuser zu sehen bekommen. – So ging's weiter, u. da mich das etwas rührte, u. da nun Ottilie u. Ulrike auch noch halfen, u. mir begreiflich machten, wie der alte Herr die Leute niemals zum Bleiben u. nur desto öfter zum Gehen nöthigte, u. wie keinem die Zahl der frohen Tage so bestimmt vorgeschrieben sey, als daß er ein Paar sicher frohe wegwerfen dürfe, u. wie sie mich etwa bis Jena zu Gries u. Frommanns begleiten würden, so wollte ich wieder nicht ein fester Mann sein, u. blieb. – Selten in meinem Leben habe ich einen Entschluß so wenig bereut, wie diesen; denn der folgende Tag war der allerschönste, den ich je dort im Hause erlebt habe; nach einer Spazierfahrt des Morgens, fand ich den alten *Goethe* sehr heiter, er kam ins Erzählen hinein, geriet von der Stummen von Portici auf *Walter Scott*, von dem auf die hübschen Mädchen in Weimar (namentlich gefällt ihm die Frl. Pappenheim gar zu sehr; diesmal meinte er, sie sey so reizend u. unbewußt, wie ein Glühwurm; ich lobte sie denn auch, u. zwar mit gutem Gewissen, denn Ach –) von den Mädchen auf die Studenten, auf die Räuber u. so auf *Schiller;* u. nun sprach er wohl über eine Stunde ununterbrochen heiter fort, über *Schiller's* Leben, über seine Schriften u. seine Stellung in Weimar, so gerieth er auf den sel. Großherzog zu sprechen, u. auf das Jahr 1775, das er einen geistigen Frühling in Deutschland nannte, u. von dem er meinte, es würde ihn kein Mensch so schön beschreiben können, wie er; dazu sey auch der 2te Band seines Lebens bestimmt, aber man käme ja nicht dazu, vor Botanik, u. Wetterkunde u. all' dem anderen dummen Zeug, das einem kein Mensch danken will, dann erzählte er Geschichten aus der Zeit seiner Theaterdirektion, als ich ihm danken wollte meinte er «ist ja nur zufällig; das kommt Alles nur so beiläufig zum Vorschein, hervorgerufen durch Ihre liebe Gegenwart.» Die Worte klangen mir wundersüß, kurz es war eines von den Gesprächen, die man in seinem Leben nicht vergessen kann.

Den andern Tag schenkte er mir einen Bogen seines Manuskriptes von Faust u. hatte darunter geschrieben: dem lieben jungen Freund F. M. B., kräftig zartem Beherrscher des Pianos, zur freundlichen Erinnerung froher Maytage 1830. *J. W. v. Goethe* u. gab mir dann noch 3 Empfehlungen hieher: an *Stieler*, Boisserée u. an Herrn v. Martius; an die Frau von Martius die sehr hübsch u. angenehm sein soll, gab mir Ottilie einen Brief mit – finge nur der fatale Fidelio nicht bald an, so könnte ich noch manches erzählen; so aber nur noch den Abschied vom alten Herrn. Ganz im Anfang meines Aufenthaltes in Weimar hatte ich von einer betenden Bauernfamilie von *Adr. v. Ostade* gesprochen, die vor 9 Jahren großen Eindruck auf mich gemacht habe. Als ich nun Morgens hineinkomme, um mich ihm zu empfehlen, sitzt er vor einer großen Mappe u. meint: ja, ja, da ginge man nun fort; wollen sehen, daß wir uns aufrechterhalten bis zur Rückkunft, aber ohne Frömmigkeit wollen wir hier nicht auseinandergehen, u. da müssen wir uns denn das Gebet noch einige Male zusammen ansehen. – Dann sagte er mir, ich solle ihm zuweilen schreiben (Muth, Muth! Ich thue es von hier aus!) u. dann küßte er mich, u. da fuhren wir weg, nach Jena, wo mich Frommanns ungemein freundlich aufnahmen, u. wo ich Abends auch von

schrieben hat, von Frh. *v. Spiegel* u. Riemer nächstens ausführliche Beschreibungen. Das fatale Papier! *Zelter* habe ich Sünder auch noch nicht geschrieben; bin Zug für Zug nicht dazu gekommen; entschuldigt mich nur, so gut Ihr könnt, in dieser Woche geschieht es. – Lebt denn wohl, u. seid sehr gesund u. fröhlich u. glücklich, u. vergeßt nicht, mir viel über *Fanny* zu schreiben, u. mögen alle meine Herzenswünsche für Euch in Erfüllung gehen! F.

München, d. 14ten Juny 30.

Mein liebes Schwesterlein

Da habe ich heut früh Euern Brief vom 5ten bekommen, und so bist Du noch immer nicht wohl; ich möchte gern bei Dir sein u. Dich sehn, u. Dir was erzählen, es will aber nicht gehn. Da habe ich Dir denn ein Lied aufgeschrieben, wie ichs wünsche u. meine; dabey habe ich Dein gedacht u. es ist mir sehr weich zu Muthe dabey. Neues ist wohl fast nicht drin, denn Du kennst mich ja u. weißt wer ich bin; der bin ich denn immer noch, u. so magst Du drüber lachen u. Dich freuen, denn was anderes kann ich Dir wohl sagen u. wünschen; was besseres aber nicht. Weiter soll denn auch nichts im Brief stehn; mein Name ist auch im Lied, und daß ich Dein bin, weißt Du – so möge Dir Gott geben, was ich hoffe und bitte:

[Noten des S. 24/25 eingehefteten Facsimile-Briefes]

Linz d. 11 Aug. 1830.

Liebe Mutter!

«Wie der reisende Musikus in *Salzburg* seinen großen Pechtag abhielt».

Ein Bruchstück aus dem ungeschriebenen Tagebuch des Grafen F. M. B. *** (Fortsetzung)

Als ich nun den Brief an Euch geschlossen hatte fing der unglaublichste Pechtag an über mich hereinzubrechen. Ich nahm den Bleistift und verdarb zwei meiner Lieblingszeichnungen aus dem bayrischen Gebirge dergestalt, daß ich sie ausreißen u. aus dem Fenster werfen mußte. Das ärgerte mich u. um mich zu zerstreuen ging ich auf den Capuzinerberg. Daß ich mich unterwegs verirrte versteht sich von selbst; im Augenblicke als ich auf dem Gipfel ankam fing es fürchterlich an zu regnen, u. ich mußte unter dem Regenschirm schnell wieder hinunterlaufen. Jetzt wollte ich wenigstens das Kloster unten besehen u. schellte an, da fiel mir ein, daß ich nicht genug Geld für den zeigenden Mönch hatte; so etwas nehmen sie aber sehr übel u. ich machte drum, daß ich fortkam ohne dem Pförtner weiter zu antworten. Jetzt schloß ich meine Packete nach Leipzig u. brachte sie auf die Post; erst müssen sie auf der Mauth visitiert sein, hieß es. Ich ging nach der Mauth; sie ließen mich eine Stunde warten, bis sie einen Schein von 3 Zeilen zu Stande brachten, u. benahmen sich so flegelhaft, daß ich mich noch obenein mit ihnen herumzanken mußte.

Hang Salzburg! dachte ich u. bestellte Pferde nach Ischl, wo ich mich zu erholen hoffte, von allem Pech im Neste. Sie bekommen keine Pferde, ohne Erlaubnis von der Polizey. – Nach der Polizey. Sie bekommen keine Erlaubnis, ehe Ihr Paß vom Tor her da ist. Was spreche ich lange? Nach unzähligem Hin- u. Herschicken u. Laufen kam die ersehnte Postchaise, ich habe gegessen, lasse einpacken u. denke nun ists überstanden; Rechnungen u. Trinkgelder sind bezahlt. Wie ich vor die Thür trete, fahren im Schritt zwei elegante offene Reisewagen vor, u. die Leute aus dem Wirthshaus eilen den Herrschaften, die zu Fuß nachkommen entgegen. Ich kümmere mich aber um nichts, setze mich in meine Chaise; indem sehe ich, daß einer von den eben angekommenen Wagen hart neben dem meinigen hält, u. eine Dame sitzt darin. Aber welch eine Dame! Damit Ihr nun nicht gleich glaubt, ich hätte mich verliebt u. das sey die Krone des Pechs fange ich damit an, daß sie ältlich war, aber sehr liebenswürdig sah sie aus, u. freundlich, u. trug ein schwarzes Kleid mit schwerer goldener Kette, u. gab dem Postillon sein Trinkgeld in die Hand u. lächelte dazu sehr lieb. Weiß Gott, wie so ich immer fort an meinem Koffer ruckte u. nicht fortfahren ließ, ich sah immer fort hinüber, u. so unbekannt sie mir war, so war mir stark zu Muthe, als müßte ich sie geradezu anreden; es mag vielleicht Einbildung sein, aber ich lasse es mir nicht ausreden, daß auch sie hinüberschaute u. sich den ruppigen Reisenden mit der Studentenmütze besah. Als sie nun aber gar auf meiner Seite ausstieg u. sich dabey ganz vertraulich an meiner Wagenthür anhielt, dann ein Weilchen stehen blieb u. die Hand immer ruhig auf der Wagenthür liegen ließ, so hatte ich alle meine wohlerworbene Reiseroutine nötig, um nicht auch hinauszuspringen u. etwa zu sagen: Liebe Dame, wie heißen Sie denn? Die Routine siegte aber, und ich rief vornehm: Immer zu, Schwager. Da zog die Dame ihre Hand schnell zurück, u. es ging fort. Ich war über alles verdrießlich, dachte nach, u. schlief ein. Ein Wagen mit 2 Herren, der an uns vorüberrollte weckte mich auf. Es entspann sich nun folgendes Gespräch zwischen dem Schwager und mir: *Ich*. Die kommen auch von Ischl, da werde ich keine Pferde bekommen.

Er. O die zwei Wagen in *Salzburg*, die still hielten, waren

auch von da, u. Sie kriegen doch Pferde.
Ich: Waren die auch von *Ischl?*
Er. Ei freilich, sie kommen alle Jahre dahin, u. waren voriges Jahr auch hier; ich habe sie gesehen, es ist eine Baronin aus Wien. (Herrgott! dachte ich.) Und sie ist schrecklich reich, u. hat solche schöne Tochter; als sie beide nach Berchtesgaden ins Bergwerk hinunterfuhren, da habe ich sie geführt; da haben sie mal nett ausgeschaut in ihren Bergmannskleidern u. der vornehme Herr aus Berlin, der immer um sie war (sollte das mein *Oppenfeld* sein? dachte ich) der war auch ein schöner Herr; sie sagten er sei ein Hebräer, aber ich glaube es meiner Lebtag nicht, er war ganz gut, wie andere Leut. Sie haben auch ein Gut (o weh, dachte ich) und sind doch ganz gemein, mit unser einem – Halt still, schreie ich. Wie heißen sie?
Kann nicht sagen.
Pereira[20] *?* – Glaub nit. – Fahr zurück sagte ich entschlossen. – Dann kommen Sie heut Nacht nicht mehr nach *Ischl*, u. wir haben eben den schlimmsten Berg gemacht; auf der Station werden Sie es erfahren. – Mir wurde es wieder ungewiß; ich fuhr weiter; auf der Station kannten sie den Namen nicht, ebensowenig auf der folgenden; endlich nach 7 unglaublich ungeduldigen Stunden komme ich an, frage noch im Wagen: wer ist heut Morgen in 2 Chaisen nach *Salzburg* gefahren, u. erhalte die ruhige Antwort: Die Bar. *Pereira*, geht Morgen früh weiter nach *Gastein*, kommt aber in 4–5 Tagen wieder. Nun hatte ichs gewiß, sprach auch noch ihren Kutscher, niemand von der Familie war dageblieben, die beiden Herren in der nachfahrenden Chaise waren die beiden Söhne gewesen (gerade die, die ich nicht kannte) Zum Überfluß fiel mir auch noch ein elendes Portrait ein, das einmal bei Tante Hinny gezeigt wurde,

und die Dame im schwarzen Kleide war die Cousine *Pereira*, Gott weiß wann ich sie nun einmal wieder zu sehen bekomme. Ich glaube nicht daß sie mir je hätte einen angenehmeren Eindruck machen können u. werde gewiß die reizende Gestalt und die freundliche Miene nicht so bald vergessen; aber fatal ist es doch mit den Vorgefühlen; man hat sie wohl leicht, aber man erfährt nur immer erst hinterher, daß es welche gewesen sind. – Ich wäre auf der Stelle umgekehrt u. die Nacht durch gefahren, aber da ich mir überlegte, daß ich sie höchstens im Moment der Abreise, vielleicht gar nicht mehr in *Salzburg* träfe, daß ich mir den ganzen Reiseplan u. Wien verdürbe, wenn ich gar mit nach Gastein ginge (denn auch daran dacht ich) endlich auch, daß *Salzburg* als Pechnest an mir gehandelt habe, da sagte ich noch einmal Adieu, u. ging sehr katzenjämmerlich zu Bette. Am andern Morgen ließ ich mir denn ihr leeres Haus zeigen u. zeichnete es für Dich liebe Mutter.

Das Pech donnerte noch fern ab so daß ich keinen guten Standpunkt fand, daß sie mir im Gasthofe für eine Nacht mehr als einen Dukaten abforderten u. dgl. Ich fluchte englisch u. deutsch, fuhr weiter, legte Ischl, Salzburg, *Pereiras*, den Traunsee zur Vergangenheit, u. bin so hier, wo ich heute einen Ruhetag gemacht habe; morgen denke ich weiterzugehen mit dem Früheſten, u. so Gott will übermorgen Nacht in Wien zu schlafen. Von dort aus das Weitere. So endigt sich der Pechtag aus meinem Leben, aber lauter Wahrheit, keine Klingemannsche Dichtung; nicht mal das Handanlehnen ist zugesetzt, sondern alles buchstäbliches Portrait. Das Unbegreiflichste dabey ist mir daß ich *Flora*, die mit dabey war, ganz übersehen habe; denn die alte Frau im schottischen Mantel, die ins Wirthshaus ging, war

Frau von Weinrother, u. der alte Herr in der grünen Brille, der ihr nachkam, kann auch Flora nicht gewesen sein. Kurz, wenn es einmal verkehrt geht, so ist kein Halten. Ich schreibe heut nichts weiter, als das; es ärgert mich noch zu frisch; das nächste Mal will ich vom Salzkammergut erzählen, u. wie hübsch meine gestrige Reise war, u. wie Recht *Devrient* hat, der mir diesen Weg empfohlen; ebenso, der Traunstein u. die Fälle der Traun sind ganz wunderschön, u. so ist überhaupt die Welt sehr süß. Gut ist es, daß Ihr drin seid, u. daß ich übermorgen Briefe finde, u. so noch manches. Liebe Fanny ich will jetzt mein *non nobis* u. die amoll Sinfonie componieren. Liebes Beckchen wenn Du mich singen hörtest «im warmen Thal» mit überschnappender Stimme, so fändest Du es fast zu jämmerlich; auch wenn *Marx*[21] u. ich plötzlich mit den Köpfen wackelten und sangen «Man geht u. kommt» war es nicht reizend. Du machst das besser. O Paul! verstehst Du mit den Gulden Schein, Gulden W. W., schweren Gulden, leichten Gulden, Conventionsgulden, Teufel und seine Großmuttergulden umzugehen? ich nicht. Ich wollte deshalb, Du wärest bei mir, indes auch noch aus anderen Gründen vielleicht. Aber lieber Hensel, das Winkelmaß aus Deinem rothen Kästchen (es steht vor mir) ist nicht genau; die Einfassung von Ischl zeigt's. Das Bild von Beckchen wird schon genauer werden, denk' ich und somit ists aus für heute. Lebt mir wohl; nächstens kommt eine Fuhre Privatbriefe F.

Presburg 27 Sept 30

Herr Bruder!

Glockengeläut, Trommeln u. Musik, Wagen an Wagen, hin u. her laufende Menschen, überall buntes Gewühl – so sieht es etwa um mich herum jetzt aus, denn morgen ist die Krönung des Königs, auf die seit gestern die ganze Stadt wartet, und den Himmel um Heiterkeit u. Aufklärung seinerseits bittet, da die große Ceremonie, die gestern sein sollte, des anhaltenden furchtbaren Regens wegen hat verschoben werden müssen. Nun ist es seit heut Nachmittag blau und schön, der Mond scheint ruhig auf die tobende Stadt und morgen mit dem Frühesten leistet der Kronprinz seinen Eid als König von Ungarn auf dem großen Marktplatz, dann geht er mit dem ganzen Zug von Bischöfen und Großen des Reichs in die Kirche, und reitet dann endlich auf den Königsberg, der hier vor meinem Fenster liegt, um da am Ufer der Donau mit seinem Schwert in die vier Weltgegenden hin zu hauen, u. so Besitz von dem neuen Königthume zu nehmen. Ich habe durch diese kleine Reise ein ganzes Land mehr kennen gelernt, denn Ungarn mit seinen Magnaten, seinem Obergespan, dem orientalischen Luxus u. der Barbarey daneben ist hier zu sehen, und die Straßen bieten einen Anblick der mir ganz unerwartet und neu ist. Man findet sich wirklich dem Orient hier näher: die fürchterlich stupiden Bauern oder Sklaven, die Zigeuner mit ihren Haufen, die mit Gold u. Edelsteinen überladenen Bedienten u. Wagen der Großen (denn sie selbst sieht man nur höchstens durch die heraufgezogenen Wagenfenster) dann der sonderbare kecke Nationalzug, die gelbe Farbe, die langen Schnurrbärte, die fremde weiche Sprache – alles das macht den buntesten Eindruck von der Welt. Gestern früh durchzog ich allein die Straßen, da ritt erst eine lange

Reihe lustiger Militairs auf ihren lebhaften kleinen Pferden, hinterdrein kam ein Zigeunertrupp u. musizierte, dazwischen Wiener Elegants mit Brillen und Handschuhen im Gespräch mit einem Capuzinermönch, dann ein Paar von jenen kleinen barbarischen Bauern in langen weißen Röcken, den Hut tief im Gesicht, die schwarzen glatten Haare rund herum gleich abgeschnitten, mit rothbrauner Haut, sehr trägem Gang, u. einem unbeschreiblichen Ausdruck von Gleichgültigkeit u. wilder Stupidität, dann ein Paar scharfe feine Alumnen der Theologie in ihren langen blauen Röcken Arm in Arm gehend, Ungarische Besitzer in der schwarzblauen Nationaltracht, Hofbediente, ankommende über u. über schmutzige Reisewagen, ich folgte der Menge wie sie sich langsam bergan bewegte, u. kam so endlich auf das verfallene Schloß, von wo aus man die ganze Stadt u. die Donau weithin übersieht; überall von den alten weißen Mauern u. oben von den Thürmen u. Balcons sahen Menschen herunter, in jeder Ecke standen Jungen u. schmierten ihre Namen den Wänden für die Nachwelt an, in einem kleinen Gemach (vielleicht war es sonst eine Kapelle oder irgendein Schlafzimmer) wurde jetzt ein ganzer Ochs gebraten, u. drehte sich am Spies, u. das Volk jauchzte dazu, eine große Reihe Kanonen steht vor dem Schloß um bei der Krönung gehörig loszudonnern, unten in der Donau die hier ganz toll wüthet u. pfeilschnell durch die Schiffsbrücke stürzt, lag das neue Dampfboot, das mit Fremden beladen eben angekommen war, dazu die Aussicht weit ins ebene buschige Land hinein, auf die Wiesen, die von der Donau überschwemmt sind, auf die von Menschen wimmelnden Dämme u. Straßen, auf die Berge, die mit Ungarischem Wein von oben bis unten bepflanzt sind – das Alles ist fern und fremd genug. Und dazu der hübsche Gegensatz mit

den freundlichsten, liebsten Leuten zusammen zu wohnen, und mit ihnen während des unsanften Wetters recht sanft Cour zu machen, und mit ihnen das Neue doppelt überraschend zu finden – es waren wirklich wieder von den Glückstagen, lieber Herr Bruder, die der gütige Himmel mir gar so oft u. so reichlich schenkt. Denn daß ich mit Catharine u. Herrn Pereira gern überall zusammen bin, weiß die ganze Welt; läßt sich also draußen auch noch der König von Ungarn für uns krönen, so sehe ichs mit vielem Behagen an, u. freue mich meines Lebens.
D. 28ten um 1. Der König wäre unter die Haube gebracht. Es ist himmlisch schön gewesen. Was soll ich Dir viel beschreiben? In einer Stunde fahren wir alle nach Wien zurück, u. von da ab gehe ich so weiter. Unter meinem Fenster ist Mordlärm und die Bürgergarde läuft zusammen, aber nur um *vivat* zu schreien. Ich habe mich allein unter dem Volk drängen lassen, während unsre Damen von den Fenstern aus Alles sahen, u. der Eindruck dieser unglaublich glänzenden Pracht ist mir unvergeßlich. Auf dem großen Platz der barmherzigen Brüder drängte sich das Volk, wie toll, denn dort mußte er den Eid leisten auf einer mit Tuch behangenen Tribüne, das Tuch durfte der Pöbel nachher abreißen, u. sich darin kleiden, auch war in der Nähe ein Springbrunnen mit rothem und weißem Ungarwein; die Grenadiere konnten die andringenden Leute nicht abhalten, ein unglücklicher Fiaker der einen Augenblick stille hielt, war im Moment mit Menschen bedeckt, die auf die Speichen der Räder, aufs Verdeck, auf den Bock sprangen, u. ihn wie die Ameisen überdeckten, so daß der Kutscher, ohne ein Mörder zu werden, nicht weiter fahren durfte u. ruhig Alles abwartete; als der Zug kam, den man mit entblößtem Haupt erwartete, konnte ich

meinen Hut nur mit äußerster Mühe abnehmen und in die Höhe halten, da wußte aber ein alter Ungar hinter mir, dem das die Aussicht versperrte, gleich Rath, packte ohne Umstände zu, u. quetschte in einem Griff meinen armen Hut so matsch, daß er kaum so groß wurde, wie eine Mütze; dann schrien sie, als ob sie am Spieße stäken u. rissen sich um das Tuch, kurz sie waren Pöbel; aber meine Ungarn! Die Kerle sehen aus, als ob sie zur Noblesse u. zum Nichtstun geboren, u. darüber sehr melancholisch wären; u. reiten wie die Teufel; als der Zug vom Hügel herunterging kamen erst die gestickten Hofbedienten, die Trompeter u. Pauker, die Herolde u. dgl. Gesinde, u. dann sprengte auf einmal in furchtbaren Sätzen *plein carrière* ein toller Graf die Straße herunter, das Pferd ist mit Gold gezäumt, er selbst mit Diamanten echten Reiherfedern Samtstickerei überdeckt (er hat nämlich seinen Prachtanzug noch *nicht* an, weil er recht wild reiten muß, Graf *Sandor* heißt der Wütherich) der hat ein elfenbeinernes Scepter in der Hand u. sticht sein Pferd damit. Dann bäumt sichs jedesmal u. macht einen gewaltigen Satz; hat der nun ausgetobt so kommt ein Zug von etwa 60 anderen Magnaten, alle mit derselben phantastischen Pracht, alle mit den schönen farbigen Turbans, den lustigen Schnurrbärten, u. den dunklen Augen; der eine reitet einen Schimmel den er mit einem goldenen Netze behängt hat, der andere einen Grauen, mit Diamanten auf allen Zügeln, ein anderer einen Rappen mit purpurnem Zeuge, einer trägt Himmelblau vom Kopf bis zu den Füßen überall mit Gold dick gestickt einen weißen Turban, u. weißen langen Dolman, ein anderer ganz in Goldstoff mit purpurnem Dolman, so ist einer immer bunter, reicher, als der andere, u. alle reiten so keck, ungeniert, u. fanfaronmäßig daher, daß es eine

Lust ist; u. nun erst die Ungarische Garde, den *Esterhazy* an der Spitze, der blendend von Brillanten u. Perlenstickerey ist; wie ist es zu erzählen? Man muß den Glanz gesehen haben, wie der Zug sich auf dem braunen Platze ausdehnte u. stillstand, u. wie alle die Edelsteine, u. bunten Farben, u. die hohen goldenen Bischofsmützen, u. die Cruzifixe im hellsten Sonnenschein blitzten, wie tausend Sterne – zu beschreiben ist es nicht. Nun denn, morgen soll es, so Gott will weitergehen; da hast Du einen Brief Herr Bruder, schreib auch einmal bald an mich, u. laß mich wissen wie Dir das Leben geht; ihr habt ja in Berlin auch einen Aufstand u. zwar von Schneidergesellen gehabt, was ist es denn damit? Und sind die Schecks gefallen deshalb? Bitte sage an *Devrient* daß ich ein Flegel sey; weil ich noch immer nicht auf seinen lieben Brief geantwortet hätte u. ihm noch nicht für die Zeichnung, die gar zu hübsch ist, gedankt, daß ich seit 14 Tagen immer an ihn schriebe und morgen den Brief aus Wien abschicken will, sowie eine Antwort an *L. Heydemann*, wegen des Flügels, des *Einbrod's* u. s. w.

Euch aber liebe Eltern, u. Euch Geschwistern sage ich nun noch einmal Lebewohl aus Deutschland; ich habe viel frohe Tage noch zuletzt erlebt mit allen Verwandten, u. daß ich ein Vorurtheil gegen sie habe, kann mir niemand vorwerfen; jetzt soll es von Ungarn nach Italien gehen, von da schreibe ich mehr u. ruhiger. Sey froh, lieber Paul, u. gehe frisch vorwärts; freue Dich an allem Frohen u. denk an Deinen Bruder, der sich in der Welt herumtreibt. Leb wohl Dein Felix M.

Venedig d. 10 Okt. 1830.

Das ist Italien. Und was ich mir, seit ich denken kann, als höchste Lebensfreude gedacht habe, das ist nun angefangen u. ich genieße es. Der heutige Tag war zu reich als daß ich mich nicht jetzt des Abends ein wenig sammeln müßte, u. da schreibe ich denn an Euch u. will Euch danken, liebe Eltern, die Ihr mir das ganze Glück schenkt, u. will an Euch sehr denken, Ihr lieben Schwestern allzumal, und will Dich mir herwünschen Paul, um mich an Deiner Freude über das tolle Treiben zu Wasser u. zu Lande wieder zu freuen, u. möchte Dir beweisen, Hensel, daß die Himmelfahrt der heil. Maria ja das allergöttlichste ist, was Menschen malen können. Ihr seid aber eben einmal nicht da, u. ich muß also in elendem Italiänisch am Lohnbedienten mein Entzücken auslassen, weil er stillhält; ich werde aber confus, wenn es so fortgeht wie diesen ersten Tag, denn des Unvergeßlichen hat sich mir in jeder Stunde so viel gezeigt, daß ich nicht weiß, wo ich Sinne hernehmen soll, um es recht zu begreifen; die Himmelfahrt habe ich gesehen, dann eine ganze Gallerie im Palast Manfrini, dann ein Kirchenfest in der Kirche wo nebenbey der heil. Petrus von Tizian hängt, dann die Marcuskirche, nachmittags war ich ich auf dem Adriatischen Meer spazieren u. in den öffentlichen Gärten, wo das Volk im Grase liegt u. frißt, dann wieder auf dem Marcusplatz, wo in der Dämmrung ein unglaubliches Treiben und Drängen ist. Und alles das mußte gerade heut sein, weil wieder viel Neues und Anderes nur morgen zu sehen ist. Aber ich muß ordentlich nun erzählen, wie ich zu Wasser hergekommen bin, (denn zu Lande, sagt Telemach, geht es hier nicht gut) u. werde zu dem Ende von *Gratz* ausholen. Es ist eben ein langweiliges Nest zum Gähnen eingerichtet; warum hatte ich aber auch Cousinliebe unbekannterweise, u. wollte eines *(he)* Verwandten wegen einen Tag länger bleiben? Wie kann ein Reisender mit Erfahrungen von einer Mutter u. Schwester, die liebenswürdig sind, auf einen Bruder schließen, der Fähndrich ist? Mit einem Wort, der Mann wußte nichts mit mir anzufangen, u. ich vergebe es ihm u. schwärze ihn nicht bei seiner Mutter an, wenn ich mein Versprechen halte u. ihr schreibe, aber daß er mich Abends ins Theater führte u. mich den Rehbock sehen ließ, den Rehbock, der das Infamste, Verwerflichste, Elendeste ist, was der selige Kotzebue geschaffen hat, u. daß er den Rehbock doch ganz nett u. etwas piquant fand, das muß ihm nicht vergeben werden, denn der Rehbock hat so viel *haut goût* oder *fumet*, daß er kaum für die Katze taugt. Hier ist aber Venedig, also bin ich von Gratz weggekommen; mein alter Fuhrmann lud mich in der Finsternis um 4 auf, u. das Pferd schlich mit uns beiden davon. Hundertmal hab' ich auf der 2tägigen Reise an Dich gedacht, liebster Vater, Du wärst vor Ungeduld aus der Haut u. vielleicht auf die des Kutschers gefahren; denn wenn er bei jedem kleinen Abhang langsam abstieg u. langsam einhemmte, u. den geringsten Hügel im Schneckenschritt herauffuhr, wenn er zuweilen nebenher ging, um sich ein wenig die Füße zu vertreten, wenn alle möglichen andren Fuhrwerke, mit Hunden oder Eseln bespannt uns einholten u. vorbeyfuhren, wenn der Kerl endlich an einem großen Berg sich einen Vorspann von zwei Ochsen nahm, u. die mit seinem Pferd in guter Eintracht zusammen zogen, so mußte ich mich zurückhalten, um ihm nicht auf den Pelz zu kommen; auch tat ich es zuweilen, aber dann versicherte er ernsthaft, es gehe sehr schnell u. ich konnte nicht das Gegentheil beweisen. Dazu blieb er in den schändlichsten Kneipen liegen, brach Morgens um 4 auf, kurz ich kam wie zerschlagen nach Klagenfurt; als ich aber auf meine Frage, wann der Venetianische Eilwagen durchpassiere, zur Antwort erhielt, in einer Stunde, so machte mich das wieder frisch, ein Platz wurde mir versprochen, ein gutes Abendbrod bekam ich auch, die Eilpost kam zwar zwei Stunden später, weil sie auf dem Semmering starken Schnee gehabt hatten, indessen sie kam, drei Italiäner saßen drin u. wollten mir den Schlaf wegschwatzen, aber ich schnarchte ihnen das Schwatzen weg, so wurde es Morgen u. als wir in *Resciutta* einfuhren sagte der Conducteur, jenseits dieser Brücke da verstehe kein Mensch mehr Deutsch. Davon nahm ich denn also für lange Zeit Abschied, u. über die Brücke gings. Gleich drüben veränderten sich die Häuser; die platteren Dächer mit den rundlich gebogenen Ziegeln, die tiefen Fenster, die langen weißen Wände, die hohen 4eckigen Türme zeigen auf ein anderes Land, u. die blaßbraunen Gesichter der Menschen, unzählige Bettler, die den Weg belagern, viele kleine Kapellen, die bunter u. sorgsamer von allen Seiten mit Blumen, Nonnen, Mönchen usw. bemalt sind deuten wohl auf Italien hin; aber die einförmige Gegend des Weges, der sich zwischen kahlen weißen Felsen dahinzieht, an einem Strome, der sich ein breites Bett von Steinen gebrochen hat im Sommer aber nur als kleiner Bach zwischen dem Geröll sich verliert, die traurige Monotonie der ganzen Landschaft wollen nicht zu Italien passen. «Ich habe diese Stelle mit Fleiß etwas dünn gehalten, damit das Thema hernach recht vortritt» sagt der Abt Vogler[22], u. ich glaube der liebe Herr Gott hat ihm das abgelernt, u. hat es hier eben so gemacht.

Denn hinter *Ospedaletto* tritt das Thema hervor, u. thut

freilich wohl. Ich hatte mir den ganzen ersten Eindruck von Italien wie einen Knalleffekt, schlagend, hinreißend gedacht; so ist es mir bis jetzt nicht erschienen, aber von einer Wärme, Milde u. Heiterkeit, von einem über Alles sich ausbreitenden Behagen u. Frohsinn, daß es unbeschreiblich ist. Hinter *Ospedaletto* geht es in die Ebene; die blauen Berge bleiben im Rücken, die Sonne scheint klar u. warm durch das Weinlaub, die Straße geht zwischen Fruchtgärten fort, ein Baum ist an den andern durch Ranken gekettet: es ist, als ob man da zu Hause wäre, u. alles schon lange kennte, u. nun wieder einmal Besitz davon nähme. Bei Gott mir wurde behäbig zu Muthe, u. dazu fliegt der Wagen über die glatte Straße, u. es wurde Abend u. wir kamen nach *Udine*, wo wir die Nacht blieben, wo ich zum erstenmal Abendbrod italiänisch forderte u. wie auf dem Glatteis mit der Zunge ging, bald ins Englische ausglitt, bald sonst stolperte. Drauf am andern Morgen wurde ich geprellt, u. ich machte mir gar nichts draus, u. es ging weiter fort; es war [unleserlich] an einem Sonntag; von allen Seiten kamen die Leute in ihren bunten südlichen Trachten, mit Blumen, die Frauen Rosen im Haar, leichte Einspänner rollten vorüber, die Männer ritten auf Eseln zur Kirche, an den Posthäusern überall Haufen von Müßiggängern in den schönsten, faulsten Gruppen, (unter andern faßte einer einmal seine Frau die neben ihm stand so ganz ruhig in den Arm, u. drehte sich mit ihr um, und sie gingen weiter: das hieß so gar nichts u. war so hübsch) nun zeigten sich hin und wieder Venetianische Landhäuser an der Straße u. wurden dichter u. dichter, man fährt endlich zwischen Häusern u. Gärten u. Bäumen wie in einem Park, das Land sieht so feiertäglich aus, als sey man ein Fürst u. hielte seinen Einzug: denn die Weinreben zwischen den Bäumen sind mit ihren dunklen Trauben die schönsten Festkränze, alle Menschen haben sich geschmückt und geputzt, ein paar Cypressen stören nichts: in *Treviso* war gar eine Illumination: papierene Laternchen hingen über den ganzen Platz u. in der Mitte gab es einen großen bunten Transparent. Freilich war es erst Dämmrung, als ich durchkam u. nichts angesteckt; daher sagten die Reisegefährten es sey der Kirchweih wegen. Prächtig schöne Mädchen gehen auch in Treviso umher in ihren weißen, langen Schleiern mit den rothen Kleidern; man muß sich manchmal viel umkucken; ich nahm es für ein gutes *Omen*, so gelangten wir gestern in finstrer Nacht nach Mestre, stiegen in eine Barke, u. fuhren bei stillem Wetter nach Venedig ruhig hinüber. Da ist unterwegs, wo man nur Wasser u. weit vor sich Lichter sieht, mitten im Meere ein kleiner Fels drauf brannte eine Lampe; die Schiffer nahmen alle den Hut ab, u. einer sagte dann das sey die Madonna für den großen Sturm, der hier zuweilen sehr gefährlich u. bös sey. Nun ging es ruhig, ohne Posthorn oder Wagengerassel oder Torschreiber in die große Stadt, unter unzähligen Brücken durch, die Stege wurden belebter, viel Schiffe liegen umher, beim Theater vorbey wo die Gondeln, wie bei uns die Wagen, in langen Reihen auf ihre Herrschaften warten, in den großen Canal, bey dem Marcusthurm, dem Löwen, dem Dogenpalast und der Seufzerbrücke vorüber: die Undeutlichkeit der Nacht erhöhte nun meine Freude, als ich die wohlbekannten Namen hörte u. die dunklen Umrisse sah, u. da bin ich denn in Venedig.

Nun denkt, daß ich heut die größten Bilder in der Welt kennengelernt; daß ich die Bekanntschaft eines sehr liebenswürdigen Mannes, von dem ich bis jetzt nur gehört hatte, endlich persönlich gemacht habe, ich meine den Herrn *Gior-*

gione Excellenz, der ein prachtvoller Mensch ist, u. ebenso den *Pordenone* der die edelsten Bilder hinstellt, u. dann einmal sich selbst mit vielen dummen Schülern so fromm u. treu u. andächtig malt, daß einem wird, als spräche man eben mit ihm u. gewänne ihn lieb – da sey ein anderer nicht verwirrt. Soll ich aber ein Wort von den Tizians sagen, so muß ich ernsthaft werden; bisher habe ich nicht gedacht, daß er solch ein glücklicher Künstler gewesen sey, wie ich heut gesehen habe: daß er das Leben mit seiner Schönheit u. seinem Reichtum genossen habe zeigt das Bild in *Paris* u. das habe ich gewußt; aber er kennt auch den allertiefsten Schmerz u. weiß, wie es im Himmel ist, das zeigt seine göttliche Grablegung u. die Himmelfahrt. Wie die Maria da auf der Wolke schwebt, u. wie ein Wehen durch das ganze Bild geht, wie man ihren Athem u. ihre Beklemmung u. Andacht u. kurz die tausend Empfindungen alle in einem Blick sieht – die Worte klingen nur alle so philiströs u. trocken gegen das, was es heißen soll – u. dann sind drei Engelsköpfe auf der rechten Seite, die von Schönheit das Höchste sind, das ich kenne; die reine, klare Schönheit, so unbewußt u. heiter u. fromm. Aber nichts weiter; ich muß sonst poetisch werden oder bin es gar schon, u. das kleidet mir wenig; aber sehen werd ichs alle Tage. Und doch muß ich noch ein paar Worte von der Grablegung sagen, denn Ihr habt den Kupferstich davon; schaut ihn an u. denkt an mich; das Bild ist das Ende von einem großen Trauerspiel, so still u. groß u. schneidend schmerzlich. Da ist die Magdalene, die hält die Maria weil sie fürchtet, daß sie vor Schmerz sterben möchte, u. will sie zurückführen, sieht sich aber dennoch selbst noch einmal um, u. man sieht daß sie sich diesen Anblick für ewig einprägen will u. daß sie ihn jetzt zum letzten Mal hat; das ist über Alles. – Und dann der verstörte Johannes, der mehr an die Maria denkt u. mit ihr leidet, u. der Joseph, der nur mit dem Grab u. seiner Andacht beschäftigt, das Ganze offenbar ordnet u. leitet, u. der Christus, der so ruhig daliegt u. nun Alles überstanden hat – dazu die herrliche Farbenpracht u. der dunkle streifige Himmel – es ist ein Bild, das mit fortreißt u. spricht u. das mich nie verlassen wird. Ich glaube nicht, daß mich noch vieles in Italien so ergreifen wird; aber Vorurtheile hab' ich nicht, das wißt Ihr u. könnt es auch jetzt wieder daran sehen, daß mir das Märtyrerthum des h. *Petrus* von dem ich am meisten erwartete, am wenigsten von den dreien gefallen hat. Mir kam es nicht so wie ein Ganzes vor; die Landschaft, die herrlich ist, schien mir ein wenig überwiegend, u. dann störte mich in der Anordnung, daß *zwei* Leidende da sind, aber nur *ein* Mörder, (denn der kleine weit im Hintergrunde ändert das nicht) es wollte mir nicht wie ein Märtyrerthum erscheinen. Aber ich irre mich wahrscheinlich, u. will morgen noch einmal besser nachsehen; ich war auch beim Sehen gestört, denn es klimperte einer ganz gotteslästerlich auf der Orgel, u. die heiligen Gestalten mußten sein jämmerliches Opernfinal anhören. Thut alles nichts; wo solche Bilder sind, brauche ich gar keinen Organisten; ich spiele mir die Orgel selbst dazu in Gedanken u. ärgere mich so wenig über den Unsinn, wie ich mich überhaupt über Pöbel ärgere. Tizian aber war ein Mensch; an dem muß man sich erbauen, u. das will ich thun u. mich freuen daß ich in Italien bin. Jetzt schreien eben wieder die Gondoliere einander an, u. die Lichter spiegeln sich weit ins Wasser hinein; einer spielt Gitarre u. singt dazu. Es ist eine lustige Nacht. Lebt wohl und denkt mein in jedem frohen Augenblick, wie ich Eurer.

Felix

Bis jetzt ist kein Brief von Euch hier, obwohl ich deswegen nach Triest geschrieben habe. Hoffentlich kommen sie morgen früh u. ich schreibe es Euch dann noch. Zeigt diesen Brief keinem Maler (Hensel ausgenommen) Ich habe so meine Gründe.

Florenz, 23 Okt. 30.

Ihr lieben Schwestern allzumal!
O seyd mir sehr gegrüßt. Hier ist Florenz, u. warme Luft u. heitrer Himmel, alles schön u. herrlich. «Wo blieb die Erde p. p.» von *Goethe*. Nun habe ich Euern Brief vom 3ten empfangen, u. sehe daß ihr alle wohl, daß meine Besorgnisse vergebens gewesen, daß Ihr draufzu lebt u. meiner denkt, nun bin ich wieder frisch, kann wieder genießen, will wieder sehen, u. auch schreiben werde ich nun wieder können, kurz nun ist die Hauptsache in Ordnung. Ich habe die Reise hieher in tausend Überlegungen u. Befürchtungen gemacht, war drauf u. dran, geradezu nach Rom zu gehen, weil ich hier gar nicht auf Briefe hoffte, zum Glück ging ich doch hieher, u. nun ist es einerley wie das Mißverständnis entstanden seyn mag, daß ich in Venedig wartete u. Ihr mir nach Florenz schriebt, ich werde mich künftig weniger zu ängstigen suchen, das ist Alles, was ich verspreche.
Der Fuhrmann zeigte auf eine Stelle zwischen den Hügeln, wo blauer Nebel lag u. sagte: *Ecco Firenze* u. ich kuckte geschwind hin u. sah den runden Dom im Duft vor mir, u. das breite weite Thal in dem die Stadt sich lagert: mir wurde wieder reisemäßig zu Muthe, als nun auch Florenz erschien; ich sah mir ein Paar Weidenbäume am Weg an, u. der Fuhrmann sagte: *Buon' olio*, worauf ich

freilich bemerken mußte daß sie voll Oliven hingen; überhaupt ist der Fuhrmann (wie man sagt «der Türke», statt «die Katira» [?]) ein ausgebälgter Spitzbube, Dieb Betrüger, hat mich geprellt u. mich verhungern lassen, aber er ist fast liebenswürdig in seiner göttlichen Thierheit; eine Stunde vor Florenz sagte er nun ginge das schöne Land los u. wahr ist es; das schöne Land Italien fängt eigentlich erst da an. Da gibt es Landhäuser auf allen Höhen, verzierte alte Mauern, über den Mauern Rosen und Aloë, über den Blumen Weintrauben, über den Ranken Ölblätter, oder Cypressenspitzen oder die Piniendächer, u. das alles scharf auf dem Himmel abgeschnitten; dazu hübsche, eckige Gesichter, Leben auf den Straßen überall, u. in der Ferne im Thal die blaue Stadt; so fuhr ich denn in meinem offenen Wägelchen getrost hinunter in Florenz hinein, u. obwohl ich schäbig u. bestäubt aussah als käme ich aus den Apenninen (ich kam auch daher), so machte ich mir nichts daraus, fuhr durch alle die feinen Equipagen, aus denen mich die zartesten englischen Lady Gesichter verächtlich ansahen lustig durch, dachte: Es kommt schon noch einmal so weit, daß Ihr mit dem *roturier* da, den Ihr so überseht *hands shaken* müßt, nur einige reine Wäsche u. dgl. Schämte mich auch vor dem *battisterio* weiter nicht, sondern ließ bei der Post vorfahren, u. da wurde ich denn erst recht eigentlich froh, bekam 3 Briefe; den vom 22ten, 3ten und den vom Vater allein; nun fühlte ich mich sehr glücklich, u. als es dem Arno entlang zu *Schneiderff* hinging ins berühmte Wirthshaus, da kam mir die Welt wieder ganz prächtig vor. D. 24ten. Die Apenninen sind wirklich nicht so schön, wie ich mir eingebildet hatte, denn bei dem Namen dachte ich mir immer ein bewachsenes malerisches Waldgebirge, u. es sind lauter lange fortlaufende Hügel, traurig weiß u. kahl, das Grün gar nicht erfreulich, an Wohnhäusern fehlt es, gar keine lustigen Bäche u. Gewässer, nur hie u. da mal ein breites ausgetrocknetes Strombett mit einer kleinen Wasserrinne, u. dazu diese schändlichen Spitzbuben von Bewohnern – Geren, von solchem Pebel habt Ihr gar keinen Begriff; mir wurde am Ende ganz schwindlig vor lauter Betrug, u. ich wußte nicht mehr, wen sie eigentlich belogen, daher protestierte ich ein für allemal gegen Alles, was sie vorbrachten, u. sagte, ich würde nicht bezahlen, wenn sie es anders wollten, so ging es denn am Ende erträglich; gestern Abend war ich aber wieder prächtig einquartiert; mit dem Vetturin hatte ich für Essen, Schlafen u. Alles accordiert, die natürliche Folge war, daß der Kerl mich in die greulichsten Wirthshäuser führte u. mich hungern ließ; abends spät kamen wir dann in der einzelstehenden Schenke an, u. ein Schmutz war da, den keine Feder beschreiben kann, die Treppe lag voll trockener Blätter und Holz für das Feuer, kalt war es, u. sie luden mich ein, mich in der Küche zu wärmen, was ich auch annahm; sie stellten mir eine Bank auf den Herd, ein ganzes Rudel Bauern stand umher und wärmte sich gleichfalls, ich thronte prächtig auf meinem Feuerherd unter dem Gesindel die mit ihren breiten Hüten vom Feuer beschienen, u. ihren unverständlichen Dialekt plappernd, sich ganz verdächtig ausnahmen, dann ließ ich mir meine Suppe unter meinen Augen kochen, u. gab heilsamen Rat dazu, (eßbar wurde sie doch nicht) dann machte ich mit meinen Unterthanen Conversation vom Feuerherd herab u. sie zeigten mir einen kleinen Berg in der Ferne, der unaufhörlich Flammen aussprudelte, was sich in der Nacht ganz seltsam ausnahm (*Raticosa* heißt der Berg, es ist alles wahr) u. dann führte man mich in meine Schlafstube, der

Wirth nahm die Sackleinwand des Lakens in die Hand u. sagte: Sehr feines Zeug, gleich wie *Klingemann* Paul unter dem Tisch hervor zieht u. sagt: die schönste Taube, dann schlief ich aber doch wie ein Bär und sagte mir selbst vor dem Einschlafen: Jetzt bist du in den Apenninen, u. am andern Morgen nachdem ich kein Frühstück bekommen hatte, frug mein Fuhrmann freundlich, wie ich mit der Bewirtung zufrieden gewesen wäre? Dazu kannegießerte der Kerl viel über den jetzigen Zustand von Frankreich, schimpfte sein Pferd auf deutsch: du Luder, weil es aus der Schweiz gebürtig sey, sprach französisch mit den Bettlern, die das Cabriolett umringten, u. ich verbesserte ihm manche Fehler in der Aussprache. O du sehr liebes Volk!
Ich wollte, Ihr sähet mich in diesen hohen Momenten u. Florenz ist wahrlich auch nicht so übel, ich möchte nur gern einmal wieder in gute Gesellschaft kommen –, womit ich die in der Leipziger Str. no. 3 meine, die eurige, u. wenn Ihr denkt, bei den Myrtenbäumen u. den Statuen u. im warmen Sonnenschein muß es doch schön sein, so denke ich bei den Geren, so zu Hause, hinter dem warmen Ofen ist es auch nicht übel, nun habt Ihr den lustigen *Frank* mit da, der Euch den Winter schon munter vertreiben hilft, u. den Ihr mir vielmal grüßen müßt, ihm auch sagen ich sey nun ohne ihn in Italien, er aber nur ein Projectenmacher, u. ihn bitten, meine musikal. Erzeugnisse im Gebiete des Melancholischen («in des Mondes feuchten Strahlen p.p.» mich tödtet die Erinnerung) mit der kritischen Brille nicht zu scharf anzusehen obwohl er in den 4 geistlichen Musiken, die ich von Rom aus an Euch schicke, so viel er will nach Quinten suchen kann, es sind keine drin, ebensowenig wie irgend sonst Consonanzen, schreit alles, endlich ihn wegen meiner unbeantworteten Briefe, die schön dictirt

waren, in meinem Namen über Eure Achsel ansehen u. ihn der Unhöflichkeit zeihen (man wird akut toll, wenn man an ihn denkt,) nun ist Peppi mit ihren Kindern bei Euch, es muß wohl hübsch mit ihnen leben sein, Ihr müßt ihr auch alle freundliche Grüße von mir sagen, u. bei Gott es thut mir leid, daß ich bei Jettchen nicht von meiner Cousinschaft profitiren u. Cour machen kann; so werdet Ihr auch mit der Familie viel zusammen sein, kurz mir ist nicht sehr bange für Euch diesen Winter. Daß Mühlenfels ganz freigesprochen ist, erquickt mich mehr, als ich so sagen kann, denn mir war die Geschichte immer noch wie ein Stein auf dem Herzen, wenn ich daran dachte; ich schreibe in den nächsten Tagen an ihn, um mich mit ihm zu freuen; fast täglich u. stündlich denke ich jetzt an ihn, Kohen und Klingem., die mir die Zeit vor einem Jahr, so trüb sie hätte sein können, zu einer frohen unvergeßlich lieben Zeit verwandelt haben; ich danke es ihnen immer, obwohl ich es nicht viel sagen mag, es klingt so leer u. gewöhnlich, u. war doch reich u. neu u. heiteres Leben. Du willst, liebe Fanny, daß ich regelmäßiger schreiben soll; ich will mich bessern, bei meinem Backenbart (ich trage einen) aber ich habe ja auch jetzt alle 8 Tage geschrieben; aber ich will mich nachbessern, u. so bald die Hebriden fertig sind, was geschehen soll, denke ich sobald ich in Rom eine Stube mit Ofen und Aufwartung habe, so packe ich sie ein u. schicke sie dir; ich habe wieder einen neuen Choral für die Singakademie: «mitten wir im Leben sind von dem Tod umfangen; nun suchen wir wer Hülfe thu, in der Noth uns Armen ?» das fragen die Männerstimmen, u. nun kommen alle Frauenstimmen *piano:* «das thust Du Herr alleine.» Dann gibt es bösen Lärm u. am Ende: Kyrieeleison. Das Ding macht auch ein Cantorgesicht; aber damit Du nicht glaubst, ich sey in lauter Elend u. Pein versunken, so kommt ein lustiger Mordscandal: «vom Himmel hoch» mit 20 Trompeten u. an die dreitausend Posaunen aus cdur; 2 Flöten fangen ganz allein *fortissimo* an. Schreib mir viel von der Ausstellung, wie Du es prächtig getan hast, u. Alles recht genau; ich möchte zwar im blauen Überrocke da auf u. niedergehen, führe Du mich also in Briefen da spazieren, damit ich gesehen habe, was da ist; schreibe mir auch so gelegentlich, was Hensels zweites Genrebild, das Du nennst u. von dem ich noch gar nichts weiß, vorstellt. Ja, ja, o Beckchen, Du magst die Lammbilder, u. beschreibst sie schon gut, in ein Paar Tagen kommt Hildebrand her, da will ich ihn ins Gebet nehmen u. Dir Alles wieder sagen, damit auch von Florenz nach Berlin geklatscht wird; es ist eine schöne Sache um ein Land, u. Du hast von der Natur viel an Dir; ich aber auch, beim Hund, u. ich habe meine Zeit gut angewandt, wo ich auch in der nördl. gemäßigten Zone gnugsam bin; nun kommt der Süden, wollen sehen, was er giebt; aber daß ich fleißig war, wird Dir manches Lied zeigen, namentlich das für den Tenor, was ich an *Devrient* geschickt habe, u. was offenbar eine entsetzliche Lämmerey beweist; auch habe ich aus Venedig an Frau v. *Schauroth* geschrieben, wie ich versprochen hatte, u. ein Stammbuchblatt das mir Delphine mitgegeben hatte ihr geschickt mit einem Lied ohne Worte darauf; es geht aus g moll u. heißt: «auf einer Gondel» kurz Du siehst, daß ich nicht aus der Art schlage; ich habe Dich einige Jahre zum Vorbild gehabt u. da lernt man etwas, mein groß Lamm! Aber was die Empfindungen betrifft, die der Dichter so beschreibt: «fern von ihr in Felsengründen, würd' ich Trost u. Rettung finden, von den Schmerzen von dem Wehe, das mich quält in ihrer Nähe.» – (aus *Herm. Franck's* ungedruckten Gedichten) so kenne ich sie bis jetzt nicht, u. bin immer zwar in der Nähe; die Verse sind aber so toll, daß ich den blauen Himmel in Florenz laut anlachen muß, u. es war Ernst! (Ein Gelächter) Beckchen wenn Du willst, so sag Anna, ich würde morgen nach *Francesco a monte* oder wie das Ding heißt gehen und ihr kleines Buch mit; denn ich mache mir meine Notizen darin, u. kleine Zeichnungen u. schreibe Ausgaben auf u. s. w., ich ließe ihr auch für das Buch sehr danken, u. ihren Eltern für die Bücher, die mir sehr angenehm gewesen sind; in Venedig hat [es] mir sogar eine große Verlegenheit erspart; Venedig ist überhaupt der mir zuwiderste Ort den ich kenne; ein fauler ungesunder sumpfiger Häuserhaufen. Soll ich darüber ein Lied ohne Worte machen, ihr Geren? so gebt mir mal ein Thema. Ihr sollt leben, u. zwar so gut u. froh u. hoch wie es nur zwei Leute von Eurem Kaliber müssen, d. h. besser, als ich es mir ausdenken kann. Ich bin burschikos, Ihr seid aber gut, u. ich wollte, Ihr behieltet mich lieb. O lieber Staat! Leb wohl. F.

Dieser Brief ist ein aus Aphorismen zusammen gesetzter lyrischer Erguss; ein *pasticcio litteraire;* Ihr müsst ihn nicht an *Alexander Humboldt* vorlesen da er ohnedies in *Paris* ist; aber auch *Redens* nicht. Adies.

Florenz d 30 Okt. 30.

Mein lieber Paul

Wenn ich Dir auch nicht gerade heute besonders Glück wünschen will; denn ich thue das immer, u. freue mich an jedem Tag über Gutes was Dir geschieht, so wird einem doch an solchem alten bekannten Datum, wo man zusammen Morgens Chocolade trank und Abends Gesellschaft hatte, etwas weich zu Muthe, wenn man statt aller solcher

Vergnügen im Gasthaus allein frühstückt u. die Zeitung dazu liest, die jetzt immer trüb u. wild aussieht, u. nur in Gedanken am frohen Tage theilnehmen kann. Darum möchte ich Dir denn heut besonders gern nahe sein, u. Dir sagen, wie ich Dir von außen Fortdauer u. innerlich Vorschreiten wünsche, u. wie ich mich so herzlich freue, daß alle kleinen Mißstimmungen, die wir bis vor 3 Jahren etwa zuweilen gegen einander hatten, seit einem Morgen, wo wir uns gräßlich zankten u. ich Dich vom Stuhl warf, worauf Du mich kratztest, worauf ich Dich verklagte, worauf Du mich nicht leiden konntest, worauf ich mich sehr ärgerte (Du erinnerst Dich doch) – gänzlich verschwunden sind u. auch wohl für immer. Es ist mir vorgekommen, als wären wir seitdem einander viel näher getreten, u. als hätten sich in uns beiden die Ungleichheiten der Laune nach u. nach mehr zurückdrängen lassen; darum habe ich mich am Gange Deiner Ausbildung u. Deiner Arbeiten so sehr gefreut, darum kann ich wohl hoffen, daß Dein lebhaftes Interesse u. Dein warmer Antheil an allen Dingen nicht blos vorübergehend war u. nicht wieder zwischen uns irgendeine Verdrießlichkeit aufkommen wird; und wenn ich es dahin bringen kann Dich nicht mehr entsetzlich anzuschnauzen, wenn Du zu spät das Blatt umkehrst, u. Du es über Dich gewinnst zuweilen «zu Hause» zu sein, wenn ich es gerade möchte u. nicht so oft auszugehen, wie während Du im Bette lagst u. die Masern hattest, so bin ich überzeugt davon. Die Sachen sind aber nicht sehr schwer, u. ich bin also überzeugt davon. – Auch hätte ich alles das nicht gesagt, indes können wir einander nicht oft schreiben u. da ist es gut, wenn wir uns wieder einmal die Hand geben, u. zueinander einen ordentlichen Wunsch sagen, etwa: Guten Morgen. Mir ist auch ordentlich feier-

lich zu Muthe, u. wenn ich auch heute Abend statt mit Euch zu sein, u. Dir ein bischen *Cour* wegzuschnappen, im Wagen sitze und nach Rom fahre, so möchte ich doch gern ein wenig über die Alpen kucken können u. den Abend mit Dir zubringen u. mich an Deiner Lustigkeit freuen. Denn daß heut eine Masse junger Leute zusammen sind bilde ich mir nun einmal ein, u. würde es sehr übelnehmen, wenn es nicht der Fall wäre; Du würdest dann um mich zu befriedigen die Gesellschaft am 30 November nachgeben müssen u. mir einen Stuhl, u. eine Tasse Thee mit unermesslichem Napfkuchen hinsetzen, um einen zürnenden Geist zu befriedigen! Ich hoffe aber ein Besseres.
Ihr könntet heut etwa im Garten spielen, denn nach dem gestrigen warmen Regen ist es heut so behaglich lau in der Luft daß ich hier am offenen Fenster sitze u. schreibe; freilich ist es auch nicht übel, daß die Leute mit den zierlichsten Blumenkörben auf allen Straßen umhergehen, um die frischen Veilchen, Rosen u. Nelken anzubieten; vorgestern war ich müde von allen Bildern, Statuen, Vasen u. Museen, beschloß also um 12 bis Sonnenuntergang spazieren zu gehen, kaufte mir einen Strauß von Tazzetten u. Heliotrop u. stieg nun so zwischen den Weinbergen die Hügel hinauf. Es war einer der heitersten Spaziergänge, die ich gemacht habe; es muß einem erquickt u. frisch zu Muthe werden wenn man die ganze Natur um sich her so sieht, u. mir gingen tausend frohe Gedanken im Kopfe herum; da ging ich dann erst nach einem Lustschloß, das *Bellosguardo* heisst, wo man ganz Florenz mit dem weiten Thal vor sich hat, u. wo ich mich über die reiche Stadt u. die dicken Thürme u. Palläste sehr freute, aber am meisten über die unzähligen weißen Landhäuser, die alle Berge u. alle Hügel soweit das Auge reicht bedecken, als ob sich die

Stadt bis über die Gebirge in die Ferne hinausbreitete, u. wenn ich das Fernglas nahm u. in den blauen Dunst längs des Tales hinsah, so war alles immer noch mit weißen Landhäusern u. hellen Puncten dicht besät, u. ich fühlte mich in solchem unabsehbar weiten Kreise von Wohnungen sehr heimisch u. wohl; dann ging ich weit über die Hügel nach dem höchsten Platz, den ich sah, auf dem ein Thurm stand, u. als ich hinkam fand ich die Leute im ganzen Gebäude beschäftigt Wein zu machen, Trauben zu trocknen, Fässer zu flicken; es war *Galileis* Thurm, wo er seine Beobachtungen u. Entdeckungen zu machen pflegte; von oben herunter gab es wieder die weiteste Aussicht, u. das Mädchen, das mich auf das Thurmdach führte erzählte mir in ihrem Dialect eine Masse Geschichten, die ich wenig verstand, schenkte mir nachher von ihren süßen, trockenen Weintrauben, die ich mit Virtuosität fresse, u. so ging ich weiter, nach einem andern Thurm, den ich liegen sah, konnte aber nicht recht hinfinden, suchte gehend auf meiner Carte, u. stieß so auf einen anderen, der auch gehend auf seiner Carte suchte; der Unterschied zwischen uns war nur daß er ein alter Franzose war u. eine grüne Brille trug, u. mich anredete: *è questo S. Miniato al Monte, Signor?* u. mit großer Festigkeit antwortete ich: *Si, Sgnr.*, u. es fand sich, daß ich Recht hatte; zugleich fiel mir *Anna Fränkel* sehr ein, die mir dies Kloster anempfohlen hat u. es ist auch allerdings wunderschön; bedenke nun, daß ich von da nach dem Garten *Boboli* ging u. die Sonne untergehen sah u. daß ich dann den schönsten Mondschein abends hatte, so wirst Du natürlich finden, daß mich der Spaziergang erfrischt hat.
Von den Bildern hier schreibe ich einandermal, denn es ist spät geworden ich muß noch von der Gallerie *Pitti* u. der großen Gallerie Abschied nehmen, u. mir meine *Venus* noch

einmal ansehen, von der man vor Damen freilich nicht sprechen darf, die aber dennoch göttlich schön ist. Um 5 geht der Courier ab, u. so Gott will bin ich übermorgen früh in Rom. Von da aus dann das Weitere. Erlaube mir nun aber eine kleine Episode an Vater einzuschalten: – lieber Vater! Ich habe mir die Freiheit genommen, Dir ein Geschenk zu machen; wenn Du es aber nur nicht übel nimmst, denn es hat leider noch einen Haken. Der hiesige Wein ist nämlich das herrlichste, was ich bis jetzt genossen habe, u. da *Schadow* nun von hier eine Kiste verschickt, so hat er mich beredet auch etwas davon nach Hause zu senden u. hat mir Alles besorgt. Nun ist mir nachher aber eingefallen, daß Dich der Wein am Ende mehr kosten wird, als mich u. obwohl *Martens* mich versichert es würde nicht theuer sein, so habe ich doch einige Furcht, u. bitte Dich also nicht böse zu sein, wenn die Kiste ankommt. Hast Du sie aufgemacht u. den Wein gekostet, so bin ich nicht bange mehr, denn dann wirst Du mich loben; es ist der edelste Wein, den ich kenne, u. ich glaube, daß er gerade Dir sehr schmecken u. auch gut thun wird, denn er soll den Magen stärken. $^2/_3$ ist *Aleatico*, u. $^1/_3$ der Ausbruch davon, sogenannter *Vino santo*. Hoffentlich kommt er Dir aber nicht theuer also bitte sey nicht böse, u. wenn er angekommen, so bitt' ich Dich, einen Theil davon, etwa 8–10 *kleine* (französ.) Flaschen an *Zelter*, u. 5 kleine (ebenfalls französ.) an *Ritz* zu geben. Ich lege an beide ein paar Zeilen mit in die Kiste. Und nun noch ein paar Worte an Euch Alle: schreibt mir viel u. oft nach Rom u. laßt mich von Allem wissen. Lebt sehr wohl u. seyd gesund. Und Du, lieber Paul, sey froh u. denk einmal nach Italien, wie ich nach Deutschland zu Dir denken. Alles Glückliche [unleserlich] Felix

Rom d 8 Nov. 1830.

Heut soll ich nun von den ersten 8 Tagen in Rom schreiben, wie ich mir mein Leben eingerichtet, wie ich dem Winter hier entgegensehe, wie die göttlichen Umgebungen auf mich zuerst eingewirkt haben, und das wird mir etwas schwer. Es ist mir, als hätte ich mich verändert seit ich hier bin, und wenn ich früher meine Ungeduld u. Eile vorwärts zu kommen, u. immer schneller die Reise fortzusetzen, unterdrücken wollte, oder für eine Gewohnheit hielt, so sehe ich jetzt wohl, daß eigentlich nur der lebhafte Wunsch diesen Hauptpunct zu erreichen daran Schuld war; und nun habe ich ihn denn erreicht, und mir ist so ruhig u. froh u. ernsthaft zu Muthe geworden, wie ichs Euch gar nicht beschreiben kann. Was es ist, das so auf mich wirkt, kann ich wieder nicht genau sagen: denn das furchtbare Koliseum, u. der heitere Vatikan, u. die milde Frühlingsluft tragen dazu bey, wie die freundlichen Leute, mein behagliches Zimmer, und Alles. Aber anders ist mir; ich fühle mich glücklich u. gesund, wie seit langem nicht, u. habe am Arbeiten solche Freude u. danach, daß ich wohl noch viel mehr hier auszuführen denke, als ich mir vorgesetzt hatte, denn ich bin schon ein ganz Stück hinein. Wenn nun Gott mir Fortdauer dieses Glücks schenkt, so sehe ich dem schönsten, reichsten Winter entgegen.

Denkt Euch ein kleines, zweifenstriges Haus am spanischen Platz no. 5, das den ganzen Tag die warme Sonne hat, u. die Zimmer im ersten Stock darin, wo ein hübscher Wiener Flügel steht, auf dem Tische liegen einige Portraits von *Palestrina*, *Allegri* etc. mit ihren Partituren, ein lateinisches Psalmbuch um daraus «*non nobis*» zu componiren – daselbst residire ich nun. Am Capitol war es mir zu weit, u.

ich fürchtete vor allem die kühle Luft, von der ich hier freilich nichts zu besorgen habe, wenn ich des Morgens aus dem Fenster über den Platz sehe, u. sich Alles so scharf im Sonnenschein vom blauen Himmel abhebt. Der Wirth ist ehemals Capitain unter den Franzosen gewesen, das Mädchen hat die herrlichste Contraaltstimme, die ich kenne, über mir wohnt ein kön. Preuß. Hauptmann mit dem ich zusammen politisire – kurz, das Local ist gut. Wenn ich Morgens früh nur ins Frühstückszimmer komme, und die Sonne so hell auf die Buttersemmeln scheint (Ihr seht, ich bin zum Poeten verdorben) da wird mir gleich unendlich behaglich zu Sinn, denn es ist doch eigentlich Spätherbst und wer kann da noch Wärme, heitern Himmel oder Trauben u. Blumen bei uns prätendiren? Nach dem Frühstück geht es ans Arbeiten u. da spiele u. singe u. componire ich denn bis gegen Mittag; dann liegt mir das ganze unermeßliche Rom wie eine Aufgabe zum Genießen vor; ich gehe dabey sehr langsam zu Werke u. wähle mir täglich etwas anderes Weltgeschichtliches aus, gehe einmal spazieren nach den Trümmern der alten Stadt, ein andermal nach der Gallerie *Borghese*, oder nach dem Capitol, oder nach Sanct Peter, oder dem Vatikan. Das macht mir jeden Tag unvergeßlich, u. indem ich mir Zeit nehme habe ich jeden Eindruck fester u. stärker. Beim Arbeiten des Morgens möchte ich gern nicht aufhören u. fort schreiben, sage mir aber: du mußt doch auch den Vatikan sehen; wenn ich nun da bin, so möchte ich wieder gerne nicht fortgehen, u. so macht mir jede meiner Beschäftigungen die reinste Freude, u. ein Genuß löst den andern ab. Wenn mir Venedig mit seiner Vergangenheit wie ein Leichenstein vorgekommen ist, wo mich die verfallenden, modernden Palläste u. die fortdauernde Erinnerung an ehemalige Herrlichkeit bald

verstimmt u. traurig gemacht haben, so erscheint mir Roms Vergangenheit wie die Geschichte, ihre Denkmäler erheben, machen ernst u. heiter, u. es ist ein frohes Gefühl daß Menschen etwas hinstellen können, an dem man sich nach 1000 Jahren noch erquickt u. stärkt. Wenn ich mir nun solch ein Bild, u. an jedem Tag ein neues, eingeprägt habe, so ist es meist Dämmerung u. der Tag zu Ende; dann suche ich die Bekannten u. Freunde auf, wir theilen uns mit, was jeder gethan, das heißt hier genossen hat, u. sind vergnügt mit einander; die Abende war ich meist mit *Bendemanns* u. *Hübners*, wo die deutschen Künstler sich versammeln, auch zu *Schadows* gehe ich zuweilen. *Bunsen*[23] ist länger ausgeblieben, als er gewollt hat u. kommt erst diesen Sonnabend d. 13ten wieder, Joh. *Veit*[24] hat mich sehr freundlich empfangen, ich habe bei ihm gegessen u. finde ihn gar nicht so finster, wie ich dachte; eher noch seine Frau.
Eine kostbare Bekanntschaft ist für mich der *abbate Santini*, der eine der vollständigsten Bibliotheken für alte italienische Musik hat, u. mir gern alles leiht u. gibt, da er die Gefälligkeit selbst ist; Abends läßt er sich aber von *Ahlborn* oder mir zu Hause bringen; erstlich weil er sich im Dunkeln allein fürchtet, zweitens weil es einen *abbate* in üble Nachrede bringt, wenn er Abends allein auf der Straße gesehen wird; daß also Kerls wie Ahlborn oder ich einem 60jährigen Geistlichen zur *Dueña* dienen müssen, ist piquant genug. Die Herzoginn von *Dessau* hatte mir eine Liste von alter Musik gegeben, deren Copien sie wo möglich zu haben wünschte; sämtliche Musik hat *Santini* u. da er Geld braucht, ist er mir sehr dankbar für die Gelegenheit die Sachen copiren zu können (wobey der etwas theure Preis sein ganzer Gewinn ist) ich bin ihm sehr dankbar, daß er mir alle diese Werke gleich verschafft, denn ich sehe sie

nun zugleich alle durch u. lerne sie kennen, die Herzoginn wird mir sehr dankbar sein – das letzte ist indessen prekär. Da aber meine Dankbarkeit gewiß ist, so bitte ich Euch im Falle *Röhtel* noch da ist, durch ihn, wo nicht durch die erste andere Gelegenheit mir die 6 Cantaten von Seb. *Bach*, die *Marx* bei *Simrock* herausgegeben hat, oder auch ungedruckte, oder einige der Orgelstücke herzuschicken. Am liebsten wären mir Cantaten; das *magnificat* u. die Motetten u. m. a. besitzt er schon. Er hat «Singet dem Herrn ein neues Lied» übersetzt, u. will es in Neapel zur Aufführung bringen, dafür muß er belohnt werden [...] Zu meinen Hausbehaglichkeiten gehört noch, daß ich zum erstenmal *Goethes* Reise nach Italien lese; u. ich muß Euch gestehen, daß es mir eine große Freude macht, daß er in Rom an demselben Tag ankommt, wie ich; daß er ebenso zuerst aufs Quirinal geht u. dort die Seelenmesse hört; daß ihn auch in Florenz und Bologna die Ungeduld ergriffen hat, daß ihm auch so ruhig u. wie er es nennt, solid hier zu Muth wird; denn alles was er beschreibt, habe ich genau so erlebt, u. das ist mir lieb. Doch spricht er ausführlich von einem großen Bild von Tizian (im Vatikan) u. meint, es sey die Bedeutung nicht herauszukennen, die Figuren ständen nur schön nebeneinander gruppiert, und ich bilde mir ein, einen sehr tiefen Sinn drin gefunden zu haben, u. ich glaube, wer bei Tizian das Schönere findet, hat immer mehr Recht. Denn das ist ein göttlicher Mensch gewesen; wenn er auch nicht Gelegenheit gefunden hat, seinen ganzen Geist so auszubreiten u. zu zeigen, wie Raphael hier im Vatikan, so werde ich doch niemals seine drei Bilder in Venedig vergessen, u. dazu reiht sich auch das im Vatikan an. Aber heut früh war ich zum ersten Male im Vatikan; denkt, was das für ein großes Wort ist!

Wenn einer mit vollem Bewußtsein auf die Welt käme, so müßte ihn Alles umher so lebendig u. heiter anlachen, wie dort die Bilder: die Schule von Athen, u. die Disputa, u. der Petrus die auf einmal unmittelbar wie sie gedacht sind, vor einem stehn, u. dann der Eingang durch die bunten offenen Bogen, wo man zur Seite ins Freie auf den Petersplatz, u. Rom u. das blaue Albaner Gebirge sieht, u. über sich die Gestalten aus dem Alten Testament u. tausend bunte Engelchen, u. Arabesken von Früchten u. Blumengehängen; u. dann muß man erst noch hinauf in die Gallerie. Du mußt aber gerühmt sein, lieber Hensel, denn Deine Copie der Transfiguration ist prächtig; den freudigen Schauder, der mich packt wenn ich ein ewiges Werk zum erstenmal sehe, u. den Grundgedanken, den Haupteindruck davon, habe ich nicht heute, sondern vor *Deinem* Bild empfunden. Der erste Eindruck des heutigen gab mir nur dasselbe, was ich durch Dich schon kannte, u. erst nach langem Betrachten u. Suchen gelang es mir einiges herauszufinden, was mir neu war. Dagegen ist mir die *Madonna von Foligno* im ganzen Glanz ihrer Lieblichkeit erschienen; ich habe einen glücklichen Morgen in der Mitte all' dieser Herrlichkeit gehabt; bei den Statuen bin ich aber noch nicht einmal gewesen; davon bleibt mir der erste Eindruck noch für einen andern Tag. Den 9ten früh. Und so bringt mir jeder Morgen neue Erwartungen, und jeder Tag erfüllt sie mir. Die Sonne hat eben wieder aufs Frühstück geschienen, u. ich will nun ans Arbeiten gehen; sobald eine Gelegenheit geht, schicke ich Dir, liebe Fanny, die Wiener Sachen u. was sonst fertig ist, und Dir, Rebekka unter dem Namen Beckchen mir bekannt, mein Zeichenbuch, es gefällt mir aber diesmal nicht recht, u. ich will hier bei den Landschaftsmalern ihre Skizzen viel sehen, um mir womöglich eine neue Manier zuzulegen, ich habe mir selbst eine erfinden wollen, aber nein. Heut will ich nach dem Lateran u. den Ruinen von alt Rom; Abends bin ich bei einer freundlichen Engl. Familie, die ich hier kennengelernt habe. Aber bitte, schickt mir viel Empfehlungsbriefe, ich möchte gern ungeheuer viel Menschen kennenlernen, namentlich Italiäner. So leb' ich froh drauflos, u. denke Eurer in jedem vergnügten Augenblick. Seid glücklich, u. freut Euch mit mir der Zeit, die sich mir hier aufzutun scheint. Lebt alle wohl. Felix MB

Legt bey *Hensel*, *Reden & Co* ein gutes Wort ein. *Horace V.* ist noch nicht hier, aber wenn er kommt!

Rom d. 16 Nov. 30.

Liebe Fanny

Vorgestern ging keine Post, und reden konnte ich nicht mit Dir, u. wenn ich bedachte der Brief müsse erst noch zwey Tage liegen bleiben, ehe er gar abgehen würde, so war mir das Schreiben auch unmöglich: da hab' ich denn so manchmal an Dich gedacht, habe Dir und uns Allen Glück gewünscht, und habe mich gefreut, daß Du vor so und soviel Jahren um diese Zeit geboren seyst: es giebt einem solch einen Rückhalt, wenn man daran denkt, was für vernünftige Leute in der Welt sind. Du bist aber einer davon, bleib' heiter u. klar u. gesund, verändere Dich nicht bedeutend, viel besser brauchst Du auch nicht zu werden, Dein Glück bleibe Dir treu: das sind denn ungefähr meine Geburtstagswünsche. Denn daß ich Dir auch etwa musikalische Ideen wünschen sollte, ist einem Menschen meines Kalibers gar nicht zuzumuthen; es ist auch nur Ungenügsamkeit, wenn Du Dich über Mangel daran beklagst; *per bacco*, wenn Du Lust hättest, würdest Du schon componieren was das Zeug hält (vgl. Leben eines reisenden Musikanten oder *Felix in Rom*) u. wenn Du nicht Lust hast, warum grämst Du Dich entsetzlich? Wenn ich mein Kind zu päppeln hätte, so wollte ich keine Partitur schreiben, u. da ich *non nobis* componirt habe, so kann ich leider meinen Neffen nicht auf dem Arm herumtragen. Aber im Ernst, das Kind ist noch kein halbes Jahr alt, und Du willst schon andere Ideen haben, als an Sebastian? (nicht Bach.) Freu Du Dich, daß Du es da hast, die Musik bleibt nur aus, wenn sie eben keinen Platz hat, und es nimmt mich nicht wunder, daß Du keine Rabenmutter bist. – Ich wünsche Dir aber doch zu Deinem Geburtstage, was irgend Dein Herz begehrt; ich will Dir also auch ein halb Dutzend Melodien wünschen, es wird aber nichts helfen. Hier in Rom haben wir den 14 November so gefeiert, daß sich der Himmel blau u. festtäglich geputzt hatte, u. schöne warme Luft heruntersandte, da ging man denn sehr behaglich nach dem Capitol in die Kirche, u. hörte eine allzu elende Predigt des Herrn von *Tippelskirch*, der ein recht guter Mann sein mag, der mich aber immer ganz grimmig predigt, u. wenn mich einer an dem Tage auf dem Capitol in der Kirche ärgern kann, so muß er es absonderlich anfangen; nachher ging ich zu *Bunsen*; der eben angekommen war, u. der mich voll Freundlichkeit empfing; seine Frau ist ganz allerliebst und so sehr Englisch, daß mir zuweilen ganz nach vor einem Jahr zu Muthe wurde, da gab es nun viel Schönes, u. Politik u. Bedauern, daß Ihr nicht kämt; gestern Mittag war ich auch da zu Tisch, benahm mich als *gentleman*, führte *Mde. Bunsen* u. machte schöne Conversation (Du siehst ich plaudre; mir ist aber so zu Muthe, *à propos:* mein

Lieblingswerk, das ich jetzt studiere, ist Lilis Park von *Goethe;* namentlich 3 Stellen «Kehr ich mich um u. brumm'», dann «*eh la menotte* etc.» u. besonders «die ganze Luft ist warm, ist blüthevoll» allwo entschieden die Clarinetten eintreten, ich will ein Scherzo für eine Sinfonie draus machen.) aber bei Tische gab es einen deutschen Musiker, o Herre Gott, o Herre Gott, ich wollte ich wär ein Franzos; der Musiker sagte mir: Die Musik muß man doch eigentlich alle Tage handhaben. – Warum? antwortete ich darauf, u. das setzte ihn in Verlegenheit. Er sprach also gleich vom ernsten Streben, u. wie doch Spohr gar kein ernstes Streben habe, wie er aber durch mein *tu es Petrus* ganz deutlich ein ernstes Streben habe durchschimmern sehen. Hätt' es einen Hahnen bei Tisch gegeben, so hätt' ich ihn unterdessen aufgefressen, so mußt' ich *Maccaroni* dafür nehmen, der Kerl hat aber ein Gütchen bei *Frascati,* und ist eben im Begriff die Musik niederzulegen; wer doch auch schon so weit wäre!
Nach Tische kamen alle Preußen, auch ein Musiker, der *Bank* heißt u. einer von den «Männern» bei *Zelters* Freitagen ist; *Betty Pistor* konnte ihn gar nicht ausstehen, er ist klein u. blond u. kahlköpfig; trägt einen spöttischen Schnurrbart, den ich *moustache à peine* nennen möchte; keine Halsbinde; Rom entspricht seinen Erwartungen, aber die päpstliche Kapelle nicht; er hat hier zum erstenmal versucht etwas für Orchester zu schreiben, u. ich habe ihm meine aufrichtige Meinung darüber sagen müssen, ich habe aber doch gelogen; überhaupt, Fanny, wenn Du in die Welt kommst, mußt Du dreimal so viel lügen, als zu Hause, wenigstens durch Schweigen, und zugebendes Kopfnicken, u. ausweichende Gleichgültigkeiten; ich kann es alles dreies aber nicht, u. sie sehen mir immer gleich an, daß

mein Herz schwarz ist. Dann kam *Catel*, *Eggers*, *Senff*, der spöttische Wolff, noch ein Maler, noch 2 Maler u. m. a. Auch mußte ich Clavier spielen, u. sie verlangten Sachen von Seb. Bach, die hab ich ihnen denn reichlich gespielt, u. viel Glück damit gemacht, auch hab ich die ganze Passionsaufführung deutlich beschreiben müssen; denn sie schienen mir kaum recht daran zu glauben; Bunsen besitzt nämlich den Klavierauszug davon, den hat er den Sängern der päpstlichen Kapelle gezeigt, und die haben vor Zeugen ausgesagt, daß dergleichen von menschlichen Stimmen nicht auszuführen sey. Ich glaube das Gegentheil. Übrigens gibt *Trautwein* die Passion nach dem Johannes in Partitur heraus; ich werde mir für *Paris* Hemdknöpfchen *à la Bach* machen lassen. Aber heut führt mich *Bunsen* zu *Baini*[25], den er seit einem ganzen Jahre nicht gesehen hat, weil *Baini* niemals ausgeht, außer um die Beichte zu hören, da er einer der beliebtesten Beichtväter ist; ich freue mich auf ihn, u. nehme mir vor ihn so genau kennenzulernen, als irgend möglich, weil er mir manches Räthsel auflösen wird.

Der alte *Santini* ist immer fort die Gefälligkeit selbst; wenn ich Abends in Gesellschaft ein Stück lobe oder nicht kenne, so klopft er den andern Morgen sehr leise an, u. bringt mir das Stück in sein blaues Schnupftüchelchen gewickelt; dafür begleite ich ihn dann Abends zu Hause, u. wir haben uns sehr lieb. Er hat mir sogar sein 8stimmiges *Te deum* gebracht, und mich gebeten ihm doch einige Modulationen hineinzucorrigiren; es bliebe doch gar zu viel in *g dur;* ich will also sehen, ob ich einiges *amoll* oder *emoll* anbringen kann. Nun wünsche ich nur noch recht viel Italiäner kennenzulernen; denn ein *maëstro* von *S. Giovanni Laterano*, dessen Töchter musikalisch aber nicht hübsch sind, u. bei dem ich eingeführt worden bin, will gar nichts sagen. Wenn Ihr also mir irgend Briefe schicken könnt, so thut es; denn wie ich des Morgens arbeite, Mittags sehe u. bewundere u. so den Tag bis Sonnenuntergang zubringe, so will ich gern Abends mich in der römischen Welt herumtreiben. [...] Das Geschenk, liebe Fanny, was ich Dir diesmal zu Deinem Geburtstage fertiggemacht habe, ist ein Psalm für Chor u. Orchester: *non nobis*, *Domine*. Du kennst den Anfang schon. Eine Arie kommt darin vor, die einen guten Schluß hat, u. der letzte Chor wird Dir gefallen hoff' ich; in der nächsten Woche soll, wie ich höre, eine Gelegenheit gehen, da schick ich Dirs samt vieler andern neuen Musik. Nun will ich die Ouvertüre fertigmachen, u. dann so Gott will an die Sinfonie gehen. Auch ein Clavier Concert, das ich mir für Paris gern schreiben möchte, fängt mir an, im Kopfe zu spuken. Gebe der liebe Gott Gelingen u. frohe Zeit, so wollen wir sie schon genießen. Lebt denn alle wohl u. glücklich. [...] Felix

Rom d. 22 Nov. 30.

Ihr zwei herzlieben Geren

Hiebey ein Privatbrief. Steckt ihn zu Euch und lest ihn niemand vor. Erst will ich Euch loben u. nachher müßt Ihr unglaublich gerüffelt werden. Aber nein. Also will ich erst ein Cantorgesicht machen u. Euch nachher die Wahrheit sagen, was bei andern Leuten schelten heißt, bei Euch aber sehr loben. Hört also zu: Sagt mir einmal, was ist denn das? Seid Ihr dumm geworden? Ist denn der Teufel leibhaftig los? Ihr wißt, wie sehr ich es hasse auf 200 Meilen weit u. über 14 Tage guten Rath zu geben, will es aber einmal selbst thun, denn ich bin weise. Ich glaube nämlich, Ihr macht einen Fehler im Betragen u. zwar denselben den ich auch einmal gemacht habe. (Vielleicht irre ich mich aber.) Ich habe in meinem Leben Vater nicht so verstimmt schreiben gesehen, wie seit ich hier in Rom bin, u. um nun ernsthaft zu werden, so will ich Euch deshalb nicht rüffeln, denn ich weiß ja nicht, wie die Sache ist, aber nur fragen wollte ich Euch, ob Ihr nicht vielleicht durch einige Hausmittel ein bißchen lindern könnt? Ich meine so durch Schonen, u. Nachgeben, u. dadurch, daß Ihr von den Sachen die Seite die der Vater gern hat mehr vorkehrt als die andere u. vieles was ihn ärgert ganz verschweigt, u. statt schändlich sagt unangenehm oder statt prächtig, erträglich. Es hilft zuweilen unglaublich viel, u. ich will also leise anfragen ob nicht auch vielleicht in diesem Falle? Denn abgerechnet die gewaltigen Weltereignisse scheint mir die Verstimmung auch davon herzukommen, wie damals, als ich meine musikal. Thätigkeit auf meinem eignen Wege anfing u. als Vater fortwährend in der übelsten Laune war, auf *Beethoven* u. alle Phantasten schalt, u. mich damit oft betrübt u. oft ungeberdig machte. Es kam eben damals etwas Neues u. das war dem Vater nicht ganz recht u. etwas ängstlich auch wohl, glaub ich; so lange ich denn nun immer meinen *Beethoven* erhob u. pries wurde das Übel ärger u. wenn mir recht ist, wurde ich von Tische einmal gewiesen, nun fiel mir aber ein, ich könnte sehr viel Wahrheit sprechen, u. doch nicht gerade die, die Vater nicht leiden mag, u. da ging es besser u. besser u. endlich gut. Vielleicht habt Ihr ein bißchen vergessen daß Ihr hie und da schonen u. nicht antippen müßt, daß sich Vater für älter u. verstimmter hält, als er es wohl gottlob ist, u. daß es an Uns allen ist, ihm auch einmal nachzugeben u. wenn wir auch das Recht auf unsrer Seite hätten, wie er es oft that. So lobt denn ein

wenig, was er gern hat, u. tadelt nicht, was ihm ans Herz gewachsen ist, namentlich nichts Altes, Bestehendes; lobt auch das Neue nur erst dann, wenn es was in der Welt äußerlich ist u. heißt, zum Beispiel mich, wenn ich Kapellmeister geworden bin, denn bis dahin kommt es immer auf Geschmackssache hinaus, u. zieht mir Vater hübsch in Euern Kreis u. tanzt um ihn herum, kurz sucht wieder einmal auszugleichen u. auszuglätten, u. bedenkt, daß ich, der ich ein gereister Weltmann bin, noch nie eine Familie gefunden habe, die, *alle* Schwächen u. Verdrießlichkeiten u. Fehler *eingerechnet*, so glücklich gewesen wäre, als wir bis jetzt. Ich rechne «nicht Erkennen des Glücks» auch mit hieher, u. wenn wir drüber brummen, auch auf-Brummen; aber dennoch, wie gesagt. Bedenkt also, Ihr lieben Geren allzumal.
Ich vermuthe, alles dies sey fast elend, u. passe gar nicht hieher, denn Ihr seid noch immer so klug, als ich, indes mußt' ich es doch sagen u. will es also hiemit schön gesagt haben: antwortet mir aber nicht hierauf, denn das kommt erst in 4 Wochen an u. dann gibt es schon wieder was Neues; ihr braucht auch gar nicht zu antworten, denn wenn ich dumm war, so will ich mir keine geistigen Prügel von Euch ausbitten, u. sprach ich schön, so folgt meinen guten Lehren. Ferner rüffele ich Dich, Fanny, daß Du so auf die Akademie schimpfst; *Rungenhagen* ist wahrhaftig ein ganz anderer Kerl als *Baini*, [...] u. *Mantius* besser als irgendein schwarzröckiger Tenor mit Tonsur; freue Dich Beckchen, daß Du Deine Sentimentalität suchst; bist Du in der Welt um sentimental zu sein? Wetter! Lerne die Trompete blasen oder freu Dich sonst Deines Lebens auf eclatante Art! Nun will ich Euch aber die Wahrheit sagen: Ihr seid prächtiges Volk.

23sten.

Verflucht! Eben wollte ich an den Hebriden arbeiten, u. da kommt Herr *Bank*, ein Musiker aus *Magdeburg*, spielt mir ein ganzes Liedbuch u. ein *Ave Maria* vor, u. bittet mich um meine Meinung drüber zur Belehrung. Ich komme mir vor, wie Nestor im Polrock u. habe ihm eine kümmerliche Rede gehalten; um Eure Lobsprüche seid Ihr auch nun gekommen; ich um mein *hmoll;* er um seine Belehrung, und um einen Morgen in Rom ist es auch Schade. Der Choral «Mitten wir im Leben sind» ist seitdem fertig geworden; er ist wohl eins der besten Kirchenstücke die ich gemacht habe, u. brummt bös oder es pfeift dunkelblau. Wenn die Hebriden fertig sind, so denke ich mich an *Salomon* von Händel, dessen Partitur mir *Santini* gegeben hat, zu machen, u. ihn für eine künftige Aufführung fertig einzurichten mit Abkürzungen u. allem. Sprecht aber hievon nicht, sonst kommt Hans Taps oder sonst jemand Kleines, friesirt das Ding mit Flöten, u. verdirbt den ersten Knalleffect; vielleicht schreibe ich selbst darüber an *Zelter;* Ihr Geren aber gebt der Welt das erste Beispiel. Nach dieser Arbeit denke ich die Weihnachtsmusik «vom Himmel hoch» u. die amoll Sinfonie zu schreiben; dann vielleicht einige Sachen fürs Clavier u. ein Concert u. s. w. wie es kommen will. Mit *Bendemanns* u. *Hübners* u. den jungen Malern lebe ich lustig u. froh, es ist eine muntere Nation, (Herr Gott, eben kommen sie alle angerückt, *Schadow* an der Spitze u. fordern mich auf, zu *Camuccini* mit ihnen zu gehen, und in 1/2 Stunde geht die Post.) Liebe Geren, ich will fort aus der Thüre, es fängt ohnehin an mich zu frieren, weil das Wetter heut *brutto* ist, u. wenn die Sonne hinter den Wolken steht, ist es so viel als habe ich in Berlin nicht eingeheizt. Da sitzt der bärtige *Hildebrand* u. hat mir neulich gestanden, Beckchen, er habe sein kleines Bild nicht wie ich ihn fragte, für den Kunstverein, sondern als ein Geschenk an «jemand» gemacht. O Welt! O Jammer! Der Brief ist zwar kurz, aber was thut es? Das nächstemal kommt ein längerer.

D. 25sten

Ich konnte es eben nicht über das Herz bringen, einen so dünnen kurzen Privatbrief zu Euch zu schicken, drum behielt ich ihn lieber noch 2 Tage bei mir, u. schreibe den Bogen nun gar hinaus. Heute vor einem Jahr erlebte ich in *Maastricht* meine Geschichte ohne *pointe*, fand eine warme Stube, Leute, die mich zum erstenmal wieder deutsch anredeten, u. componirte ein Lied aus g-moll mit Flöten «so mancher zog ins Weite». Ich fuhr an dem Tage auch durch Tongres Löwen etc. Wie es jetzt da aussieht! Ich glaube in ganz Holland componirt jetzt kein Mensch ein Liederspiel. Das meinige habe ich aber nicht weniger lieb, als Ihr, u. spielte auch neulich daraus, möchte es gern einmal wieder von Euch hören, oder doch wenigstens jemand vorspielen können. Das fehlt mir nämlich sehr hier; ich habe keinen Bekannten, dem ich so das Neue mittheilen kann, der mit in die Partitur zu kucken oder einen Baß oder eine Flöte mitzuspielen versteht, u. wenn ein Stück fertig ist so muß ich es in den Kasten legen, ohne daß sich einer daran freut; das vermisse ich freilich sehr; ich bin darin in London verwöhnt worden; denn einen Freund wie *Klingenmann*, der so eigentümlich, so frisch und fruchtbar ist u. doch zugleich eine feine Seele inne hat u. ferner Leute wie *Rosen* und *Mühlenfels* u. die andern, treffe ich doch wohl nicht wieder zusammen; u. sie laufen hier nicht auf der Straße umher; da muß man immer nur halb reden um die bessere Hälfte zu verschweigen, während man dort halb redete, weil sich

die andere Hälfte von selbst verstand u. der andere sie schon wußte. Das ist aber eben halb Welt. Und freilich ist es herrlich hier; die warme Sonnenluft könnte einen schon allein erquicken, u. die alten Kunstwerke thun auch das Ihrige, dazu die Hände voll zu thun u. viel freundliche, wohlwollende Menschen – da ist es auch nicht schwer zufrieden sein. Neulich waren wir junges Volk in Albano; fuhren des Morgens früh bei heiterstem Wetter weg, unter der großen Wasserleitung, die sich scharf dunkelbraun vom klaren Himmel abschnitt, ging der Weg durch bis nach *Frascati*, von da nach einem Kloster *grotta ferrata*, wo es schöne Wände von Domenichino gibt, dann nach *Marino*, das sehr malerisch auf einem Hügel liegt, über den der Weg führt, unten ist ein Brunnen, wo die Mädchen klatschten und wuschen [. . .]; im Wäldchen von Albano tanzten Emil u. ich immer fort u. so kamen wir nach Castel *Gandolfo* am See; alle die Gegenden sind, wie mein erster Eindruck in Italien; keineswegs schlagend oder so auffallend schön, wie man sie sich denkt, auch weiter nicht sehr out of the way, aber so wohlthuend, u. befriedigend, alle Linien so sanft malerisch, u. ein so vollkommenes Ganzes mit Staffage u. Beleuchtung u. allem. Hier muß ich meinen Mönchen eine Lobrede halten; die machen immer gleich ein Bild fertig, u. geben dem Ganzen Stimmung u. Farbe mit ihren mannigfaltigen Kleidern u. dem andächtigen stillen Gang u. der dunklen Miene.
Von Cast. *Gandolfo* nach *Albano* geht eine schöne schattige Allee von immergrünen Eichen am See hin, u. da wimmelt es nun von Mönchen aller Art, die die Gegend beleben oder auch einsam machen; nahe an der Stadt gingen ein paar Bettelmönche spazieren, weiterhin kam ein ganzer Trupp junger Jesuiten, dann lag ein eleganter, junger Geistlicher

im Gebüsch u. las, weiterhin standen ein Paar im Walde mit Flinten u. lauerten Vögeln auf; nun kommt ein Kloster, um welches eine Menge Kapellchen im Kreise stehen; da war es erst ganz einsam, dann kam aber ein dummer schmutziger Kapuziner heraus, ganz mit dicken Blumensträußen beladen, u. steckte sie vor die Heiligenbilder rings, u. kniete erst vor jedem hin ehe er es putzte; wir gingen weiter u. begegneten zwei alten Prälaten in eifrigem Gespräch begriffen, im Kloster vor *Albano* wurde zur Vesper geläutet, u. sieht man sich nach dem höchsten Berge um, so steht ein Passionistenkloster darauf. Die dürfen nur eine Stunde täglich sprechen, u. beschäftigen sich nur mit der Leidensgeschichte; ganz seltsam begegnete uns in *Albano* mitten unter den Mädchen mit ihren Krügen auf dem Kopfe, unter den Kraut- und Blumenhändlern, im Gedränge und Geschrei solch ein kohlschwarzer, stummer Mönch, der seine Reise nach Hause auf den *Mte Cavo* antrat. So haben sie die ganze herrliche Gegend in Besitz genommen, u. bilden eine sonderbare melancholische Grundfarbe, zu allem Lustigen, Freien, Munteren u. zu der ewigen Heiterkeit, die die Natur giebt. Es ist als brauchten die Menschen hier deswegen ein Gegengewicht. Das ist nun aber gar nicht meine Sache, u. ich brauche keinen Contrast, um mich an dem zu freuen, was ich habe u. s. w. [. . .] Bleibt heiter u. dieselben! Das Übrige tut der Himmel. Lebt wohl.[26] F.

Rom 7 Dez 1830.

Ihr Lieben

Gestern kam Euer Brief vom 23sten v. M. u. heute ist es ein Jahr, daß ich in einer kleinen Postchaise durch den Schnee Carriere zu Euch fuhr, u. Schokolade aß weil ich zu anderem keine Zeit hatte. Es wäre mir lieb, wenn Weihnachten, Neujahr u. mein Geburtstag diesmal ausfielen, denn mich graut sehr davor; zum ausführlichen Brief, den ich schreiben wollte komme ich auch heut nicht; Gott weiß, wie die Zeit hier verfliegt [...] In dieser Woche habe ich mehrere sehr liebenswürdige (auch schöne) englische Familien kennengelernt, die mir auch wieder vergnügte Abende im Winter versprechen; mit *Bunsen* bin ich sehr viel; auch *Baini* denke ich recht auszukosten, er ist der pfiffigste Pfaff, den man sich denken kann, der beliebteste Beichtvater von Rom, macht einen künstlichen Heiligenschein um sich her, u. ich glaube er hält mich für einen *bruttissimo tedesco*, so daß ich ihn ganz prächtig kennenlernen kann; mit seinen Compositionen freilich ist es nicht weit her, u. so überhaupt mit der ganzen Musik hier. Am Sinne möchte es wohl nicht fehlen, aber es fehlt an den Mitteln gänzlich: die Orchester unter allem Begriff, weder Clavierspieler noch Claviere, als *prima donna assoluta* ist Mlle *Carl* für die ganze Saison an den beiden Haupttheatern engagiert, ist schon eingetroffen u. fängt an *la pluie & le beau temps* zu machen, die päpstlichen Sänger sogar werden alt, sind fast ganz unmusikalisch, treffen selbst die herkömmlichen Stücke nicht richtig, u. der ganze Chor besteht aus 32 Sängern, die aber nie zusammen sind, Concerte werden in der sogenannten Philharmonischen Gesellschaft gegeben, aber nur am Clavier, Orchester ist nicht dabey u. als sie neulich versuchen wollten die Schöpfung von *Haydn* zu geben, so hielten es die Instrumente für unmöglich, sie zu spielen; wie die Blasinstrumente gar klingen davon hat man in Deutschland nirgends eine Ahndung. Da nun der Papst gestorben ist, den 14ten das Conclave anfängt, u. also mit den Ceremonien der Beerdigung u. denen der Erhebung des neuen Papstes ein großer Teil des Winters hingeht u. für alle Musik u. größere Gesellschaft verloren wird, so zweifle ich fast, daß ich hier zu einer ordentlichen öffentlichen Unternehmung kommen werde; bin auch wenig betrübt darüber, denn innerlich genieße ich hier so viel u. mannigfaches, daß es wohl wenig Schade ist, wenn ich es eine Weile mit mir herumtrage u. zu verarbeiten suche. Die Aufführung der Graunschen Passion in Neapel u. namentlich die Übersetzung von Seb. Bach zeigen nur, wie das Rechte dennoch durchdringen *muß*, den lebendigen Sinn der Leute werden sie nicht ergreifen u. nicht entzünden; aber es ist damit nicht schlechter als mit dem Sinn für alle anderen Künste, eher noch besser; denn wenn man einen Teil der Logen von Raphael durch eine unsägliche Roheit u. einen unbegreiflichen Barbarismus weggekratzt sieht, um Inschriften mit Bleistift Platz zu machen, wenn der ganze Anfang der aufsteigenden Arabesken völlig vernichtet ist, weil Italiäner mit Messern u. Gott weiß wie ihre erbärmlichen Namen eingeschnitten haben, wenn einer unter den Apoll von *Belvedere* mit großer Emphase u. noch größeren Buchstaben hinmalt: *Christus!* wenn mitten vor dem Jüngsten Gericht von Michelangelo ein Altar aufgerichtet ist, so groß daß er gerade die Mitte des Bildes überdeckt u. so das Ganze stört, wenn durch die herrlichen Säle der *villa Madama*, wo *Giulio Romano* die Wände gemalt hat, das Vieh getrieben und Kraut darin aufbewahrt wird bloß aus Gleichgültigkeit gegen das Schöne: – so ist das wohl noch viel schlimmer als schlechte Orchester, u. Maler muß das mehr schmerzen, als mich erbärmliche Musik. Das Volk ist wohl innerlich angegriffen u. zerstreut: sie haben eine Religion u. glauben sie nicht, sie haben einen Papst u. Vorgesetzte u. verlachen sie; sie haben eine glänzend helle Vorzeit u. sie steht ihnen fern: da ist es kein Wunder, wenn sie sich nicht an der Kunst erfreuen, wenn ihnen sogar Alles Ernstere gleichgültig ist. Die Indifferenz bei dem Tode des Papstes, die unziemliche Lustigkeit bei den Ceremonien ist wirklich entsetzlich: ich habe die Leiche auf dem Paradebett gesehen u. die Geistlichen die umherstanden flüsterten fortwährend mit einander u. lachten dann auf, jetzt wo für seine Seele Messen gelesen werden zimmern sie in derselben Kirche fortwährend am Gerüste des Katafalks, so daß man vor dem Hallen der Beilschläge, vor dem Lärmen der Arbeitsleute, vom Gottesdienst nichts hören kann; sobald die Cardinäle im Conclave sind kommen die Satyren auf sie heraus, wo sie dann z. B. die Litaney parodiren u. statt der Übel um deren Ende sie bitten, immer die Eigenschaften der wohlbekannten Cardinäle nennen oder wo sie eine ganze Oper von Cardinälen aufführen lassen, wo einer der *primo amoroso*, ein anderer *tiranno assoluto*, ein dritter Lampenputzer ist u. s. f. So kann es nicht sein, wo die Leute sich an Kunst erquicken sollen. Früher war es nicht besser, aber sie haben daran geglaubt, u. das macht den Unterschied. Die Natur aber u. die warme Decemberluft u. die Linie von den Albanerbergen bis ins Meer hinunter das ist Alles noch so geblieben, da können sie keine Namen einschneiden u. keine Inschriften dichten – da genießt jeder frisch u. für sich allein, und das ist es, woran ich mich halte. Ein Mensch fehlt mir hier, dem ich Alles sehr offen mittheilen könnte, der meine Musik im Entstehen läse u. mir doppelt lieb machte, bei dem ich mich so recht vollkommen erholen u. ausruhen u. recht aufrichtig von ihm lernen könnte (er brauchte drum gar nicht ein sehr weiser Mann zu sein), da aber die Bäume nicht in den Himmel wachsen sollen, wie es heißt, so wird der Mensch wohl sich hier nicht finden u. ein Glück, was ich sonst überall in sehr reichem Maaße hatte, wird mir gerade hier fehlen. Muß also hier für mich brummen, und es wird schon so recht sein. Am nächsten Sonnabend ist Dein Geburtstag, lieber Vater; ein Geschenk werde ich Dir diesmal nicht bringen können, u. wie mein Glückwunsch herzlich zu Dir geht, weißt Du, an dem Tage nun freilich wohl noch eigentlicher, weil ich ihn bis jetzt immer mündlich gebracht hatte. Es ist aber dafür gesorgt, daß die Bäume nicht in den Himmel wachsen.

F.

Rom d. 10 Dec. 1830.

Lieber Vater

Dem Tage nach ist es heute ein Jahr, daß wir Deinen Geburtstag bei *Hensels* feyerten; und da lass mich thun, als wär es jetzt wieder so, u. lass mich Dir einiges aus Rom erzählen, wie damals aus *London*. Als Geschenk denke ich morgen meine alte Ouvertüre Zur einsamen Insel[27] fertig zu schreiben und wenn ich dann darunter setze den 11ten Dec. u. das Heft in die Hand nehme so ist mir als sollte ich es Dir gleich geben; Du würdest dann freilich wohl sagen: Du könnest es nicht lesen, aber ich hätte Dir doch das beste gebracht, was ich machen kann; u. wenn mir an jedem Tage wohl schon so ist, als müßte ich das thun, so ist es doch mit einem Geburtstag was Eigenes; ich wollte, ich wäre da. Von meinem Glückwunsch laß mich schweigen; Du weißt ihn ja u. weißt, wie ich u. wir Alle an Dein Glück und Deine Heiterkeit gebunden sind u. daß ich Dir nichts wünschen kann, was uns nicht Allen doppelt zutheil würde. Heute ist Feyertag, ich freue mich, wenn ich denke, wie froh es bei Euch aussehen muß. Und indem ich Dir erzähle, wie glücklich ich hier lebe, ist es mir auch, als brächte ich Dir einen Glückwunsch. Wirklich ist für mich eine Zeit, wie diese, wo sich Ernst u. Annehmlichkeit vereinigen, sehr erquickend u. wohlthuend. Jedesmal wenn ich in mein Zimmer trete, freue ich mich von neuem daß ich nicht den folgenden Tag weiter muß, daß ich so Manches ruhig auf Morgen verschieben darf, daß ich in Rom bin. Was mir die Zeit her durch den Kopf fuhr, wurde gleich wieder von Anderem verdrängt u. die Eindrücke jagten einander, während sich hier Alles gehörig ausbreiten kann. Ich glaube, daß ich noch nie mit so vieler Lust gearbeitet habe, u. wenn ich alles ausführen soll, was ich mir vornehme, so muß ich den ganzen Winter dabey bleiben. Freilich entbehre ich die große Freude, das Fertige einem mitzutheilen, der sich daran freut u. darauf eingeht, aber das treibt mich gerade wieder zum Arbeiten, weil mir selbst Alles am besten gefällt, solange ich mitten drin bin. Und nun verknüpft sich das mit den vielen Feierlichkeiten, Festen aller Art die für ein Paar Tage einmal das Arbeiten verdrängen und da ich mir vorgenommen habe soviel ich kann alles zu sehen u. zu genießen lasse ich mich durch die Arbeit nicht hindern, und komme dann desto frischer wieder dazu zurück. Es ist wahrlich ein herrliches Leben.

Mit der Gesundheit geht es mir ganz wohl, nur greift mir die warme Luft namentlich der *Scirocco,* die Nerven sehr an u. ich muß mich hüten Abends spät u. viel Clavier zu spielen, auch wird es mir jetzt leicht für ein paar Tage dem zu entgehen, weil ich in der vorigen Woche fast jeden Abend habe spielen müssen. *Bunsen,* der mich immer ermahnt, ja nicht zu spielen, wenn es mir nicht gut wäre, gab gestern eine große Gesellschaft u. da mußte ich doch heran. Es war mir auch lieb, weil ich mehrere angenehme Bekanntschaften dadurch gemacht habe, u. weil namentlich *Thorwaldsen*[28] sich so freundlich gegen mich ausgesprochen hat, daß ich ganz stolz darauf bin, da ich ihn als einen der größten Männer verehre u. immer bewundert habe. Er ist ein Mensch wie ein Löwe, u. es erquickt mich, wenn ich nur sein Gesicht ansehe: man weiß da gleich, daß er ein herrlicher Künstler sein muß u. er sieht so klar aus den Augen, als müßte sich Alles gleich in ihm zu Form und Bild gestalten. Dazu ist er ganz sanft u. freundlich u. mild, weil er so sehr hoch steht, und doch glaub' ich, daß er sich an jeder Kleinigkeit erfreuen kann; es ist für mich ein wirklicher Genuß einen großen Mann zu sehen, u. zu denken daß der Urheber von Dingen, die ewig bleiben sollen, in seinem Leben u. mit seiner Eigenthümlichkeit vor mir steht, u. ein Mensch ist, wie die andern eben auch.

Den 11ten Morgens. Nun ist der eigentliche Geburtstag; es sind mir eben ein Paar Noten dazu eingefallen, u. wenn sie auch nichts taugen, so war gewöhnlich an meinem Glückwunsch auch nicht viel, Fanny mag den zweiten Teil dazu machen, ich schreibe nur was mir in den Sinn kam, als ich eben wieder in die Stube trat, wo die Sonne wieder schien, u. Dein Geburtstag war:

Ich will aber in meiner Erzählung fortfahren; die *Soirée* bei *Bunsen* war überhaupt sonderbar u. ganz mit Erinnerungen angefüllt; erstlich gab er mir Deinen Brief vom 22ten als ich hereintrat, den las ich nun ruhig im Zimmer wo die Bilder, Kupferstiche u. Zeitungen für die Gesellschaft ausgebreitet liegen, u. als ich damit fertig war, schlug ich ein elegantes großes Etui auf, um zu sehen was es enthielte; darin fand ich eine wunderhübsche Zeichnung von *Bunsens* Familie, und ich wußte sehr genau wer sie gemacht hatte, wenns auch nicht WH in einer Ecke gestanden hätte, die Geschwister sahen alle so hübsch u. fein aus, u. waren so mancherley Beziehungen darin; dann wollte ich in der Staatszeitung blättern, aber das erste was mir darin auffiel, war daß *Marx* Professor geworden sey; nun kam Frau v. *Lottum* herein, und *Rietz*, der mich nicht zu ihr unter den Linden lassen wollte, muß nun erleben daß ich ihre Bekanntschaft auf dem Capitol mache; von Mlle *Carl* die von ihrer Correspondentin, der *Pasta*, u. ihrem Freund Rubini viel zu erzählen wußte, schweige ich lieber; endlich wurde ich einem jungen Musiker aus Kopenhagen, Herrn *Lüders*, vorgestellt u. der brachte mir viele Grüße von *Delphine Schauroth*, Bärmann und andern Münchner Freunden, die er vor einigen Wochen noch gesehen hatte; es war ein seltsames Zusammentreffen so vieler Umstände, die mich zugleich an meine Entfernung u. an die frohe Zeit, die ich an so verschiedenen Orten erlebt habe, erinnerten; wenn ich an die Menschen denke, die ich seit zwei Jahren kennengelernt, u. in deren Kreisen ich mich wohlgefühlt habe, u. wenn ich dann ersehe, wie sie immer in derselben Art seither fortgelebt haben u. sich meiner auch noch erinnern, so ist das ein ganz wunderliches Gefühl; mir kommt zuweilen dann diese ganze Reise wie ein bunter Traum vor. Ich sollte Dir wohl dergleichen nicht schreiben, lieber Vater, denn ich glaube, Du liebst es nicht, aber mir ist gerade so zu Muthe, u. da geht die Feder über. Eben war Bunsen hier, u. läßt Dich sehr grüßen u. Alles Glück Dir wünschen. Er ist gegen mich die Freundlichkeit u. Aufmerksamkeit selbst u. ich denke wir vertragen uns sehr gut, da Du mich danach fragtest. *Pölchau* hast Du mir mit ein paar Worten in seiner ganzen Unliebenswürdigkeit wieder ins Gedächtnis gerufen; freilich ist der *abbate Santini* gegen ihn ein obscurer Mann, denn er macht sich nicht durch Ungefälligkeit u. Wichtigthuerey bedeutender, als er ist; gerade aber wie *Pölchau* einer von jenen Sammlern ist, die einem die Gelehrsamkeit u. die Bibliotheken durch ihre Engherzigkeit zuwider machen, so ist *Santini* ein rechter Sammler im besten Sinne des Wortes. Ob seine Sachen großen Werth an Geld haben, ist ihm einerley, drum gibt er alles ohne Unterschied gern weg, u. sucht nur immer Neues zu bekommen, denn ihm liegt nur an Vollständigkeit u. der dadurch möglichen Verbreitung u. allgemeinen Kenntnis seiner alten Musik. Ich habe ihn noch nicht seitdem gesehen, weil er jetzt alle Morgen *ex officio* in seinem violetten Kleide in *St. Peter* figurieren muß; aber wenn er sich eines alten Textes bedient hat, wird er es ohne Weiteres sagen, denn es liegt ihm sehr wenig dran, der erste zu sein: er ist eigentlich ein beschränkter Mensch, u. das halte ich in einem Sinne für ein großes Lob, denn wie er kein musikalisches oder sonstiges *lumen* ist u. auch außerdem mit dem Klosterbruder der immer ergründen will, viele Ähnlichkeit hat, so weiß er sich genau auf seine Sphäre zu beschränken, die Musik interessiert ihn eigentlich nicht viel, sobald sie nur in seinem Schranke steht, u. er ist u. hält sich für nichts als einen ruhigen fleißigen Arbeiter. Daß er langweilig ist u. auch zuweilen nicht ohne einige Schärfe muß man freilich zugeben; wenn aber ein Mensch eine bestimmte Richtung hat u. verfolgt u. sie nach Kräften ausbildet, u. damit den andern Menschen zu nützen u. die Sache weiter zu bringen sucht, so habe ich ihn lieb, u. glaube, daß ihn ein jeder achten soll, einerley, ob er langweilig oder angenehm sey. Ich wollte, Du läsest das *Pölchau* vor. Mich macht es jedesmal innerlichst grimmig, wenn Menschen, die gar keine Richtung haben, sich damit abgeben wollen, über andere zu urtheilen, die etwas wollen, u. sey es das Kleinste, u. ich habe deshalb einem Musiker hier neulich in einer Gesellschaft nach Kräften gedient. Der wollte nun gar über *Mozart* sprechen, und heißt Herr *Georg*, u. weil Bunsen u. seine Schwester *Palestrina* lieben, suchte er sich bei ihnen dadurch einzuschmeicheln, daß er mich zum Beispiel fragte: was ich denn über den guten

Mozart mit seinen Sünden dächte? Ich antwortete ihm aber: ich meinestheils ließe gleich meine Tugenden im Stich u. nähme seine Sünden dafür, wie tugendhaft *er* sey könne ich aber freilich nicht bestimmen. Die Leute fingen entsetzlich an zu lachen u. hatten ihre Freude daran. Daß solch Volk sich nicht einmal vor den großen Namen scheuen will; indes ist es ein Trost, daß es in allen Künsten dasselbe ist, da die Maler es hier nicht besser machen. Es sind furchtbare Leute, wenn man sie in ihrem Café *Greco* sitzen sieht; ich gehe auch nie hin, weil mich zu sehr vor ihnen graut u. vor ihrem Lieblingsort; das ist ein kleines finsteres Zimmer, etwa 8 Schritt breit, u. auf einer Seite der Stube darf man Tabak rauchen, auf der andern aber nicht und 8 Schritt ist es breit; da sitzen sie denn auf den Bänken umher, mit den breiten Hüten auf, große Schlächterhunde neben sich, Hals, Backen, das ganze Gesicht mit Haaren zugedeckt, machen einen entsetzlichen Qualm (nur auf der einen Seite) schreien deutsch sagen einander Grobheiten; die Hunde sorgen für Verbreitung von Ungeziefer, eine Halsbinde, ein Frack, Neuerungen, was der Bart vom Gesicht frey läßt, das versteckt die Brille – furchtbar sehen die Künstler aus; u. so trinken sie Caffee u. sprechen von Titian u. Pordenone, als säßen die neben ihnen u. trügen auch Bärte u. Sturmhüte. Dazu machen sie so kranke Madonnen, schwächliche Heilige, Milchbärte von Helden, daß ich mitunter Lust bekomme sie zu prügeln, um zu sehen welches eigentlich ihr Ernst ist. Auch das Bild von Titian im Vatikan, nach dem Du mich frägst, scheuen die Höllenrichter nicht, es hat ja keinen Gegenstand u. keine Bedeutung sagen sie, u. daß ein Meister, der sich lange Zeit voll Liebe u. Andacht mit einem Bilde beschäftigt, doch wohl so weit müsse gesehen haben als sie mit ihren bunten Brillen, das fällt keinem ein. Und wenn ich mein Lebelang nichts weiter thun könnte, so wöllte ich allen denen die vor ihren Meistern keinen Respekt haben die herzlichsten Grobheiten sagen, dann hätt' ich schon ein gutes Werk gethan. So stehen sie aber u. sehen diese Pracht der Erscheinungen, von der sie keine Ahndung haben, u. wagen dann sie zu beurtheilen; auf dem Bilde sind drei Stufen, oder Stadien oder wie Du es sonst nennen willst, angenommen (wie auf der Transfiguration auch) Unten stehen Märtyrer u. Heilige, alle leidend, duldend u. gedrückt vorgestellt, es liegt auf allen Gesichtern Schwermuth fast Ungeduld, einer in einem reichen Bischofskleide blickt sogar mit der lebhaftesten schmerzlichen Sehnsucht in die Höhe, als ob er weinte, und doch kann er nicht sehen, was über ihnen allen schon schwebt, u. was wir wissen, die wir vor dem Bilde stehen; über ihnen nämlich in einer Wolke, sitzt die Maria mit dem Kinde voll Heiterkeit u. von Engeln umgeben, die viele Kränze gewunden haben, u. das Jesuskind hält einen davon u. es ist als möchte es die Heiligen unten gleich bekränzen u. als hielte die Mutter es für den Augenblick noch zurück. Der Contrast von dem Schmerz u. Leiden unten, wo der heil. Sebastian so finster u. fast gleichgültig aus dem Bilde heraussieht, gegen die hohe ungetrübte Heiterkeit in den Wolken, wo ihnen die Kränze schon bereit sind thut ganz herrlich; hoch über der Gruppe der Maria schwebt noch der heil. Geist, von dem ein helles strahlendes Licht sich ausbreitet, u. so macht er den Schlußstein des Ganzen. Eben fällt mir noch ein, daß *Goethe* im Anfang seines ersten Aufenthalts in Rom das Bild beschreibt u. bewundert. Doch habe ich das Buch nicht mehr hier u. kann es also nicht nachlesen, inwiefern es mit meiner Erzählung stimmt; er spricht ausführlich davon; es war damals im Quirinal u.

ist erst später nach dem Vatikan gekommen. Ob es nun auf Bestellung gemacht ist, wie jene behaupten, oder weshalb sonst, ist ganz einerley, er hat seinen Sinn und seine Poesie hineingelegt u. so ist es sein eigen geworden. Schadow, mit dem ich oft und gern zusammen bin, weil er überhaupt u. namentlich in seinem Fache sehr mild klar u. ruhig urtheilt u. mit Bescheidenheit Alles Große erkennt, meinte neulich Titian habe nie ein gleichgültiges u. nie ein langweiliges Bild gemalt, u. ich glaube er hat Recht; denn Leben u. Begeisterung u. die gesundeste Kraft spricht aus Allem, was er dargestellt hat, u. wo die sind, da ist's gut sein. – Man kann sich hier von den Menschen immer an der Umgebung erholen, wie in Berlin oft umgekehrt. – Eben empfange ich Deinen Brief vom 29sten v. M. u. es freut mich herzlich manches was Du drin frägst schon beantwortet zu haben. Namentlich warnst Du mich «vor dem wüsten Kneipen und dem Cafeehausleben der deutschen Künstler hier», u. es ist hübsch, daß ich gerade zufällig auf der vorigen Seite drüber mein Herz ausgeschüttet habe; was ich über den Titian im Vatikan denke, werde ich in den nächsten Tagen nach Weimar schreiben, vorher noch (hoffentlich übermorgen) an Zelter mit den verlangten Briefen. Was die Lieder betrifft, so möchte ich Dich bitten, sie, falls sie noch nicht fortgeschickt sind, mir aufzuheben, bis ich Euch einmal wieder näher komme, der Plan der Sinfonie ist bey mir noch sehr im weiten Felde u. durch die neue Revolution gerade so sehr verrückt, daß ich nicht weiß, wie u. ob ich je dazu kommen werde, zunächst stehen mir noch zwei andere Sinfonien, eine aus Schottland, eine aus Italien vor u. selbst ehe ich zu denen komme, habe ich noch viel zu thun; auch die Briefe geben gar keine Eile; ich habe fast mehr Bekanntschaften gemacht, als mir lieb ist, weil

das späte Aufbleiben u. Musiciren mir zu Rom gar nicht paßt, u. so kann ich sie nun mit Geduld erwarten; es ließ sich früher nicht so an, u. daher bat ich so dringend darum. Nur was Du mir von den Cotterien sagst, denen ich nun entwachsen sey, kann ich nicht recht verstehen; denn ich weiß, daß ich u. wir alle immer das, was man gewöhnlich so nennt, eine abgeschlossene, an Absonderlichkeiten klebende, leere Geselligkeit von Herzen gehaßt u. gefürchtet haben; es ist aber wohl fast natürlich, daß unter Menschen, die sich täglich sehen ohne daß ihr Interesse sich verändert, denn auch die Theilnahme an dem Öffentlichen fehlen muß, wie es denn in Berlin, das Theater ausgenommen, wohl der Fall ist daß sich bei denen eine lustige, heitere, eigne Art über Dinge zu sprechen, leicht bildet, u. daß so eine besondere, vielleicht auch einförmige Sprache entsteht; aber das kann noch keine Cotterien machen, und ich glaube gewiß, daß ich nie zu einer Cotterie gehören werde, ich mag nun in Rom oder in Wittenberg sein; es freut mich, daß das letzte Wort welches ich schrieb ehe Dein Brief kam war, daß man sich in Berlin von der Umgebung an den Menschen erholen müsse, u. das zeigt wohl, daß ich nicht dem Cotteriengeist das Wort reden möchte, da der die Menschen von sich entfernte. Es thäte mir leid, wenn Du von mir oder irgend einem von uns so etwas anderes als augenblicklich bemerken könntest. – Verzeihe mir, lieber Vater, daß ich mich so heftig dagegen vertheidige, aber mir ist schon das Wort im Innersten zuwider, u. Du schreibst mir ja selbst in dem Briefe, ich solle immer gerade heraus reden, wie es mir zu Muth ist; da nimm es mir denn nicht übel. [. . .]
Das ist nun aber das Schöne u. Einzige hier: daß man lauter Sachen sieht, die tausendmal beschrieben, besprochen,

gemalt, beurtheilt sind, gut u. schlecht, von den größten Meistern u. den kleinsten Schülern, lobend u. tadelnd; und daß die Sachen dennoch einen so frischen u. erhebenden Eindruck machen, daß sie jeden nach seiner Eigenthümlichkeit anders anregen. Heut früh war ich im Sct. Peter, wo die großen Feierlichkeiten, Absolutionen genannt, für den Papst angefangen haben, u. bis Dienstag, wo die Cardinäle ins Conklave gehen, dauern werden. Das Gebäude ist über alle Vorstellung, mir kommt es immer vor, wie irgendein großes Naturwerk, ein Wald, Felsmassen oder dgl. denn die Idee eines Menschenwerkes verliere ich immer dabey. Man sieht nach der Decke ebensowenig, wie sonst nach dem Himmel, man verläuft sich darin, geht darin spazieren u. geht sich bald sehr müde; es wird Gottesdienst darin gehalten u. gesungen, man merkt es aber erst wenn man in die Nähe kommt; die Taufengel sind ungeschlachte Riesen, die Tauben colossale Raubvögel, man verliert alle Ideen von Augenmaß u. Verhältnis; u. doch wird einem jedesmal das Herz weit, wenn man unter der Kuppel steht u. bis hinauf in einem Blicke sieht. Nun ist heut im Schiff ein ungeheurer Catafalk aufgerichtet, der etwa diese Form hat:

in der Mitte unter den Säulen steht der Sarg; geschmacklos ist das Ding u. doch macht es einen tollen Effect; das obere Rund *ab* ist nämlich dicht mit Lichtern besetzt, eben so die Verzierungen darauf; das untere Rund *cd* ebenfalls, u. über dem Sarg hängt eine brennende Ampel; unter den Statuen brennen unzählige Lichter; dazu ist das Ganze über 100 Fuß hoch, u. steht einem gerade entgegen wenn man hereintritt. Nun ziehen die Ehrengarde u. die Schweizer ein Viereck umher, in jede Ecke setzt sich ein Cardinal in tiefer Trauer mit seinen Dienern, die große brennende Fackeln halten, u. dann fängt der Gesang an mit den Responsorien, so einfach u. einförmig, wie Ihr ihn kennt. Es ist das Einzigemal, daß mitten in der Kirche gesungen wird, u. thut eine wunderbare Wirkung; schon bloß, wenn man unter den Sängern steht (ich darf das) u. sie sieht, hat man einen prächtigen Eindruck, denn da stehen sie alle um ihr colossales Buch aus dem sie singen, u. das Buch ist wieder von einer colossalen Fackel erleuchtet, die davor brennt, u. wie sie sich alle in ihrem Ornat drängen, um gut zu sehn u. zu singen u. *Baini*, mit seinem Mönchsgesicht, der den Takt mit der Hand schlägt u. dann u. wann einmal gewaltig dazwischen brüllt, dann alle die verschiedenen Italiänischen Gesichter zu beobachten es ist eine Freude. Und wie man denn hier nur immer von einem Genuß zum andern zu eilen hat, so ist es auch in ihren Kirchen, namentlich im St. Peter, wo ein paar Schritte gleich die ganze Scene verändern: ich ging ans äußerste Ende u. da war ein wunderbarer Anblick: durch die gewundenen Säulen des Hochaltars, der bekanntlich so hoch wie das Berliner Schloß ist, u. über den Raum der Kuppel hinweg, sah man perspektivisch verkleinert den ganzen Catafalk mit seinen Lichtreihen u. die vielen kleinen Menschen, die sich umherdrängten; fängt nun die Musik an, so kommen die Töne viel später bis dahin, verhallen u. verwischen sich im unermeßlichen Raum, so daß man die seltsamsten unbestimmten Harmonien vernimmt. Ändert man nun wieder die Stellung, u. stellt sich vorn an den Catafalk hin, so hat man hinter der Glut der vielen Lichter u. der glänzenden Pracht gleich die dämmrige Kuppel voll blauem Duft, u. das ist gar erst unbeschreiblich – es ist eben Rom. Der Brief ist lang geworden, ich will ihn schließen; er wird gerade zu Weihnachten ankommen; ein fröhliches Fest denn Euch allen! Ich schicke aber auch Geschenke, die gehen übermorgen ab, und kommen zum Tag der silbernen Hochzeit an: es sind da viel frohe Feiertage dicht zusammen, u. ich weiß nun nicht recht, ob ich mich heut zu Euch hin denken soll, u. Dir, lieber Vater, Glück wünschen, oder ob ich mit dem Brief denke u. zu Weihnachten ankomme u. von Mutter nicht durch die gelbe Stube gelassen werde. Beim Denken muß es nun bleiben. Lebt aber alle wohl, u. seyd glücklich.[29]

Felix

Rom d 20 Dec 30.

Nun habe ich Euch im vorigen Briefe vom ernsthaften Römerleben gesprochen. Da ich aber in meinen Briefen gern schreiben will, wie ich lebe, so muß ich diesmal vom lustigen Leben viel erzählen; denn das hat diese Woche vorgeherrscht. Die Post ist noch nicht angekommen u. ich weiß also noch nicht, was sie mir bringen wird, die polnischen Unruhen versetzen alle Leute in die größte Sorge und Angst, u. so schreibe ich, ehe ich etwas Näheres von Euch weiß, u. kann desto besser beschreiben, wie froh die Welt hier in Rom ist. Heut ist nämlich wieder der wärmste Sonnenschein, blauer Himmel, klare Luft, u. an solchen Tagen habe ich meine eigene Lebensart, bin fleißig bis 11 u. von da an bis zur Dunkelheit thue ich nichts, als Luft athmen; gestern war seit mehreren Tagen wieder zum erstenmal ganz heiteres Wetter; nachdem ich dann also des Morgens ein Stück am Salomon gearbeitet hatte, ging ich auf den *monte pincio*, u. ging da den ganzen Tag, sage den ganzen Tag, auf und ab. Es ist ein unglaublicher Eindruck, den diese Luft u. diese Heiterkeit macht, u. als ich heut aufstand u. wieder den klaren Sonnenschein sah, so freute ich mich auf das Nichtsthun, das heut wieder ebenso anfangen soll. Vielleicht reite ich auch spaziren. Da geht denn die ganze Welt auf dem Berg hin und her, u. freut sich des Frühlings im Dezember, man trifft alle Augenblicke Bekannte, geht mit ihnen ein Stück, verläßt sie u. bleibt wieder allein, u. kann schön träumen, von den schönsten Gesichtern wimmelts, wie die Sonne rückt so verändert sich die ganze Landschaft u. alle ihren Farben, kommt das *ave Maria* so geht es in die Kirche von *Trinità de' Monti*, da singen die französischen Nonnen u. es ist wunderlieblich. Ich werde bei Gott ganz tolerant u. höre schlechte Musik mit Erbauung an, aber was ist zu thun? Die Composition ist lächerlich, das Orgelspiel noch toller, aber nun ist's Dämmrung, u. die ganze kleine bunte Kirche voll kniender Menschen, die von der Sonne hell beschienen werden sobald die Thür einmal aufgeht, die beiden singenden Nonnen haben die süßesten Stimmen von der Welt, ordentlich rührend zart, und namentlich wenn die eine mit ihrem sanften Ton das Responsorium singt, was man gewohnt ist von den Priestern so rauh u. streng u. einförmig zu hören, da wird einem ganz wunderlich. Nun weiß man noch dazu, daß man die Sängerinnen nicht zu sehen bekommen darf – da habe ich denn einen sonderbaren Entschluß gefaßt; ich componiere ihnen etwas für ihre Stimmen, die ich mir recht genau gemerkt habe, u. schicke es ihnen zu, wozu mir mehrere Wege zu Gebot stehen. Singen werden sie es dann, das weiß ich, u. das wird nun hübsch sein, wenn ich mein Stück von Leuten, die ich nie gesehen habe, anhören werde, u.

wenn sie es wieder dem *barbaro Tedesco*, den sie auch nicht kennen vorsingen müssen. Ich freue mich sehr darauf, der Text ist lateinisch, ein Gebet an die Maria. Gefällt Euch nicht die Idee? Nach der Kirche geht es wieder auf den Berg spaziren, bis es dunkel ist; da spielen denn Mde. *Vernet* und ihre Tochter, auch die hübsche Mde *Vollard*, für deren Bekanntschaft ich *Rösel* sehr dankbar bin, große Rollen unter uns Deutschen, die wir dann in Gruppen stehen, oder nachfolgen, oder nebenhergehen; den Hintergrund machen bleiche Maler mit gräßlichen Bärten, sie rauchen Tabak auf dem *Mte Pincio*, pfeifen ihren Hunden, u. genießen auf ihre Weise den Sonnenuntergang. [....] Da ich aber heut doch einmal frivol bin, so muß ich Euch, liebe Schwestern, ausführlich berichten, wie ich neulich auf einem großen Balle war, und mit einer Lust getanzt habe, wie sonst noch nie, ich hatte dem *maître de danse* (denn hier muß so einer in der Mitte stehen u. Alles ordnen) ein gutes Wort gegeben, u. so ließ der Mann den Galopp über eine halbe Stunde dauern. Da war ich denn in meinem Element, u. erinnerte mich sehr genau, daß ich im *palazzo Albani* in Rom jetzt tanzte, und noch dazu tanzte ich mit dem schönsten Mädchen in Rom, nach dem Urteil competenter Richter (cf. *Thorwaldsen*, *Vernet* u. a.). Wie ich deren Bekanntschaft gemacht habe, ist wieder eine römische Geschichte: Ich stand bei *Torlonia* auf dem ersten Balle, keine Dame kennend, also nicht tanzend, u. sah mir die Leute an; auf einmal klopft mir einer auf die Schulter u. fragt: «Sie bewundern also auch die schöne Engländerinn? Ich bin ganz erstaunt» Das war der Herr Etatsrat *Thorwaldsen*, der in der Thür stand u. sich gar nicht satt sehen konnte; kaum hat er aber dies gesagt, so erschallt hinter uns ein Schwall von Worten «*mais où est-elle donc, cette petite Anglaise?*

Ma femme m'a envoyé pour la regarder; per bacco » u. daß der kleine, dünne Franzose, mit dem grauen struppigen Haar, u. dem Bande der Ehrenlegion *Horace Vernet*[30] sein mußte, war wohl klar; nun unterhielt der sich mit *Thorwalds.* ganz ernsthaft u. gelehrt von dieser Schönheit, u. sie waren ganz voll Bewunderung, u. mich freute es in der Seele von solch einem jungen Mädchen, wie die beiden alten Meister dastanden, u. bewundern mußten, da sie ganz unbefangen tanzte; Dann ließen sich die beiden Herren den Eltern vorstellen, ich fiel also sehr weg u. konnte nicht mitreden; ein paar Tage darauf war ich aber bei meinen Bekannten aus *Venedig* von *Attwoods* her, weil sie mich wie sie sagten einigen ihrer Freunde vorstellen wollten; das waren nun die Freunde, u. da war Euer Sohn u. Bruder vergnügt. [. . .] Mein Clavierspielen verschafft mir hier eine besondere Freude; ihr wißt wie *Thorwaldsen* die Musik liebt, u. da spiele ich ihm des Morgens zuweilen vor, während er arbeitet, er hat ein recht gutes Instrument bei sich stehen, und wenn ich mir dazu den alten Herrn ansehe, wie er an seinem braunen Ton knetet, u. den Arm oder ein Gewand so fein ausglättet, kurz, wenn er das schafft, was wir alle nachher als fertig u. dauernd bewundern müssen, so freut michs sehr, daß ich ihm ein Vergnügen bereiten kann. Übrigens bin ich bei alledem doch hinter der Arbeit her; die Hebriden sind endlich fertig u. ein sonderbares Ding geworden, das Nonnenstück habe ich im Kopfe, zum Weihnachten denke ich mir den Lutherschen Choral zu componiren; denn diesmal werde ich ihn mir allein machen müssen: das ist denn freilich ernsthafter, u. auch die silberne Hochzeit, wo ich mir viel Lichter anstecken will, u. mir das Liederspiel[31] vorsingen, u. meinen englischen Taktstock dazu ankucken, u. auch das Neujahrsfest; nach Neujahr will ich mich an die Instrumentalmusik wieder machen, mehreres für Clavier schreiben u. vielleicht noch eine oder die andere Sinfonie, denn mir spuken zwei im Kopfe herum.

Abends

Euer lieber Brief ist nun da; und da will ich denn diesen lustigen an Dich richten, mein liebes Beckchen; Du schreibst jetzt zuweilen so ernst u. hast schon manchmal einen Privatbrief an Dich verlangt, und wie ich denn möchte, daß sich alles zu Deiner Freude gestaltete, so thue ich von Rom aus das meinige für Deinen alten Humor, den ich sehr lieb habe, u. schicke Dir dies hier was Bälle, u. Promenaden genug enthält, nach denen Du frägst. Du siehst ich mach mich froh u. lebe hoch, nun mußt Du mir aber auch munter seyn, denn eins geht ohne das andere nicht. Seitdem habe ich mit Ernst einen prächtigen Punct kennenlernen: das Grab der *Cäcilia Metella;* die Sabinerberge hatten Schnee, himmlischer Sonnenschein war, das Albaner Gebirge lag vor einem wie eine Erscheinung im Traum, Fernen gibt's hier in Italien gar nicht, sondern alle Häuser auf den Bergen lassen sich zählen mit ihren Fenstern und Dächern, u. so trabte man auf seinem Pferdchen in den Hain der Egeria; da kamen Ebenen u. es wurde galoppirt, der blaue Überrock versteht sich, kurz es war, als ritte ich nach Spandau, nur mit dem Unterschied, daß ich einen Platzregen, der auf dem Rückzuge kam bequem unter dem Triumphbogen des *Septimus Severus*, abwarten konnte. Eine Menge Italiäner standen auch da u. bettelten natürlich, da ich nichts geben wollte, sagte der eine: ich ritte ja doch nun nach Hause zu meinem Vater, u. bekäme da so viel Essen u. Geld wie ich haben wollte. Das war ein Irrthum in der Distanz. So habe ich mich denn wieder an der Luft satt gesogen, u. morgen wird wohl wieder das ernste Leben angehen müssen, denn der Himmel ist bezogen u. es regnet scharf; welch ein Frühling wird das aber werden! [....]

Felix

Rom, d. 28 Dez. 30.

Rom im Regenwetter ist das Fatalste, Unbehaglichste das es geben kann. Wir haben nun seit mehreren Tagen fortwährend Sturm, Kälte u. Ströme vom Himmel, u. ich begreife kaum, wie ich vor acht Tagen einen Brief voll Spaziergänge, Orangenbäume u. allem Schönen schreiben konnte; in solchem Wetter wird alles häßlich. Darum muß ich aber doch davon schreiben, denn sonst hätte der vorige Brief kein Gegenstück, u. das bleibt einmal nicht aus. Wenn man in Deutschland von Wintertagen wie die heitern keinen Begriff hat, kann man sich auch von einem nassen Wintertage keine Vorstellung machen: alles ist aufs schöne Wetter eingerichtet, u. so erträgt man das schlechte, wie eine Landplage, u. wartet auf bessere Zeit. Schutz gibt es nirgends; in meinem Zimmer, das sonst eines der behaglichsten ist, läuft das Wasser reichlich durch die Fenster, die nun einmal nicht schließen, der Wind pfeift durch die Thüren, die nun einmal nicht zugehen, der steinerne Fußboden kältet trotz aller doppelten Decken, und von dem Kaminfeuer wird der Rauch in die Stube getrieben, daß das Feuer nicht brennen will: die Fremden frieren sämtlich, wie Schneider. Das ist aber noch golden, gegen die Straßen, und ich betrachte es als ein Unglück, wenn ich ausgehen muß; bekanntlich ist Rom auf sieben großen Hügeln gebaut, es sind aber noch eine Menge kleinerer da, u. alle Straßen gehen abschüssig da strömt einem das Wasser mit Macht entgegen, erhöhte Fußsteige oder Trottoirs nirgends, von der spanischen Treppe fluthets, wie von der großen Wasserkunst in Wilhelmshöhe, die Tiber ist ausgetreten u. überschwemmt die nächsten Straßen: das ist das Wasser von unten. Von oben kommt es in Regengüssen, aber das ist das wenigste: die Häuser haben keine Dachrinnen sondern die verlängerten Dächer gehen abschüssig herab, so:

nun sind aber die Dächer von verschiedener Länge, und gießen von beiden Seiten der Straße mit Wuth herunter, so daß man, man gehe wo es sey, nah an den Häusern oder in der Mitte, von einem Pallast oder einer Barbierstube begossen wird, u. ehe man es sich versieht so steht man unter einer solchen Traufe, wo das Wasser auf den Schirm knallend fällt, hat einen Strom vor sich, der sich nicht überspringen läßt, u. muß denselben Weg umkehren: das ist das Wasser von oben. Nun fahren die Wagen noch dicht an den Häusern in der größten Schnelligkeit, so daß man sich in die Thüren stellen muß bis sie vorbey sind, die bespritzen dann noch Menschen, Häuser, einander selbst, u. begegnen sich gar zwey, so daß bei den engen Straßen der eine in den Rinnstein, der nun ein Strom ist, fahren muß, so ist das Unglück groß. Ich sah neulich, wie ein *Abbate* mit seinem Regenschirm einem Bauern seinen breiten Hut in der Eile vom Kopfe riß, und der Hut fiel mit der offenen Seite unter solch eine Traufe; der Bauer kehrte sich nach der falschen Seite, um ihn zu suchen, u. als er ihn fand, war der Kopf schon ganz mit Wasser gefüllt. *Scusi,* sagte der *Abbate; Padrone,* antwortete der Bauer. Dazu halten die Fiaker nur bis 5, u. wenn man also in Gesellschaft ist, so kostets einen *scudo; fiat justitia & pereat mundus;* Rom im Regenwetter ist unglaublich unbehaglich. – Mein Leben ist fortwährend das froheste, Angenehmste, das man sich vorstellen kann; es ist nicht möglich, in solchen Verhältnissen zu leben, als ich bisher, seit einer Woche werde ich mit den Italiänern bekannter u. es gefällt mir unter ihnen; ich sage Dir Beckchen, insgeheim, daß es eine junge Italiänerin giebt, die hübsch singt, ist, und *Clementina Giustiniani* heißt: das nenne ich doch Wohlklang. Da wird denn viel Musik gemacht, u. ich kann über Nationen urtheilen, denn von der schönen Engländerinn habe ich schon geschrieben, an schönen Italiänerinnen fehlt es nicht, u. die Schwägerinn von Mr *Deodatti*, die junge [unleserlich] ist auch nicht übel (cf. Soldatentrost von *Goethe)* Aus einem Schreiben von Devrient sehe ich, daß ein Brief von mir an ihn, den ich selbst in Venedig auf die Post am 17ten Okt. trug, am 19ten Nov. noch nicht angekommen war. Eben so scheint ein anderer Brief, den ich an demselben Tag an Schauroths schickte, nicht eingetroffen; beide Briefe enthielten Noten, u. da liegt der Grund davon. Man hat mir nämlich damals in Venedig *alle meine Manuskripte* auf der Douane weggenommen, als man in der Nacht kurz vor Abgang der Post meine Sachen visitierte, u. ich habe sie erst hier nach vielem Ärger u. Hin- und Herschreiben sämtliche wieder erhalten. Man versicherte mich hier allgemein, der Grund sey, weil man eine geheime Chiffrecorrespondenz in den Noten vermuthete; ich konnte eine solche jämmerliche Dummheit nicht glauben, da aber gerade die beiden Briefe mit Musik aus Venedig auch nicht angekommen sind, u. zwar *nur* diese, so ist es klar genug. Ich werde mich hier beim österr. Gesandten deshalb beklagen, es wird mir aber gar nichts helfen, u. die Briefe, um die es mir sehr leid thut, sind verloren. [...] Ich benutze einen heiteren

Augenblick, um nach der Galleria *Borghese* zu gehen; da ist die Grablegung von Raphael u. mehrerer Lieblinge von mir. Und so lebt mir wohl. F.

Rom d. 17 Jan. 30 [sic!]

Euren lieben Brief, worin Ihr mir den Empfang meiner Musiksendung meldet, hab ich empfangen u. einen von Paul zu gleicher Zeit, [. . . .] Wir haben seit einer Woche das mildeste, herrlichste Frühlingswetter, die jungen Mädchen tragen Veilchen u. Anemonensträuße, die sie sich des Morgens in der Villa Pamfili selbst gepflückt haben, die Straße u. der Platz wimmeln von buntgekleideten Spaziergängern, das *Ave Maria* ist schon um 20 Minuten vorgerückt, wo ist da der Winter geblieben? Das hat mich in den vorigen Tagen wieder an die Arbeit erinnert, an die ich mich nun wieder ernstlich machen will, da mich wirklich das lustige Gesellschaftsleben der vorigen Woche etwas herausgerissen hatte. Denn obwohl ich mit der Einrichtung von *Salomon* u. mit meinem Weihnachtsliede das aus 5 Nummern besteht schon fast fertig bin, so habe ich doch noch namentlich die beiden Sinfonien, die sich mir immer lebendiger gestalten, u. die ich gar zu gern hier beendigen möchte, hoffentlich werde ich dazu auch in der Fastenzeit, wo die Gesellschaften aufhören (ich meine besonders die Bälle) wo der Frühling anfängt, Zeit u. Lust genug haben, u. dann ist doch wieder ein ziemlicher Vorrath von neuen Sachen da. An eine Aufführung hier ist nicht zu denken; die Orchester sind schlechter, als man es glauben sollte, es fehlt recht eigentlich an Musikern u. am Sinn dafür, die Paar Geiger greifen jeder auf seine Art, setzen jeder verschieden ein u. an, die Blasinstrumente stimmen zu hoch oder tief, verzieren ihre Mittelstimmen, wie wir es auf den Höfen zu hören gewohnt sind, u. kaum so schlecht, das Ganze bildet die furchtbarste Katzenmusik, u. das sind Compositionen, die sie kennen; es ist also die Frage, ob einer das von Grund aus reformiren, andere Leute ins Orchester bringen, die Musiker den Takt lehren, sie von vorne an bilden wolle u. könne, u. dann ists kein Zweifel, daß die Leute auch Vergnügen dran haben würden; so lange das aber nicht geschieht, wird es nicht besser, u. es ist allen so gleichgültig, daß keine Aussicht dazu da ist. Ich habe ein Flötensolo gehört, wo die Flöte weit über einen Viertelton zu hoch stand, es machte mir Zahnschmerzen, aber keiner merkte es, u. als am Ende ein Triller kam, so applaudirten sie mechanisch. Und wäre es im Gesang nur eigentlich besser – die großen Sänger haben das Land verlassen, *Lablache*, *David*, die *Lalande*, *Pisaroni* u. s. f. singen in Paris u. nun copiren die kleinen ihre hohen Momente u. machen eine unausstehliche Carricatur daraus. Wir mögen etwas Falsches oder Unmögliches durchsetzen wollen, etwas anderes ist u. bleibt es, u. wie ein *Cicisbeo*[32] in alle Ewigkeit etwas Gemeines u. Niedriges sein wird, so auch die italiänische Musik. Ich mag zu schwerfällig sein, um beide zu verstehen, es ist mir aber nicht drum zu thun, u. als nämlich in der *filarmonica* nach allem *Pacini* u. *Bellini* der Cav. *Ricci* mich bat, ihn *non più andrai* zu begleiten, u. als die ersten Noten anfingen u. so innerlichst verschieden u. himmelweit entfernt von Allem andern waren, da wurde mir die Sache klar, u. es wird sich nicht ausgleichen, so lange es hier blauen Himmel u. solch liebliche Winter giebt, wie diesen. Können die Schweizer doch auch keine schönen

Landschaften machen, eben weil sie sie den ganzen Tag vor Augen haben. *Les Allemands traitent la musique comme une affaire d'état* sagt *Spontini* u. das Omen nehme ich an. Neulich sprachen mehrere Musiker hier von ihren Componisten u. ich hörte still zu; da citirte einer auch den Meyerbeer, aber die andern fielen in die Rede u. sagten, der sey nicht für einen Italiäner zu nehmen, denn die deutsche Schule klebe ihm immer fort an u. er habe sie nie recht los werden können; so sey er niemals einheimisch in Italien geworden. So sagen wir Deutschen nun auch, u. es muß fatal sein sich so *entre deux* ohne Vaterland zu finden. Was mich betrifft, so bleibe ich bei der Fahne, die ist ehrenvoll genug.
Vorgestern Abend wurde ein neues Theater, das *Torlonia* unternommen u. eingerichtet hat, mit einer neuen Oper von *Pacini* eröffnet. Das Gedränge war groß, in allen Logen die schönsten geputzten Leute, der junge *Torlonia* erschien in der Loge am Proscenium u. wurde samt seiner alten Herzoginn Mutter sehr applaudirt, man rief *Bravo Torlonia, grazie, grazie*, ihm gegenüber *Jérôme* mit seinem Hofstaat u. vielen Orden, in der Nebenloge eine Gräfinn *Samoilow*, die erste im Theater diesmal, eine gemeine, häßliche Person, die früher mit *David*, jetzt *Pacini* reiste u. sie von ihrem großen Vermögen unterhält; über dem Orchester ist ein Bild der Zeit die mit ihrem Finger auf ein Zifferblatt deutet, welches langsam von der Stelle rückt, u. einen melancholisch machen könnte. Nun erschien *Pacini* am Clavier und wurde mit Applaus empfangen; eine Ouvertüre hatte er nicht gemacht, die Oper begann mit einem Chor zu welchem ein gestimmter Amboß im Takt geschlagen wurde, der Corsar erschien, sang seine Arie u. wurde applaudirt, worauf der Corsar oben u. der *Maestro*

unten sich verneigten (der Seeräuber singt übrigens Kontre Alt und heißt Mde Mariani). Dann kamen noch viele Stücke, u. die Sache wurde langweilig, das fand das Publikum auch u. als *Pacinis* großes Finale anfing so stand das Parterre auf, fing an sich laut zu unterhalten, zu lachen, u. drehte der Bühne den Rücken zu; Mde *Samoilow* fiel in ihrer Loge in Ohnmacht u. mußte hinausgetragen werden, *Pacini* entwischte vom Clavier, und der Vorhang fiel am Ende des Aktes unter großem Tumult, $^3/_4$ auf 10 war es auch geworden nun kam das große Ballett *barba-bleu* u. dann der letzte Akt der Oper, da sie also einmal im Zuge waren, so pfiffen sie das ganze Ballett von vorneherein aus, u. begleiteten den zweiten Akt ebenfalls mit Zischen u. Gelächter. Am Schluß wurde *Torlonia* gerufen, der aber nicht kam. Das ist die trockene Erzählung einer ersten Vorstellung und Theatereröffnung in Rom, ich hatte es mir wer weiß wie lustig gedacht u. kam verstimmt heraus; hätte die Musik *Furore* gemacht, so hätte mich es geärgert denn sie ist unter aller Kritik jämmerlich; aber daß sie nun ihrem Liebling *Pacini*, den sie auf dem Capitol kränzen wollten auf einmal den Rücken drehen, die Melodien nachäffen u. sie karikirt nachmachen, das ärgert mich auch wieder, u. es beweist wie tief ein solcher Musiker in der allgemeinen Meinung steht. Ein anderes Mal tragen sie ihn auf den Schultern nach Hause, das ist kein Ersatz. [....] Warum soll auch mit Gewalt Italien ein Land heut zu tage *der Kunst* sein, während es das Land der Natur ist, u. dadurch Alles beglückt, neulich war ich mit *Vollards* auf *ponte nomentano*, das ist eine einsame verfallene Brücke in der weitlinigen grünen *Campagna*, manche Ruinen aus den Römerzeiten, manche Warttürme aus dem Mittelalter stehen da auf den langen Wiesenreihen umher, am Horizont erheben sich dann alle die Berge, jetzt theils mit glänzendem Schnee bedeckt, von den Wolkenschatten in ihrer Farbe u. Gestalt phantastisch verändert, u. die himmlisch luftige Erscheinung des Albaner Gebirges, das wie ein Chamäleon sich während des Blickes verwandelt, wo man auf Meilenweite die kleinen weißen Capellchen auf dem dunkelschwarzen Berggrunde schimmern sieht bis zum Passionistenkloster auf dem Gipfel, u. wo man verfolgen kann, wie der Weg sich durchs Gebüsch windet, wie dort der Berg zum Albaner See abfällt, wie dort eine Eremitenwohnung aus den Bäumen hervorguckt, – es ist so weit, wie Potsdam von Berlin, sage ich als guter Berliner, aber es ist wie ein sehr liebliches Traumbild, sage ich im Ernst. *Da* steckt die Musik drin, *da* tönt's u. klingt's von allen Seiten, nicht in den leeren, abgeschmackten Schauspielhäusern. Nun gingen wir so hin u. her u. jagten uns auf der Campagna, u. kletterten über die Gehäge, u. nach Sonnenuntergang fuhren wir nach Hause; da fühlt man sich so ermüdet u. so mit sich selbst zufrieden u. wohl, als hätte man sehr viel gethan. Und das hat man denn auch, wenn man es recht empfunden hat. Ich habe mich wieder sehr ans Zeichnen gemacht, u. fange sogar wieder an zu tuschen, weil ich mir gern so ein Paar Farbenspiele möchte zurückrufen können, u. man immer besser sieht, je mehr man geübt ist. – Eine große, sehr große Freude, die ich neulich hatte, muß ich Dir liebe Mutter erzählen, weil Du Dich mitfreuen wirst. Ich war vorgestern zum ersten Male in kleinerer Gesellschaft bei *Horace Vernet*, u. mußte da spielen; nun hatte er mir vorher erzählt wie D. Juan seine einzige wahre Lieblingsmusik sey, namentlich das Duell u. der Comthur am Ende, u. wie mir das nun in seine Seele hinein sehr gefiel, so kam ich indem ich zum Conzertstück von Weber präludieren wollte unvermerkt tiefer ins Phantasieren, u. dachte, ich würde ihm einen Gefallen thun, wenn ich auf dieses Thema käme u. arbeitete sie ein Weilchen wild durch. Es machte ihm eine Freude, wie ich nicht bald jemand von meiner Musik erfreut gesehen habe, u. wir wurden genauer bekannt miteinander. Nachher kam er auf einmal u. sagte mir ins Ohr: wir müßten einen Tausch machen, er könne auch improvisiren. Und als ich wie natürlich sehr neugierig war, so meinte er das sey ein Geheimnis. Er ist aber wie ein kleines Kind u. hielt es nicht eine Viertelstunde aus, da kam er wieder u. nahm mich in die andere Stube u. fragte ob ich Zeit zu verlieren hätte, er habe eine Leinwand ganz fertig aufgespannt u. bereitet, da wolle er mein Bild darauf malen, u. das solle ich zum Andenken an heute behalten, zusammenrollen u. an Euch schicken oder mitnehmen, wie ich wollte; er müsse sich zwar zusammennehmen mit seiner Improvisation, aber er wolle es schon machen. Ich sagte sehr *Ja*, u. kann Euch nicht beschreiben, was für ein Vergnügen mir das machte, daß er wirklich Freude u. Lust daran gehabt hatte. Es war überhaupt ein vergnügter Abend; als ich den Hügel hinaufkam, war alles so ruhig still, u. in der großen dunklen Villa[33] nur ein Fenster hell erleuchtet u. da klang Musik in einzelnen Akkorden hinunter, u. der Klang nahm sich in der dunklen Nacht an der *Fontaine* gar zu süß aus; im Vorzimmer exercirten zwei junge Akademiker u. ein dritter machte den *lieutenant* u. commandirte tüchtig, in der andern Stube saß mein Freund *Montfort*, der den musikal. Preis im Conservat. gewonnen hat, am Clavier, u. die andern standen umher u. sangen einen Chor, es ging aber sehr schlecht, sie forderten einen noch auf, u. da der sagte, er könne nicht singen, so meinte der andere: *Qu'est-ce que ça fait, c'est toujours une voix de plus.* Ich half denn auch nach Kräften mit u. so amüsierten wir uns ganz gut. Später wurde getanzt u. da Beckchen sich mit *Louise Vernet* nicht befreunden kann, (mit mir geht das schon besser) so sollte sie nur einmal sehen, wie sie den *Saltarello* mit *Horace* tanzt. Als sie nun gar neulich einen Augenblick aufhören mußte, u. das große *tambourin* gleich nahm u. darauf losschlug u. uns die wir die Hände nicht mehr rühren konnten ablöste, da hätte ich ein Maler sein mögen, dann hätte es ein prächtiges Bild gegeben. Ihre Mutter ist die freundlichste Frau von der Welt, und der Großvater *Carle Vernet*[34] (der die schönen Pferde malt) tanzte den Abend einen Contretanz mit so viel Leichtigkeit, machte so viele *entrechats* und variierte seine *pas* so gut, daß nur eines schade war, daß er nämlich 72 Jahre alt ist. Er reitet jeden Tag zwei Pferde müde, malt u. zeichnet dann ein wenig, u. Abends muß er in Gesellschaft sein. Nächstens muß ich Euch meine Bekanntschaft mit *Robert*[35] erzählen, der jetzt ein ganz herrliches Bild, Die Ernte, fertiggemalt hat u. muß von den Besuchen berichten, die ich mit *Bunsen* neulich bei *Cornelius*[36], *Koch*[37], *Overbeck*[38] in ihren Ateliers gemacht; es gibt alle Hände voll zu tun u. zu sehen, leider will die Zeit durchaus nicht elastisch sein, so viel ich daran zerren mag. Und nun hab' ich von Raphaels Kinderportrait was Fanny im Steindruck hat u. von Tizians badenden Damen, die sie hier pikant genug für die himmlische u. die irdische Liebe halten weil die eine schon angezogen u. in voller Galla, die andere noch unbekleidet ist, u. von meiner himmlischen Mad. di Foligno, u. von Herrn *Francesco Francia,* der der unschuldigste u. frommste Künstler von der Welt war, u. vom armen *Guido Reni,* den die heutigen Bartmaler so übersehen u. der eine gewisse Aurora gemalt hat, u. von allen

Herrlichkeiten noch nichts gesagt. Aber was braucht es auch immer beschrieben zu sein. Wohl mir daß ich mich daran erquicken kann. Sehe ich Euch einmal wieder, so werde ich es auch vielleicht mittheilen können. Bis dahin

euer Felix.

Rom d. 8 Febr. mitten im Carnaval.

Der Papst ist gewählt, der Papst ist gekrönt, Sonntag hat er in Sct. Peter die Messe gelesen u. den Segen gegeben, Abends war Kuppelbeleuchtung u. *Girandola* zugleich, Sonnabend hat der Carnaval angefangen, u. rauscht in den buntesten Gestalten fort, jeden Abend war die Stadt illuminirt, gestern Abend war bey dem französ. Gesandten Ball, heut giebt der spanische sein großes Fest, neben meinem Hause verkaufen sie *Confetti* u. schreien – und nun könnte ich eigentlich aufhören, denn warum beschreiben, was unbeschreiblich ist? Diese göttlichen Feste, die an Pracht u. Glanz u. Lebendigkeit Alles übertreffen, was sich die Einbildungskraft hervorbringt, die laßt Euch mündlich von Hensel ausmalen, mit der kalten Feder kann ich's nicht. Und wie sich denn Alles in den 8 Tagen gewendet hat, so scheint die mildeste, wärmste Sonne, man bleibt bis Sonnenuntergang auf dem Balkon im Freien – O könnte ich Euch nur eine Viertelstunde von dieser Luft im Briefe mitschicken oder mittheilen, wie das Leben ordentlich fliegt, u. jeder Augenblick seine eigene unvergeßliche Freude bringt; sie haben gut Feste geben hier, beleuchten sie die einfachen Architecturlinien so steht der St. Petersdom brennend in der dunklen, veilchenblauen Luft u. glimmt ganz still, geben sie ein Feuerwerk so erhellt das die uralten dicken Mauern der Engelsburg u. fährt in den Tiber nieder, fangen sie ihre tollen Feste im Februar an, so scheint die hellste Sonne darauf nieder u. verschönt Alles – es ist ein unglaubliches Land. Aber beschreiben muß ich doch, wie es mit meinem Geburtstag so ganz anders kam, als ich dachte; nur kürzlich aber, denn in einer Stunde geht's auf den Corso in den Carnaval. Es gab Vorfeier, Feier, u. Nachfeier. Am 2ten Februar saß *Santini* morgens auf meiner Stube, u. sagte auf meine ungeduldigen Fragen nach dem Conclave mit diplomatischer Miene vor Ostern würde es schwerlich einen Papst geben. Herr *Brisbane* kam dazu, erzählte, wie er seit Berlin auch in Konstantinopel, Smyrna usw. gewesen sey, frug nach allen Bekannten; da fällt auf einmal ein Kanonenschuß u. noch einer, u. die Leute stürzen über den Spanischen Platz u. schreien aus voller Kehle, wir drei stieben auseinander, Gott weiß wie, außer Athem aufs Quirinal u. eben ging der Mann wieder hinein, der aus dem durchbrochenen Fenster gerufen hatte: *annuncio vobis gaudium magnum; habemus papam R. E. dominum Capellari, qui nomen assumsit Gregorius* XVI; (Ihr seht, daß wir es mit unserm Camaldolensercardinal[39] durchgesetzt haben;) nun drangen aber alle Cardinäle auf den Balkon nach, u. schöpften frische Luft, u. lachten unter einander, u. kamen seit fünfzig Tagen zum ersten Augenblick ins Freye, u. sahen so lustig aus, u. die roten Käppchen glänzten hell in der Sonne; der ganze Platz war mit Menschen gefüllt, an den Obelisken u. den Pferden des Phidias kletterten sie hinauf, aber die Statuen ragten weit über Alles in die Luft, nun kam Wagen an Wagen u. sie drängten sich u. schrien, dann erschien der neue Papst, vor ihm her das goldene Kreuz, u. er segnete die ganze Volksmenge zum erstenmale, während die Leute zugleich beteten u. Juchhe schrien, alle Glocken in Rom läuteten, dazu Kanonenschüsse, Drommete und Militairmusik – das war nur die Vorfeier. Aber als ich den folgenden Morgen früh der Menschenmasse die lange Straße hinunter folgte, u. auf den Petersplatz kam, der schön war, wie ich ihn nie gesehen hatte: von der Sonne hell beschienen, die Wagen hin- und herschwärmend, die rothen Cardinalskutschen im höchsten Staat nach der Sakristey zu rollend, mit gestickten Bedienten hintenauf, u. die zahllosen Menschen aller Nationen, aus allen Ständen u. Lagen, u. als über dem allem die Kuppel u. die Kirche ganz bläulich schwebten, denn es war starker Duft in der Morgenluft, so dachte ich mir wohl *Capellari* würde das auf sich beziehen, wenn er es sähe, aber ich wußte es besser – das war eben die Geburtstagsfeier, u. die ganze Papstwahl u. die Huldigung ein Schauspiel mir zu Ehren. Aber es war gut gespielt u. sehr natürlich u. ich werde es mein Lebelang nicht vergessen.

Die Peterskirche war gedrängt voll, der Papst mit den Pfauenwedeln wurde hineingetragen, auf den großen Altar gesetzt, u. die päpstlichen Sänger intonirten *tu es sacerdos magnus*. Ich habe nur zwei oder 3 Akkorde gehört, aber es braucht eben gar nicht mehr; nur den Klang. Dann kam ein Cardinal nach dem andern u. küßte ihm den Fuß u. die Hände u. dann umarmte er sie. Wenn man so ein Weilchen zugesehen hat, u. steht gedrängt unter Menschen u. kann sich nicht bewegen u. man dann auf einmal in die Höhe sieht in die Kuppel bis zur Laterne hinauf, das giebt ein sonderbares Gefühl. Ich stand mitten unter einem Rudel Capuzinern; die heil. Männer sind aber gar nicht andächtig, bei so etwas u. sehr unappetitlich. Aber ich muß eilen; es wird Carnavalszeit u. von der darf ich nichts verlieren: Abends zu meinem Geburtstage verbrannten sie Pechtonnen auf allen Straßen u. erleuchteten die *propaganda*, wie die Leute glaubten, weil es des Papstes ehemalige Wohnung ist, wie ich glaube, weil sie mir gegenübersteht, u. ich mich nur aus dem Fenster lehnen durfte um Alles zu genießen. Dann kam der Ball von *Torlonia*, u. überall guckten rothe Käppchen oben u. rothe Strümpfe unten vor. Den folgenden Tag arbeiteten sie mit allen Kräften an Gerüsten, Verschlägen, Bühnen für den Carnaval, die Leute schlugen Edicte an übers Pferderennen, Maskenproben wurden ausgehängt, u. als Nachfeier die Kuppelbeleuchtung u. *Girandola* auf Sonntag angesagt. Sonnabend ging man auf's Capitol, um zu erleben, wie die Juden sich ausbitten, wieder ein Jahr in der heil. Stadt geduldet zu werden, u. wie man es ihnen am Fuß des Hügels erst abschlägt, u. dann oben nach wiederholter Bitte gewährt u. ihnen den *Ghetto* anweist. Das Ding war sehr langweilig, man wartete zwei Stunden u. verstand endlich die Rede der Juden ebensowenig wie die Antwort der Christen. Ich ging verdrießlich herunter u. meinte der Carnaval finge schlecht an, so kam ich in den Corso, u. dachte an nichts, als ich auf einmal mit Zuckererbsen beregnet bin; ich sehe auf, so sind es junge Mädchen, die ich auf Bällen zuweilen wohl gesehen hatte, aber wenig gekannt, u. wie ich in meiner Verlegenheit den Hut abnehmen u. grüßen will, geht's Werfen erst recht an. Der Wagen rollt vorüber u. im folgenden sitzt Miß *Torin* eine zarte, schöne Engländerinn, ich will wieder grüßen, aber sie wirft auch. Nun wurde ich wild, nahm *Confetti* u. grüßte tapfer, es wimmelte von Bekannten, der blaue Überrock sah müllermäßig aus, auf einem Balkon standen *Bendemanns* u. hagelten herunter faustdicht, u. so mit Werfen u. Geworfenwerden, unter tausend Neckereien, inmitten der tollsten Masken, mit den Pferderennen, ging der Tag zu Ende. Den folgenden Tag war kein Carnaval, aber zum Ersatz gab der Papst den Segen aus der *Loggia* am Petersplatz, wurde in der Kirche zum Bischof geweiht, u. Abends war Kuppelbeleuchtung u. *Girandola.* Wie die Veränderung der Beleuchtung des Gebäudes in einem Augenblick wirkt, laßt Hensel zeichnen oder erzählen, wie er will. Mir war besonders das plötzliche überraschende Zeichen der Gegenwart so vieler 100 Menschen, die man nicht sieht, u. die da in der Luft herumsteigen u. wirken, ganz betäubend, und die göttliche *Girandola!* Aber wer mag's fassen? Und nun geht's wieder los, lebt wohl, ich beschreibe nächstens weiter. Gestern auf dem Carnaval wurde schon mit Blumen u. Bonbons geworfen, u. ich bekam von einer Maske ein Bouquet u. Prügel, die ich mir getrocknet habe, um sie Euch mitzubringen. An Arbeiten ist jetzt nicht zu denken, ein kleines Lied hab' ich gemacht; in den Fasten will ich wieder fleißig werden, wer denkt jetzt an Schreiben u. Noten? Ich muß nun hinaus; lebt mir wohl, Ihr Lieben. F.

Nachricht an den Buchbinder

Liebe Fanny!
Dies ist die Hebridenouvertüre.  bedeutet *p*,  heißt *sfz*,  heißt *f* in der italiänischen Notenschreibesprache, *sapienti sat.* Du wirst am Ende des sogenannten ersten Theils, wo es in *d dur* schließt eine schlechte Stelle finden; ich habe sie ändern wollen, ehe ich es schickte, aber Zeit

fehlte. Denke es Dir also anders. 
Die matte Lärmmacherey von da an
u. die folgende Stelle, die aus meiner
vortrefflichen Reformationssinfonie sichtlich abgeschrieben ist, u. mit der ich mir selbst eine Schmeicheley sage, sollen anders werden, sobald ich abkomme. Einstweilen nimm es so an. Ich schrieb es hin weil ich Eile hatte u. verschob die Anordnung, weil andere Arbeiten drängten. Emil reist morgen u. nimmt alles mit. Möge es Dir gefallen.
Es ist hier Rom, halbe Revolution, Angst u. Furcht von allen Seiten, u. manche Unbehaglichkeit, aber ich denke an Euch, so ist mir wohl. Guten Abend. F.
d. 25 Febr. 1831

Rom 1 März 1831

Wie ich das Datum schreibe, wird mir bang im Gedanken, wie die Zeit verfliegt; ehe der Monat zu Ende ist fängt die heilige Woche an, und nach der heiligen Woche bin ich in Rom am längsten gewesen. Nun denke ich, ob die Zeit recht benutzt war, und es fehlt mir an allen Ecken; wenn ich nur noch die eine von den beiden Sinfonien hier fassen könnte, die italiänische will und muß ich mir aufsparen, bis ich Neapel gesehen habe denn das muß mitspielen, aber auch die andere läuft weg, je näher ich ihr kommen möchte u. je näher das Ende dieser ruhigen, römischen Zeit heranrückt, je befangener werd ich, u. je weniger will es gehen. Mir ist als würde ich lange nicht wieder so zum behaglichen Schreiben kommen wie hier, u. da möchte ich gern noch Alles fertig machen. Das geht aber nicht; nur die Walpurgisnacht rückt schnell vor u. ist bald beendigt, hoff' ich. Dann will ich nun auch jeden Tag zeichnen, um mir meine

Erinnerungsplätze von hier mitzunehmen, will noch viel sehen, und so weiß ich schon, wie auch der Monat plötzlich zu Ende sein wird, u. es wird wieder fehlen. Und wirklich ist es doch gar zu einzig schön hier. Freilich ist es sehr verwandelt, u. nicht so bunt u. heiter, wie früher; fast alle Bekannten sind abgereist, die Straßen u. Spaziergänge leer, die Gallerien geschlossen u. es ist unmöglich hineinzukommen; die Nachrichten von außen fehlen fast gänzlich (denn wir haben die Details über die Aufstände in *Bologna* durch die Allgemeine Zeitung hier zuerst erfahren) die Leute kommen wenig oder gar nicht zusammen, das Ganze ist still geworden, aber auch darin ist es wieder so schön, und die milde, warme Luft läßt sich nicht wegnehmen. Am meisten zu bedauern sind bei diesen Geschichten die *Vernet*schen Damen, die in einer fatalen Lage sind, der Haß des ganzen Römischen Pöbels ist sonderbarerweise gegen die Französischen Pensionairs gerichtet, von denen sie glauben, daß sie allein eine Revolution leicht zustandebringen würden, man hat Vernet mehrere Male anonyme Briefe mit Drohungen geschickt, er hat sogar vor seinem Attelier einen bewaffneten Trasteveriner gefunden, der die Flucht ergriff, als Vernet seine Flinte holte, u. da nun auf der *villa* die Damen ganz allein u. abgesondert sind, so giebt es natürlich eine große Unbehaglichkeit in der Familie.

Indes ist alles sicher u. ruhig in der Stadt geblieben, und ich bin ganz überzeugt, daß es dabey sein Bewenden haben wird. Die deutschen Maler aber sind mir wirklich so jämmerlich, daß ich es nicht sagen kann; nicht allein, daß sie sich sämmtlich sämmtliche Schnurr-, Backen-, Knebel- u. Stutzbärte weggeschoren haben u. offen bekennen, sobald die Gefahr vorüber sey, ließen sie sie wieder stehen, sondern die langen, dicken Kerle gehen mit Anbruch der Nacht

nach Hause, schließen sich ein u. graulen sich nun da allein; dann nennen sie *Horace Vernet* einen Bramarbas, u. es ist doch ein ander Ding mit ihm, als mit diesen Jammerleuten, sie sind mir durch diese Geschichten förmlich unleidlich geworden. – [....] In der letzten Zeit bin ich in den neueren Atteliers wieder etwas gewesen. *Thorwaldsen* hat eben eine Statue von *Lord Byron* in Thon beendigt, er sitzt auf alten Ruinen mit den Füßen auf einem Säulencapitäl u. sieht hinaus im Begriff, etwas auf die Schreibtafel zu schreiben, die er in der Hand hält, er hat ihn nicht im römischen Costüm, sondern im einfachsten, heutigen dargestellt u. ich finde, daß es sehr gut u. gar nicht störend thut; das Ganze hat wieder die natürliche Bewegung, wie sie in all seinen Statuen so wunderbar ist, u. doch sieht er finster u. elegisch genug aus u. so gar nicht affectirt. Vom Alexanderszug müßt' ich einmal einen ganzen Brief schreiben, denn solchen Eindruck hat mir die Skulptur noch gar nicht gemacht, wie da; ich gehe alle Wochen hin, u. sehe mir nur das an, u. ziehe mit ein in Babylon. Bei *Ahlborn* war ich neulich, der hat prächtige Bleistiftzeichnungen, aus Neapel u. Sizilien mitgebracht, u. ich möchte ihm gern einiges absehen; ich fürchte aber er ist ein starker Übertreiber u. zeichnet nie ganz treu, seine Landschaft vom Colosseum bei *Heinr. Beer* ist ein schöner Roman, von den dicken Cypressen u. Orangenwäldern, von den Fontainen u. dem Gebüsch im Mittelgrunde bis zur Ruine ist mir in Wirklichkeit nichts vorgekommen; auch sein Schnurrbart ist verschwunden. [.....].
Und nun zum Schluß was Lustiges, ich wollte wohl, Du o Fanny, hättest als Gegenstück zu Deinen Sonntagsmusiken die Musik gehört, die wir hier neulich Abends Sonntags verübten. Man wollte die Psalmen von *Marcello* singen, weil doch die Fasten sind, u. so waren denn die besten Dilettanten

versammelt; ein päpstlicher Sänger in der Mitte, ein *Maestro* am Clavier, und wir sangen. O Gott, was ist das für ein Mensch! sagte ich von der ersten Sopranistinn, u. von der zweiten, u. von allen, denn solch ein Katzenconcert hört man selten. Kam ein Solo, so drängten sich alle Damen hinzu, u. jede wollte es singen u. so wurde es *tutti* ausgeführt. Neben mir der erste Tenorist traf durchaus keine Note u. wandelte in unsichern Regionen hin und her, setzte ich mit dem zweiten Tenor ein, so verfiel er in meinen Ton u. wollte ich ihm einhelfen, so dachte er es wäre meine andere Stimme u. blieb fest dabey, der päpstliche Sänger half bald mit der Fistel den Sopranen, bald trat er als erster Baß ein, bald quäkte er den Alt, u. wenn alles nichts verfing, so lächelte er wehmütig zu mir herüber. u. wir winkten uns verstohlen zu, der *Maestro* verlor über all' dem Nachhelfen oft selbst seinen Faden u. kam einen Tact vor oder zurück, dann sangen wir anarchisch, jeder wie u. was er wollte; plötzlich kam eine ernsthafte Stelle für die Bässe allein, sie setzten alle tüchtig ein, brachen aber beim zweiten Takt schon in ein lautes Gelächter aus, wir andern stimmten ein, so löste es sich in Wohlgefallen auf. Die Leute die zum Zuhören gekommen waren plauderten erst laut, dann gingen sie hinaus u. zerstreuten sich; *Eynard* kam hinein, hörte unsere Musik, machte eine *Grimace* u. ward nicht mehr gesehen. In der Ecke saß ein blasser, schwarzer Mensch, mit dickem Backenbart, die Frau vom Hause redete ihn an: *Eh bien,* Mr. *Mickiewicz*[40], *comment ça vous plaît-il?* O Gott dacht ich, ist der hier? Und muß ich hier die Lämmer kennenlernen, die in *Berlin* u. *Weimar* alle Damen sehr gerührt haben, ich ließ mich vorstellen, er trug mir für Euch alle namentlich die besten Grüße auf, und somit lebt alle wohl u. seid mir glücklich u. gesund u. froh. F.

Rom den 15ten März. Das Übrige weißt du, liebste Mutter, und zum heutigen Tage habe ich eigentlich kaum sonst was zu sagen, denn daß ich nicht in die Schlafstube kommen und Dir Glück wünschen kann, daß ich Dir kein Geschenk bringe, nicht guten Morgen sage u. auch heut Abend nicht zu Hause bin, das liegt schon in dem « *Rom* »; daß ich aber zu Euch weit hin mich denke, und mit welchen Wünschen für Dein Glück u. Dein frohes Leben ich heut in mein Zimmer trat, und wieviel ich Dir verschweigen muß, weil sich es eben nicht sagt, noch weniger schreibt, das ist wieder im Datum enthalten, und wie könnte ich einen andern Tag nicht so an Dich denken, geschweige denn am Geburtstage. Wünsche u. Hoffnungen auszusprechen, ist einmal meine Sache nicht; ich habe sie, und Du weißt es, und weiter braucht es nichts. Ich wollte, die lustige Sinfonie, die ich auf das Land Italien mache, wäre fertig u. Du könntest sie heut erhalten denn ich denke, das soll ein Stück für Dich werden, da Du Nebel u. Melancholie nicht liebst, ohne die man in Schottland doch einmal nicht leben kann[41]; aber sie ist noch in weitem Felde, und so mußt Du es mir auf Treu und Glauben nehmen, daß ich eine sehr heitere Sinfonie schreiben werde die Dich vergnügt machen soll[42]. Der Brief ist also ein kahler Gratulant, sein schwarzes Herz und das Übrige mußt Du auf Treu und Glauben nehmen, und so ist es ja gewöhnlich gewesen. [......]
Du fragst mich nach den Empfehlungsbriefen von *Redens*. Sie haben mir hier nicht im mindesten genützt. *Lützow* bei dem mich *Bunsen* noch dazu vorstellte, hat nicht die mindeste Notiz von mir genommen und kuckt möglichst weg, wenn er mir begegnet; ich vermuthe fast der Mann ist ein Aristocrat. *Albani* ließ mich vor, u. ich hatte die Ehre eine halbe Stunde mit einem Cardinal zu plaudern: nachdem er den Emp-

fehlungsbrief gelesen fragte er ob ich also ein Pensionair des Königs von Hannover sey? Nein, sagte ich. Aber ich hätte gewiß schon Sct. Peter gesehen? Ja, sagte ich. Da ich *Meyerbeer* kannte, so äußerte er, er könne seine Musik nicht leiden; ihm sey das zu gelehrt, denn es sey alles so künstlich u. so ohne Melodie, daß man gleich merke er sey ein Deutscher, und die Deutschen, *mon ami*, die wissen nun einmal nicht was Melodie ist. Ja, sagte ich. In meinen Partituren, fuhr er fort, singt Alles; nicht allein die Menschenstimmen müssen singen, auch die erste Geige, und die zweite Geige und die Oboe singt, und so geht's weiter bis zu den Hörnern, und sogar zuletzt der Kontrabaß muß singen. Ich war natürlich unterthänigst begierig, etwas davon zu sehen, aber er war bescheiden und wollte nichts zeigen, sagte indes, er wünsche mir meinen Aufenthalt so angenehm, als möglich zu machen; u. ob ich seine Villa besuchen wolle, so möchte ich nur mit so viel meiner Freunde, als ich wollte dahin gehen, es sey da und da. Ich dankte sehr, und wollte mich denn unmittelbar darauf mit meiner Erlaubnis breit machen, es fand sich aber, daß diese *villa* dem Publikum geöffnet war, und daß jedermann hinein konnte. Seitdem habe ich nun weiter nichts von ihm gehört, und da mir dies u. einige andere Geschichten, die ich hier erlebt habe, einen Respekt, mit Widerwillen gemischt, für die Römische hohe Gesellschaft beigebracht haben, so wollte ich lieber auch den Brief an die *Gabrielli* nicht abgeben, ließ mir die ganze Familie *Buonaparte* auf der Promenade zeigen, wo ich ihnen fast täglich begegnete, u. hatte genug. Hoffentlich nimmst Du es mir nicht übel, aber ich bin in dem Punct sehr ultra, mag es nicht ausstehen, wenn Leute stolz sein wollen, die kein Recht dazu haben. [...] Mickiewicz aber (vergebt mir, Ihr Damen) finde ich ennujant; er hat diese Art Gleichgültigkeit, mit der man andere u. sich langweilt, und welche die Damen gern für Melancholie u. Zerfallenheit halten, aber das hilft mir wenig; sieht er den St. Peter, so beklagt er die Zeiten der Hierarchie, ist es schöner blauer Himmel so wollte er, es wäre recht düster; ist es aber düster, so friert ihn, sieht er das Colosseum, so wünscht er sich in jene Zeiten zurück. Wie würde sich aber *Mickiewicz* zu *Titus* Zeit ausgenommen haben! So sind aber die Leute, u. es macht einen verdrießlich, mit ihnen zu sein; nun solltet Ihr aber *Berlioz* kennen mit seiner Musik! Der macht mich förmlich traurig, weil er ein wirklich gebildeter, angenehmer Mensch ist, und so unbegreiflich schlecht componirt. Er reist übermorgen schon wieder ab, u. geht zurück nach *Paris*, er scheint fürchterlich verliebt zu sein, u. hat demzufolge eine Sinfonie gemacht, die *épisode de la vie d'un artiste* heißt. Als sie gegeben wurde, ließ er eine Erklärung von 2000 Exemplaren drucken, die besagt denn, daß sich der Componist im ersten Stück unter seinem Thema eine liebenswürdige junge Dame gedacht hat, die den Künstler eingenommen hat, und daß seine Wut, Eifersucht, Zärtlichkeit, u. Thränen etc. darin vorkommen; das 2te Stück ist ein Ball, wo ihm alles leer erscheint, weil sie fehlt; das dritte heißt *Scène aux Champs*, die Hirten spielen einen *ranz de vaches*, die Instrumente ahmen das Säuseln der Blätter nach (alles das steht im Programm) Furcht u. Hoffnung kreuzen sich in der Seele des Künstlers; zwischen dem dritten und vierten Stück (fährt das Programm fort) vergiftet sich der Künstler mit Opium, versieht sich aber in der Dosis, u. statt zu sterben, hat er nur fürchterliche Visionen. Das vierte Stück ist eine solche Vision, wo er bei seiner eigenen Hinrichtung zugegen ist, es heißt *Marche du sup-*

plice; das fünfte u. letzte heißt *Songe d'une nuit du Sabbat*, wo er die Hexen auf dem Bloxberg tanzen sieht, seine Geliebte darunter, zugleich hört er das *Dies irae* mit seinem *Cantus Firmus*, aber parodirt; die Hexen walzen dazu. Wie unbeschreiblich eklig mir dies ist, brauche ich nicht zu sagen; seine liebsten Ideen entstellt u. mißverstandene Caricaturen davon zu sehen, muß einen recht empören, u. doch ist das nur das Programm. Die Ausführung ist noch viel elender, nirgends ein Funke, nirgends Wärme, kalte Thorheiten, kalte Leidenschaftlichkeit dargestellt durch alle möglichen Mittel, 4 Pauken durch Schermenstöcke geschlagen, 2 Claviere à 4 mains, die die Glocken nachahmen sollen, zwei Harfen, viele große Trommeln, 8 verschiedene Geigen, 2 verschiedene Kontrabässe, die Solopassagen machen, u. mit allen diesen Mitteln (die mir ganz recht sind wo sie was tun sollen) nichts auszusprechen, eine gänzliche Dürre u. Gleichgültigkeit, ein bloßes Grunzen, Schreien, Kreischen hin u. her – und sieht man nun ihn selbst, den freundlichen, still nachdenklichen Menschen, wie er so ruhig u. sicher seinen Weg geht, u. an seinem Beruf so keinen Augenblick zweifelt, sich auch an keine Stimme von Außen kehren kann, weil er seinem Innersten zu folgen denkt, wie scharf u. richtig er alle Dinge beurtheilt u. erkennt, nur über sich ganz im Finstern ist, das ist unsäglich furchtbar, und ich kann nicht beschreiben, wie sehr mich der Anblick ergriffen hat, ich habe nicht zum Arbeiten kommen können, seit vorgestern[43]. – Ich komme in einen traurigen Ton, wenn ich daran denke, u. möchte doch diesen Brief nicht gern so schließen, da fällt es mir noch zum Glück ein, daß Du mich nach dem Bilde von *Horace Vernet* fragst, und das ist freilich ein heitereres Thema; wenn mich jener ganz kränkt und ängstlich macht, so glaube ich sagen zu können, daß ich von *Vernet* etwas gelernt habe, u. daß jeder vielleicht was von ihm lernen kann. Es ist die Leichtigkeit u. Unbefangenheit beim Schaffen, die er hat, wie er eine Gestalt sieht, die ihm was ausspricht, so stellt er sie hin, u. während wir andern uns überlegen, ob es auch wohl schön zu nennen ist, u. zu loben oder zu tadeln, ist er schon längst mit was Neuem fertig u. verrückt uns ganz unsern ästhetischen Maßstab. Wenn auch diese Ergiebigkeit nicht zu erlernen ist, so ist doch das Princip ein prächtiges, u. die Heiterkeit, die daraus kommt u. die ewige Frische bei der Arbeit ist durch nichts zu ersetzen. In den Alleen von immergrünen Bäumen, wo es jetzt in der Blütezeit gar zu süß duftet, mitten im Dickicht des Gartens der *Villa Medici*, steht ein kleines Haus, in dem Ihr schon von weitem irgend Lärm hört: Schreien, oder Zanken, oder ein Stück auf der Trompete geblasen, oder Hundegebell das ist das Attelier, die schönste Unordnung herrscht überall: Flinten, ein Jagdhorn, eine Meerkatze, Paletten, ein Paar geschossene Hasen oder todte Kaninchen, an den Wänden überall die angefangenen oder fertigen Bilder: die Einsetzung der Nationalkokarde (ein tolles Bild, das mir gar nicht gefällt) angefangene Portraits von *Thorwaldsen*, *Eynard*, *Latour*, *Maubourg*, einige Pferde, die Skizze der Judith mit Studien dazu, das Portrait des Papstes, ein paar Mohrenköpfe, *Pifferari*, päpstliche Soldaten, meine Wenigkeit, Kain und Abel, endlich das Attelier selbst, hängen im Attelier; neulich hatte er die Hände voll mit den bestellten Portraits zu thun, da sieht er auf der Straße einen von den Bauern der *Campagna*, die jetzt von der Regierung bewaffnet in Rom umherreiten, die abentheuerliche Tracht macht ihm Spas, am folgenden Tage ist ein Bild angefangen, was einen solchen *Campagnarden* vorstellt, wie er in der *Campagna* bei schlechtem Wetter auf seinem Pferde stillhält, u. nach seiner Flinte greift, um einem was zu verreichen, in der Ferne noch ein kleines Truppenkorps und die öde Ebene; die kleinen Details der Waffen, wo immer noch der Bauer durchguckt, das schlechte Pferd mit seinem schäbigen Zeug, die Unbehaglichkeit in dem Ganzen, u. das italiänische Phlegma in dem bärtigen Kerl, machen ein reizendes kleines Bild, und wenn man sieht mit welcher Wonne er daran malt, auf der Leinwand spazieren geht, bald einen kleinen Bach zusetzt, bald ein Paar Soldaten, dann einen Knopf am Sattel, u. dem Kerl seinen Überrock grün füttert – so möchte man ihn wirklich beneiden. Alles kommt auch um ihm zuzusehen, bei meiner ersten Sitzung waren wenigstens 20 Personen nacheinander da, die Gräfin Egloffstein hatte sich ausgebeten von Anfang an seiner Anlage beiwohnen zu dürfen, als er nun so darüber herfiel, wie ein Hungriger übers Essen, da konnte sie vor Erstaunen gar nicht zu sich selbst kommen. Die sonstige Familie ist, wie gesagt, auch nicht übel, und wenn der alte Carle von seinem Vater Joseph erzählt, so hat man Respekt vor den Leuten, u. ich behaupte, die sind adlig. Lebt aber wohl, es ist spät geworden, u. der Brief muß auf die Post. Dir, liebe Mutter, laß mich noch einmal sagen, wie ich Dir alles Liebe u. Frohe heut wünschen möchte, und wie ich hoffe, daß Du heute glücklich bist u. gesund und auch meiner gedenkst an dem Feiertag.

Dein F.

Rom d. 29 März 1831

Mitten in der heiligen Woche. Morgen höre ich zum ersten Male das *Miserere*, u. während Ihr Sonntag die Passion aufführtet, bekamen hier die Cardinäle u. alle Geistlichen schöne geflochtene Palmen u. Ölzweige, das *stabat mater* von *Palestrina* wurde gesungen, es gab eine große Prozession usw. Mit dem Arbeiten geht es schlimm seit ein paar Tagen: der Frühling ist in seiner Blüthe, ein warmer, blauer Himmel draußen wie man bei uns höchstens davon träumt, und die Reise nach Neapel in allen Gedanken, da fehlt die rechte Ruhe zum Schreiben. *Canitz*, der sonst ganz pomadig ist, hat mir einen betrunkenen Brief aus Neapel geschrieben, die trockensten Menschen werden poetisch, wenn sie davon reden, vom 15ten April bis 15ten May ist die schönste Jahreszeit in Italien – wer kann es mir da verdenken, daß ich nicht in die schottische Nebelstimmung mich zurückversetzen kann? Ich habe die Sinfonie deshalb für jetzt zurücklegen müssen, u. wünsche nur noch die Walpurgisnacht hier aufschreiben zu können, das geht auch, wenn ich heut u. morgen gute Tage habe u. womöglich schlechtes Wetter, denn das schöne ist gar zu verführerisch; sobald es einen Augenblick nicht gehen will, denkt man das findet sich alles draußen, u. geht hinaus, u. denkt an alles andere, als ans Arbeiten, u. bummelt umher, u. wenn sie auf einmal von allen Kirchen läuten, so ist es Ave Maria geworden. Doch fehlt mir nur noch ein Stück Einleitung, wenn mir das einfällt, so ist das Ding zusammen und ich schreibe es in ein paar Tagen hin; dann lasse ich alle Noten u. das leere Notenpapier dazu hier u. reise nach Neapel u. thue, so Gott will, gar nichts. Die beiden Franzosen haben mich auch noch in diesen Tagen zum *flaner* verführt.

Wenn man die zwei Leute nebeneinander sieht, so ist es wie ein Lust- oder Trauerspiel, wie man will: *Berlioz* verzerrt, ohne einen Funken Talent, im Finstern herumtappend, der sich dabei für den Schöpfer einer neuen Welt hält, die gräßlichsten Sachen schreibt, u. nichts träumt u. denkt als Beethoven, Schiller u. Goethe, zugleich von einer grenzenlosen Eitelkeit u. auf Mozart u. Haydn hinabschauend, so daß mir sein ganzer Enthusiasmus sehr zweifelhaft wird: und *Montfort*, der seit drei Monaten an einem kleinen *Rondo* auf ein portugiesisches Thema arbeitet, alles recht nett u. brillant nach der Regel zusammensetzt, sich nachher ans Componiren von sechs Walzern machen will, u. vor Vergnügen sterben möchte, wenn ich ihm nun eine Menge Wiener Walzer vorspiele, der *Beethoven* sehr achtet, aber *Rossini* auch u. *Bellini* ebenso, u. Auber gewiß, u. so alles: dazwischen dann mich, der ich Berlioz totbeißen möchte, bis er auf einmal wieder über *Gluck* schwärmt, wo ich dann einstimmen muß, u. der ich doch mit beiden gern spazieren gehe, weil es die einzigen Musiker hier u. sehr angenehme, liebenswürdige Leute sind – das macht alles den komischsten Contrast. Du sagst liebe Mutter, *Berlioz* müsse etwas *wollen*, da bin ich aber gar nicht Deiner Meinung: ich glaube, er will sich verheirathen[44], u. ist eigentlich schlimmer, wie die andern, weil er affectirter ist, ich mag diesen nach außen gekehrten Enthusiasmus, diese den Damen präsentierte Verzweiflung, u. die Genialität in Fraktur, schwarz auf weiß ein für allemal nicht ausstehen, u. wenn er nicht ein Franzose wäre, mit denen es sich immer angenehm leben läßt, u. die immer was zu sagen u. zu interessieren wissen, so wäre es nicht zum aushalten. – Heute über acht Tage also schreibe ich wahrscheinlich den letzten Brief aus *Rom*, u. dann aus *Neapel;* ob ich nach

Sizilien gehe, ist noch sehr ungewiß, u. ich zweifle sehr daran, da ich auf keinen Fall anders als mit dem Dampfboot reisen würde, u. es noch nicht einmal bestimmt ist, ob das abgeht. [. . . .] Die Hauptsache vergeß ich aber: o Beckchen, der Reise-Sack ist angekommen, u. ist wunderschön, er hängt hier eben in Parade aus u. alle Leute freuen sich daran, sey 1000mal bedankt u. glaube mir, daß ich ihn ganz schebig u. schmutzig wieder bringen will, denn brauchen werd ich ihn: er ist viel zu schön, um nicht gebraucht zu werden. [. . .] Lebt wohl. Euer eiliger F.

Rom d. 4 Apr. 31

Die heilige Woche ist vorüber, mein Paß nach *Neapel* besorgt, mein Zimmer fängt an, leer auszusehen, und der Winter in Rom gehört zu den Erinnerungen. In einigen Tagen denke ich abzureisen, und mein nächster Brief ist, will's Gott, aus *Neapel.* Wie heiter und erquicklich der Winter nun war, so hat er mit einer unvergeßlichen Woche geschlossen, denn was ich gesehen u. gehört habe hat meine Erwartungen weit übertroffen, und weil es denn das Ende war, so will ich versuchen in meinem letzten Brief aus Rom Euch eine Beschreibung davon zu geben. Die Leute haben viel gelobt u. viel getadelt über die Ceremonien der heil. Woche und haben, wie es wohl oft geht, immer die Hauptsache zu sagen vergessen, nämlich, daß es ein Ganzes ist. Das ist auch das einzige, weshalb ich davon erzählen will; sonstige Beschreibungen möchten Vater wieder an Mde de *Rumford* erinnern, die am Ende nur dasselbe that was die meisten Menschen thun, die über Musik u. Kunst schreiben, indem sie mit einer heiseren, prosaischen Stimme bei

Tische uns einen Begriff von dem klaren schönen Chor in der päpstlichen Capelle machen wollte. Viele andere haben wieder die bloße Musik abgesondert u. sind dann darüber hergefallen, weil sie der Äußerlichkeit bedürfe, um zu wirken; die mögen Recht haben; solange aber diese nothwendige Äußerlichkeit da ist und zwar in ihrer ganzen Vollkommenheit, solange wirkt sie doch eben, und so gewiß ich überzeugt bin daß Ort, Zeit, Anordnung, die große Menschenmenge die in größter Stille den Augenblick des Anfangs erwartet, das ihrige zum Eindruck beitragen, so verhaßt ist es mir doch, das, was einmal zusammengehört absichtlich zu sondern, um einen Theil zu erhalten, den man gering schätzen kann. Es müßte ein unglücklicher Mensch sein, auf den die Andacht u. Ehrfurcht einer großen Versammlung nicht auch einen andächtigen, ehrfürchtigen Eindruck machte, und wenn sie auch das goldene Kalb anbeteten; denn nur der darf's zerschlagen, der was Besseres dafür hinstellen kann. Ob es nun einer dem andern nachsagt, ob es der einmal erlangte große Ruf thut, ob es bloß in der Einbildung liegt, ist mir ganz einerley; genug, man hat ein vollkommenes Ganzes, was einen mächtigen Eindruck seit Jahrhunderten ausgeübt hat, und noch jedesmal ausübt, und davor hab' ich Ehrfurcht, wie überhaupt vor jeder wirklichen Vollkommenheit. Die Sphäre zu beurtheilen möchte ich den Theologen überlassen, denn was man darüber so hinsagt, kann doch nicht tief gehen, mit der bloßen Ceremonie u. s. w. ist es nicht abgethan; mir ist es genug, wie gesagt, daß in irgendeiner Sphäre etwas mit Treue und Gewissenhaftigkeit nach Kräften vollkommen ausgeführt werde, um Respect davor zu haben und um mich daran zu freuen. – Deshalb also erwartet nicht von mir eine abgemessene Kritik über den Gesang, ob sie rein

oder falsch intonirt haben, gesunken sind oder nicht, und ob die Kompositionen schön sind. – Ich will lieber versuchen Euch zu erzählen, wie das Ganze einen großen Eindruck machen muß, wie alles dazu mitwirkt [...]
Am Palmsonntag ist die erste Ceremonie; der Zulauf von Menschen war so groß, daß ich nicht ganz ins Innere auf die sogenannte Prälatenbank, wo mein gewöhnlicher Sitz war, dringen konnte, sondern unter der Ehrengarde stehen bleiben mußte, wo ich die Feierlichkeit zwar gut sah, aber doch nicht dem Gesang recht folgen konnte, da sie die Worte undeutlich sprachen u. ich den Tag noch kein Buch hatte. So kam es, daß mir diesen ersten Tag die verschiedenen Antiphonen, Evangelien- und Psalmmelodien, die Art des singenden Lesens, was nun dort in der Urgestalt alles vorkommt, den verwirrtesten sonderbarsten Eindruck machte, ich hatte keinen rechten Begriff nach welcher Regel die sonderbaren Ton- u. Schlußfälle sich richteten, und diese Regel mir nun nach und nach herauszusuchen gab ich mir Mühe, u. es gelang mir auch so gut, daß ich am Ende der Heil. Woche hätte mitsingen können. Dadurch entging ich auch der Langeweile über die man sich allgemein während der unaufhörlichen Psalmen vor dem *miserere* beklagt: denn indem ich auf die Verschiedenheit der Monotonie merkte, u. einen Tonfall, den ich sicher hörte gleich aufschrieb, bekam ich nach u. nach, wie es richtig war, 8 Psalmmelodien heraus, notierte mir die Antiphonen u. dgl u. war fortwährend beschäftigt u. gespannt. Den ersten Sonntag aber, wie gesagt, konnte ich mich in Alles das nicht finden u. weiß nur, daß sie auf dem Chor «*hosanna in exc.*» sangen u. mehrere Hymnen intonirten, während dem Papste die schon geflochtenen Palmen gereicht wurden, die er an die Cardinäle vertheilte. Es sind lange, mit

vielen Zierraten, Knöpfen, Kreuzen u. Kronen verzierte Stäbe, doch ganz von trockenen Palmblättern gemacht, u. das gibt ihnen ein Ansehen, als seien sie von Gold. Die Cardinäle, die im Innern der Capelle im Viereck umhersitzen, mit den Abbaten zu ihren Füßen, kommen nun einzeln u. erhalten ihren Palmenstab mit dem sie zu ihrem Platz zurückkehren. Dann kommen die Bischöfe, Mönche, Äbte, alle sonstigen Geistlichen, die päpstl. Sänger, die Ehrencavaliere u. was sonst dazu gehört, u. erhalten einen Ölzweig mit Palmenblättern gebunden. Das giebt eine lange Prozession, während der der Chor immerfort singt, die Abbaten halten die langen Palmen ihrer Cardinäle, wie die Lanzen von Schildwachen, und strecken sie dann alle auf die Erde vor sich hin, u. es ist in dem Augenblick eine Farbenpracht in der Capelle, wie ich sie nie bey einer Ceremonie gesehen habe. Die Cardinäle in den goldgewirkten Gewändern mit den rothen Käppchen, vor ihnen die violetten Abbaten mit den goldenen Palmen in der Hand, weiterhin die bunten Diener des Papstes, die griechischen Priester, die Patriarchen in schönster Pracht, die Capuziner mit langen weißen Bärten, alle die andren Mönche, dann wieder die Schweizer mit ihren Papageyuniformen, alle mit grünen Ölzweigen in den Händen, u. dazu Gesang – wahrlich man hört kaum heraus, was sie singen u. freut sich nur des Klanges. Dem Papste wird dann sein Thronsessel gebracht, auf dem er bei allen Processionen getragen wird, u. auf dem ich am Tage meiner Ankunft in Rom Pius VIII. hatte thronen sehen (*vide* Heliodor von Raphael, wo er abgebildet) Die Cardinäle zwei um zwei mit ihren Palmen beginnen den Zug, die Flügelthüren der Capelle werden geöffnet, u. so geht es langsam hinaus, der Gesang der einen bisher immerfort wie ein Element umgibt, wird nach u.

nach schwächer, denn die Sänger gehn mit, u. endlich hört man ihn in der Ferne von draußen her nur noch ganz leise. Dann frägt auf einmal ein Chor in der Capelle sehr stark, u. aus großer Ferne antworten die Stimmen der Prozession, u. so geht es ein Weilchen bis die Procession wieder näher kommt u. die Chöre sich wieder vereinigen. Auch hier mögen sie singen *was* u. *wie* sie wollen, so macht es eine herrliche Wirkung; u. wenn es auch wahr ist, daß es eher einförmige, ja sogar unförmige Hymnen sind, *all'unisono* ohne rechten Zusammenhang u. ganz *fortissimo,* so berufe ich mich auf den Eindruck, u. den muß es auf jeden machen. Nach der Prozession kam das Evangelium im sonderbarsten Tone vorgetragen, u. dann die Messe. Da muß ich denn auch meines Lieblingsmoments erwähnen, nämlich des *Credo.* Der Priester stellt sich zum ersten Male mitten vor den Altar u. intonirt nach einer kleinen Pause mit seiner heisern, alten Stimme das Seb. Bachsche *Credo;* sowie er fertig ist, stehen alle Geistlichen auf, die Cardinäle verlassen ihre Sitze u. treten in die Mitte der Capelle, bilden einen Kreis u. alle sprechen ganz laut die Fortsetzung: *patrem omnipotentem* etc., zugleich fällt der Chor ein, u. singt dieselben Worte. Als ich das erstemal mein wohlbekanntes

hörte, u. alle die ernsten Mönche um mich her so eifrig u. laut zu sprechen anfingen, erschrak ich ordentlich, u. es ist noch immer mein Lieblingsmoment. Nach der Ceremonie schenkte mir *Santini* seinen Ölzweig, mit dem in der Hand ich dann den ganzen Tag spazieren ging denn schön Wetter war's. Das *Stabat mater*, welches sie nach dem *Credo* einlegten, machte am wenigsten Eindruck, sie sangen es unsicher, falsch, kürzten es ab, die Sing-Akademie singt es ungleich besser. Montag u. Dienstag ist nichts, u. Mittwoch

um ½5 fingen die Nocturnen an. Die Psalmen werden Vers um Vers von 2 Chören gesungen, doch nur immer von einer Art Stimmen Bäßen oder Tenören.
So hört man anderthalb Stunden lang die eintönigste Musik; nur einmal werden die Psalmen durch die Lamentationen unterbrochen, u. das ist das erstemal seit langer Zeit, daß man wieder einen vollkommenen Accord hört, dieser Akkord wird sehr sanft eingesetzt u. überhaupt das ganze Stück *pp* gesungen, während die Psalmen so stark als möglich geschrien werden müssen, u. zwar immer nur auf einen Ton, auf den die Worte in großer Schnelligkeit abgesprochen werden u. dem am Ende jedes Verses ein Schlußfall angesetzt ist, welcher das Unterscheidungszeichen der verschiedenen Melodien ausmacht; da ist es wieder kein Wunder, wenn der bloße sanfte Klang (*g dur*) der ersten Lamentation einen weich stimmt.
Es geht nun wieder eintönig fort, bei jedem Psalmverse wird eine Kerze ausgelöscht, so daß nach anderthalb Stunden die 15 um den Altar brennenden Kerzen aus sind, es bleiben noch 6 große, die ganz hoch über dem Eingang brennen, der ganze Chor mit Alten, Sopranen etc. intonirt *fortiss.* u. *unisono* eine neue Psalmmelodie, den *Canticum Zachariae* in *d moll*, singen ihn sehr langsam u. feyerlich in die Dämmerung hinein, die letzten Kerzen gehn dann aus, der Papst verläßt seinen Thron, wirft sich vor dem Altar auf die Knie, alle mit ihm, sie sagen ein sogenanntes *paternoster sub silentio* d. h. es entsteht eine Pause, während deren man weiß, daß jeder Katholik das Vaterunser betet u. sogleich nachher fängt das *miserere* an, *pianissimo* so:

Das ist für mich eigentlich der schönste Augenblick des Ganzen. Was nachher folgt, könnt Ihr Euch leicht denken, diesen Anfang aber nicht wohl. Die Folge des *miserere* von *Allegri* ist eine einfache Akkordfolge, auf die entweder Tradition oder, was mir wahrscheinlicher scheint, ein geschickter *Maestro* Verzierungen für einige schöne Stimmen, u. namentlich für einen sehr hohen Sopran den er hatte, gegründet hat. Diese Verzierungen kehren bei denselben Akkorden in gleicher Weise wieder, u. da sie gut ausgedacht u. sehr schön für die Stimme gelegt sind, so freut man sich immer, sie wieder zu hören. Das Unbegreifliche, Überirdische habe ich nicht finden können, es ist mir auch ganz genug, wenn es begreiflich, irdisch schön ist. [....] Sie sangen den ersten Tag das *miserere* von *Baini*.

Donnerstag früh um 9 fing die Function wieder an u. dauerte bis 1. Es war große Messe, dann Prozession, der Papst gab den Segen aus der *Loggia* des Quirinals, wusch dann 13 Priestern die Füße, welche die Pilger vorstellen sollen, u. in weißen Kleidern mit weißen Mützen in einer Reihe sitzen, und sich vom Papst ihre Füsse küssen u. waschen lassen müssen, das Gedränge von Engländerinnen war ungeheuer, mir mißfiel das Ganze; die Pilger wurden dann gespeist: nachmittags fingen die Psalmen wieder an, u. es dauerte diesmal bis ½8, einige Stücke des *miserere* waren von *Baini*, die meisten von *Allegri*, es war schon ganz dunkel in der Capelle, als das *miserere* anfing; ich kletterte auf eine große Leiter, die zufällig dastand, u. hatte nun die ganze Capelle voll Menschen u. den knienden Papst mit seinen Cardinälen u. die Musik unter mir; das machte sich prächtig. Am Freitag Vormittag war die Capelle von allem Schmuck entblösst, Papst u. Cardinäle in Trauer, es wird die Leidensgeschichte nach dem *Ev. Joh.* von *Vittoria* componirt gesungen, dann kommen die

Improprien von *Palestrina*, während dann der Papst u. alle andern mit abgezogenen Schuhen zum Kreuz gehen u. es anbeten, Abends war das *miserere* von *Baini*, welches sie am besten sangen; Sonnabend früh im Lateran wurden Heiden, Juden u. Muselmanen, alle von einem kleinen Kinde repräsentirt, welches quäkte, im Battisterium des Laterans getauft, u. dann jungen Priestern die erste Weihe gegeben. Sonntag sang der Papst selbst die Messe im Quirinal, gab dann die Benediction ans Volk, u. so war es aus.

Und so ist es Sonnabend den 9ten April geworden u. morgen mit dem Frühesten sitze ich im Wagen u. fahre nach *Neapel*, da geht wieder eine neue Schönheit für mich auf. Ihr werdet es dem Ende des Briefes ansehen, daß ich eilig geworden bin; es ist der letzte Tag, u. so manches noch zu besorgen [...]; und somit nach Neapel; das Wetter klärt sich auf, die Sonne scheint wieder seit einigen Tagen zum erstenmal. Der Paß ist da, der Wagen bestellt, und so sehe ich nun den Frühlingsmonaten entgegen. Lebt wohl! Felix

Neapel d. 13 April 31

Liebes Beckchen

das stellt den Geburtstagsbrief vor, mög' er Dir ein Feiertagsgesicht machen. Er kommt nachträglich, aber er meint es nicht weniger gut; den Festtag selbst habe ich diesmal sonderbar, aber wunderschön zugebracht, nur schreiben konnte ich nicht, denn ich hatte weder Tisch noch Tinte; ich steckte tief in den Pontinischen Sümpfen. Was ich Dir wünsche, weißt Du, wie ich Dich lieb habe, weißt Du, und daß es sich nicht ändern kann, hast Du nicht vergessen; so möge Dir denn ein frohes Jahr bevorstehen und mögen wir uns irgendwo treffen; wenn Du an dem Tage meiner gedacht hast, so müssen sich die Gedanken etwa auf dem Brenner oder zu Jnspruk begegnet sein, denn ich dachte immer zu Dir hin. [....] und wenn Du auch nicht nach dem Datum siehst, so mußt Du es dem Ton anmerken daß ich in *Neapel* bin zu einem ernsthaften, ruhigen Gedanken habe ich noch nicht kommen können, das Ding ist gar zu lustig um mich her; es fordert zum Nichtsthun u. Nichtsdenken auf; schon das Beispiel so vieler tausend Menschen treibt unwiderstehlich dazu an; ich nehme mir zwar vor, daß es bald anders werden soll, aber die ersten Tage wird es schon so fortgehen müssen, das sehe ich. Ich stehe stundenlang auf meinem Balkon und gucke den Vesuv und den Golf an.

Aber ich muß jetzt wieder einmal meinen alten lange vergessenen Beschreibungsstyl vorsuchen, der Stoff häuft sich sonst gar zu sehr, und ich werde confus und Ihr könnt mir nicht recht folgen. Es stürmt wieder täglich so viel Neues auf mich ein, daß ich nur ein Tagebuch zu schicken brauche, damit Ihr wißt, wie ich lebe und bewegt bin. Und so fange ich denn an, u. bekenne, daß der Abschied von *Rom* mir sehr schwer geworden ist; ich hatte dort so sehr ruhig u. doch aufgeregt gelebt, viele liebe, freundliche Bekanntschaften gemacht, u. war so eingewohnt, daß mir die letzten Tage mit ihren Unruhen u. Herumlaufereien doppelt fatal erschienen. [...] Bunsen ermahnte mich den nächsten Winter auch in Rom zuzubringen, um dort als Künstler zu leben, diesmal hätte ich als *Gentleman* gelebt; ich versicherte ihn, daß man ohne Hund, ohne Schnurrbart, ohne Tabak zu rauchen doch recht gut ein Künstlerleben führen könne, weil das inwendig steckt, und brach so schnell wie möglich ab, um ihn nicht auf *Horace Vernet* kommen zu lassen, den er gar nicht ausstehen kann, weil er so ein windiger Franzose sey, und mit dem er mich nicht gern umgehen sah, wie mir schien; ich brachte die Rede lieber auf *Palestrina* u. die Heil. Woche, und da ich die mit gutem Gewissen erheben konnte, so wurden wir wieder sehr einig und ich ließ einen großen Sack voll Musikalien u. andere Sachen, die ich nicht mit hieher nehme, bei ihm in Verwahrung [. . .]. den letzten Abend ging ich noch zu Vernet, um für mein ganz beendigtes Portrait zu danken u. Abschied zu nehmen, da machten wir etwas Musik, kannegießerten, spielten Schach, und so ging ich spät den *Monte Pincio* herunter zu meinem Hause, packte zusammen, trank den andern Morgen noch bei *Bendemanns* Caffee und 10 war das Rendez-vous mit meinen Damen. Ihr staunt? Ja, wundert Euch nur; ich hatte Damen hieher zu begleiten, als *Dueño*, freilich war die jüngste 10 Jahre und die älteste 40 alt, aber die mittleren waren also gerade recht, u. es waren gute Bekannte von *Hensel* und mir, und wir nahmen alle zusammen einen *Angrisani* und haben uns sehr gut amüsirt, und ich hatte die Casse und handelte mit den Wirthen; und wir sprachen französisch, nun rathet, wer es war? Natürlich *Vollards*, [. . . .] Sie wollten seit mehreren Tagen gern reisen, es fehlte ihnen ein Begleiter, da erbot ich mich u. habe es gar nicht bereut. Ich saß im Cabriolett, sah mir die Gegend an, und konnte nach Herzenslust träumen, Abends im Quartier gingen wir alle spazieren, die Paar Tage glichen mehr einer Lustfahrt, als einer Reise. Der Weg von *Rom* nach *Neapel* ist auch das Reichste, was ich kenne, u. die ganze Art zu reisen sehr angenehm; man fliegt durch die Ebene hin, die Postillone jagen für ein kleines Trinkgeld wie toll was in den Sümpfen sehr angebracht ist; wenn man die Gegend sehen will, braucht man nur das Trinkgeld zu versagen, so geht es gleich langsamer. Von *Albano* über *Ariccia* u. *Genzano* bis *Velletri* führt die Straße immer zwischen Hügeln, die tief mit Bäumen aller Art beschattet sind, bergauf bergab, durch Ulmenalleen, bei Klöstern u. Heiligenbildern vorüber; auf der einen Seite ist immer noch die *Campagna* mit ihrem Heidekraut u. ihren bunten Farben zu sehen, darüber kommt das Meer, das im Sonnenschein schön blitzte, u. dazu der heiterste Himmel, denn seit Sonntag früh ist es herrliches Wetter geworden: So fuhren wir in *Velletri*, unserm ersten Nachtquartier, ein; dort war ein großes Kirchenfest, die schönen Frauen mit den prächtig originellen Gesichtern gingen truppweise in den Alleen auf u. ab, die Männer in ihren Mänteln standen auf den Straßen gruppirt, die Kirche war mit grünen Blättergirlanden geziert, einen Brummbaß u. einige Fiedeln hörten wir drin ertönen im Vorüberfahren, auf dem Platz wurde ein Feuerwerk vorbereitet, dazu ging die Sonne klar u. ruhig unter, u. die pontinische Ebene mit ihren tausend Farben u. den Felsen, die einzeln daraus am Horizont hervorragen, zeigte uns den Weg, den wir den nächsten Tag reisen sollten. Nach dem Abendessen wollte ich noch ein wenig gehen, u. entdeckte eine Art von Illumination, es war alles lebendig auf den Straßen, u. als ich endlich in die Gegend der Kirche kam u. um die Ecke bog, war die ganze Straße auf beiden Seiten mit brennenden Fackeln besteckt, u. in der Mitte gingen nun die Leute auf u. ab u. drängten sich, u. freuten sich, daß sie sich in der Nacht so deutlich sähen. Wie hübsch sich das ausnahm, kann ich gar nicht sagen. Vor der Kirche wurde das Gewühl am größten, ich drückte mich mit hinein: Das kleine Gebäude war mit knienden Menschen angefüllt, die die ausgestellte Hostie anbeteten; keiner sprach ein Wort, Musik war auch nicht; diese Stille, die erleuchtete Kirche, die vielen knienden Frauen mit ihren weißen Tüchern auf dem Kopfe u. den weißen Kleidern machten sich feierlich. Ein wunderhübscher, kluger italiänischer Junge erklärte mir draußen das ganze Fest, u. versicherte, es wäre noch viel schöner, wenn nicht die Unruhen gekommen wären, denn die hätten sie ums Pferderennen, und um die Pechtonnen usw. gebracht, u. deswegen sey es Schade, daß die Österreicher nicht früher gekommen wären. Den folgenden Tag um 6 ging es fort in die Pontinischen Sümpfe: es ist eine Art Bergstraße, man fährt durch eine schnurgerade Baumallee, in einer Ebene, auf der einen Seite der Allee steht eine fortgehende Bergkette, auf der andern breiten sich die Sümpfe aus, die sind aber mit unzähligen Blumen bewachsen u. duften sehr lieblich; nur wird es auf die Länge betäubend, u. ich fühlte sehr deutlich die schwere, drückende Luft, trotz des heiteren Wetters; längs der Chaussee zieht sich ein Canal hin, den *Pius* VI zur Ableitung der Sümpfe machen liess, darin saßen eine Menge Büffelherden, u. steckten nur den Kopf aus dem Wasser u. fühlten sich sehr wohl drin; einen sonderbaren Effect macht die schnurgerade Richtung der Straße denn genau wie man das Ende der Bergkette gegen die Bäume der Alee zu auf der ersten Station sieht, so ist es auf der zweiten u. dritten auch, nur immer um so viel Meilen näher u. größer: *Terracina* welches gerade am Ende der Allee liegt, sieht man also nicht, bis man dicht davor ist, dann wendet man sich auf einmal links um eine Felsenecke, u. hat das ganze Meer vor sich, Zitronengärten, Palmen u. alle Südgewächse auf dem Abhang vor der Stadt,

die Thürme über den Büschen u. den Hafen ins Meer hineinragend. Das Meer ist u. bleibt für mich doch das Schönste in der Natur. Ich habe es fast noch lieber, als den Himmel. Von ganz *Neapel* hat mir wieder das Meer den erfreulichsten Eindruck gemacht, mir wird immer wohl wenn ich die bloße weite Wasserfläche vor mir sehe. Von *Terracina* fängt nun der eigentliche Süden an, das ist ein anderes Land, u. jede Pflanze u. jeder Busch erinnert daran. Namentlich gefielen mir zwei gewaltige Bergrücken zwischen denen die Straße durchgeht; sie waren ganz ohne Schatten u. Bäume, aber von oben bis unten mit Goldlack bewachsen, so daß sie ganz gelb aussahen u. fast zu stark dufteten. An großen Bäumen u. Gras fehlt es sehr, die Nester Fondi u. Itri machen sich ganz räuberhaft u. graulich, die Häuser kleben an den Felswänden, große Thürme aus dem Mittelalter dazwischen, viele Schildwachen u. Posten auf den Bergspitzen ausgestellt, wir kamen indes ohne Abentheuer durch. In *Mola di Gaëta* blieben wir Abends, da ist der berühmte Balkon wo man über Citronen- u. Orangengärten weg, das blaue Meer vor sich hat mit dem Vesuv u. den Inseln in weiter Ferne.
Das war am 11ten April, da ich nun den ganzen Tag im stillen für mich gefeiert hatte, so konnte ich's am Abend doch nicht lassen meinen Damen mitzutheilen daß Dein Geburtstag sey, u. da sie Dich durch die Flegeljahre u. das grüne Buch kennen[45] u. auch achten, so wurde Deine Gesundheit sehr getrunken, sogar ein alter Engländer, der dabey war, trank mit u. wünschte mir *a happy return to my sister*. Ich trank aber das Glas ganz leer auf Dein Wohl u. dachte Dein; sey unverändert, wenn wir uns wiedersehn. Mit solchen Gedanken hin u. her ging ich noch Abends in den Citronengarten ans Meerufer, u. hörte wie sich die Wellen so von

fern her ans Land schoben u. zuweilen sehr leise plätscherten, es war eine himmlische Nacht, unter tausend Dingen die mir durch den Kopf gingen fiel mir auch das Grillparzersche Exempel ein, welches unmöglich in Musik zu setzen ist, weshalb es denn auch Fanny wunderschön componirt hat; im Ernst aber ich sang das Lied lange für mich, denn ich stand nun eben an der Scene von der es spricht, das Meer hatte gefolgt, die Beschwerde aufgegeben u. war sehr ruhig. Das war das erste Lied; nun kam am folgenden Tag das zweite, denn das Meer war halb Wiese halb Äther zu schauen, u. die zierlichen Frauen nickten, wie auch Ölbaum und Cypresse, sie waren aber alle braun, u. aus der Prosa kam ich auch nicht just her. Was glänzt im Laube funkelnd wie Gold? Lauter Patronentaschen u. Säbel; denn der König hielt *Revue* in *Sa. Agatà* u. auf beiden Seiten des Weges defilirten Soldaten, die mir doppelt gut vorkamen, weil sie den preußischen ähnlich sahen, u. weil ich lange nur die päpstlichen gesehen hatte. Einige trugen Blendlaternen auf den Flinten, weil sie nachts marschirt hatten, das Ganze machte sich keck u. lustig. Nun kommt man aber in einen kurzen Felsenpaß u. an dessen Ende fährt man ins Campanerthal hinunter. Es ist das reizendste Thal, das ich bis jetzt gesehen habe, wie ein unermeßlicher Garten weit u. breit bepflanzt u. bewachsen, an der einen Seite die blaue Meerlinie, an der andern die sanften Bergreihen, über denen noch Schneespitzen hervorsahen, in großer Entfernung der Vesuv u. die Inseln über die Ebene in blauem Duft ragend auf die geht der Weg gerade zu, große Baumalleen durchschneiden das weite Feld, zwischen jedem Stein drängen sich Gewächse hervor, groteske Aloës u. Cactus überall, ein Duft u. eine Vegetation, wie toll, es ist unglaublich behaglich, was in England durch die

Menschen erfreulich ist, ist es hier durch die Natur; und wie dort kein Plätzchen ist, von dem nicht jemand Besitz genommen u. es angebaut u. geziert hätte, so ist hier keines wo die Natur nicht Besitz nimmt u. Blumen u. Kräuter u. alles Schöne hervorbringt. Das Campanerthal ist die Fruchtbarkeit selbst; in der ganzen unermeßlichen Fläche, die in weiter Ferne von den blauen Bergen u. dem blauen Meer begrenzt ist, gibt's nur Grün zu sehen; so kommt man nach *Capua;* ich kann es dem Hannibal nicht übelnehmen, daß er zu lange da blieb. Von *Capua* nach Neapel geht's zwischen Bäumen, die mit Weinlaub behängt sind unaufhörlich fort, bis am Ende der Alleen der Vesuv u. das Meer mit *Capri* u. die Häusermasse vor einem liegen. Ich wohne hier in Sta. Lucia wie im Himmel, denn erstlich habe ich den Vesuv die Berge bis *Castellamare* u. den Golf vor mir u. zweitens ist es 3 Stock hoch. Leider raucht der Schelm von Vesuv aber nicht einmal, u. sieht ganz aus wie ein anderer schöner Berg. Dafür fahren sie aber Abends mit Licht auf den Kähnen im Golf hin u. her, um Schwertfische zu fangen. Das macht sich auch gut. Lebt wohl, Ihr Lieben, u. lebwohl, Du mein Beckchen! F.

Neapel d. 20 April.

Man muß sich so daran gewöhnen, daß Alles anders kommt als man es etwa erwartet u. berechnet, daß Ihr Euch nicht wundern werdet, wenn statt des versprochenen Tagebuchbriefes nur ein ganz kurzer einläuft, der eben mein Wohlsein meldet, und außerdem nicht viel. Was die Gegend betrifft, so kann ich sie nicht beschreiben, u. wenn Ihr durch alle, die darüber gesprochen u. geschrieben haben, keinen Begriff davon habt, so werde ich ihn schwerlich geben können, denn es ist eben darum unbeschreiblich schön, weil man es nicht beschreiben kann. Was ich nun sonst berichten könnte, wäre von meinem Leben hier, das war aber so einfach daß ich in zwei Worten damit fertig bin. Bekanntschaften habe ich nicht machen wollen, weil ich nur höchstens noch einige Wochen hier fest bleiben werde, u. dann in die Umgegend Touren mache u. weil ich nur die Natur hier herum recht kennenlernen will. So bin ich Abends um 9 zu Bett gegangen, u. Morgens um 5 aufgestanden, um von meinem Balkon herab mich an dem Vesuv, dem Meer, der Küste von Sorrent in der Morgenbeleuchtung zu erquicken; dann habe ich große, sehr einsame Spaziergänge zu Fuß gemacht, mir meine eigenen Lieblingspuncte selbst herausgesucht, wobey ich dann die Freude hatte, daß mein schönster Punct ein den Neapolitanern fast ganz unbekannter war. Bei diesen Spaziergängen suchte ich mir irgendein Haus auf der Höhe aus, auf das ich mich hinarbeitete, oder ging nur nach der Idee, ließ mich von der Nacht mit dem Mondschein überraschen, machte dann mit Vignerolen Bekanntschaft, um mich wieder zurückzufinden, so daß ich endlich ganz müde gegen neun Uhr durch die *Villa Reale* nach Hause kam. Wie dann im Mondschein von der *Villa* aus sich das Meer mit dem reizenden *Capri* macht, wie da die blühenden Akazien fast betäubend duften, wie sonderbar sich die Fruchtbäume ausnehmen, die ganz mit rosa Blüten überschüttet sind u. wie rosa belaubte Bäume sind – das ist schon wieder unbeschreiblich. Und weil ich denn eben meist nur in u. mit der Natur gelebt habe, so kann ich weniger schreiben als sonst; vielleicht kommen wir münd-

lich einmal darauf zurück, dann geben etwa die Bilderchen in unserm Wohnzimmer Stoff und Anknüpfungspuncte zu Erzählungen. Nur noch das eine, daß ich mit Dir, liebe Fanny, übereinstimme, indem Du nämlich vor langen Jahren sagtest, Dein Liebling sey die Insel *Nisida* (vielleicht hast Du es schon vergessen, ich aber nicht). Sie liegt vor einem, als sey sie nur zum Lustort erschaffen; wenn man aus dem Gehölz von Bagnuolo kommt, so erschrickt man fast weil sie so nah u. groß u. grün aus dem Meere aufsteigt, während die andern Inseln *Procida* u. *Ischia* u. *Capri* in weiter Ferne ungewiß mit ihren blauen Schatten dastehen. Zugleich hat sich *Brutus* nach *Cäsars* Ermordung auf der Insel versteckt, u. *Cicero* hat ihn dort besucht, damals lag ebenso wie jetzt das Meer dazwischen u. die Felsen hingen so gebogen ins Meer u. es wuchs grün drauf wie jetzt. Das sind die Alterthümer, die mir gefallen u. was zu denken geben, mehr als ein paar Brocken Mauerwerk. Übrigens würdest Du liebes Beckchen Dich wirklich grotesk gegen den Vesuv ausnehmen, wenigstens tun es sämtliche Neapolitaner. Solch einen gründlichen Aberglauben, solche Betrügungssucht wie hier im Volke habe ich aber nie geahnt. Es hat mir oft die Natur verleidet, denn die Schweizer, über die sich Vater ärgerte, sind wirklich unschuldige Naturmenschen dagegen; mein Wirth gibt mir regelmäßig zu wenig auf einen Piaster heraus, dann sag ich's ihm, u.dann holt er ruhig den Rest. [. . . .]
Nun an Dich, lieber Vater, noch ein paar Worte. Du hast mir geschrieben, daß Du es nicht gern sehen würdest, wenn ich nach Sicilien ginge, u. ich habe demnach diesen Plan aufgegeben. [. . .] Du kannst Dir denken, mit welcher Erwartung ich Deiner Antwort auf meine mir so wichtige Frage entgegengesehen. Daß es mir etwas schwer wird,

Sicilien liegen zu lassen, kann ich nicht läugnen; denn es war wirklich mehr als ein *whim* von mir, Gefahren sind gar nicht zu befürchten; es geht sogar recht um mir das Herz schwer zu machen, am 4ten May ein Dampfboot ab, welches die ganze Tour macht, auf dem viele Deutsche wahrscheinlich auch der hiesige Gesandte, Lottum, mitgehen werden, u. einen feuerspeienden Berg hätte ich gern gesehen, da der böse Vesuv nicht einmal raucht. Deine Vorschriften haben indes bis jetzt immer so sehr mit meinen Wünschen übereingestimmt, daß ich gewiß die erste Gelegenheit, Dir auch gegen meinen augenblicklichen Wunsch gehorsam zu sein, nicht vorbeigehen lassen werde, u. somit habe ich Sicilien von meiner Reiseroute ausgestrichen. Vielleicht können wir uns um desto eher wieder sehen. Und nun lebt wohl; heut will ich nach *Capo di Monte* spazieren gehen.

Euer Felix

Neapel d. 27 April 31.

Es ist beinahe 14 Tage, daß ich keinen Brief von Euch habe; hoffentlich ist nichts Beunruhigendes vorgefallen, u. so sehe ich denn jeden Posttag Nachrichten entgegen. Mit meinem Schreiben wird es aus *Neapel* nicht viel werden, man steckt zu tief darin um gleich sich hinausversetzen und erzählen zu können. Dazu kommt noch, daß ich das schlechte Wetter welches wir einige Tage lang hatten zum arbeiten benutzt und mich mit Eifer auf die Walpurgisnacht geworfen habe, das Ding hat mich immer mehr interessiert so daß ich nun jede freie Minute benütze um daran zu arbeiten, in wenigen Tagen soll es fertig sein, denke ich, und es kann ein ganz lustiges Stück werden. Bleibe ich so im Zuge, wie jetzt, so mache ich auch noch die Italiänische Sinfonie in Italien fertig dann hätte ich doch eine ganz gute Ausbeute von diesem Winter mitzubringen. Dazu wird täglich etwas Neues gesehen, die Partien mache ich meist mit *Schadows*, wir vertragen uns ganz gut miteinander. Gestern waren wir in *Pompeji:* das ist halb wie eine Brandstätte, halb wie eine Wohnung aus der die Leute eben ausgegangen sind. Für mich, dem beides immer was Rührendes hat, war der Eindruck eigentlich der traurigste den ich bis jetzt in Italien gehabt. Als seien die Menschen eben weggegangen, ist es, doch zeigt so vieles auf eine andere Religion, anderes Leben, kurz auf 1700 vergangene Jahre hin, u. dazu klettern Franzosen u. Engländerinnen so munter drauf umher, zeichnen es auch wohl gar ab – es ist wieder einmal das alte Trauerspiel von Vergangenheit und Gegenwart, über das ich in meinem Leben nicht wegkomme. Das lustige Neapel macht sich darauf freilich ganz gut, aber die übertriebene Masse von elenden Bettlern, die einen auf allen Wegen u. Stegen verfolgen, den Wagen in Haufen einschließen, sobald man anhält, namentlich die vielen weißhaarigen alten Leute die man darunter sieht, tun mir weh; denn eine solche Masse von Elend kann man sich gar nicht denken; geht man am Meere spazieren, sieht nach den Inseln hinüber will dann auch einmal aufs Land sehen und steht in der Mitte von Krüppeln, die mit ihren Gebrechen coquettiren, oder findet sich wie mir es neulich geschah, von 30 bis 40 Kindern umgeben, die alle ihr *muoio di fame* absingen, u. sich dabey auf die Kinnbacken klopfen, um zu zeigen daß sie nichts zu beißen haben – so macht es einen widerlichen Contrast. Und doch ist es mir noch viel verhaßter, daß man die Freude, ein zufriedenes Gesicht zu sehen, durchaus entbehren muß; denn wenn man reichlich gegeben hat, sey es an Custode, Arbeiter, Aufwärter, kurz wem Ihr wollt, so ist die stehende Redensart «*niente di più?*» Dann kann man gewiß sein, daß es zu viel ist. Ist es der rechte Preis, so geben sie es in der größten Entrüstung zurück, u. kommen dann nach u. bitten wieder drum. Das sind Kleinigkeiten, aber sie zeigen den kläglichen Zustand der Leute; bin ich doch schon so weit gekommen mich einmal über die immerwährende, lächelnde Heiterkeit der Natur zu ärgern, als mir auf abgelegenen Spaziergängen überall Bettler entgegenkamen, u. einige davon Viertelstunden weit mitgingen. Nur wenn ich auf meinem Zimmer ruhig sitze, meinen Meerbusen und den Vesuv drüber ansehe u. ganz allein damit bin, ist mir hier recht wohl u. heiter geworden. Heut werden wir nach dem Camaldolenser Kloster hinaufsteigen, u.morgen, wenn das Wetter sich hält, nach *Procida* und *Ischia*. Abends bin ich heute bei Mde. *Fodor* mit *Donizetti*, *Benedict* und andern mehr. Sie ist sehr freundlich u. gefällig gegen mich, durch ihr Singen hat sie mir schon sehr großes Vergnügen gemacht, denn sie hat eine unglaubliche Leichtigkeit, u. macht ihre Verzierungen mit solchem Geschmack, daß man sieht, wie die *Sontag* sich vieles von ihr angenommen hat, namentlich das *mezza voce*, das die *Fodor*, deren Stimme nicht mehr ganz frisch u. voll ist, sehr politisch klug an vielen Stellen anzubringen weiß. Da sie auf dem Theater nicht singt, so ist es mir doppelt lieb, sie persönlich kennengelernt zu haben. Das Theater ist jetzt für 19 Tage geschlossen, weil das Blut des h. Januarius ehester Tage fließen soll; was ich vorher dort gehört war der Mühe des Hingehens nicht werth, das Orchester nicht so arg, wie in Rom, aber schlechter als jedes deutsche, keine einzige erträgliche Sängerinn, und nur *Tamburini* mit seiner frischen Baßstimme gab dem Ganzen etwas Leben. Um italiänische Oper zu hören muß man jetzt nach Paris oder London gehen; ich bitte Gott, daß es nur nicht mit der deutschen Musik ebenso werden möge. [.....] Ich muß aber zu meinen Hexen zurück, verzeiht, wenn ich für heute aufhöre. Der ganze Brief schwebt eigentlich in Ungewißheit, oder ich schwebe vielmehr darin, ob ich die große Trommel nehmen darf oder nicht: «Zacken, Gabeln u. wilde Klapperstöcke» treiben mich eigentlich doch zur großen Trommel, aber die Mäßigkeit rät mir ab. Ich bin auch gewiß der einzige der den Bloxberg ohne kleine Flöte componirt, aber um die große Trommel thäte mir es leid, u. ehe Fannys Rath ankommt, ist die Walpurgisnacht fertig u. eingepackt, ich fahre schon wieder durchs Land, u. Gott weiß, wovon dann die Rede ist; ich bin überzeugt, Fanny sagte Ja, aber ich bin doch unschlüssig. Großer Lärm muß auf jeden Fall gemacht werden. O Beckchen, kannst Du mir nicht einige Liedertexte schaffen u. schikken; mir ist sehr danach zumuthe, u. Du mußt wieder was Neues zu singen haben, wenn Du mir hübsche Verse schicken kannst, alte oder neue, lustige oder saure oder sauersüße, so schiebe ich sie Dir in Deine Stimme hinein. Für sonstige Bestellungen stehe ich zu Diensten, ich bitte Dich, schaff mir was zu arbeiten, für die Reise, in den Wirtshäusern. Nun aber lebt alle wohl, u. so ganz wohl, wie ich es möchte, und denkt mein; daß wir uns bald u. fröhlich wiedersehen.

Felix

Neapel den 7ten May.

Ich konnte vorigen Posttag nicht schreiben, weil ich auf *Ischia* zwischen den Glühwürmern in den Hecken umherstrich; einen Brief, worin nichts steht, bekommt Ihr doch früh genug. [....] Ich werde wahrscheinlich Ende der nächsten Woche schon mich wieder nach Norden hinauf wenden. Das Wetter ist mir hier sehr ungünstig, das Clima bekommt mir gar nicht, und so will ich wenigstens der größten Hitze entgehen. Wir haben seit einer Woche nämlich fortwährend *Scirocco,* und der ist für mich das Entsetzlichste, das ich kenne, es macht mich immer unlustig zu allem, träge und unwohl. Die Luft ist dann so, wie bei uns etwa vor einem schweren Gewitter, dabey geht aber ein warmer Wind der diese dicke Luft hin und her treibt, der Himmel ist ganz mit weißen Wolkenstreifen bezogen, durch die die Sonne noch blendender scheint, am Horizont und auf den Bergen liegt schwerer weißer Dunst, alles ist matt u. erschlafft in der Natur. Es soll für Brustkranke das zuträglichste Wetter sein, auf mich macht es solch unangenehmen Eindruck, daß ich augenblicklich morgens, wenn ich aufsteh, merke, ob *Scirocco* ist oder nicht; [..] Auf Ischia hatte ich vorgestern einen schönen Tag es ist lieblichste, üppigste Natur, die man sich vorstellen kann, der rechte Süden. Abends nach der Ankunft im kleinen Hafen mußt' ich zu Fuß noch 2 Stunden zwischen den Hügeln, beim Meerufer vorbey, berg auf, bergab gehen, um zu *Don Tommaso* zu gelangen, der ein Canonicus ist, Fremde bewirthet, u. dessen Gehöft ganz einsam u. abgelegen auf einem Hügel steht. Da geht es nun zwischen den Weinbergmauern, durch die Feigenalleen lustig durch, u. die Glühwürmer fliegen geschäftig in der Luft herum, andere sitzen im Gebüsch, man denkt, eine ganze erleuchtete Stadt liege dahinter, an Zitronen, Orangen, Platanen, Aloes, indischen Feigen, fehlt es natürlich nirgends, und das Alles blühend u. duftend im Anfang des May hat mir ganz absonderlich behagt, und Feigenbäume blühen und duften.

Bei *Don Tommasos* ist es reinlich u. nett, der Mann macht guten Wein, hat sein Kirchlein gleich beim Wohnhause stehen, lebt gar nicht übel dort; den andern Morgen ging es zu Esel um die Insel herum, u. auf den *Epomeo;* der Weg hinauf ist ganz reizend, die Aussicht verdarb etwas der Herr *Scirocco* wieder, u. legte sich so plump aufs Meer, daß nur die Spitzen von Capri u. den Vorgebirgen dunkelblau hervorguckten, das andere war grauer Dunst. Und dazu tanzte der Nebel so lustig um die Bergspitzen, wie Ihr es Euch vom Rigi her erinnern möget. Hinunter ging es im gestreckten Galopp: der Eseltreiber fluchte: *Sangue di baccalà fritto* u. auf dies Commando machte der Esel Capriolen. Dann wurde nach *Procida* übergesetzt, wo die Frauen sich griechisch kleiden, u. darum nicht hübscher aussehen, aus allen Fenstern guckten neugierige Gesichter, ein paar Jesuiten mit den schwarzen Kleidern u. dunklen Gesichtern saßen in einer hellen Weinlaube, ließen sichs wohl sein u. machten ein hübsches Bild, dann übers Meer nach *Pozzuoli* u. so durch die Grotte des *Posilippo* wieder nach Hause. Deutsches gibt es hier wenig zu lesen, da bin ich auf die Goetheschen Gedichte beschränkt, die mir Hauser geschenkt hat u. bei Gott es ist genug drin zu bedenken, neu bleibt es immer. Namentlich interessieren mich hier die Gedichte, die er offenbar in oder um Neapel geschrieben hat, wie z. B. Alexis u. Dora, denn das sehe ich fast täglich von meinem Fenster aus, wie das wunderbare

Gedicht entstanden; ja wie es denn mit allen Meisterwerken geht, so denke ich oft so von selbst u. plötzlich dran, daß mir ist, als müsse es mir auch bei ähnlicher Gelegenheit eingefallen sein, u. als hätte der es nur zufällig ausgesprochen. Von dem Gedicht «Gott segne dich junge Frau» behaupte ich nun gar das Local aufgefunden zu haben, ich behaupte sogar daß ich bei der Frau zu Mittag gegessen habe, aber natürlich muß sie jetzt schon ganz alt u. ihr säugender Knabe ein stämmiger Vignerol geworden sein, u. an beiden fehlte es nicht; zwischen *Pozzuoli* u. *Bajae* liegt ihr Haus, «eines Tempels Trümmern» u. nach Cuma ist es 3 Meilen gut, da könnt Ihr Euch denken, wie einem die Gedichte neu werden u. wie anders, frisch man sie wieder auffindet u. kennen lernt. Von Mignons Lied will ich gar nicht erst sprechen. Aber toll ist es doch, daß *Goethe* u. *Thorwaldsen* leben, daß *Beethoven* erst vor ein Paar Jahren gestorben ist, u. daß Motho behauptet, die deutsche Kunst sey mausetot. *Quod non.* [...] Graf *Platen*[46] ist ein kleiner, verschrumpfter, goldbebrillter, heiserer Greis von fünfunddreißig Jahren; er hat mir Furcht gemacht, die Griechen sehen anders aus. Er schimpft auf die Deutschen gräßlich, vergißt aber, daß er es auf deutsch thut. Aber ich komme zu sehr ins Plaudern u. in die Enge. Also lebt wohl für heute, das nächste Mal mehr und besser, wenn kein Scirocco ist: das heisst hier der Sciroccobrief. Bleibt froh und gesund. F

Neapel den 17 Mai. 31

Ihr Lieben

Sonnabend den 14ten Mai um 2 Uhr sagte ich dem Fuhrmann er möge nun umwenden; wir hielten vor dem Tempel der *Ceres* in *Paestum*, und das war der südlichste Punct auf meiner Jugendreise. Der Wagen kehrte sich um, nach Norden zu, und seitdem nähere ich mich wieder Euch, wenn ich weiterreise. Es war ungefähr ein Jahr, daß ich mit Vater nach *Dessau* und *Leipzig* abgereist war, und so stimmt es auch in der Zeit; es war die Hälfte. Ich habe das Jahr für mich benutzt, bin an Eindrücken und Erfahrungen sehr viel reicher, war auch fleißig in Rom und hier, aber Äußerliches ist nichts geschehen, und im Anfang des nächsten, solange ich in Italien bin, wird es wohl auch dabey gleiben; darum ist mir die Zeit nicht weniger lieb, als andere, wo ich äußerlich und in der Meinung der Leute vorwärts kam, denn das hängt doch immer zusammen: habe ich was Rechtes erlebt, so wird es schon auch nach außen wirken, und ich will gewiß keine Gelegenheit dazu vorüberlassen. Hoffentlich wird die auch noch vor Ende dieser Reise ein paarmal kommen, deshalb kann ich die Monate die mir noch für Italien bleiben, fortfahren die Natur und den blauen Himmel zu genießen; ohne an was Anderes zu denken; nur da ist jetzt die Kunst von Italien, da und in Monumenten, aber da bleibt sie auch ewig, und da wird unser eins zu lernen und zu bewundern finden, solange der Vesuv stehen bleibt, und solange die milde Luft und das Meer und die Bäume nicht vergehen: trotz dessen bin ich Stock-Musiker genug, um mich recht herzlich wieder einmal nach einem Orchester oder einem vollen Chor zu sehnen, es ist doch auch Klang drin, und solchen giebts hier nicht; das ist unsere Sache jetzt geworden, und wenn man so lange ganz ohne dieses Element hat sein müssen, so fehlt es einem sehr. Orchester und Chor sind hier, wie in einer untergeordneten Mittelstadt bei uns, nur noch roher und unsicherer: der erste Violonist schlägt durch die ganze

Oper hindurch die vier Viertel des Taktes auf einen blechernen Leuchter, so daß man es zuweilen mehr hört, als die Stimmen (es klingt etwa, wie obligate Castagnetten, nur stärker) und trotzdessen sind Orchester und Sänger nie zusammen: bei jedem kleinen Instrumental Solo kommen altmodische Verzierungen und besonders ein schlechter Ton zum Vorschein, das Ganze ist ohne den geringsten Geist, ohne Feuer und Lust. Die Sänger sind die schlechtesten italiänischen, die ich bis jetzt irgendwo gehört habe, Italien ausgenommen; denn wenn man eine Idee von italiänischem Gesang haben will, muß man nach *London* oder *Paris* gehen, selbst die Dresdener Gesellschaft die ich in Leipzig voriges Jahr hörte, ist besser als irgendeine hier. Es ist ja auch natürlich; beim grenzenlosen Elend das man hier überall sieht, wo soll da ein Boden zur Erhaltung eines Theaters, das jetzt doch einmal große Mittel braucht, sich finden? Und die Zeit wo jeder Italiäner geborener Musiker war, wenn sie jemals gewesen, ist lange vorbey: sie behandeln es, wie jeden Modeartikel, kalt, gleichgültig, nur mit dem Interesse des äußerlichen Anstandes, und da ist es nicht zu verwundern, wenn jedes einzelne Talent wie es aufkommt, gleich in die Fremde geht, wo es besser anerkannt, besser an seinen Platz gestellt wird, und wo es Gelegenheit findet was Ordentliches, Herzstärkendes zu hören und zu lernen. [...] Ich war neulich in einer Gesellschaft Musiker, wo man von einer neuen Oper eines Neapolitaners *Coccia* sprach u. wissen wollte ob sie gut sey? Wahrscheinlich ist sie gut, sagte einer der Musiker denn *Coccia* war lange in England, hat da studiert u. es haben dort auch einige seiner Sachen gefallen. Das war mir auffallend: man würde in England gerade so von Italien gesprochen haben. Aber *quo me rapis?* – Ich wollte eigentlich gar keinen musi-

kalischen Brief schreiben, die Feder ist wieder übergegangen, und nun will ich es gleich einholen. Erstlich Geschäfte. Dich liebe Mutter, bitte ich an Mechett wegen meiner Exemplare nicht zu schreiben; [....] Italiänisch spreche ich so, so; da es aber bekanntlich die weichste Sprache ist, so mögt Ihr rathen, wie die Lichtputze auf Neapolitanisch heisst? Lo smoccolatojo wäre gar nichts, das ist römisch. Sie heisst *Lu smitsch* [.....] und «Komm her» heisst «venneka». «Nein» heißt gar nicht, sondern man kratzt sich unter dem Kinn, das gibts statt jeder Verneinung, und das letzte sprach ich sehr gut aus, gar nicht wie ein Fremder. Dir, lieber Vater, dank ich sehr für Dein Wort über Fanny Tornow; sie ist ein infames Schätzchen, ich habe ganz allein im Zimmer laut darüber lachen müssen. Bitte, laß mich wissen, ob die Herzoginn von *Dessau* Dir das Geld geschickt hat (50 Piaster römisch). Ich habe endlich gestern nach wiederholtem Schreiben von Fräulein v. *Rath* eine Antwort u. einen Dank der Herzoginn erhalten: ihre Antwort ist aber so unglaublich abgeschmackt und corrupt dumm abgefaßt, dass ich wirklich nicht weiss, ob es Ernst oder eine Beleidigung sein soll. Moral: du sollst nichts für Herzoginnen besorgen, wenn Du nicht musst; *alias:* für Grosse ist nicht gut Kirschen kaufen; *alias:* was Deines Amts nicht ist, davon lass Deinen Vorwitz: Mein Amt ist aber nicht, Hofdame sein, ich habe die schönsten Vorsätze und Sprüche mir seit gestern vorgehalten, unter anderem ganz tollen Zeug kommt folgender Satz im Brief der Rath vor «Einem Meister der Töne wie Sie – einem Beschwörer des finstersten Geistes, unserm kleinen Helden gebührt stets der Preis, und jede Mahnung nehmen wir dankbar an.»
Noch bitte ich Dich um Verzeihung, daß ich Dir die versprochene Berechnung des Geldes, das ich im vorigen Jahre

gebraucht nicht zugeschickt habe; ich habe in Rom das Büchelchen, worin die Ausgaben bis Rom standen, mit andern Sachen und mit meiner Musik bei *Bunsen* gelassen, und weiß es nicht genau aus dem Kopfe, von Rom aus schreibe ich es dann sogleich! [. . . .] Daß ich am Ende meiner Reise wieder nach London will, ist mir ganz sicher, ich werde dort arbeiten und aufführen, u. mache jetzt schon manche Pläne dazu: eine Oper ist die Hauptsache, aber vielleicht bekomme ich nebenbey auch Auftrag zu einem Oratorium für die Herbstfeste, nun ist Paul schon in London, ich bin sehr gespannt auf seinen Brief. So Gott will aber sehe ich ihn da, London wird mir immer lieber, je mehr andere Städte ich sehe. Euch, lieben Schwestern, sage ich heut nichts, schicke aber in den nächsten Tagen einen kleinen prosaischen Aufsatz, der Euch sehr zugeeignet ist. Erschreckt nicht, ich dichte nicht, das Ding heißt u. ist nur: Ein Tagebuch der Spazierfahrt nach Amalfi im Mai; dedicirt den beiden Ottern. Und so lebt mir wohl. F.

Rom d. 6 Juny 31

Ihr meine lieben Hofherren!
oder vielmehr Hofdamen!
oder vielmehr Geren!
oder Königinnen!
oder kurz
Ihr!

Das hier ist nur ein Privatbrief, aber dafür bekommt Ihr auch kein Tagebuch, es ist zu schlecht u. dünn geworden, um es nach Berlin zu schicken; war es mir doch so zu Muthe u. da ich Euch immer so schreibe, wie mir zu Muthe ist, es eben darum nicht immer absende, so bekommt Ihr, wie gesagt, nur dies Privatschreiben. Nun bin ich wieder in Rom, von da geht das Schreiben besser, ich habe ja aus *Dresden* auch noch keinen Brief von Euch bekommen; *pardon*, und nun wird weitergeplaudert. Da ich also in der Zeit gereist bin, so muß ich Euch wenigstens ein *abrégé* meiner Geschichte mittheilen; von Euch erfolgt hoffentlich auch bald eines, also müßt Ihr wissen, daß Freitag den 20sten Mai in *Corpore* gefrühstückt wurde, nämlich Früchte u. dgl., u. in *Corpore* heißt die Reisegesellschaft nach den Inseln, die aus *Eduard Bendemann*, einem netten jungen Maler mit Schnurrbart u. Strohhut, sonst nur Edechen genannt, ferner aus Th. *Hildebrand*, mit Schnurrbart u. Strohhut, langem Haar, einem Zeichenbuch (er ist übrigens, wie mir scheint, stark verlobt u. will bald heirathen [. . . .] und da er nun angestellt ist, zu seiner größten Freude, wird er in den nächsten Monaten nach Berlin kommen, Euch einen und den andern Gruß bringen von einem Bruder, der im Lande der Kunst lebt, wo es aber wenig Künstler giebt, mehr Natur, dort seine Hochzeit feiern) endlich aus *Carl Sohn* u. *Felix Mendelssohn Bartholdy* bestand. Letzterer war bei seinem Entweichen bekleidet mit einer blauen Mütze aus Edinburg (wohlbekannt); einem blauen Überrock aus *London* (wohlbekannt); einem Backenbart von jeder Seite, (hier noch nie angeführt) u. den zugehörigen Beinkleidern, Schuhwerk, zwei Zeichenbüchern, usw. Besondere Kennzeichen: ein blauer Bart; seine Wäsche trug er in einem orangengelben Schnupftuch, das ihm seine Mutter bei der Abreise mitgegeben hatte, das Bündel war eben nicht sehr schwer, u. enthielt außer *Goethes* Gedichten u. drei Hemden wenig Erhebliches. Wir 4 packten uns in einen Miethswagen dem man einen *Pez* verspricht (so heisst auf Neapolitanisch ein Piaster), und fuhren durch die Grotte des *Posilippo* nach *Pozzuoli*, der Weg führt längs dem Meere u. ist das Lustigste, was man sehen kann; die entsetzliche Masse von Blinden, Krüppeln, Bettlern, Galeerensklaven, kurz Elenden aller Art, die einen dort empfangen thut um so mehr weh in der Feiertagsnatur, ich setzte mich ruhig an den Hafen hin und zeichnete, während die andern sich mit den Serapistempeln, den Theatern, den heißen Quellen und ausgebrannten Kratern quälen mußten, die ich schon 3mal u. zur Genüge gesehen hatte. Dann nahmen wir, wie junge Patriarchen oder Nomaden, all unser Hab und Gut, Mäntel, Bündel, Bücher, Mappen auf Esel, setzten uns selbst oben darauf, u. machten die Tour um den Meerbusen von *Bajae*, zum Averner See wo man sich für sein Mittagessen Fische einkaufen muß, über den Berg nach *Cuma* (vgl. *Goethes* Wanderer) u. kamen so nach *Bajae* herunter, wo gegessen und ausgeruht wurde. Dann wurden noch Tempelruinen, alte Bäder u. dg. besehen u. so wurde es Abend ehe wir zur Überfahrt kamen; um ½10 langten wir im Städtchen *Ischia* an, u. im einzigen Wirthshaus war alles besetzt, so daß wir uns entschlossen noch bis zu *Don Tommaso* zu gehen, zwei Stunden Wegs, die wir aber in $^5/_4$ liefen: es war prächtig kühl, in allen Weinranken u. Feigenbäumen u. Gesträuchen saßen unzählige Glühwürmer u. ließen sich fangen, und als wir endlich etwas ermüdet beim *Don* gegen 11 eintrafen, fanden wir noch alle Leute wach, die nettesten Zimmer, frische Früchte, einen freundlichen Diaconus als Kellner u. blieben noch bis Mitternacht behaglich sitzen, einer Fuhre Kirschen gegenüber. Andern Morgens war es aber schlecht Wetter u. regnete tüchtig, auf den *Epomeo* konnte man also nicht hinauf, und da wir eigentlich auch nicht so recht viel miteinander conversiren konnten (es ging nun einmal nicht, Gott weiß warum?), so wäre das Ding langweilig geworden, hätte *Don Tommaso* nicht den niedlichsten Hühnerhof, den es in *Europa* geben kann: vorne an der Thür steht ein gewaltiger, schattiger Orangenbaum mit vielen reifen Früchten, unter dessen Ästen die Treppe nach der Wohnung hinaufführt. Jede von den weißen steinernen Stufen ist mit einem großen Blumentopf besetzt, u. der Flur oben besteht aus einer weiten offenen Halle, wo man aus einem Bogen heraus den ganzen Hof mit Orangenbaum, Treppe, den Strohdächern, Weinfässern u. Krügen, den Eseln u. Pfauen übersehen kann. Damit es am Vordergrunde nicht fehle, steht unter dem gemauerten Bogen ein indischer Feigenbaum so üppig, daß man ihn mit Stricken an die Mauer hat festbinden müssen, den Hintergrund endlich machen die Weinberge mit den Lusthäusern u. die Vorhöhen des *Epomeo*. Unter dem Bogen war man nun vor Regen geschützt, da setzten wir uns alle viere hin u. zeichneten den ganzen lieben Tag lang uns den Hof ab, so zierlich es gehen wollte; ich habe mich überhaupt nicht genirt, sondern immer mitgezeichnet u. glaube auch etwas profitirt zu haben. Nachts gab es ein ganz furchtbares Gewitter, und ich observierte im Bette, daß die Donner am *Epomeo* entsetzlich lange nachbrummen, etwa wie am Vierwaldstättersee damals, oder noch länger. Den nächsten Morgen, Sonntag, schien es heiter zu sein, wir gingen nach *Foria*, sahen die Leute in ihren bunten Kostümen in den Dom gehen, die Frauen hatten ihre berühmten, zusammengelegten Mousselinetücher auf dem Kopfe, die Männer standen vor dem Kirchplatz u. kannegießerten in knallrothen Sonntagskappen, u. so wanden wir uns durch die festlichen Dörfer nach und nach den Berg hinauf. Es ist ein großer, zerrissener Vulkan voll Spalten, Höhlen, Abhängen, u. steilen Klüften: die Höhlen haben sie zu Weinkellern benutzt u. mit großen Fässern vollgepfropft, auf den Abhängen sind überall Weinberge mit Feigen- oder Maulbeerbäumen, auf den steilen Felsstücken wächst Korn u. gibt mehrmals im Jahre Ernten, die Schluchten sind mit Epheu, unzählig bunten Blumen u. Kräutern bedeckt, u. wo sich sonst noch ein Platz findet, da schießen junge echte Castanienbäume auf, u. geben den schönsten Schatten; so liegt das letzte Dorf Fontana mitten im Grün und in den Pflanzen. Da überzog sich der Himmel aber, es wurde dunkel, und als wir höher hinauf kamen, bei den obersten Felsspitzen war es ganz neblig geworden, die Dünste tanzten umher, obwohl die zackigen Felsen, der Telegraph u. das Kreuz wunderlich genug in den Wolken sich ausnahmen, so konnten wir doch von der Aussicht nicht das Geringste sehen, zugleich fing es zu regnen an man kann nicht oben bleiben u. warten, wie auf dem Rigi, u. so mußten wir also, ohne seine Bekanntschaft gemacht zu haben, den *Epomeo* wieder verlassen, liefen im Regen herunter, einer sprang über den andern, ich glaub wir haben keine Stunde gebraucht –

Abends.

Ihr lieben Geren allzumal! Ich lese eben obiges wieder durch; es ist eine lausige Beschreibung, aber hier ist mein Trost (er zeigt auf den Brief aus Berlin mit den Dresdner Reiseberichten, den er eben bekommen hat) Tausend Dank dass Ihr eben gerade so seid, wie Ihr seid. Der ganze Brief ist aber so frisch und froh, daß ich Euch herzlich dankbar bin dafür; ich habe lange einen solchen nicht von Hause bekommen, u. das hat mich auch Zeit her etwas grau gestimmt; auch dass Caroline wieder da ist, freut mich sehr;

grüsst sie von mir u. sagt Ihr, dass nun ein Element in der Henselwirtschaft ist, das bis jetzt offenbar drin fehlte; die schmutzige Berthe passte gar nicht zu den reinlichen Leuten u. ihren niedlichen Zimmern, u. da Caroline so viel ich weiss, das beste Mädchen ist, die wir bis jetzt gehabt haben, so ist sie nur für Euch gerade gut genug. [...]. Nun fahre ich fort, u bringe Euch nach *Capri*, das die Neapolitaner Krape aussprechen. Das Ding hat schon was Morgenländisches an sich, mit der glühenden Hitze die von den weißen Felswänden abprallt, mit den Palmen, u. den runden Kuppeln der Kirchen, die wie Moscheen aussehen. Der Scirocco war brennend u. machte mich zum rechten Genießen unfähig, denn in dieser Sonnenhitze 537 Stufen hinauf, u. dann wieder hinunter zu steigen, nach *Anacapri* hin, ist eine Pferdearbeit. Aber wahr ist es, daß das Meer sich ganz wunderbar schön ausnimmt, von dem kahlen Felsen herunter, u. zwischen den tollen Zacken durch. Vor allem muß ich aber von der blauen Grotte erzählen, denn die kennt nicht ein jeder, weil man nur bei stillem Wetter oder schwimmend hinein kann. Wo die Felsen ganz senkrecht ins Meer hinein stehen, und vielleicht unter dem Wasser noch ebenso hoch sind, wie darüber, da hat sich eine gewaltige Höhle gebildet, aber so daß im ganzen Umkreis der Höhle die Felsen mit ihrer Breite auf dem Meere ruhen, oder vielmehr unmittelbar hinein hängen, u. erst von da aus aufsteigen bis zur Wölbung der Höhle, so:

das Meer füllt also die ganze Höhle aus, u. diese hat ihre Öffnung *unter* dem Wasser; nur ein kleines Stück der Öffnung ragt über das Wasser vor, u. durch dies kleine Stück fährt man nun mit einem schmalen Kahn, auf dessen Boden man sich ausstrecken muß, hinein. Ist man einmal drin, so liegt die ganze ungeheure Höhle mit ihrer Wölbung über einem, und man kann frey, wie unter einem Dome, drin umherrudern. Das Sonnenlicht fällt nun aber auch durch die Öffnung *unter* dem Wasser hinein, wird durch das grüne Meerwasser gebrochen u. gedämpft, u. daher kommen die zaubrischen Erscheinungen. Die ganzen hohen Felsen sind himmelblau u. grünlich im Dämmerlicht, etwa wie im Mondschein, doch sieht man alle Ecken u. Vertiefungen deutlich; das Meer aber ist durch u. durch vom Sonnenlicht beleuchtet und erhellt, so daß der schwarze Kahn auf einer hellen, glänzenden Fläche schwebt; die Farbe ist das blendendste Blau, das ich je gesehen habe, ohne Schatten, ohne Dunkelheiten, wie eine Scheibe des hellsten Milchglases, u. wie die Sonne durchscheint, so sieht man auch ganz deutlich Alles was unter dem Wasser vorgeht, und das ganze Meer mit seinen Geschöpfen thut sich auf. Da sieht man an den Felsen die Korallen u. Polypen sitzen, tief unten begegnen sich Fische aller Art u. schwimmen aneinander vorüber, die Felsen werden gegen das Wasser zu immer dunkler, u. am Ende wo sie dicht darüberhängen sind sie schwarz, u. man sieht weiter unter ihnen fort noch das helle Wasser mit Krebsen, Fischen u. Gewürm drin, dazu hallt es ganz wunderlich in der Grotte von jedem Ruderschlag wieder, u. wie man an den Wänden umherfährt so kommen neue Gestalten zum Vorschein – Ich wollte Ihr könntet das sehen, denn es ist ganz sonderbar zauberhaft. Dreht man sich nach der Öffnung um, durch die man hineinkam, so scheint das Tageslicht rothgelb hindurch, dringt aber nicht weiter, als ein Paar Schritt davon, u. so ist man ganz einsam auf dem Meere, unter den Felsen, mit seinem eigenen besonderen Sonnenlichte, es ist als könne man einmal ein wenig unter dem Wasser leben. –

Aber meine Beschreibungen geraten heut nicht sonderlich anschaulich, u. das Papier ist zu Ende, [....] nun verlasse ich in ein Paar Tagen Rom; das Blumenfest in *Genzano* wird leider nicht sein; man fürchtet sich noch vor Revolutionen fortwährend u. hat deshalb sogar die Prozession des *Corpus Domini*, mit viel weniger Pomp, als sonst gemacht; der Papst selbst war gar nicht dabey. Ich werde mit dem *vetturino* über *Foligno* u. *Perugia* nach Florenz gehen, und von da über *Pisa* an der Küste hin nach *Genua;* wo ich so Gott will etwa heut über 14 Tage zu sein gedenke. Adressirt nur immer nach Mailand, das soll mein Hauptstützpunkt für die nächsten Monate werden. Ich schreibe vor meiner Abreise noch ein paar Zeilen, und dann werden die Briefe nach u. nach wieder schneller gehen und kommen. Lebt wohl, Ihr lieben, lieben Leute; ein andermal mehr und vernünftiger; Das Herz ist aber schwarz, hat Euch etwas lieb und wünscht Euch alles Frohe u. Glückliche.

Felix

Rom d. 6 Juny 31

Liebe Eltern

Nun ist's mal wieder Zeit, daß ich Euch einen ordentlichen, vernünftigen Brief schreibe; ich glaube daß alle die aus Neapel eigentlich nichts recht getaugt haben. Es ist als wolle einen die Luft da nicht zum Nachdenken kommen lassen, wenigstens ist es mir nur sehr selten gelungen, mich dort zu sammeln; jetzt bin ich aber kaum ein paar Stunden wieder hier, und das alte römische Behagen und die heitere Ernsthaftigkeit, von der ich Euch in meinen ersten Briefen aus Rom schrieb, haben sich schon wieder ganz über mich ausgebreitet. Ich kann nicht sagen, wie ungleich mehr ich *Rom* liebe, als *Neapel*. Die Leute sagen: *Rom* sey monoton, einfärbig, traurig u. einsam; es ist auch wahr, daß *Neapel* mehr wie eine große Europäische Stadt ist, lebendiger, verschiedenartiger, kosmopolitischer, ich sage Euch aber im Vertrauen, daß ich nach u. nach auf das Kosmopolitische einen ganz besonderen Haß bekomme, ich mag es nicht, wie ich überhaupt Vielseitigkeit nicht recht mag, oder eigentlich nicht recht daran glaube; was eigenthümlich u. schön u. groß sein soll, das muß einseitig sein, wenn diese eine Seite nur zur größten Vollkommenheit ausgebildet ist; und das kann kein Mensch *Rom* abstreiten. Um als große Stadt eigenthümlich zu sein, dazu scheint mir *Neapel* zu klein, das ganze Leben u. Treiben beschränkt sich auf zwei große Straßen: den *Toledo* u. die Küste vom Hafen bis zur *Chiaja*, u. die Idee eines Mittelpuncts für ein großes Volk, die London so wunderbar schön macht, giebt mir *Neapel* nicht, erstlich schon weil das Volk fehlt. Denn die Fischer u. Lazzaroni (davon man nur noch sehr wenig sieht) kann ich kein Volk nennen, sie sind mehr wie Wilde, u. ihr Mittelpunkt ist nicht Neapel sondern das Meer; die Mittelklasse, die gewerbetreibenden arbeitenden Bürger, die in den andern großen Städten die Grundlage bilden, sind hier ganz untergeordnet, man möchte sagen, es fehlt ganz daran. Das ist es, was mir eigentlich den Aufenthalt in Neapel selbst oft verdrießlich gemacht hat, so sehr ich die Umgebung liebe u. genossen habe, u. wie mir das immer von neuem vor die Augen trat, so glaube ich am Ende sogar an mir selbst den Grund davon erfahren zu haben. Ich kann nicht sagen, daß ich eigentlich unwohl war, in dem fortwährenden Sciroccowetter, aber es war unangenehmer, als eine Unpäßlichkeit, die in ein paar Tagen vorübergeht:

ich fühlte mich schlaff, unlustig zu was Ernsthaftem, kurz unthätig; wie ich denn nun tagelang mit mürrischem Gesicht die Straßen auf u. ab schlenderte, u. mich am liebsten eigentlich auf die Erde gelegt hätte, ohne irgend etwas zu denken, zu wollen, zu thun, da fiel mir auf einmal ein, daß die Hauptclassen von *Neapel* am Ende wirklich so lebten, u. daß also der Grund zu meinem Mißbehagen nicht wie ich fürchtete in mir, sondern im Ganzen, in Luft, Clima usw. liegen möchte. Das Clima ist eingerichtet, für einen großen Herrn der spät aufsteht, nie zu Fuß zu gehen braucht, nichts denkt, weil das erhitzt; nachmittags seine paar Stunden auf dem Sofa schläft, dann sein Eis ißt, u. nachts ins Theater fährt, wo er wieder nichts zu denken findet, sondern Besuche machen oder empfangen kann. Auf der anderen Seite ist das Clima wieder ebenso passend für einen Kerl im Hemde, mit nackten Beinen u. Armen der sich ebenfalls nicht zu bewegen braucht, sich ein paar Gran erbettelt, wenn er einmal nichts zu leben hat, Nachmittags sein Schläfchen macht auf der Erde am Hafen oder auf dem Steinpflaster (die Fußgänger steigen über ihn weg, oder schieben ihn aus dem Wege, wenn er gerade in der Mitte liegt) der dann sich seine *frutti di mare* etwa selbst aus dem Meere heraufholt, dann da schläft, wo er Abends zuletzt hinkommt, kurz, der in jedem Augenblick das thut, was ihm gerade gemüthlich ist, wie ein Thier. Das sind denn nun auch die beiden Haupt-Classen in *Neapel*, bei weitem der größte Theil der Bevölkerung des *Toledo* besteht aus zierlich geputzten Herren u. Damen, oder schönen Carossen, in denen Mann u. Frau einander spazierenfahren, oder aus diesen braunen *sans culottes*, die mal Fische zum Verkauf tragen u. gräßlich dazu brüllen, oder Lasten tragen, wenn es an Geld fehlt. Leute aber, die eine fortgesetzte Beschäftigung haben, irgendeine Sache mit Fleiß u. Beharrlichkeit verfolgen u. ausbilden, die Arbeit um der Arbeit willen lieben, giebt es nur wenige, glaube ich.

Goethe sagt, das sey der Jammer des Nordens, daß man dort immer etwas thun wolle, u. immer nach etwas strebe, u. giebt einem Italiäner Recht, der ihm räth er solle nicht so viel denken, das mache nur Kopfschmerzen; es muß aber wohl sein Spas sein, denn er hat nicht danach gehandelt, sondern eben recht wie ein Nordländer. Will er nun damit sagen, daß die verschiedenen Charactere in der Natur begründet seien, u. von ihr abhängen, so hat er natürlich Recht, u. das versteht sich; ich kann auch wohl einsehen, wie das Alles so sein muß, u. warum die Wölfe heulen, aber mit ihnen heulen muss man drum doch nicht, das Sprichwort sollte gerade umgekehrt sein. Die Leute nun, die ihrer Lage nach arbeiten müssen u. also auch denken u. thätig sein, die behandeln das Ding, wie ein nothwendiges Übel, das ihnen Geld verschafft, u. sobald sie es haben, leben sie, wie die großen oder wie die nackten Herren. Daher ist kein Laden, wo man nicht betrogen würde: Einheimische, die viele Jahre lang dort Kunden sind, müssen ebenso handeln u. auf ihrer Hut sein, wie Fremde, u. einer meiner Bekannten, der 15 Jahre lang aus einem Laden kaufte, erzählte mir, wie seit 15 Jahren immer derselbe Kampf um ein paar *Scudi* sey, u. wie nichts ihm dagegen helfe; daher giebt es so wenig Industrie u. Concurrenz; daher macht *Donizetti* seine Oper in 10 Tagen fertig, sie wird ausgezischt, aber das thut ihm gar nichts, denn er bekommt dafür bezahlt u. kann wieder spazierengehen; sollte aber seine Reputation endlich gefährdet werden, so würde er wieder zuviel arbeiten müssen, u. das wäre unbequem. Drum schreibt er einmal eine Oper in 3 Wochen, giebt sich zu ein

paar Stückchen Mühe, damit sie recht gefallen, u. kann wieder eine Weile spazierengehen u. schlecht schreiben. So malen ihre Maler die unglaublich schlechten Bilder, die noch weit unter der Musik stehen; so bauen die Architekten die abgeschmacktesten Gebäude (unter andern eine Nachahmung von Sct. Peter im kleinen, im chinesischen Geschmack) Alles das ist aber einerley; die Bilder sind bunt, die Musik macht Lärm, die Gebäude geben Schatten – mehr will der Neapolitanische Große nicht davon. Wie mir denn nun körperlich ebenso zu Muthe wurde, wie ihnen, wie mich alles eigentlich zum Faulsein, Spazierengehen u. Schlafen antrieb, u. wie ich mir doch innerlich immer sagen mußte, das sey unrecht, u. versuchte mich zu beschäftigen u. zu arbeiten, was wieder nicht gehen wollte: so entstand die Verdrießlichkeit in der ich mehrere Briefe an Euch geschrieben habe, u. ich konnte ihr nur ausweichen, indem ich mich in den Bergen umhertrieb, wo es gar zu göttlich schön ist, u. wo jedem Menschen heiter u. dankbar zu Muthe werden muß. [....]
Ich habe übrigens nicht versäumt, die Musiker kennenzulernen, die dort sind; wir haben auch Musik zusammen gemacht, aber ich habe mich über ihre großen Lobeserhebungen nicht freuen können. Die *Fodor* ist bis jetzt die einzige Künstlerinn, oder vielmehr der einzige Künstler, den ich in Italien getroffen habe; anderswo hätte ich vielleicht vieles an ihrem Gesange auszusetzen, aber das überhörte ich Alles, weil es doch wirklich Musik ist, wie sie singt, u. das thut einem Menschen gar zu wohl nach langer Pause.
Nun bin ich aber wieder im alten Rom, da ist ein ander Leben! Täglich sind Prozessionen, weil vorige Woche *Corpus Domini* war, u. wie ich die Stadt in der Nachfeier der heil. Woche verließ, so finde ich sie in der Nachfeier des

Frohnleichnamstages wieder. Es machte mir einen sonderbaren Eindruck dass alles auf den Straßen so sommerlich geworden war in der Zwischenzeit: überall Buden mit Zitronen, u. Eiswasser, alle Leute in leichten Kleidern, die Fenster offen u. die Jalousien geschlossen, vor den Caffeehäusern sitzt man auf der Straße u. ißt *Gelatos* in Masse, der Corso wimmelt von Equipagen, denn nun wird wenig zu Fuß gegangen, u. obwohl ich eigentlich keinen Freund, u. keinen nahestehenden Menschen vermisse, so wurde mir doch ganz weich, als ich den spanischen Platz wieder sah u. die alten, wohlbekannten Straßennamen an den Ecken.
Etwa eine Woche bleibe ich nun hier, u. dann geht es nordwärts, Donnerstag soll die *Infiorata* sein, doch ist es noch nicht bestimmt, ob sie statt findet, weil man Revolutionen fürchtet; ich hoff' es aber [. . . .]. Wünscht mir denn also wieder einmal glückliche Reise, denn nun geht die Fahrt wieder los. Heut vor einem Jahr kam ich in *München* an u. hörte *Fidelio* und schrieb Euch, seitdem haben wir uns nicht gesehen; so Gott will möge es nicht wieder so lange dauern.

Felix MB

Florenz d. 25 Juny 31

Meine sehr geliebte Frau Schwester!
Du willst, ich soll Dir auch schreiben, wie mir zumuthe ist! Ich gehorche also, und weil mir eben sehr wohl u. fröhlich zumuthe ist, so schreibe ich Dir jetzt, denn das wirst Du doch nicht etwa meinen, daß ich Dir schreiben soll, wenn ich muffig bin? Es ist schlimm genug, daß man es zuweilen ist, warum sollte man es seinen Geren gar mittheilen? Aber wenn man an Alles Frohe denkt, wenn man Augen u.

Sinne voll Schönem u. Lieblichem hat, u. wenn es wieder so recht heiter, behaglich u. doch eben nicht spashaft ums Herz ist, dann macht man sich Luft, nimmt sich die Halsbinde ab, schließt die Jalousien zu und schreibt an Euch. Ich bin nun unvermerkt ins «Euch» gekommen, obwohl ich eigentlich Dir Fanny allein hätte schreiben sollen, denn Du hast einen brummigen Privatbrief haben wollen; aber wahrhaftig ich bin nicht brummig, und die Geren sind ein Dual, sie gehören zusammen. Also liebe Frau Schwester und Zöpfchen, das *Florenz* ist ein gar lieblicher Ort; an einem Tage wie heut muß man viel ans väterliche Haus denken und zu den Seinigen; mir geht es curios: wenn ich mich irgendwo nicht wohl befinde, mich langweile, verdrießlich bin, so habe ich auch nicht besondere Sehnsucht nach Hause, oder nach den Meinigen, sondern ich möchte gern etwas drein schlagen, u. ärgere mich, daß ich nicht kann; kommen aber die schönen Tage, wo jede Stunde unvergeßlich bleibt, u. jeder Augenblick frische frohe Eindrücke mitbringt, dann wünsche ich mich zu Euch oder Euch zu mir so recht lebhaft, und dann vergeht keine Minute, wo mir nicht einer von Euch einfällt, dem ich was zu sagen habe. (Der Brief geht immer mehr ins Breite, und ist nun schon wieder an Alle).

Heut habe ich meinen ganzen Vormittag von 10–3 auf der Gallerie zugebracht; es war himmlisch. Ich habe mich außer allem Schönen, das ich gesehen u. allem Neuen, das man dort immer lernt, so herrlich unter den Bildern umhergetrieben und mich so mit Ihnen befreundet u. unterhalten. Und wie ist das hier eine Stadt dazu! Das weiß ich, daß ich heut vor den Bildern einen so großen Genuß gehabt habe, wie noch nie; das Glück einer großen Sammlung der ersten Kunstwerke ist mir so recht vor Augen

getreten; man konnte so von einem zum andern gehn, dort eine Stunde sitzen u. träumen, dann wieder dahin.
Es war hier ein Festtag gestern, und so war heute der Pallast *degli Uffizii* voll Leuten, die nach der Stadt gekommen waren, ums Pferderennen zu sehen, u. nun auch die berühmte Gallerie sehen wollten; meist Bauern u. Bäuerinnen in der Landtracht, alle Gemächer waren offen, und ich, der ich sie mir zum letztenmal betrachtete, weil ich Montag nach dem Pallast *Pitti* will u. Dienstag zu reisen gedenke, ich konnte mich so ganz still durch all die Leute schleichen u. recht einsam sein, weil ich gewiß keinen Bekannten darunter hatte.
Am Eingang oben an der Treppe haben sie die Büsten der Fürsten aufgestellt, die die Sammlung gestiftet u. geziert haben; ich weiß nicht, ob ich heut besonders empfänglich war, aber die Gesichter der Mediceer erfreuten mich ungemein: sie sahen so nobel aus u. so fein u. glücklich stolz. Ich blieb lange unter ihnen und prägte mir Ihre welthistorischen Gesichter ein; dann ging es nach der Tribüne. Das Zimmer ist so prächtig klein, mit 15 Schritten geht man hindurch, u. doch ist gar zuviel Unendliches darin. Ich suchte mir wieder meinen Lieblingsarmsessel, der unter der Statue des Schleifers steht, setzte mich hin u. ließ mir ein paar Stunden wohl sein. Man hat da in einem Blick die *Madonna del Cardellino*, den Papst *Julius* II., ein Frauenporträt von *Raphael*, darüber einen schönen *Perugino*, ein Heiligenbild; dicht neben sich (man kann sie mit dem Arm erreichen) die *Venus Medicis*, darüber die von Titian, auf der andern Seite den *Apollino* u. die beiden Ringer; vor den Raphaels den lustigen griechischen Faun, der ein täppisches Vergnügen an greulicher Musik hat, denn der Kerl hat eben Becken zusammengeschlagen, horcht auf den

Klang, u. tritt mit dem Fuß noch auf eine Art Kuckuckpfeife zur Begleitung; das ist ein Rüpel!
Die Zwischenräume füllen andere Bilder von Raphael, ein Portrait von Titian, ein *Domenichino* u. dgl. aus, und das alles in einem kleinen Halbkreise, wie eine von Euern Stuben. Man kommt sich da besonders klein vor, und wird bescheiden. Ab und zu ging ich auch nach den andern Zimmern, wo einem ein großes Bild von *Leonardo da Vinci*, aber nur erst angefangen, untermalt und so mit all den wilden Strichen stehengeblieben, auch mancherley zu denken gibt; namentlich aber freute ich mich am Mönch *Fra Bartolommeo*, der ein sehr frommer, zarter u. ernster Geist war. Ein kleines Bildchen von ihm ist da; das habe ich mir entdeckt, es ist etwa so groß, wie dies Papier, in 2 Abtheilungen getheilt, u. stellt die Anbetung u. die Darbringung im Tempel vor; die Figürchen sind ungefähr wie zwei Fingerglieder, aber bis aufs feinste, netteste ausgemalt mit den buntesten Farben, den hellsten Verzierungen u. in freundlichem Sonnenschein. Man sieht an dem Bilde, wie der andächtige Herr, so recht mit Lust daran gemalt u. ins kleinste ausgeführt hat, etwa um es zu verschenken und jemand eine Freude damit zu machen; es ist als gehöre der Maler dazu u. müsse noch davor sitzen u. sei nur eben weggegangen.
So wurde mir heut vor vielen Bildern, namentlich vor der *Madonna* mit dem Stieglitz, die der *Raphael* seinem Freunde zum Hochzeitsgeschenk gemalt hat, als Überraschung; und wie ich so an alle die Männer dachte, wie sie schon lange fort sind und wie ihr ganzes Innere so klar uns u. allen andern noch dasteht, da kam ich zufällig in die Zimmer, worin die Portraits der großen Maler hängen. Ich hatte sie früher mehr als kostbare Seltenheit betrachtet, denn es

sind über 300 Portraits, meist von den Malern selbst gemacht; so daß man zugleich den Mann u. sein Werk vor sich sieht; aber heut ging mir ein besonderer Sinn dafür auf. Wie da ein jeder so aussieht, wie das, was er geschaffen hat, u. wie ein Jeder indem er sich selbst malte, sich so ganz gegeben hat, wie er gewesen sein muß. Man lernt dort die Leute persönlich kennen, und da erklärt sich einem vieles. Ich erzähle Euch mündlich einmal recht ausführlich davon, aber das muß ich Euch noch sagen, daß das Portrait von *Raphael* fast das rührendste Bild ist, das ich je von ihm gesehen habe. In der Mitte der einen großen mit Portraits bis ganz oben behängten reichen Wand hängt ein kleineres, einzeln, ohne weitere Auszeichnung, aber die Augen müssen sich gleich darauf richten, das ist *Raphael*, jung, sehr krank und blaß, und mit einer Sehnsucht nach Weite, mit einem Verlangen u. Schmachten in Mund u. Augen, daß es ist, als sähe man ihm in die Seele. Wie er noch nicht einmal aussprechen kann, was er Alles fühlt u. sieht, und wie es ihn doch zwingt immer weiter zu schreiten, u. wie er früh sterben muß, das steht Alles auf dem trüben, leidenden, feurigen Gesicht, und wenn man nach den aus dem tiefen Innersten blickenden schwarzen Augen u. nach dem schmerzlich verzogenen Munde sieht, so wird es einem fast schauerlich.

Und nun solltet Ihr sehen, wie darüber ein häßlicher, wildkräftiger, markig u. knorrig gesunder Kerl, der *Michelangelo* so böse herausschaut u. so grob, und auf der andern Seite ein weiser, ernster Mann, wie ein Löwe, der *Leonardo da Vinci;* aber Ihr könnt es ja nicht sehen und ich will es Euch ja nicht schreiben, sondern erzählen. Glaubt mir aber, es ist eine Herrlichkeit; und dann ging ich zur *Niobe* die mir von allen Statuen doch den größten Eindruck macht, und dann wieder zu meinen Malern, und wieder nach der Tribüne und durch die Corridors, wo einen die Römischen Kaiser mit ihren vornehmen Schurkengesichtern anstarren, und dann nahm ich noch von den Medicis Abschied – es war wohl ein unvergeßlicher Morgen.

D. 26sten.

Glaubt aber nur nicht, daß das etwa heißt «So leben wir alle Tage». Man muß sich mit dem heutigen lebenden Pöbel gewaltig herumschlagen, ehe man zu der Noblesse, die längst gestorben ist, mal hinkommen kann, u. wer keine gute Haut hat, kommt braun und blau an; solch eine Reise, wie die meinige von *Rom* nach *Perugia* u. hieher, ist wahrhaftig kein Spas; es heißt in den Flegeljahren die Gegenwart eines offenbar hassenden Wesens sey drückend u. peinlich; solch ein Wesen aber ist der Römische Vetturin. Er gönnt einem keinen Schlaf, läßt einen hungern und dursten; Abends, wo einer das *pranzo* geben soll, weiß er's so zu karten, daß man gegen Mitternacht ankommt, wo die Leute alle schon schlafen, u. man froh ist, wenn sich noch ein Bett findet; morgens um ½4 fährt er fort, u. bleibt zu Mittag seine 5 Stunden liegen, aber gewiß in einer einzelnen Schenke, wo nichts zu haben ist, täglich macht er etwa 6 deutsche Meilen, fährt *piano* während die Sonne *fortissimo* brennt; ich war nun gar schlimm dran, denn meine Reisegesellschaft war unpassend: inwendig drei Jesuiten u. im Cabriolett, wo ich eigentlich gern sitzen wollte, eine unangenehme Venetianerin; wollte ich der entgehen, so mußte ich inwendig mit anhören, wie Ariost verbrannt werden solle als Verführer u. Sittenverderber u. das Lob Carls X., draußen war es noch schlimmer, aus der Stelle kamen wir nicht. Den ersten Tag nach einer Fahrt von 4 Stunden brach die Axe u. wir mußten in dem Haus in

der Campagna, wo wir grade waren, 9 Stunden liegen bleiben u. endlich gar die Nacht zubringen; kam dann wieder eine Kirche, die man besuchen konnte, so standen die schönsten, frömmsten Gestalten von *Perugino*, oder *Giotto* u. *Cimabue* vor einem u. man gerieth von der Empörung ins Entzücken u. dann wieder in die Empörung: das ist ein miserabler Zustand. Mich amüsirte es wenig, u. hätte die Natur nicht am Trasimenischen See einigen Mondschein aufgetischt, u. wäre nicht die Gegend so wunderschön, u. wäre nicht in jeder größeren Stadt eine herrliche Kirche, u. auf jeder Tagereise eine größere Stadt, u. wäre nicht – aber Ihr seht ich bin ungenügsam. Die Reise war doch schön, u. nun will ich meine Ankunft in Florenz beschreiben: die enthält das ganze italiänische Leben der vorigen Tage.
In *Incisa,* eine halbe Tagereise von Florenz, machte es der Vetturin zu arg, mit Grobheit u. Gemeinheiten; ich sah mich gezwungen, meine Sachen abzupacken und ihm zu sagen, er solle zum Teufel fahren, was er freilich ungern that. Nun war aber Johannistag, u. abends das berühmte Fest in Florenz, zu dem ich für mein Leben gern dagewesen wäre; so was benutzen die Italiäner, und die Wirthinn in *Incisa* bot mir gleich ein Fuhrwerk für den 4fachen Preis an; als ich das nicht wollte, sagte sie, ich möge mir eins suchen. Das that ich auch wirklich, hörte aber, daß dort keine Miethwagen zu haben seyen, nur Post, ich frug nach der Post u. erfuhr zu meinem Grimm, daß die eben bei der Wirthinn sey, nun ging ich zurück und verlangte Post; sie sagte, wenn ich ihre Pferde zu ihrem Preise nicht wolle, so bekäme ich auch keine Post; ich wollte das Reglement sehen, was sie alle haben müssen, sie sagte, sie brauche es nicht zu zeigen, und drehte mir den Rücken.
Der Zustand der Gewalt, der hier große Rollen spielt, trat

also abermals ein, denn ich packte sie u. warf sie in die Stube hinein (es war unter der Tür). Drauf lief ich die Straße herunter um zum Podestà zu gehen, im Orte gab es aber keinen; sondern er residierte 4 Meilen entfernt, die Sache wurde immer unangenehmer, u. mein Gefolge von Straßenjungen vergrößerte sich jeden Schritt; zum Glück kam ein ziemlich stattlicher Mann, vor dem das Gesindel einigen Respect zeigte, auf den ging ich zu, setzte ihm die Sache auseinander, er nahm Antheil u. führte mich zu einem Weinbauern, der ein Wägelchen besaß, die ganze Bevölkerung stellte sich vor dem Hause auf, viele drangen bis in den Flur nach u. schrien, ich sey toll; aber das Wägelchen kam, einem alten Bettler wurden ein paar Pfennige gegeben, darauf riefen alle ich sey ein *bravo Signore* u. *buon viaggio!* Der mäßige Preis, den der Mann forderte zeigte mir erst die abscheuliche Prellerey der Wirthinn, das Fuhrwerk war sehr leicht u. schnell, der schöne Reisesack lag mir vor den Füßen u. nun ging es über die Berge auf Florenz zu. Nach einer halben Stunde überholten wir schon den trägen Vetturin, gegen die Sonne wurde der Regenschirm aufgespannt, u. selten bin ich so vergnügt u. angenehm gereist, als diese Paar Stunden, alle Quälerei hinter mir, u. die Aussicht aufs schöne Fest Abends.
Sehr bald ließ sich auch der Dom u. die tausend Landhäuser durch die Täler blicken, die gezierten Mauern kamen wieder mit den Bäumen drüber, das Arnothal war lieblicher, als je, u. so kam ich froh hier an, aß zu Mittag, u. schon während dessen hörte ich Lärm, sah am Ende aus dem Fenster u. da zog Alles, jung u. alt, in Festtagskleidern, über die Brücken; ich alsogleich nach u. zum Wagencorso, dann zum Pferderennen, dann in die erleuchtete *Pergola*, endlich auf einen Maskenball im Theater *Goldoni*.

Nun war es ein Uhr nach Mitternacht, ich ging zu Hause u. dachte nun sey es doch aus. Da war der ganze *Arno* mit Gondeln bedeckt die von bunten Lampen erleuchtet sich nach allen Seiten hin durchkreuzten, unter der Brücke kam ein großes Schiff mit grünen Blendlaternen vor, u. das Wasser war lebendig u. hell, u. über dem Ganzen schien der hellere Mond.
Da überdachte ich mir so einen ganzen Tag, u. was einem da alles durch den Sinn geht; u. nahm mir vor, es Euch zu schreiben. Eigentlich ist es bis jetzt mehr eine Erinnerung für mich denn Ihr werdet Euch nichts dabey denken können; aber es soll mir dazu dienen, einmal eine oder die andere Geschichte daran anzuknüpfen von dem bunten Italien. Mündlich. F.

Mayland 14 July 31.

Tausend Dank für Euern frohen Brief vom 20 Juny; gerade jetzt wo mir doch ein wenig bange zumuthe ist, bei den immer vorrückenden Cordons, u. wo ich jeden Brief mit doppelter Ungeduld erwarte, jetzt ist es gar zu schön von Euch mir so liebe, vergnügte Briefe zu schreiben. Die machen mich dann auch wieder lustig, u. das heitert Euch dann vielleicht wieder auf, u. so ist es viel besser, als umgekehrt.
Dieser mein Brief wäre nun wohl so Gott will, der letzte aus einer italiänischen Stadt, von den Borromäischen Inseln wohin ich in einigen Tagen gehe, kommt vielleicht noch einer, doch rechnet nicht darauf, die Woche hier war eine der angenehmsten, vergnügtesten die ich in Italien zuge-

bracht habe, u. wie das zuging im wildfremden Mayland will ich Euch erzählen. Erstlich nahm ich mir gleich ein Tafelklavier und packte die ewige Walpurgisnacht mit *rabbia* an, damit das Ding ein Ende nähme, und morgen früh wird sie auch richtig fertig. D. h. bis auf die Ouvertüre, von der ich noch nicht weiß, ob ich eine große Sinfonie oder eine kurze Frühlingseinleitung mache. Hierüber möchte ich einen Gelehrten hören. Nun ist das Ende besser geworden, als ich mir selbst gedacht hatte, das Ungethüm u. der bärtige Druide mit seinen Posaunen die hinter ihm stehen u. tuten machte mir königlichen Spas, und so brachte ich Paar Morgen sehr glücklich zu.
Die Abende aber war ich immer in Gesellschaft, u. zwar infolge eines verrückten Streichs, der mir wieder einmal sehr gelang. Ich glaube, ich habe diese Art Tollheiten erfunden u. ein Patent darauf bekommen; denn die angenehmsten Bekanntschaften habe ich immer *ex abrupto* gemacht, ohne Briefe, Empfehlungen u. dgl. Ich frug nämlich zufällig, als ich ankam nach dem Commandeur der Stadt, wie er hieße, u. unter den Namen mehrerer Generale nannte mir der Lohnbediente auch den General *Ertmann*. Nun fiel mir bey dem Namen gleich wieder die *adur* Sonate von *Beethoven* mit ihrer Dedikation ein, und weil ich über die Frau von allen Leuten das Schönste u. Beste immer gehört hatte, wie freundlich sie sey, u. wie sie *Beethoven* so verzogen habe, u. wie vortrefflich sie spiele, so zog ich mir den nächsten Morgen um Visitenzeit einen schwarzen Frack an, ließ mir den Gouvernementspallast zeigen; dachte mir unterwegs eine schöne Anrede an die Generalin aus u. ging ganz munter hinauf.
Nun kann ich nicht läugnen, daß es mir ein wenig fatal war zu erfahren, der General wohne im ersten Stock, vorne

heraus, u. als ich gar in den wunderschönen, gewölbten Vorsaal kam, kriegte ich wahrhaftig Furcht u. wollte umkehren. Mir kam es indessen doch gar zu kleinstädtisch vor, mich vor einem gewölbten Vorsaal zu fürchten, ich ging also grade auf eine Gruppe Soldaten zu, die dastanden u. frug einen alten Mann in einem kurzen Nankingjäckchen, ob hier der General *Ertmann* wohne, und wollte mich dann bei der Frau melden lassen. Unglücklicherweise antwortete der Mann aber: Der bin ich selbst; was steht Ihnen zu Diensten? Dies war sehr unangenehm u. ich mußte meine ganze Rede im *abrégé* anbringen; der Mann schien sich aber dran nicht sonderlich zu erbauen, u. wollte wissen, mit wem er die Ehre habe? Das war auch nicht angenehm, aber zum Glück kannte er meinen Namen u. wurde sehr höflich; seine Frau sey nicht zu Hause, ich würde sie um 2 treffen, wenn ich da Zeit hätte, oder zu einer anderen Stunde.
Ich war froh, daß es noch so gut abgelaufen war, ging so lange gegenüber in die *Brera*, kuckte mir das *sposalizio* von Raphael an, und um zwei lernte ich nun die «*Freyfrau Dorothea v. Ertmann*» kennen. Sie nahm mich sehr freundlich auf, war auch sehr gefällig, spielte mir gleich die *cis-moll*-Sonate von *Beethoven* vor, dann die aus *d-moll*, der alte General, der nun in seinem grauen stattlichen *Commandeurrock* mit vielen Orden erschien, war ganz glücklich, weinte vor Freude, weil er seine Frau so lange nicht hatte spielen hören, es sey in Mailand kein Mensch der so was anhören wolle, sie sprach von dem *b-dur*-Trio, dessen sie sich nicht entsinnen könne, ich spielte es u. sang die Stimmen dazu, das machte dem alten Ehepaar viel Freude u. so war die Bekanntschaft geschlossen.
Seitdem sind sie nun wirklich von einer Freundlichkeit gegen mich, die mich beschämt, der alte General zeigt mir

die Merkwürdigkeiten von Mailand, nachmittags holt sie mich im Wagen ab um auf dem *Corso* zu fahren, die Abende bis 1 Uhr machen wir Musik, gestern früh führten sie mich in die Umgegend spazieren, Mittags mußte ich da essen, Abends war Gesellschaft da, und dazu sind es die angenehmsten gebildetsten Leute, die man sich denken kann; beide ineinander verliebt, als seyen sie Brautleute und sind doch schon 34 Jahre verheirathet, er sprach unter anderem gestern von seinem Beruf, dem Soldatenwesen, dem persönlichen Muth u. dgl. mit einer Klarheit, u. so schönen freien Ansichten, wie ich sie fast nie außer von Vater gehört hatte; er ist schon sechsundvierzig Jahre lang Offizier u. nun solltet Ihr ihn einmal im Park neben dem Wagen seiner Frau Galopp reiten sehen, wie munter u. nobel der alte Herr sich da ausnimmt! Sie spielt die *Beethovenschen* Sachen sehr schön, obgleich sie seit langer Zeit nicht studirt hat; oft übertreibt sie es ein wenig mit dem Ausdruck u. hält zu sehr an u. eilt dann wieder; doch spielt sie wieder einzelne Stücke herrlich u. ich denke, ich habe etwas von ihr gelernt. Wenn sie so zuweilen gar nicht mehr den Ton herausdrücken kann u. nun dazu zu singen anfängt, mit einer Stimme, die so recht aus dem tiefsten Innersten heraufkommt, so hat sie mich oft an Dich, o Fanny, erinnert, obwohl Du ihr freilich weit überlegen bist. Als ich gegen das Ende des *Adagios* des b-dur-Trios kam, rief sie: Das kann man vor Ausdruck gar nicht spielen, und das ist wirklich wahr an dieser Stelle.

Den folgenden Tag als ich zum zweitenmal da war u. die *c-moll*-Sinfonie ihnen vorspielte, wollte sie durchaus, ich solle mir den Rock ausziehen, weil es heiß war. Zwischendurch erzählt er die schönsten Geschichten von *Beethoven*, wie er Abends wenn sie ihm vorspielte die Lichtputze zum

Zahnstocher gebraucht habe usf. Sie erzählte, wie sie ihr letztes Kind verloren habe, da habe der *Beethoven* erst gar nicht mehr ins Haus kommen können, endlich habe er sie zu sich eingeladen, u. als sie kam saß er am Clavier, u. sagte bloß «Wir werden nun in Tönen mit einander sprechen», u. spielte so über eine Stunde immer fort, u. wie sie sich ausdrückte «Er sagte mir alles und gab mir auch zuletzt den Trost.»
Kurz mir ist wieder einmal so wohl zumuthe geworden u. so behaglich, und ich brauche so gar nicht zu schminken oder zu schweigen, sondern wir verstehen uns so prächtig über Alles. Sie hat gestern die Sonate mit Violin *an Kreutzer* gespielt; als aber der Begleiter, ein Österreichischer Dragonerofficier, im Anfang des *Adagios* eine lange Verzierung *à la Paganini* machte, da schnitt ihm der alte General solch eine entsetzliche Grimaçe, daß ich vor Lachen beinah vom Stuhl gefallen wäre.
A propos, Ihr schreibt: *Rietz* wolle vielleicht nach München kommen, das wäre ja herrlich; bitte redet ihm doch recht zu, ich schreibe ihm selbst sobald ich einen Moment Zeit habe. Ihr wißt ja wann ich dort sein will; meldet ihm doch das u. macht ihm die Sache plausibel. *Teschner* habe ich besucht, wie Du, liebe Mutter, es mir anbefohlen, es ist unerfreulich wie der Nebelwind, einen solchen Musiker zu sehen, die Generalin *Ertmann* hat in ihrem kleinen Finger mehr Herz, als der ganze Kerl mit seinen entsetzlichen Schnurrbärten hinter denen er lauert.
An öffentlicher Musik ist jetzt gar nichts hier, man spricht noch mit Entzücken vom vorigen Winter, wo die *Pasta* u. *Rubini* hier sangen, nur die Nebenrollen, Orchester u. Chöre seyen schlecht gewesen. Nun habe ich aber die *Pasta* vor 6 Jahren in *Paris* gehört, u. kann es noch alle Jahre u.

habe gute Orchester, u. gute Chöre u. noch manches andere da, so ist es natürlich, daß ich um Italiänische Musik zu hören, nach Frankreich oder England reisen muß. Das nehmen die Deutschen aber übel, wenn man ihnen das sagt, sie wollen *par force* hier singen, spielen, Gedanken bekommen u. behaupten, es sey das Land der Begeisterung, während ich behaupte, es gebe überhaupt kein Land der Begeisterung, die Begeisterung fliege in der Luft herum. [.....]
Vorgestern war ich im Tagestheater, wo ich mich sehr erbaut habe, da ist mehr Volksleben zu sehen, als irgendwo sonst in Italien. Ein großes Schauspielhaus mit Logen, das Parterre mit Holzböcken besetzt auf denen man Platz findet, wenn man früh kommt, die Bühne ganz wie eine andere, nur fehlt über dem ganzen Parterre und den Logen das Dach, so daß die liebe Sonne auf das Theater, den Schauspielern in die Augen scheint. Noch dazu geben sie ein Stück im Mayländer Dialect, da war es genau, als guckte man eben allen diesen verwickelten u. lustigen Situationen zu, könne sich vielleicht im Nothfall hinein mischen, u. die bekanntesten Komödiensituationen wurden neu u. interessant. So nahm auch das ganze Publikum den lebhaftesten Theil.
Und nun gute Nacht, ich habe nämlich vor dem Zubettgehen noch ein bischen mit Euch plaudern wollen, das ist der Brief. [....] Die Glocken brummen halb zwölf, und ich bin entsetzlich müde; also schlaft wohl, u. morgen erwacht wohl, u. träumt nett, u. seid mir gut: Gute Nacht
Mailand. F.

Auf der *Isola Bella* den 24. Juli 31

Jetzt riecht Ihr gleich Orangenduft, seht blauen Himmel, schöne Sonne, heiteren See wenn Ihr bloß das Datum lest. Aber nein, es ist greulich Wetter, regnet wie toll, dazu donnert es von Zeit zu Zeit hinterdrein, in den Bergen sieht es so entsetzlich wüst aus, als sey die Welt mit Wolken vernagelt, der See ist grau, der Himmel schmutzig, Orangen riech ich nicht, es könnte also ebensogut die *Isola Brutta* heißen. So geht es schon seit 3 Tagen her, mein armer Mantel! –
Aber ehe ich weiterzähle, muß ich nur um Verzeihung bitten, daß ich so lange nicht geschrieben; es ist nicht möglich hier aus den Bergen einen Brief sicher zu bestellen, und so reise ich schon seit 8 Tagen mit diesem leeren Blatt in meinem Zeichenbuch umher und finde nicht Gelegenheit, es vollzuschreiben und wegzuschicken, die Posten gingen nicht, ich hätte müssen einen Boten südlich schicken, dann wäre der Brief erst nach Mailand gegangen, das ärgerte mich u. so entschuldigt es eben; um Euch zu schreiben bin ich gerne ungeniert u. behaglich, und trotz dem tollen Wetter ist mir hier so.
Bekanntlich bin ich der Geist, der stets verneint (cf. Mutter) und da es in der ganzen Welt jetzt Mode ist die Borromäischen Inseln «nicht so schön» und «etwas steif» zu finden, u. da das Wetter sich auch vorzunehmen scheint, sie mir zu verleiden, so finde ich sie zum Trotz gerade ganz herrlich; die Anfahrt an diese Insel, wo man die grünen Terrassen mit den lustigen Statuen drüber, die vielen veralteten Verzierungen neben frischem Laub, u. alle südlichen Gewächse zusammengedrängt sieht, war für mich sehr reizend u. hatte auch was Rührendes, Ernsthaftes. Denn

was ich voriges Jahr in Fülle u. in üppiger Wildnis überall gesehen hatte, u. woran ich eigentlich schon gewöhnt war, das ist nun mit Kunst noch einmal hierher verpflanzt u. will Abschied nehmen. Es gibt Citronenhecken, u. Orangenbüsche, aus den Mauern wachsen die zackigen spitzigen Aloës, mir ist es, als komme am Ende vom Stück der Anfang noch wieder einmal hervor und das habe ich bekanntlich sehr gern.
Dazu war auf dem Dampfboot die erste Bäuerinn in Schweizertracht, die Leute sprachen ein schlechtes, halb französisches Italiänisch, es ist der letzte Brief aus Italien. Aber glaubt mir, die italiänischen Seen sind nicht das Unbedeutendste im Lande; *anzi.* Schöneres hab' ich noch nicht gesehen; sie hatten mir einreden wollen, daß die ungeheuern Formen, die mir aus der Kindheit von den Schweizer Alpen vorschwebten, sich in meiner Einbildungskraft ausgedehnt hätten, u. daß ein Schneeberg doch eigentlich nicht so gewaltig sey, wie ich ihn mir dächte. Ich fürchtete fast enttäuscht zu werden, aber wie ich am Comersee die ersten Vorhöhen der Alpen nun sah, in ihre Wolken gehüllt, hier u. dort heller Schnee u. scharfe, schwarze Spitzen vorguckend, u. steil in den See heruntersinkend, erst mit Bäumen u. Dörfern, dann mit Moos bedeckt, dann kahl u. wüst u. voll Schneespalten, da war mir zum erstenmal wieder zu Muth wie damals u. ich sah, daß ich nichts übertrieben hatte. Es ist in den Alpen alles viel freier, schärfer, ungeschlachter wenn Ihr wollt, aber mir wird noch wohler u. gesünder drin zu Muth. Ich wollte, ich könnte beschreiben, wie frisch mir wurde, als ich seit der Schweizer Reise zum erstenmal wieder die tolle Gletscherwirthschaft und die Zacken sah, man kommt sich da sehr winzig vor. Und nun habe ich das Chamounythal noch vor mir, u. sage mir seit

gestern zuweilen: Heut über 8 Tagen bist du wieder im Chamounythal.
Meine Wissenschaft auf Vergnügen zu raffinieren bringe ich hier in den Bergen recht in Anwendung. Und wenn ich auch äußerlich ruppig geworden bin, so bin ich innerlich lakirt. Wahr ist es, daß Ihr mich eher für einen Landstreicher als für Euern Sohn, Bruder, Schwager und Onkel halten würdet, wenn Ihr mich jetzt sähet, aber früher als in Genf kann sich der Mensch nichts Neues anschaffen, und das Alte reißt in Stücke, wie macht man es also da? *A propos* liebe Mutter alle meine Hemdkragen u. Manschetten sind fuselig geworden, ich glaube man nennt es zerrissen. Soll ich mir neue ansetzen lassen, oder ganz neue Hemden kaufen, oder kann man das flicken? Bitte, schreib mir über diesen wichtigen Punkt, fremden Wäscherinnen traue ich nicht. Gestern mußte ich gar in Pantoffeln am *Lago Maggiore* spazierengehen, weil ich mir am Comersee eine Menge Blasen unter den Fuß gegangen hatte; die Leute sagten *Poverino, è zoppo;* meine blaue Mütze ist neulich ins Wasser gefallen u. schrumpft seitdem zusammen, mein englischer Überrock hat die Auszehrung weil es ihm ganz an Futter fehlt, mein Bart ist lang – laßt mich den Vorhang zuziehen, vor diesem Gemälde. Schändliches Wetter draussen, es donnert seit 6 Stunden fast ununterbrochen, als hätten die Wolken zu vomiren eingenommen; das thut aber alles nichts. – Eben komme ich aus dem Garten des Schlosses zurück, den ich mitten im Regen beschaut habe. Ich wollte es machen, wie Albano, und liess einen Barbier kommen, um mir eine Ader zu öffnen; der verstand es aber falsch, u. rasirte mich; das Missverständnis war sehr vergnüglich. Von allen Seiten landen Gondeln an der Insel, weil heut die Nachfeier des gestrigen grossen Festes ist, zu

dem der p. *Boromeo* Sänger u. Musiker aus Mailand hat kommen lassen, die den Jnsulanern vorgespielt haben. Der Gärtner frug mich, ob ich wisse, was ein Blasinstrument sey? Ich bejahte es mit gutem Gewissen, und nun sagte er, ich möge mir einmal 30 solche Instrumente u. auch Geigen u. Bässe zusammendenken oder vielmehr ich könne mir es nicht denken, denn so etwas müsse man gehört haben, um es zu glauben, es sey ein Klang, als käme es vom Himmel herunter, und das entstehe Alles nur durch die Philharmonie. Was er sich dabey dachte, weiss ich nicht, aber es hatte ihm mehr Eindruck gemacht, als manchem Musikkenner das beste Orchester. Eben fängt einer drüben in der Kirche an Orgel zu spielen zum Gottesdienst; folgendermassen:

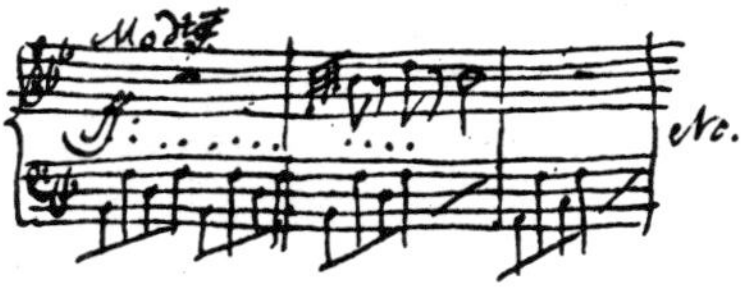

Der Bass mit vollem Werk, Bordun 16′ u. Schnarrstimmen macht sich wunderschön. Der Kerl ist auch express von Mailand gekommen, um hier in der Kirche Unfug zu treiben. Ich will ein wenig hinübergehen, also lebt wohl, für einen Moment. –
Heut Abend bleibe ich hier, statt über den See zu fahren, es gefällt mir gar zu sehr auf dem Inselchen, zwar habe ich jetzt zwei Nächte nicht ordentlich geschlafen, die eine wegen unzähligen Donnerschlägen, die andere wegen unzähliger Flöhe, u. wahrscheinlich steht mir heute Nacht beides zusammen bevor, aber da ich übermorgen schon Französisch spreche, Italien verlassen habe u. über den Simplon bin, so will ich heut u. morgen mich noch einmal recht italiänisch umhertreiben. Den Brief trage ich selbst morgen früh auf dem Dampfboot nach *Arona*, wo der große h. Borromäus steht. Jetzt habe ich historisch nachzutragen,

wie ich hieher gekommen bin. Noch den letzten Augenblick in Mailand besuchten mich *Ertmanns* auf meiner Stube, u. wir nahmen so herzlich Abschied, wie ich lange nicht von Leuten genommen habe. Ich mußte ihnen versprechen Euch unbekannterweise vielmals zu grüßen, u. von mir zuweilen hören zu lassen. Eine andere, sehr liebe Bekanntschaft, die ich dort gemacht habe, ist die des Herrn *Mozart*, der dort angestellt, eigentlich aber ein Musiker ist, dem Sinn und Herzen nach; er muß die größte Ähnlichkeit mit dem Vater haben, besonders im Wesen, denn solche Sachen, wie sie einen in den Briefen des Vaters rühren in ihrer Naivität u. Offenheit, hört man in Menge von ihm u. muß ihn nach dem ersten Augenblicke gleich lieb haben. Wunderhübsch finde ich z. B. daß er auf den Ruf u. das Lob seines Vaters so eifersüchtig ist, als sey jener ein junger angehender Musiker, u. eines Abends bei *Ertmanns*, als viel Musik von *Beethoven* gemacht worden war, sagte mir die Baronin leise ich möchte doch nun auch was von Mozart spielen, der Sohn würde sonst nicht so froh wie gewöhnlich, u. als ich die Ouvertüre zu *D. Juan* gespielt hatte, thaute er erst auf, u. verlangte auch noch die aus der Zauberflöte von «seinem Vatter» und hatte eine kindliche Freude daran, man mußte ihn liebgewinnen. Er gab mir Briefe an Bekannte am Comersee mit, u. da habe ich auch einmal in eine italiänische Kleinstädterei hineingeguckt, und mich ein Paar Tage mit dem Doctor, dem Apotheker, dem Richter u. andern Leuten des Ortes ganz wohl unterhalten. Es fanden besonders lebhafte Discussionen über *Sand*[47] statt, u. viele wollten ihn sehr bewundern; mir war es sonderbar, weil die Geschichte etwas lange her ist, u. man kaum mehr darüber streitet. Auch von *Shakespearschen* Stücken sprach man, die jetzt ins Italiänische übersetzt werden; der Doctor

sagte, die Trauerspiele seyen gut, aber da gebe es so gewisse Hexereystücke, die seyen *zu* dumm und kindisch, namentlich eines: *Il Sonno d'una notte di mezza notte*[48]. Darin käme die abgebrauchte Geschichte vor, daß ein Stück auf dem Theater probirt werde, u. es wimmle von Anachronismen und kindischen Ideen. Darauf stimmten alle ein, es sey sehr läppisch, und ich möchte es ja nicht lesen. Ich schwieg kleinlaut stille und vertheidigte nicht.
Dann badete ich mich oft im See, zeichnete, ging mir die Füße durch, fuhr gestern über den Luganersee, der mit seinen Wasserfällen u. den schwarzen Wolkenbergen ein böses Gesicht schnitt, dann über die Berge nach *Luvino*, dort ging ich wie gesagt in Pantoffeln spazieren, u. bin heut zu Dampf hier angekommen. Morgen denke ich mich auf den Weg nach dem Simplon zu machen, wenn ich diesen Brief erst dem h. *Borromäus* übergeben habe. Die Dampfboote sind prächtig; man fliegt u. hat doch Zeit alles zu übersehen, kann aussteigen, wo man will, ist nirgends übereilt, sie gehen alle Tage u. holen einen wieder ab von wo man will, kurz verzeih mir, lieber *Hensel*, es sind doch gute Dinger. *Abends.* Eben komme ich von der *Isola Madre* zurück, wo es ganz herrlich war, sie ist breit u. voll Terrassen, Citronenhecken, immergrünen Büschen, das Wetter ist endlich etwas menschlich geworden, u. so nahm sich das große weiße Haus darauf, mit der Ruine daran, u. den Terrassen davor sehr lieblich aus. Es ist doch ein einzig Land und ich wollte, ich könnte Euch einen Schluck Luft, wie sie eben auf dem Kahn war nach Berlin mitbringen; da giebt es keine solche, und ich wollte lieber, daß Ihr sie schöpftet, als alle die Leute, die hier davon zehren.
Da war im Kahn mit mir ein sehr schnurrbärtiger Deutscher, der sah sich die schöne Natur an, als ob er sie kaufen

solle und findet sie zu theuer. Dann begegnete mir eine Jean Paulsche Geschichte wörtlich. Als wir nämlich auf der Insel zwischen dem Grün spazieren gingen, sagte ein Italiäner, der mit war: Hier sollte man eigentlich mit seiner Geliebten zusammen gehen u. die Natur genießen. Ach ja, seufzte ich zart.

Deswegen habe ich mich auch seit 10 Jahren von meiner Frau getrennt u. ihr einen kleinen Tabackshandel in Venedig angelegt, fuhr er fort, u. lebe nun, wie ich Lust habe. So müssen Sie es auch einmal machen. –

Der alte Schiffer erzählte, wie er den General *Bonaparte* auf dem See gefahren habe, u. wußte manche Geschichten von ihm u. *Murat*[49]. Ganz wunderlich sey *Murat* gewesen, sagte er, so lange er ihn gefahren habe, habe er in einem fort für sich laut gesungen, u. einmal als er auf der Reise war, habe er ihm seine Branntweinflasche geschenkt u. gesagt, er wolle sich in Mailand eine andere kaufen. Ich weiß nicht, warum mir die kleinen Anecdoten u. namentlich das Singen den ganzen Mann mehr zurückrief, wie ein historisches Buch zuweilen.

Die Walpurgisnacht ist fertig u. ausgeputzt, auch die Ouvertüre wird wohl bald dran sein; der einzige Mensch, der es bis jetzt kennt, ist *Mozart* u. der hatte soviel Freude daran, daß mir die gewohnten Sachen auch wieder neuen Spas machten; er wollte durchaus, ich solle es gleich drukken lassen. Ich muß es aber erst in Berlin in meinen Abonnementsconcerten[50] aufgeführt haben. Euern lieben Doppelbrief von *Paul* und *Klingemann* habe ich in Mailand erhalten, auch ihm scheint England diesen heitern, vornehmen Eindruck zu machen wie mir. Hoffentlich sehe ich ihn dort froh wieder. Vorher müssen erst noch in den Bergen Maulthierpartien und in *Paris* Musik gemacht werden.

Ach Gott, verzeiht nur den burschikosen, dummen Brief; Ihr seht ihm gewiß an, daß ich seit 8 Tagen keine Halsbinde trage. Aber ich wollte Euch doch einmal schreiben, wie heiter u. wohl es mir diese Tage in den Bergen geworden ist, u. wie ich mich auf die freue, die vor mir liegen. Der Dank u. die Erinnerung liegen da schon darin.

Euer Felix MB

à l'Union, Prieuré de Chamounix

Liebe Eltern

Von Zeit zu Zeit muß ich Euch einen Dankbrief für diese wunderbar schöne Reise schreiben, und wenn ich es je gethan habe, so muß ich es jetzt wieder thun, denn herrlichere Tage, als die auf dem ganzen Wege hieher und hier selbst, habe ich doch noch nie erlebt. Zum Glück kennt Ihr ja das Thal hier und da brauche ich es nicht erst zu beschreiben, wie wäre das auch möglich?

Nur so viel laßt mich sagen, daß mir die Natur nirgends so klar in all ihrer Macht vor die Augen getreten ist als hier, das erstemal, als ich es mit Euch sah, wie auch jetzt; und wenn jeder der das sieht, Gott danken muß, daß er ihm Sinne gegeben hat um diese Größe zu begreifen und aufzufassen, so muß ich Euch denn auch gleich danken, daß Ihr mir all diese Freude schenkt.

Sie hatten mir einreden wollen, die Formen der Berge hätten sich in meiner Einbildungskraft vergrößert, aber gestern ging ich bei Sonnenuntergang hier vor dem Hause auf und ab, suchte jedesmal, wenn ich den Bergen den Rücken kehrte, die Massen mir recht lebhaft zu denken, und jedesmal wenn ich mich wieder umdrehte waren sie weit über meine Vorstellung. Da sind alle Worte und Bilder und Gedanken zu klein, nur wenn man es mit dem Auge sieht, kann man sichs vorstellen. Ihr findet vielleicht, ich sey zu toll und übertreibe es, aber könntet Ihr es sehen, wie ich heute den ganzen Tag und gestern Abend! So wie es den Morgen war, als wir von hier abfuhren u. die Sonne aufging (Ihr werdet es Euch erinnern) so heiter u. klar waren die Berge seit ich hier bin; der Schnee auf der blauen dunklen Luft so rein u. scharf u. nah, die Gletscher donnern fortwährend weil das Eis schmilzt, wenn Wolken kommen, so legen sie sich unten an die Berge leicht an, aber die Gipfel stehen ganz klar drüber; könnten wir das zusammen sehen!

Ich habe heute den ganzen Tag hier ruhig u. ganz allein zugebracht; ich wollte die Aussicht der Berge zeichnen ging hinaus, fand einen prächtigen Punct, aber so wie ich das Buch aufschlug, so war mir das Blatt so sehr klein daß ich erst gar nicht anfangen wollte und mich nachher entschließen mußte, alles nach meinem Auge zu verkleinern. Es wird mich u. vielleicht Euch einmal dran erinnern; ich habe die Formen wohl so was man richtig nennt herausgebracht, aber doch sieht jede Linie so steif aus gegen die Freiheit und Grazie, die da überall in der Natur ist. Und nun gar erst die Farbenpracht! Kurz es ist der Glanzpunkt meiner Reise, und das ganze Fußreisen so allein, frei und leicht ist etwas Neues, u. ein unbekannter Genuß für mich. Ich muß aber erzählen, wie ich hergekommen bin, sonst steht am Ende im Briefe nichts als Exclamationen. Auf dem *Lago Maggiore* und den Inseln hatte ich das schlechteste Wetter. Es blieb anhaltend so wüst, stürmisch, naß, daß ich mich etwas unmutig Abends auf die Schnellpost setzte, und gegen den Simplon zu fuhr. Wie wir kaum eine halbe

Stunde gefahren waren kam der Mond vor, die Wolken zogen auseinander, des andern Morgens war es das heiterste, herrlichste Wetter; mir war ordentlich beschämt zumute über solch ein Glück – und ich konnte nun den ganzen göttlichen Weg recht von Grund aus genießen, wie er sich erst durch die hohen grünen Täler, dann durch die Felsengen dann durch die Wiesen endlich bei den Gletschern u. Schneebergen vorbeywindet. Ich hatte ein kleines französisches Buch über die Simplonstraße mit, was mich sehr erfreut u. auch gerührt hat denn es enthält Correspondenzen von *Napoleon* mit dem Directorium über das projectirte Werk, u. den ersten Bericht des Generals, der den Weg passirte; wie dessen Briefe geschrieben sind, mit welcher Begeisterung, Tapferkeit, auch ein bißchen Prahlerei mitunter, aber mit welcher Glut des Enthusiasmus, das hat mich gar sehr ergriffen, als ich so die ebene fertige Straße mit den Österreichischen Postillonen hinauffuhr, und wenn ich das Feuer und die Poesie, die in dem Briefe (ich meine immer nur den des subalternen Generals) aus jeder Schilderung spricht, mit der heutigen Beredsamkeit vergleiche, die so schrecklich kalt läßt, u. die in all ihren philanthropischen Ansichten so verflucht prosaisch ist und so hinkt, und in der ich wohl Fanfaronaden aber keine Jugend sehe – so wollte es mir vorkommen, als sey eine große Zeit vorübergegangen.

Aber nichts mehr davon, denn ich habe mir vorgenommen in meinen Briefen an Euch nie diesen Punct zu berühren, u. hab es bis jetzt gehalten; nur bei der Simplonstraße wird es schwer. Ich habe es mir gar nicht aus dem Sinne bringen können, daß *Napoleon* das Werk, eine seiner Lieblingsideen, niemals gesehen hat. Er ist nie über den Simplon gekommen, u. hat die Freude daran nicht genossen. Der ganze

Weg muß einen bescheiden machen, wenn nicht ohnehin dafür gesorgt wäre. Denn wenn man nun bei den tollen Gletschern vorbey muß und bey den schwarzen Felsschneebergen, die da ihr Wesen treiben mit Lawinen, Donner, Wasserfällen, Eisgängen u. allem Spuk, so ruhig als gäbe es überhaupt gar keine Menschen, da kann man sich mancherley dabey denken.
Oben im Dorfe Simplon ist es ganz kahl, überall grünes Moos u. seit anderthalb Jahren fror mich einmal wieder so recht herzhaft. Eine nette französische höfliche Frau hat oben ein Wirthshaus, und auch das ist schwerlich zu beschreiben, wie wohl einem die dürftige Reinlichkeit thut, die nie in Italien zu finden ist. Aber es muß gerühmt werden, daß ich dort zu Mittag aß und dabey das Fletschhorn aus dem Fenster sah.
Dann ging es hinunter ins Wallis bis *Brieg* wo ich die Nacht blieb, voll Vergnügen wieder einmal unter den ehrlichen, natürlichen, deutschsprechenden Leuten zu leben, die mich denn auch ganz infam geprellt u. betrogen haben. Den folgenden Tag fuhr ich das Wallis hinunter, eine wunderliebliche Fahrt; der ganze Weg ist so, wie Ihr in der Schweiz sie kennt, zwischen zwei hohen Bergreihen, über die hier u. dort Schneespitzen gucken, in Alleen von dicken frischen Nußbäumen, die neben den zierlichen braunen Häusern stehen, die wilde graue Rhone hinunter bey Leuk vorüber, alle Viertelstunde ein Ort mit einer kleinen Kirche, ich nahm einen Pfarrer, der zu Fuß ging, eine Strecke mit in dem *char à banc* und wir kannegießerten, gegen Abend bey *Riddes* wurden die Felsformen furchtbar toll, wie ich sie fast nie in den Alpen gesehen hatte und dabey bleibt vorne immer das liebliche Land; kurz darauf zeigte der Kutscher auf einen weißen Streifen in der fernen Däm-

merung und sagte, das sei die *Pissevache*, und so sah ich denn von weitem den Punct wo wir umgekehrt waren[51] und dachte daran.
Von *Martigny* aus reiste ich nun zum erstenmal in meinem Leben veritabel zu Fuß, und zwar weil mir die Führer zu theuer waren erst ganz allein, meinen Mantel u. das Gepäck auf den Schultern; nach ein paar Stunden fand ich einen dicken Bauernjungen, der zugleich Führer u. Träger wurde, u. so ging es über den *Forclaz* nach *Trient* einem kleinen Sennendorfe, wo ich Milch u. Honig frühstückte; von da aus auf den *Col de Balmes*, da lag denn das ganze Chamounithal mit dem *Montblanc* u. allen Gletschern, wie sie herabsinken vor mir im Sonnenschein.
Eine Gesellschaft Damen u. Herren zu Maulthier mit vielen Führern zog da herauf u. erinnerte mich sehr an unsere ehemalige Karawane, so daß ich mit den Leuten Bekanntschaft und einer jungen schönen Dame die Cour machte, wir haben aber leider kein Wort miteinander gesprochen. Kaum waren wir alle zusammen oben unter Dach, so kam ein zarter Nebel u. hüllte erst die Berge, dann das Thal dann alles so dicht ein, daß von da an nichts mehr zu sehen war. Die Damen fürchteten sich in den Nebel hineinzugehen, als ob sie nicht oben auch drin wären, endlich reisten sie doch ab, und ich sah aus dem Fenster dem wunderlichen Schauspiel zu, wie die Karawane das Haus verließ, lachend, laut sprechend, französisch, englisch, *patois;* dann wurden die Stimmen undeutlich, dann gleich auch die Gestalten, ganz zuletzt ging noch die schöne Dame mit ihrem weiten schottischen Mantel, dann sah man nur noch graue Schatten hier und dort, dann waren sie ganz weg.
Wenige Minuten drauf sprang ich von der andern Seite mit einem Führer den Berg hinunter, wir kamen bald wieder

in den Sonnenschein, dann ins grüne Chamounithal mit seinen Gletschern, endlich hier in die *Union.*
Eben komme ich von einem Spaziergang auf den *Montanvert*, das *Mer de Glace* u. der Quelle des *Arveiron* her, diese Herrlichkeit kennt Ihr, u. so werdet Ihr es verzeihen, daß ich statt morgen nach Genf zu fahren, erst die Tour um den *Montblanc* mache, damit ich den Herrn auch von der Südseite kennenlerne, die noch gewaltiger sein soll. Einen sehr guten Führer hab ich, u. wenn Gott schön Wetter u. Gelingen schenkt, so kann die Reise wieder prächtig werden; liebe Eltern, wie ich an Euch durch alle Umgebungen erinnert werde, könnt Ihr Euch nicht denken. Auf dem Simplon sah ich die kleinen lackierten Bilder im Gartenhause, hier ist der Saal wo Ihr den Abend mit Augustin Perier zubrachtet. Sein Bruder ist ein ziemlich bedeutender Mann geworden seitdem, er selbst ist nicht wieder gewählt in die Kammer, da hat sich alles verändert; auch hier ist es anders geworden in der Zeit, neue Häuser, ein kleiner Garten am Fluß, *hôtels*, Bäder, alles größer, reicher u. schöner; so Gott will ist das alles mit uns nicht der Fall und wir danken ihm dafür, wenn wir uns unverändert wiedersehen, es sey, wo es sey. Lebt wohl. Euer Felix MB

Charney d. 6 Aug. 31.

Ihr lieben Schwestern!
Ihr habt zwar *Ritters* Afrika ganz gelesen, aber wo *Charney* liegt wißt Ihr doch nicht. Also holt einmal die alte Reisecarte von *Keller* heraus die Ihr noch haben müßt, oder leiht sie Euch von Herrn *Heyse*, denn Ihr müßt mich nun auf meiner Wanderung begleiten können.

Geht mit dem Finger von *Vevey* nach *Clarens* und dann gegen die *Dent de Jaman* zu auf einem Strich. Der Strich bedeutet einen Fußweg, und wo Ihr mit dem Finger geht bin ich heut Morgen mit den Beinen gegangen, (denn es ist jetzt erst halb 8 Uhr), u. ich bin noch nüchtern. Hier will ich frühstücken u. schreibe in einer netten hölzernen Stube bis die Milch warm ist. Draußen guckt der helle blaue See herein, ich fange hiemit mein Tagebuch an die Geren jetzt an u. will es auf der Fußreise so gut es geht fortsetzen. Aber nun ist es aus, denn die Milch kommt. *Nach dem Frühstück.* Gott, denkt Euch das *Malheur!* Eben sagt mir die Wirthinn mit dem betrübtesten Gesicht, es sey kein anderer Mensch im Dorf um mir den Weg über die *Dent* zu zeigen und mein Bündel zu tragen, als ein junges Mädchen! Die Männer hätten alle zu thun.
Ich gehe nämlich morgens früh immer allein aus, mit Sack und Mantel auf dem Rücken, weil mir die Führer aus den Wirthshäusern zu theuer und zu langweilig sind. Der erste Junge, der ehrlich aussieht, wird nach ein Paar Stunden gemiethet, u. dabey fahre ich viel besser zu Fuß. Wie reizend der See u. der Weg hier her war sage ich nicht; denkt Euch alle Schönheit, die Ihr damals genosst. Der Fußweg ist immer schattig, unter Nußbäumen, die Hügel herauf, bei Landhäusern u. Schlössern vorbei, am See hin, der durchs Laub glänzt, überall Dörfer, in den Dörfern rauscht es stark von Brunnen u. Quellen an allen Ecken, dann die zierlichen Häuser – es ist doch gar zu schön u. es wird einem gar zu frey u. wohl.
Eben kommt das Mädchen mit ihrem Flaschenhut, sie ist noch dazu wunderhübsch und heißt *Pauline*. Jetzt nimmt sie meine Sachen in ihre Weinkiepe u. so wollen wir auf den Berg fort. Adies.

Abends in Château d'Oex bei Licht.

Ich habe die reizendste Reise gehabt. Könnt ich Euch solch einen Tag verschaffen, was wollte ich nicht darum geben! Aber Ihr müßtet dazu erst zwei Jungen werden, statt Geren, tüchtig klettern können, Milch trinken nach der Gelegenheit, Euch aus vieler Hitze, vielen Steinen, vielen Löchern im Wege, noch mehr Löchern im Stiefel gar nichts machen, dazu seid Ihr viel zu zierlich, glaub' ich.

Aber schön war es. Meine Reise mit *Pauline* soll niemals vergessen werden; die war eines der nettesten Mädchen, die ich in meinem Leben getroffen habe, so hübsch u. gesund u. natürlich klug. Sie erzählte mir Geschichten aus ihrem Dorf, u. ich ihr welche aus Italien, aber ich weiß, wer den andern mehr amüsirt hat. Vorigen Sonntag waren alle jungen Leute von *Distinction* aus ihrem Dorfe nach einem Ort weit über die Berge gezogen, um da Nachmittags zu tanzen; sie gingen kurz nach Mitternacht fort, kamen auf die Berge, als es noch finster war, machten sich ein großes Feuer u. kochten Caffee, gegen Morgen sprangen die Männer um die Wette vor den Damen (wir kamen beim zerbrochenen Zaun vorbei der es bezeugte) dann tanzten sie, u. waren Sonntag abend wieder alle zu Hause. Montag früh ging die Arbeit in den Weinbergen wieder an.

Bei Gott, ich bekam viel Lust ein Waadter Bauer zu werden, als ich ihr so zuhörte u. als sie mir von oben die Dörfer zeigte, wo man tanzt wenn die Kirschen reif sind; andere, wo man tanzt, wenn die Kühe auf die Berge gehen u. es Milch giebt; Morgen tanzt man gar in *St-Gingolph* u. sie fahren zu Wasser über den See u. wer Musik kann, nimmt sein Instrument mit; aber sie fährt nicht mit hinüber, weil

ihre Mutter es nicht erlaubt aus Furcht vor dem breiten See, u. darum gehen auch viele andere Mädchen nicht hin, weil sie zusammenhalten. Dann bat sie mich um Erlaubnis ihrer Cousine guten Tag zu sagen, u. stieg hinunter ins zierliche Haus auf der Wiese, bald kamen die beiden Mädchen heraus setzten sich auf die Bank u. plauderten. Oben auf dem *Col de Jaman* sah sie gar in der Entfernung ihre Verwandten, die mähten u. Kühe weideten, das war ein Zurufen u. Schreien, darauf dudelten die drüben, dann lachten sie alle, ich verstand kein Wort vom *patois* außer dem Anfang, der hieß: *Adieu Pierrot!* Zu alle dem gab es ein lustiges tolles Echo, das schrie u. lachte u. dudelte mit, u. so kamen wir gegen Mittag in *Allière* an.
Als ich mich ausgeruht hatte, nahm ich mein Bündel wieder selbst auf den Rücken, denn mich ärgerte ein dicker alter Knecht, der es mir tragen wollte, wir gaben uns die Hand, u. nahmen Abschied, ich stieg die Wiesen hinunter, u. wenn Euch Pauline nicht gefällt oder gar gelangweilt hat, so kann ich nichts dafür, sondern die Beschreibung; in der Wirklichkeit war es nett.
Und so auch die weitere Reise. Ich kam an einen Kirschbaum, wo die Leute Obst lasen, legte mich zu ihnen ins Gras u. aß ein Weilchen mit; dann hielt ich Mittagsruhe in *La Tine* in einem hölzernen reinlichen Haus, der Tischler, der es gemacht hatte leistete mir Gesellschaft bei einem Lammbraten, u. zeigte mit Stolz auf jeden Tisch, den Schrank u. die Stühle.
Endlich heut Abend bin ich hier angekommen, durch die blendend grünen Wiesen, auf denen die Häuser herumstehen zwischen Tannen u. Quellen; die Kirche liegt auf einem kleinen sammtgrünen Hügel, ganz weit hin noch Häuser, u. weiter Hütten, u. Felsen u. in einer Schlucht

noch ein wenig Schnee über den Wiesen: es ist einer der idyllischen Orte, wie wir zusammen etwa in Wattenwil einen gesehen haben, aber das Dorf kleiner u. die Berge breiter u. grüner. Den heutigen Tag aber muß ich mit einer Lobrede auf den Canton Waadt schließen. Von allen Ländern die ich kenne, ist dies das schönste u. das, wo ich am liebsten leben möchte, wenn ich recht alt würde. Die Leute sind so zufrieden u. sehen so wohl aus, das Land ebenso, kommt man aus Italien so wird einem hier oft ganz weinerlich zumuth über die Ehrlichkeit, die doch noch in der Welt ist, über frohe Gesichter, über den Mangel an Bettlern, an mürrischen Beamten, über dies völlige Gegentheil unter den Menschen.
Ich möchte Gott danken, daß er manches gar so schön gemacht hat, u. wolle er uns Allen in *Berlin*, *England*, und Château-d'Oex einen frohen Abend schenken, u. gute Nacht.

Boltigen d 7 Aug. Abends.

Draußen donnert u. blitzt es ganz entsetzlich, u. regnet dazu mit Macht, in den Bergen lernt man erst vor dem Wetter Respect haben; ich bin nicht weiter gekommen, weil es zu Schade gewesen wäre das schöne Simmenthal unter dem Regenschirm zu durchwandern.
Es war ein grauer Tag, aber der Vormittag zum Gehen sehr schön kühl; das Thal bei Saanen u. der ganze Weg ist unbeschreiblich frisch u. erfreulich, am Grün kann ich mich gar nicht satt sehen; ich glaube wenn ich mein Lebelang so eine hügelige Wiese mit ein Paar rothbraunen Häusern

drauf anguckte würde ich immer noch dieselbe Freude daran haben. Und zwischen solchen Wiesen windet sich der ganze Weg hin, an den Bächen hinauf u. herunter; zu Mittag in Zweisimmen war ich in einem von den ungeheuern Berner Häusern, wo alles glänzt, voll Nettigkeit, Reinlichkeit und bis ins kleinste genau u. zierlich. Dort gab ich mein Bündel auf die Post nach Interlaken u. gehe nun förmlich spazieren durchs Land, mein Nachthemd in der Tasche samt Bürste, Kamm u. Zeichenbuch. Mehr brauche ich nicht. Aber ich bin sehr müde; wenn nur morgen hübsch Wetter wird!

Wimmis d. 8.

Prost Mahlzeit! Es ist dreimal so toll. Meinen Plan heut nach Interlaken zu kommen, muß ich aufgeben, denn es ist nicht durchzukommen. Seit 4 Stunden fällt das Wasser so gerade herunter, als würden die Wolken oben ausgequetscht, die Wege sind so weich wie Federbetten, von den Bergen sieht man nur einzelne Fetzen, u. auch die selten, es kam mir zuweilen vor, als sey ich in der Mark Brandenburg, das Simmenthal sahe ganz flach aus. Mein Zeichenbuch mußte ich unter die Weste knöpfen, denn der Regenschirm half bald nichts mehr, und so bin ich gegen 1 zum Mittagbrod hier angelangt. Mein Frühstück nahm ich in folgendem Ort. Ich zeichnete es dort gleich mit der Feder für Euch hin, also spottet nicht über das geniale Wasser. In *Boltigen* war ich die Nacht sehr schlecht, im Wirthshaus war kein Platz, wegen Kirmeß, ich mußte also in ein Nachbarhaus, da gab's Flöhe, wie in Italien, man konnte sie mit dem Spaten todtmachen, eine knarrige Wanduhr, die alle Stunden mit großem Lärm schlug, u.

ein kleines Kind das die ganze Nacht durch schrie – Ihr werdet Euch leicht denken, dass ich bei solchem Lärm vortrefflich geschlafen habe. Aber das Kind mußte ich wirklich ein Weilchen beobachten; es schrie alle Töne durch, alle Affekte kamen drin vor, es war grimmig, dann wüthend, dann weinerlich, und wenn es nicht mehr schreien konnte, grunzte es ganz tief. Jetzt sage mir einer, man

die Suppe kommt.

solle die Kinderjahre zurückwünschen, weil die Kinder glücklich seien. Ich bin überzeugt solch ein kleiner Balg ärgert sich ganz eben so gut wie unser eins, hat auch seine schlaflosen Nächte, seine Leidenschaften u. so fort.

Diese philosophische Betrachtung fiel mir heut morgen ein, während ich Weißenburg zeichnete, u. ich wollte sie Euch brühwarm mitteilen, aber da lag ein *Constitutionnel*, u. da mußte ich gleich drüber herfallen, las, daß *Casimir Perier* seine Entlassung haben will, u. manches andere, was zu denken giebt. Unter anderem einen merkwürdigen Artikel über die Cholera, den man abschreiben sollte, so toll ist er. Sie wird darin ganz und gar geläugnet, in Danzig habe sie nur ein Jude gehabt, der sey aber auch genesen. Gleich darauf eine Menge Hegeleien auf französisch, dann die Wahlen der Deputirten – o Welt.

Sobald ich ausgelesen hatte mußte ich wieder in den Regen, u. durch die Wiesen fort. Es ist wirklich in keinem Traum solch reizendes Land zu sehen, wie dies, selbst im tollsten Wetter machen sich die Kirchlein, die Menge Häuser u. Büsche u. Quellen gar zu schön. Und nun gar das Grün; das war heut recht in seinem Element. Es ist aber kein Wunder, daß es so schön ist; wenn ich mich ein Paar Tage lang so beregnen ließe, würde ich auch bald grün aussehen.

Jetzt gießt es draußen u. ist doch schon lange nach Tisch. Heut Abend komme ich nicht weiter als *Spiez;* es thut mir leid darum, daß ich weder dies hier, was wunderschön zu liegen scheint, noch *Spiez*, das ich aus Röselschen Zeichnungen kenne, werde sehen können, hier ist eigentlich die *pointe* vom ganzen Simmenthal, u. daher heißt es auch in dem alten Liede:

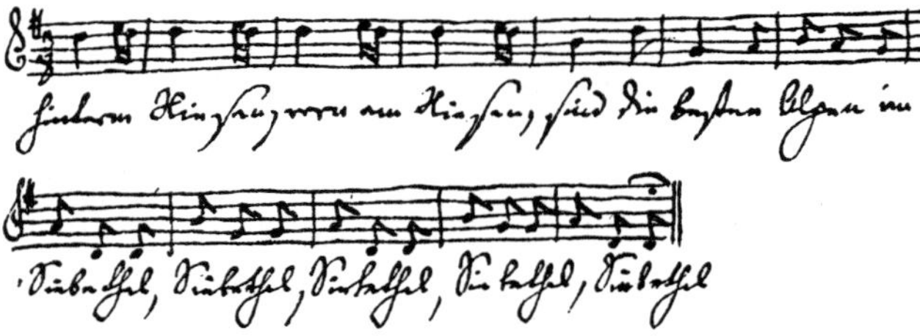

Das habe ich heut den ganzen Tag gesungen auf der Straße; Das Siebethal hat sich aber für das Compliment nicht bedankt, sondern hat fortgeregnet. Nach Thun gehe ich nicht, denn was sollte ich in Thun thun? Thun thun wir also diesmal bey Seite. Pfui, schlechte Witze; Ihr kennt ja die Art Lustigkeit, wenn man nass geworden ist; wie kann man vernünftig schreiben, wenn man ein Paar Bauernschuhe anhat, während meine am Feuer trocknen. Welch ein Stil, sagt Fanny hier.

Wyler abends

In *Spiez* wurden wir nicht angenommen, es ist da gar kein Wirthshaus zum Übernachten obwohl ein breites Weinglas auf der Carte steht; ich mußte also hieher zurück, an der Lage von *Spiez* hatte ich meine Freude, ganz in den See hineingebaut auf einem Felsen, mit vielen Thürmchen, Giebelchen u. Spitzchen, ein Schloßhof mit Orangerie, ein mürrischer Edelmann mit zwei Jagdhunden hinter sich, ein kleines Kirchlein, Terrassen mit Beeten u. Blumen, es macht sich allerliebst. Morgen sehe ich es noch von der andern Seite, wenn das Wetter das Sehen gar erlaubt. Es hat heut 8 Stunden nach einander gegossen; ich bin noch tüchtig naß geworden auf dem Weg hieher. Prächtig sind die Waldströme bei solchem Wetter; sie rasen u. wüthen. Ich kam über solch einen Teufel, die Kander, die war ganz

außer sich, sprang u. tobte u. schäumte, dazu sah sie ganz braun aus u. der Schaum gelblich, er spritzte weit umher. Von den Bergen kam nur hie u. da ein schwarzer Zacken aus den hellen Regenwolken, sie hingen heut so tief in den Thälern, wie ich es nie gesehen hatte. Der Tag war doch schön. Und morgen also so Gott will nach Interlaken.
Vom alten *Attwood* habe ich in Genf einen sehr freundlichen Brief erhalten mit Nachschrift von *Klingem. Cramers* lassen mir Vorwürfe machen, daß ich die Deutschen Lieder nicht auch bei ihnen verlegt hätte. Hätt' ich das gewußt! Und *Attw.* fordert mich zu noch mehreren Shakespeare-Ouvertüren noch einmal auf. Am Ende begehe ich eine Thorheit, u. nehme den Sturm. Aber das ist sehr im weiten Feld.

Wyler d. 9ten Morgens

Papapapapoi! Elelelelelelend! Heut ists noch toller. Hat die ganze Nacht durch gegossen, u. gießt schon den ganzen Morgen. Ich habe aber hinsagen lassen in solchem Wetter ginge ich gar nicht fort, u. wenn sie nicht aufhörten, schriebe ich heute abend noch aus *Wyler*.
Einstweilen habe ich Gelegenheit mit meinen Schweizer Wirthen Bekanntschaft zu machen. Naiv sind sie; ich konnte meine Schuhe nicht anziehen, weil sie vom Regen eingelaufen waren, die Wirthin fragte, ob ich einen Schuhanzieher haben wollte, und da ich ja sagte, brachte sie mir einen Eßlöffel. Es geht aber auch damit; u. dann sind sie starke Politiker, über meinem Bette hängt eine scheußliche Fratze, unter der steht: *Brinz Baniadofsgi*. Wenn er nicht eine Art polnisches Costüm hätte, wärs schwer rauszukriegen, ob es ein Mann oder eine Frau sein soll, weder aus dem Bilde noch aus der Unterschrift wird es ganz klar.

Aus dem Spas ist bitterer Ernst geworden, wie denn das in heutiger Zeit leicht kommen mag, das Wetter hat furchtbar geras't, großen Schaden gethan, Verwüstungen angerichtet, die Leute wissen sich keines ärgern Sturms u. Regens seit vielen Jahren zu entsinnen. Und das Alles geht mit so unbegreiflicher Schnelligkeit: heut früh war noch bloß unangenehm schlechtes Wetter, u. heut Nachmittag sind alle Brücken fort, die Passagen augenblicklich gehemmt, am Brienzer See giebt es Erdfälle, alles ist in Aufruhr. Eben erfahre ich auch noch unten, daß der Krieg in Europa erklärt ist: so sieht es freilich wild u. wüst in der Welt aus, u. man muß sich freuen, wenn man nur für den nächsten Moment eine warme Stube u. ein behagliches Obdach hat, wie ich hier.

Es hielt heute früh einen Augenblick mit regnen inne, u. ich dachte die Wolken hätten sich erschöpft. So ging ich von Wyler weg u. fand schon die Wege sehr verdorben, aber es sollte anders kommen. Der Regen fing leise wieder an, u. platzte auf einmal gegen 9 mit solcher Heftigkeit los u. so im Moment, daß man gleich merkte es müsse was Besonderes im Werke sein. Ich kroch unter in eine angefangene Hütte, in der ein großer Heuhaufen lag, u. bettete mich ganz bequem im wohlriechenden Heu, ein Soldat vom Canton, der nach Thun wollte, kroch auch von der anderen Seite hinein, u. nach einer Stunde, da es nicht besser wurde gingen wir nach beiden Seiten weiter; ich mußte in Leisingen noch einmal unter Dach treten, wartete lange, aber da meine Sachen in Interlaken waren, wohin nur noch zwei Stunden sind, so dachte ich es zu zwingen u. ging gegen 1 fort auf Interlaken zu. Es war durchaus nichts zu sehen, als der graue Seespiegel, kein Berg, selten die Linie des

gegenüberstehenden Ufers, die Quellen, die wie Ihr Euch erinnert oft in den Fußwegen laufen, waren zu Strömen geworden, in denen man fortwaten mußte, plötzlich, wenn der Weg sich hinaufschwang, stand das Wasser still u. bildete einen See, dann mußte ich über die nassen Hecken springen in die sumpfigen Wiesen hinein, die kleinen Baumstämme auf denen man über die Bäche geht, lagen unter dem Wasser, einmal kam ich zwischen zwei solche Bäche, die sich ineinander ergossen u. mußte nun eine ganze Weile bis ans Schienbein gegen den Strom angehen, dazu ist alles Wasser schwarz oder schokoladebraun, es sieht aus als fließe lauter Erde da, u. springe übereinander, von oben regnete es in Strömen, der Wind schüttelte zuweilen von den nassen Nußbäumen das Wasser herab die Wasserfälle die in den See gingen donnerten ganz entsetzlich von beiden Ufern her, man konnte weithin die braunen Streifen verfolgen, die sich mit hinein in das helle Seewasser zogen, u. zu alledem war der See ganz still u. kaum bewegt u. empfing ruhig all das tolle Brausen, das auf ihn hineinfuhr.
Nun kam mir ein Mann entgegen, der hatte Schuh und Strümpfe ausgezogen u. die Hosen hinaufgestreift, da wurde mir etwas bange; darauf begegneten mir ein paar Weiber u. sagten, ich könne nicht durchs Dorf, die Brücken seien alle fort; ich frug, wie weit ich noch nach Interlaken hätte. Eine Stunde spitz, antworteten sie. Umkehren ging gar nicht, ich ging also vorwärts ins Dorf, da schrien mich gleich aus allen Fenster die Leute an: ich käme nicht weiter, das Wasser komme zu stark von den Bergen herunter, u. wirklich war in der Mitte des Dorfs schon eine wilde Wirthschaft; der schmutzige Strom hatte alles mit fortgenommen, lief um die Häuser herum, in die Wiesen hinein, die Fußsteige hinauf u. donnerte unten in den See.

Zum Glück war ein Kähnchen da, in dem ließ ich mich nach Neuhaus übersetzen, obwohl die Fahrt auf dem offenen Kahn im schärfsten Regen auch nicht süß war. Mein Zustand in Neuhaus war ziemlich elend; ich sah aus als trüge ich Stulpenstiefel auf meinen hellen Beinkleidern: Schuh, Strümpfe u. alles bis an die Knie war dunkelbraun, dann kam die wirkliche weiße Farbe, dann ein weicher blauer Überrock, sogar das Zeichenbuch, das ich unter die Weste geknöpft hatte, war naß. Solchergestalt kam ich nach Interlaken, wurde unfreundlich empfangen, die Leute konnten oder wollten mir keinen Platz geben u. so mußte ich zurück nach Unterseen, wo ich ganz vortrefflich wohne u. mich befinde.

Es ist aber sonderbar: ich hatte mich die ganze Zeit darauf gefreut, wieder ins Wirthshaus zu Interlaken zu kommen, wo ich viel Erinnerung haben konnte, u. wirklich fuhr ich auch mit meinem Neuhäuser Wägelchen auf dem Nußbaumplatz vor, sah die wohlbekannte Glasgallerie, die schöne Wirthinn, freilich verändert u. gealtert, trat in die Thüre – da hat mich das ganze Unwetter u. alle Unbequemlichkeit nicht so verdrossen, wie daß ich dort nicht bleiben konnte, seit *Vevey* war ich zum erstenmal auf eine halbe Stunde verstimmt, u. mußte Beethovens as dur Adagio

ein Stücker drei- oder viermal singen, ehe ich wieder zurechtkam. Hier erfuhr ich nun erst, welchen Schaden das Wetter gethan hat, und noch thun kann, denn es gießt fortwährend. (½10 Uhr abends) Die Brücke bei Zweilütschinen ist fortgerissen, die Fuhrleute aus Brienz und Grindelwald wollen nicht nach Hause fahren aus Furcht ein paar Felsen auf den Kopf zu bekommen, das Wasser hier steht anderthalb Fuß unter der Aarbrücke, und wie traurig der Himmel aussieht, ist gar nicht zu beschreiben.

Hier kann ich nun abwarten. Ich brauche ja ohnehin keine Umgebungen um Erinnerung hervorzurufen, wir stehen uns näher, als alles dies. Sie haben mich hier sogar in ein Zimmer gewiesen, wo ein Clavier steht, u. zwar ist es vom Jahre 1794, wie darauf steht, hat im Klange viel Ähnlichkeit mit dem alten kleinen Silbermann auf meiner Stube und so habe ich es beim ersten Akkorde gleich liebgewonnen, u. kann dabey auch wohl an Euch denken.
Es hat manches erlebt, das Clavier, u. sich es wohl nicht träumen lassen, daß ich noch einmal darauf componiren sollte, der ich erst 1809 geboren bin, es sind aber auch schon starke 22 Jahre her, nächstens ist das Clavier schon 37 alt, und noch lange frisch.
Es sind wieder neue Lieder unterwegs, liebe Geren. Mein Hauptlied aus e dur «Auf der Reise» kennt Ihr auch noch nicht, es ist sehr sentimental. Jetzt mache ich eines, das nicht gut wird, fürchte ich; aber für uns drei muß es schon angehen, denn es ist sehr gut gemeint, der Text ist von *Goethe*, aber ich sage nicht, was; es ist zu toll gerade das zu componiren, es geht auch gar nicht zur Musik, aber ich fand es so himmlisch schön, daß ich es mir singen mußte. Das ist eigentlich gegen mein Prinzip, also bleibt es unter uns. Für heut ist's aus; Gute Nacht, Ihr Lieben.

D. 10ten

Es war das klarste Wetter u. aller Sturm ist vorüber; wollte daß es mit allen Stürmen so schnell endigte u. sich aufklärte. Ich habe einen herrlichen Tag zugebracht, gezeichnet, componirt u. Luft getrunken. Nachmittags war ich zu Pferd in Interlaken, zu Fuß kann jetzt kein Mensch dahin, der ganze Weg steht unter Wasser, u. zwar unter reißendem, tobendem strudelndem Wasser, so daß man selbst zu Pferd ganz naß wird. Auch hier im Ort sind die Straßen über-

schwemmt u. gesperrt; in Interlaken ist es aber doch zu schön. Es wird einem gar so winzig zu Muth, wenn man sieht, wie herrlich der liebe Herrgott die Welt gemacht hat, u. herrlicher kann man sie nicht sehen, als da.
Mir wurde aber sonderbar, als ich an den großen Nußbaum kam, an den Grasfleck wo mein Zeichentisch stand als Vater mich tröstete, daß Papier nicht schmelzen könne; die Thür der Wiese war halb offen genau wie damals, und nichts hatte sich verändert, außer daß ich heut allein war u. damals mit Euch. Ich zeichnete für Vater einen der Nußbäume, die er so liebt, so wie ich auch ein ordentliches Berner Haus einmal treu nachzeichnen will für ihn; eine Menge Gesellschaften Herren u. Damen u. Kinder zogen vorbey und guckten mich an, u. ich dachte die hätten es jetzt so gut, wie ich einstmals u. würde ihnen gern zugerufen haben, sie möchten es doch nicht vergessen.
Abends glühten die Schneeberge heut in den klarsten Formen u. in den schönsten Farben. Als ich zurückkam wollte ich Notenpapier haben, man wies mich an den Pfarrer, der an den Forstmeister, u. von dessen Tochter habe ich denn zwei sehr feine zierliche Bogen bekommen. Das Lied von dem ich gestern schrieb, ist schon fertig; es drückt mir doch das Herz ab, es Euch zu sagen, was es ist, also verschweige ich Euch nicht, daß es ist – aber lacht mich nicht zu sehr aus – nichts anderes, als – aber haltet mich nicht für wasserscheu – « Die Liebende schreibt », das Sonett. Ich fürchte übrigens, es ist nicht gut, u. taugt nichts; es ist glaub ich mehr hineingefühlt, als herausgekommen. Indessen ein paar gute Stellen sind doch darin, u. morgen mach' ich noch ein kleines von Uhland. Auch ein Paar Claviersachen rücken wieder an. Ich habe leider durchaus kein Urtheil über meine neuen Sachen, weiß nicht, ob sie gut oder

schlecht sind, u. das kommt daher, weil seit einem Jahr alle Leute, denen ich was von mir vorspiele, es glattweg wunderschön gefunden haben, u. das thut es halt nimmermehr. Ich wollte, daß mich einer mal wieder vernünftig runtermachen könnte oder, was noch hübscher wäre, vernünftig loben, da würde ich selbst es nicht immer thun wollen u. mißtrauisch gegen mich sein. Indessen muß man doch einstweilen immerfort schreiben. –
Beim Förster habe ich erst erfahren, daß das ganze Land verwüstet ist, von allen Seiten kommen traurige Nachrichten. Die Brücken sind überall im Haslithal fort, auch Häuser u. Hütten. Ein Mann von Lauterbrunnen ist heut hergekommen, der hat bis an die Brust im Wasser gehen müssen. Die Fahrstraße ist ruinirt, u. was mir ganz unheimlich war, es ist Nachricht da, daß die Kander eine Menge Hausgeräth u. Möbel herbeygetragen hat, man weiß noch nicht, woher. Zum Glück fällt das Wasser schon wieder, aber der Schaden wird nicht so schnell wieder hergestellt sein. Mein Reiseplan ist dadurch nun auch unsicher geworden; denn wenn irgend Gefahr ist, gehe ich nicht in die Berge.

D. 11ten

Und somit schließe ich mein erstes Stück Tagebuch an Euch und schicke es ab. Morgen fange ich wieder ein neues an, denn morgen denke ich nach Lauterbrunnen zu gehen; für Fußgänger ist der Weg practikabel, von Gefahr keine Rede, es sind Reisende heut schon von dort gekommen; für Wagen aber wird die Straße in diesem ganzen Jahre nicht wieder zu passiren sein. Dann will ich über die kleine Scheideck nach Grindelwald, über die große nach Meiringen, über Furka u. Grimsel nach Altdorf u. so nach Lucern, wenn Sturm u. Regen u. alles andere, d. h. wenn Gott will. Heute früh war ich auf dem Harder und sah die Berge in

der schönsten Pracht, so klar glühend wie gestern Abend u. heut früh habe ich die Jungfrau noch nie gesehen. Dann ritt ich wieder nach Interlaken, wo ich meinen Nußbaum fertigzeichnete. Dann habe ich ein wenig componirt; dann wurden der Tochter des Försters auf das übrige Notenpapier drei Walzer geschrieben u. höflich überbracht (sie ist leider durchaus unhübsch) u. eben komme ich von einer Wasserexpedition her, die ich nach einem überschwemmten Lesecabinet gemacht, um zu sehen, wie es den Polen geht. Leider steht aber durchaus nichts davon in den Zeitungen.
Nun will ich packen bis zum Abend, aber es wird mir ordentlich schwer dies Zimmer hier zu verlassen, es ist so wohnlich u. mein liebes Clavierchen werde ich gar zu sehr vermissen. Die Aussicht aus dem Fenster will ich Euch noch auf die Rückseite malen mit der Feder und mein zweites Lied aufschreiben, dann geht auch Unterseen zur Erinnerung. Ach wie schnell! Ich citire mich selbst, das ist nicht sehr bescheiden, aber es fällt einem nur gar zu oft ein, wenn die Tage abnehmen, wenn man die Reisecarte von einem Blatt aufs andere schlägt, wenn erst Weimar, dann München, dann Wien ein Jahr her ist, kurz wenn man das erste Reisetagebuch an seine sehr lieben Schwestern abschicken will. Es geht aber zu Euch, u. Ihr wißt, wie mir zu Muthe ist, wenn irgendwas zu Euch geht, das nicht Ich ist; etwas wehmüthig. Na, hier ist mein Fenster.
Hu, die Berge sind total misrathen, aber ich mußte sie halb errathen, weil sie fast ganz mit Wolken bedeckt sind; Ihr müßt Euch erinnern, daß a der große Eiger ist, b der kleine Abendberg, c die Jungfrau d die Silberhörner e der große Abendberg u. f der Anfang der Schwalmere; an der Ecke f steht das kleine Clavier u. wenn ich links umgucke, so habe ich die ganze Herrlichkeit.

Eine Stunde später

Der Plan ist geändert, u. ich bleibe noch bis übermorgen, die Leute meinen die Wege würden dann merklich besser sein u. zu sehen u. zu zeichnen giebt es hier noch genug.
Seit 70 Jahren hat die Aare nicht so hoch gestanden; heute warteten sie mit Stangen auf der Brücke u. mit Haken um die einzelnen Stücke der abgerissenen Brücken aufzufangen. Das sah nun ganz sonderbar aus, wenn so von fern aus den Bergen ein schwarzes Ding geschwommen kam, das man endlich für ein Stück Geländer, oder einen Querbalken oder dgl. erkannte; wie sie dann alle zusammenliefen u. drauflos hakten u. endlich das Ungethüm aus dem Wasser holten.
Aber genug Wasser, d. h. genug Tagebuch. Die Post geht morgen also muß ich doch heut schließen; so ist es nun Abend u. dunkel geworden, ich schreibe bei Licht, u. bei

Euch werden jetzt die Lampen gebracht, oder Ihr lest die Staatszeitung, oder weil ich gerade so sehr zu Euch denke, denkt Ihr wohl auch zu mir her; jetzt möchte ich eigentlich gerne an die Tür klopfen, um am runden Tisch mit Euch einigen Thee zu trinken. Es ist wieder die alte Geschichte: wo es am schönsten ist, am heitersten, u. wo ich mich so recht wohl u. behaglich fühle da fehlt Ihr mir erst recht, da möchte ich am liebsten mit Euch zusammen sein. Wer weiß denn aber ob wir nicht ebenso noch einmal in Jahren hier zusammenkommen u. dann an heute denken, wie jetzt an damals, u. weil das eben niemand weiß, so will ich auch nicht weiter darüber nachdenken, sondern mein Lied aufschreiben, nach den Bergen noch ein wenig gucken, Euch Allen Alles Glück u. frohes Leben wünschen u. mein Tagebuch zumachen. Lebt wohl. F

(Fortsetzung) *Lauterbrunnen*
13 Aug. 1831

Ich komme eben von einem Spaziergang gegen den Schmadribach und das Breithorn zu her; alles, was man sich von der Größe u. dem Schwung der Berge denkt, ist niedrig gegen die Natur. Daß *Goethe* aus der Schweiz nichts anderes zu schreiben gewußt hat, als ein Paar schwache Gedichte u. die noch schwächeren Briefe ist mir ebenso unbegreiflich, wie vieles andere in der Welt.
Der Weg hieher war wieder einmal toll; wo vor 6 Tagen die schönste Fahrstraße war, ist jetzt ein wüstes Felsengewirr, ungeheure Blöcke in Menge, kleines Geröll, Sand, keine Spur menschlicher Arbeit mehr zu sehen. Die Wasser

sind zwar ganz gefallen, aber sie können sich noch immer nicht beruhigen, man hört von Zeit zu Zeit wie die Steine durcheinander geworfen werden, auch die Wasserfälle rollen mitten im weißen Staub schwarze Steine herunter ins Thal.

Mein Führer zeigte mir ein zierliches, neues Haus, das mitten im wilden Bach stand, es gehöre seinem Schwager, sagte er, und umher sei eine schöne Wiese gewesen, die sehr viel eingebracht habe; der Mann habe das Haus in der Nacht verlassen müssen, die Wiese sey für ewige Zeiten verschwunden u. Kiesel u. Steine an ihrer Stelle: «Er ist nie reich gewesen, aber nun ist er arm geworden» beschloß er die ernsthafte Geschichte.

Sonderbar ists, daß mitten in dieser entsetzlichen Verwüstung (denn die Lütschine hat die Breite des ganzen Thals eingenommen) mitten unter den sumpfigen Wiesen, u. den Steinblöcken, wo keine Idee einer Straße mehr ist, daß da ein *char à banc* steht, u. wahrscheinlich fürs erste auch stehen bleibt; die Leute wollten gerade während des Sturmes durchfahren, da kam dies Wetter, sie mußten Wagen u. alles im Stich lassen, u. der steht nun da u. wartet.

Es war mir ordentlich graulich, wie wir an die Stelle kamen, wo das ganze Thal, mit Straße u. Dämmen ein weites Steinmeer ist, u. wie mein Führer, der vorausging, immer leise für sich sagte: s isch furchtbar. Mitten im Bach hat das Wasser ein paar große Baumstämme angeschleppt, in die Höhe gerichtet, u. augenblicklich ein paar Felsen so dagegen geworfen u. sie so eingekeilt, daß die kahlen Bäume mitten im Flußbett halb aufrechtstehen. Ich würde nicht aufhören können, wenn ich Euch alle Formen der Verheerung erzählen wollte, die man von Unterseen bis hier sieht.

Aber die Schönheit des Thales hat dabey einen größeren Eindruck auf mich gemacht, als ich sagen kann; es ist unendlich schade, daß Ihr damals nicht tiefer hinein, als bis zum Staubbach gegangen seid; von da fängt eigentlich das Lauterbrunner Thal erst an, der Schwarze Mönch mit allen Schneebergen dahinter wird immer gewaltiger, mächtiger; von allen Seiten kommen helle Staubwasserfälle ins Thal, den Schneebergen u. Gletschern im Hintergrunde nähert man sich immer mehr durch die Tannenwälder u. die Eichen u. Ahornbäume, die feuchten Wiesen waren mit einer Unzahl bunter Blumen bedeckt, Einblatt, wilde Scabiosen, Glockenblumen u. so viele andere, auf der Seite warf die Lütschine ihre Blöcke übereinander u. hatte Felsen gebracht, wie mein Führer sagte «größer wie ein Ofen». Dann die geschnitzten, braunen Häuser, die Hekken – es ist über alles schön.
Leider konnten wir trotz aller Bemühung nicht zum Schmadribach gelangen, da alle Brücken, Wege u. Stege fort sind; doch werde ich den Spaziergang nie vergessen; ich habe auch versucht den Mönch zu zeichnen, aber wo will man mit dem kleinen Bleistift hin? Hegel sagt zwar, jeder menschliche Gedanke sey erhabener als die ganze Natur, aber hier finde ich das unbescheiden. Der Satz ist sehr schön, nur verflucht paradox; ich werde mich einstweilen an die ganze Natur halten, man fährt viel sicherer dabey.
Die Lage des Wirthshauses hier kennt Ihr, und wenn Ihr Euch nicht mehr darauf besinnen könnt, so nehmt mein ehemaliges Schweizer Zeichenbuch, darin habe ich es verzeichnet (in allen Sinnen) u. einen Fußweg vorne hineinerfunden, über den ich heut noch in Gedanken sehr viel gelacht habe. Aus demselben Fenster sehe ich jetzt eben u.

gucke mir die finstern Berge an, denn es ist Abend u. spät, nämlich 3/4 auf 8, u. ich habe eine Idee, die ist mir mehr werth, als die ganze Natur: ich will zu Bett gehen. «Um 3/4 auf 8?» sagt Fanny; «Du Kleinstädter» Drum bin ich in Lauterbrunnen, sage ich. «Es wird nichts Geschlafenes» sagt Beckchen. Drum schlaf ich aber erst recht ein. Also sag' ich gute Nacht, Ihr Lieben!

D. 14ten Morgens 10 Uhr

In der Sennhütte auf der Wengernalp im himmlischen Wetter nur meinen Gruß.

Grindelwald Abends.

Mehr konnte ich Euch heut früh nicht schreiben; es fiel mir schwer von der Jungfrau wegzusehen. Welch ein Tag war aber heute für mich! Vielleicht wohl der schönste auf der ganzen Reise; ein Tag, der einen für das übrige Leben reicher macht, u. nie verläßt. Zu meinen frohesten Erinnerungen wird er immer gehören, denn das Eintreffen eines Wunsches, den man lange mit sich trägt, gehört wohl dazu u. seit wir zusammen hier waren habe ich mir immer gewünscht mal wieder die kleine Scheideck zu sehen;

so wachte ich heut früh fast furchtsam auf, es konnte so vieles dazwischenkommen: schlechtes Wetter, Wolken, Regen, Nebel. Aber nichts von alledem kam. Es war ein Tag, als sey er nur dazu gemacht, daß ich über die Wengernalp gehen sollte, der Himmel mit weißen Wolken bezogen, die hoch über den höchsten Schneespitzen schwebten, die Sonne verdeckten u. Kühlung schafften, unter keinem Berge ein Nebel, u. alle Spitzen so glänzend in der Luft, jede Biegung u. jede Wand so hell, deutlich – was soll ich es beschreiben? Die Wengern Alp kennt Ihr ja, nur sahen wir sie damals bei schlechtem Wetter, heut waren alle Berge im Feierkleid, nichts fehlte, von den donnernden

Lawinen bis zum Sonntag u. den geputzten Leuten, die in die Kirche herabstiegen, heut wie damals.
Mir waren alle die Berge nur wie große Zacken in der Erinnerung geblieben, die Höhe hatte mich damals zu sehr ergriffen, aber diese unermeßliche Breite, die dicken weiten Massen, der Zusammenhang all dieser ungeheuren Thürme, wie sie sich aneinanderschließen u. einander die Hände reichen – das fiel mir heut besonders aufs Herz. Dazu denkt Euch nun alle Gletscher, alle Schneefelder, alle Felsspitzen blendend hell erleuchtet u. glänzend, dann die fernen Gipfel aus anderen Ketten die hinüberlangen u. hereingucken – ich glaube so sehen die Gedanken des lieben Herr Gott aus. Wer ihn nicht kennt, der kann ihn hier sehr deutlich vor Augen sehen u. seine Natur. Und zu alledem die liebe frische Luft, die einen erquickt, wenn man müde, u. abkühlt, wenn man heiß ist, u. die vielen Quellen. – Übers Quellenwesen schreibe ich Euch noch einmal eine besondere Abhandlung, aber heut ist nicht Zeit dazu, denn ich habe noch etwas ganz Apartes zu berichten.
Nun, sagt Ihr, er wird heruntergegangen sein u. die Schweiz wieder einmal schön gefunden haben. Nein, so ist es nicht, sondern als ich auf den Sennhütten ankam, da hieß es, hoch auf den Alpen auf einer Wiese sey heut ein großes Fest, u. von Zeit zu Zeit sah man auch in der Ferne Leute hinaufsteigen. Müde war ich gar nicht, ein Alpenfest ist nicht alle Tage zu sehen, das Wetter sagte ja, der Führer hatte große Lust, « gehen wir also nach Itramen » sagt' ich. Der alte Senner ging voraus, u. so mußten wir tüchtig wieder ans Klettern, denn Itramen ist noch über tausend Fuß höher als die kleine Scheidegg. Der Senner war ein barbarischer Kerl, er lief immer voraus wie eine Katze, bald jammerte ihn mein Führer u. er nahm ihm Bündel u. Mantel

ab, das trug er u. lief immer voraus damit, daß wir ihn nicht einholen konnten, der Weg war entsetzlich steil er lobte ihn aber weil er sonst einen näheren, steileren gehe, gegen 60 Jahre war er alt, u. wenn mein junger Führer u. ich mit Mühe auf einen Hügel hinauf waren, so sahen wir ihn immer schon hinter dem zweiten hinuntergehen.

Jetzt gingen wir 2 Stunden, durch den mühsamsten Weg, den ich je gemacht habe, hoch herauf, dann wieder ganz hinunter, über Steingerölle u. Bäche u. Gräben, durch ein Paar Schneefelder, in der größten Einsamkeit, ohne Fußweg, ohne eine Spur von Menschenhänden, zuweilen hörte man noch die Lawinen von der Jungfrau, sonst war es still, an Bäume nicht mehr zu denken; als nun die Stille u. Einsamkeit immer gedauert hatte u. wir wieder über einen kleinen Grashügel geklettert waren, sahn wir auf einmal viele, viele Menschen im Kreise stehen, sprechend, lachend, rufend. Alle waren in der bunten Tracht mit Blumen auf den Hüten, viele Mädchen, ein paar Schanktische mit Weinfässern und umher die große Stille u. die furchtbaren Berge. Sonderbar war es, als ich so kletterte dachte ich an gar nichts als an die Felsen, u. Steine u. den Schnee u. den Weg, aber in dem Augenblick als ich die Menschen da sah, war alles das vergessen, u. ich dachte nur an die Menschen u. ihre Spiele u. ihr lustiges Fest. Da war es denn nun prächtig, auf einer großen grünen Wiese weit über den Wolken war der Schauplatz, gegenüber die himmelhohen Schneeberge, namentlich der Dom des großen Eiger, das Schreckhorn u. die Wetterhörner, u. alle die andern bis zur Blüemlis Alp, in nebliger Tiefe, ganz klein lag das Lauterbrunnental u. unser gestriger Weg vor uns, mit alle den kleinen Wasserfällen wie Fäden, den Häusern wie Puncten, den Bäumen

wie Gras. Ganz hinten kam aus dem Dunst auch der Thunersee zuweilen vor.
Da wurde nun geschwungen, gesungen, gezecht, gelacht – lauter gesunde, tüchtige Leute. Ich sah mit großer Freude dem Schwingen zu, das ich noch nie gesehen hatte, dann bewirtheten die Mädchen die Männer mit Kirschwasser u. Schnaps; die Flaschen gingen aus Hand in Hand, und ich soff mit; dann beschenkte ich drei kleine Kinder mit Kuchen, der sie glücklich machte; dann sang mir ein alter sehr betrunkener Bauer einige Lieder vor, dann sangen sie alle, dann gab sogar auch mein Führer ein modernes Lied zum besten; dann prügelten sich zwei kleine Jungen – mir gefiel alles auf der Alp.
Bis gegen Abend blieb ich oben liegen u. that, als ob ich zu Hause wäre; drauf sprangen wir schnell in den Matten hinunter, sahen bald das wohlbekannte Wirthshaus mit den Fenstern die in der Abendsonne glänzten, es kam ein frischer Gletscherwind, der machte uns kühl; jetzt ist es schon spät, man hört noch von Zeit zu Zeit Lauinen. – Das war mein heutiger Sonntag: wohl war es ein Fest.

Liebe Fanny!

Auf dem Faulhorn, den 15 Aug.

Hensel wird es übel nehmen, aber ich muß es bestellen: das Faulhorn läßt Dich grüßen. Hu! wie mich friert. Es schneit draußen mit Macht, stürmt u. wüthet. Wir sind über 8000 Fuß über dem Meer, mußten weit über den Schnee weg, u. da sitze ich nun. Sehen kann man gar nichts, das Wetter war fürchterlich heut den ganzen Tag.

Wenn ich dran denke wie heiter es gestern war, u. wie ich mir wünsche, daß es morgen wieder schön sein möge, so ist es eigentlich mit dem ganzen Leben, es schwebt so zwischen Wünschen u. Zurückwünschen – es ist mein alter Traum von Gegenwart u. Vergangenheit, den ich Vater am Silbernen Hochzeitsabend erzählte; aber ich muß fast täglich daran denken. Der gestrige Tag liegt schon wieder so weit, so erlebt vor mir, als kennte ich ihn nur aus Erinnerung, u. sey fast nicht selbst dabey gewesen; denn wie wir heut mit Regensturm u. Nebel 5 Stunden lang kämpfen mußten, im Schlamm steckten, nichts als graue Dünste vor uns sahen, da konnte ich mir gar nicht vorstellen, daß es jemals schön Wetter werden oder gewesen sein könne u. daß ich mich je in dies nasse, sumpfige Gras hingelagert habe. Dazu ist alles hier so winterlich, geheizte Stube, dicker Schnee, Mäntel, frierende frostige Leute ich bin im höchsten Wirthshaus in *Europa*, u. wie in St. Peter auf alle Kirchen u. auf dem *Simplon* auf alle Straßen, so sehe ich von hier auf alle Wirthshäuser hinab. Aber nicht bildlich, denn es ist wenig mehr an dem Ding, als 2 Bretterstuben. *Never mind*, wir wollen zu Bett gehen, u. ich will meinen Hauch nicht länger betrachten. Gute Nacht; Tom friert.

Hospital den 18 Aug. Mein Tagebuch hat müssen ein Paar Tage lang liegen bleiben, weil ich Abends zu nichts anderem Zeit hatte als meine Kleider und mich am Feuer zu trocknen u. zu wärmen, sehr zu schlafen, übers Wetter zu seufzen wie der Ofen hinter dem ich hockte, u. weil ich Euch mit den ewigen Wiederholungen, wie tief ich im Schlamm gesteckt, wie unaufhörlich es geregnet u. dgl. nicht ermüden wollte.

Wirklich habe ich in den Tagen die schönsten Gegenden durchreis't u. nichts gesehen, als trüben Nebel u. Wasser

am Himmel, vom Himmel u. auf der Erde. Die Stellen auf die ich mich längst gewünscht, gingen an mir vorüber, ohne daß ich sie genießen konnte; das machte mich nicht schreibelustig, da ich wirklich gegen das Wetter zu kämpfen hatte; u. wenn es so fortgeht, so schreibe ich auch nur von Zeit zu Zeit, da eben nichts zu sagen ist als «Grauer Himmel, Nebel u. Regen.»
Ich war auf dem Faulhorn, auf der großen Scheideck, im Grimselspital, bin heute über Grimsel u. Furka gekommen, u. was ich am meisten gesehen habe, sind die schäbigen Ecken meines Regenschirms, die großen Berge fast gar nicht.

Einmal kam heut das Finsteraarhorn heraus: aber es sah so böse aus, als wolle es einen fressen. Und doch, wenn eine halbe Stunde ohne Regen war, so war es gar zu schön. Die Fußreise durch dies Land ist wirklich, selbst bei so ungünstigem Wetter, das reizendste, was man sich nur denken kann; bei heiterem Himmel muß es vor Vergnügen gar nicht auszuhalten sein.
Drum darf ich mich auch nicht übers Wetter beklagen, denn es giebt doch Freude vollauf; nur aber an den vorigen Tagen war man wie Tantalus; auf der Scheideck kam aus den Wolken zuweilen der Anfang des Wetterhorns vor, dieser Anfang allein war schon gewaltig u. erhaben über Alles,

aber mehr als den Fuß habe ich nicht gesehen. Auf dem Faulhorn habe ich nicht 50 Schritt weit die Gegenstände unterscheiden können, obwohl ich bis Morgens um 10 da blieb, wir mußten bei heftigem Schneewetter herunter auf die Scheideck, durch einen sehr nassen beschwerlichen Weg, den der unaufhörliche Regen noch mühsamer machte, im Grimselspital langten wir wieder in Regen u. Sturm an, heut früh wollte ich aufs Seidelhorn, mußte es der Nebel wegen unterlassen, die Mayenwand war eingehüllt in graue Wolken, u. nur auf der Furka guckte das Finsteraarhorn einmal vor, dafür kamen wir hier wieder in gräßlichem Regen u. tiefem Wasser an.
Das thut aber alles nichts, mein Führer ist ein netter Kerl, ist es naß, so singen u. jodeln wir; ist es trocken, so ist es desto besser, u. obwohl die Hauptsachen verfehlt waren, so gab es doch genug zu sehen. Ich schließe diesmal ganz besondere Freundschaft mit den Gletschern; das sind wirklich die gewaltigsten Ungethüme, die man sehen kann. Wie das Alles durch einander geworfen ist, hier eine Reihe Spitzen, dort eine Menge Büchsen, oben Thürme u. Mauern, dazwischen Höhlen u. Ritzen nach allen Seiten, und das Alles von diesem wunderbar reinen Eis, das keine Erde duldet, das alle Steine, Sand, Kiesel, die die Berge herunterwerfen gleich wieder auf die Oberfläche treibt; dann die blaue Farbe, wenn die Sonne darauf scheint, u. das unheimliche Vorrücken – sie sind zuweilen 1 ½ Fuß des Tags vorwärtsgegangen, so daß den Leuten im Dorfe angst u. bange wurde wie der Gletscher so ruhig ankam u. so unwiderstehlich, denn er drückt dann Steine u. Felsen entzwei, wenn sie ihm im Wege liegen – dann ihr böses Krachen u. Donnern und das Rauschen von allen Quellen drin und ringsumher – es sind prächtige Wunder.

Ich war im Rosenlauigletscher der gerade eine Art Höhle bildet, durch die man kriechen kann, da ist alles, wie von reinen Smaragden gebaut, nur durchsichtiger; über sich, um sich in allen Stellen sieht man zwischen dem klaren Eis die Bäche umherrinnen; mitten im engen Gange hat das Eis ein großes rundes Fenster gelassen, durch das man nun ins Tal hinuntersieht, dann geht man durch einen Schwibbogen von Eis wieder heraus, u. hoch drüber stehen immer die schwarzen Hörner von denen herab sich die Massen in den kühnsten Schwingungen wälzen.
Der Rhonegletscher ist der gewaltigste, den ich kenne, u. die Sonne schien gerade heut früh, als wir dran vorbeikamen. Da kann man denn seine Gedanken dabey haben, u. dann sieht man doch auch hie u. da mal ein Felshorn, ein Paar Schneefelder, Wasserfälle u. Brücken darüber, wilde Steinstürze, kurz wenn man in der Schweiz wenig sieht, so ist es doch immer noch mehr als in den andern Ländern.
Ich zeichne sehr fleißig, u. denke Fortschritte darin gemacht zu haben; sogar die Jungfrau habe ich zu zeichnen versucht, man kann sich doch daran erinnern u. sich wenigstens denken, daß man diese Striche gerade dort gemacht hat.
Wenn ich aber die Leute sehe, wie sie durch die Schweiz laufen, u. daran ebenso wenig Besonderes finden, wie an Allem anderen, außer an sich; wie sie so gar nicht gerührt, so gar nicht durchgeschüttelt sind, wie sie sogar den Bergen gegenüber kalt u. philiströs bleiben – ich möchte sie manchmal prügeln. Hier sitzen zwei Engländer neben mir u. eine Engländerin oben auf dem Ofen, die sind hölzerner, als Stöcke. Ich reise nun ein paar Tage denselben Weg mit ihnen, u. wenn das Volk doch ein anderes Wort gesprochen hätte, als geschimpft, daß es weder auf der Grimsel noch

hier Camine gebe; daß hier Berge sind haben sie nie erwähnt, sondern ihr ganzes Reisen besteht in Schelten auf den Führer, der sie auslacht, Zanken mit den Wirthen, u. Gähnen miteinander. Es ist ihnen alles um sie herum alltäglich, weil es in ihnen alltäglich aussieht, daher sind sie in der Schweiz nicht glücklicher, als in Bernau. Ich bleibe dabey, das Glück ist relativ; ein anderer würde seinem Gott danken, daß er Alles das sehen kann. Und so will ich denn der Andere sein.

Eben zieht sich die Frau einen wollenen Schlafrock an, der Mann gähnt, als wolle er die Furka verschlucken, der dritte lies't die französ. Zeitung sehr aufmerksam u. frägt nach einer Stunde, was *guerre* heiße, sie gehen übrigens alle drei zu Fuß, die Frau sah göttlich aus, als sie heut Abend im Regen ankam u. schimpfte u. ihren Schlafrock auszog, auf den Ofen kletterte u. die Füße herunterbaumeln ließ; mein Führer macht einen reisenden Engländer zum Todtlachen nach, wie er sich vor einen Berg hinpflanzt u. den Mund aufmacht; er ist übrigens einer der besten in der Schweiz, u. besonders ein Damenführer. Er will durchaus meine Familie auch einmal führen, u. sagt, sie müßte bald hieher kommen; ich hab es ihm auch versprochen, aber es hat wohl noch Zeit bis dahin. In Arth will ich den Dominik Jutz aufsuchen u. ehemaliger Zeiten gedenken; das tu ich wohl stündlich, wenn mein Führer etwa singt «Hir Kuhli, ho lobe» oder «Wilhelm bin ich der Telle» oder sonst altbekannte Lieder, oder wenn ich die Tannen über Andermatt von der Furka herab wiedersehe u. grüße, oder wenn ich aus Hospithal über allen Regen u. alle Berge u. Pässe u. Städte u. Höhen Euch gute Nacht wünschen will.

Flüelen d. 19 Aug. Ein rechter Reisetag, schön u. voll u. kräftig. Als wir heut um 6 fort wollten schneite u. regnete

es so wütend, daß wir bis 9 warten mußten, da kam die Sonne vor, die Wolken mußten sich zertheilen u. wir hatten heiteres schönes Wetter bis hieher; jetzt haben sich aber schon wieder die schwersten Regenwolken über dem See zusammengezogen, so daß morgen gewiß wieder das alte Ungemach los geht.
Aber wie himmlisch war es heute! So klar u. sonnig, wir hatten die heiterste Reise. Die Gotthardstraße kennt Ihr in ihrer Schönheit; man verliert viel wenn man von oben herunterkommt, statt von hier hinauf, denn die große Überraschung des Urnerloches geht ganz verloren, u. die neue Straße, die mit der Pracht u. Bequemlichkeit der Simplonstraße angelegt ist, hat den Effekt der Teufelsbrücke aufgehoben, indem dicht daneben ein anderer, neuer, viel kühnerer u. größerer Bogen hingestellt ist, der die alte Brücke ganz unscheinbar macht, während doch das alte morsche Gemäuer viel romantischer u. wilder aussieht; aber wenn man auch den Blick auf Andermatt verliert, u. wenn auch die neue Teufelsbrücke wenig poetisch ist, so geht man dafür den ganzen Tag lustig bergab auf der ebensten Straße, fliegt ordentlich bei den Gegenden vorüber, u. statt vom Wasserfalle auf der Brücke bespritzt u. vom Winde gefährdet zu werden, geht man jetzt hoch über dem Strom u. zwischen festen Mauergeländern sicher hinüber. *Hensel,* der die Dampfschiffe nicht mag, würde wohl auch die neue Brücke nicht mögen; aber ich halte es doch mit beiden, u. habe ihn mir oft hergewünscht, wenn die Farben der hohen Berge gar zu bunt u. mannigfach durch einander gingen u. ich kaum mehr wußte, was ich sah. Er würde es schon besser gewußt haben, u. über die Chausseen wären wir schon einig geworden. Denn man kann prächtig drauf traben; wir kamen bei *Göschenen* u. Wasen vorüber,

aber keine hübschen Mädchen traten ans Fenster, dann fand ich die Stelle, wo mich Mutter sehr schalt, weil ich auf meinem großen Pferde zu traben anfing, dann erschienen die gewaltigen Fichten u. Buchen von Amstäg, dann das herrliche Tal von Altorf mit den Hütten, Wiesen, Wäldern, Felsen u. Schneebergen, in Altorf ruhten wir uns oben auf dem Kapuzinerkloster aus, wohin mich Vater einmal spazieren führte u. mir zu meinem Schrecken erzählte, ein Kapuziner dürfe seine Kutte nie ausziehen, endlich Abends sitze ich hier an dem Ufer des Vierwaldstättersees.
Morgen denke ich nun über den See nach Lucern, u. Briefe von Euch zu finden. Da komme ich auch gleich von einer Gesellschaft Berliner junger Leute los, die fast die ganze Reise machten, wie ich, sich überall wieder vorfanden u. mich schrecklich gelangweilt haben; namentlich war mir der Patriotismus eines Lieutenants, eines Färbers u. eines jungen Zimmermanns, die alle drei Frankreich stürzen wollten, sehr widrig. Aber das Lustigste vergaß ich. Heut früh als wir in bitterer Kälte fortgehen, wankt von fern aus Andermatt eine Carawane uns entgegen. Erst sah ich einige junge Männer in Staubmänteln u. rothen Hosen, dann ein paar zu Pferde, dann eine Dame zu Pferde, hintennach kam der Oberlandsgerichtsrath *Wünsch*. Ich schrie auf, sie erkannten mich erst nicht aus bärtigen Gründen, dann aber sprang *Buholt* im Staubmantel herzu, wir umarmten uns, lachten u. scherzten u. sprachen eine Viertelstunde über Alles Bekannte, dann zogen sie dort hinauf ich da hinunter. Die Ob.l.sg.rätinn zu Pferde sah ganz nett aus, u. die ganze Carawane war sehr lustig u. guter Dinge, sie wollen auf die Furka ins Berner Oberland, dann nach Italien, jetzt sind wir schon ein ganz großes Stück auseinander.

Sarnen d. 20 Heut früh fuhr ich während fortdauerndem Regen über den Vierwaldstättersee u. fand in Luzern Euern lieben Brief vom 5ten. Da er nur erwünschte Nachrichten von Euerm Wohlsein enthielt, habe ich mich gleich aufgemacht, um eine 3tägige Tour nach Unterwalden u. dem Brünig zu machen; dann will ich in Luzern Euern nächsten Brief abholen u. dann gehts westlich u. aus der Schweiz. Es wird mir aber schwer werden, Abschied zu nehmen, das Land ist über alle Begriffe schön, u. obwohl das Wetter wieder entsetzlich ist, Regen u. Sturm den ganzen Tag u. die Nacht durch, so waren doch die Tellsplatte, das Grütli, Brunnen u. Schwyz u. heut Abend die blendend grünen Wiesen in Unterwalden unvergeßlich schön. Dies Grün ist etwas Einziges, es erquickt die Augen u. den ganzen Menschen.
Deinen liebevollen Vorsichtsmaßregeln, liebe Mutter, werde ich gewiß folgen, aber sey nicht besorgt um mich. Ich bin gewiß nicht leichtsinnig mit meiner Gesundheit u. habe mich seit langer Zeit nicht so wohl gefühlt wie hier in der Schweiz auf der Fußreise. Ich wünschte, Du hättest mich eben eine Schüssel Milchreis vertilgen sehen; wenn Essen u. Trinken u. Schlafen u. Musik im Kopf haben einen gesunden Menschen macht, so kann ich mich Gott sey Dank so nennen, denn mein Führer u. ich, wir essen, trinken u. singen leider auch um die Wette. Nur im Schlafen thu ichs ihm noch zuvor, u. wenn ich ihn im Singen zuweilen störe durch Trompeten- oder Hoboentöne, so stört er mich dafür des Morgens im Schlafe. Doch bringe ichs gewöhnlich auf 8 bis 9 Stunden. Befürchte Du nichts für mich, und ich will Euretwegen unbesorgt u. mit fester Zuversicht der Zukunft entgegensehen. So Gott es will werden wir uns froh u. glücklich wieder zusammenfinden, ich bitte ihn,

daß er es bald wollen möge. Bis dahin muß nun wohl noch manches Stück Tagebuch zu Euch hinauf wandern, aber auch die Zeit vergeht wohl schnell, wie denn alles schnell vergeht, ausgenommen das Beste. Und so bleiben wir einander treu u. nah. F.

Engelberg d. 23 Aug. 31.

Das Herz ist mir so voll, da muß ich es Euch sagen. Eben habe ich mich hier im reizendsten Thal an Schillers Wilhelm Tell wieder gemacht, und nur eben die erste halbe Seite gelesen – es ist doch keine Kunst, wie unsre; weiß Gott, wie es kommt, aber ich denke, daß einen solchen Anfang kein anderes Volk verstehen, geschweige gar machen kann. Das nenn ich ein Gedicht, u. einen Anfang, erst die klaren hellen Verse, in denen der spiegelglatte See und Alles klingt u. dann das unbedeutende langsame Schweizergeschwätz u. dann der Baumgarten mitten hinein – es ist gar zu himmlisch schön. Was ist denn da nicht frisch, nicht kräftig, nicht hinreißend? So ein Musikwerk giebt es aber noch nicht. Und doch muß einmal auch so etwas Vollkommenes gemacht werden. Dann ist es auch gar zu schön, daß er sich die ganze Schweiz selbst erschaffen hat, sie niemals selbst gesehen hat, es ist alles so treu u. so ergreifend wahr: Leben, Leute, Natur u. Landschaft. Ich schreibe aber confus u. will auch lieber aufhören, jetzt bin ich gar zu tief im Tell, will ihn auch gleich auslesen. Freilich kann ich nicht läugnen, daß mir schon sehr froh wurde, als mir der alte Wirth hier im einsamen hohen Dorfe aus dem Kloster das Buch mit den wohlbekannten Schriftzügen u. den vertrauten Namen brachte, aber der Anfang hat doch alle meine

Erwartung übertroffen. Es sind auch über 4 Jahre her, seit ich es nicht gelesen; ich will nachher ins Kloster hinüber, und mich an der Orgel etwas austoben. – *Nachmittag.* Wundert Euch nicht darüber, sondern lest nur die erste Szene noch einmal durch, da werdet Ihr es begreiflich finden. Solche Stellen wie die, wo alle Hirten u. Jäger rufen: Rett ihn, rett ihn, rett ihn! oder das Ende des Grütli, wie da noch die Sonne aufgehen muß, die können wahrhaftig nur einem Deutschen, u. zwar nur eben dem Herrn v. Schiller eingefallen sein; und das ganze Stück wimmelt von solchen Zügen, laßt mich nur noch den nennen, wie beim Stauffacher am Ende der zweiten Szene Tell mit dem geretteten Baumgarten kommt u. den ganzen bewegten Auftritt so ruhig u. sicher schließt; das ist neben der Schönheit des Gedankens so ganz u. gar schweizerisch.
Dann der Anfang des Grütli. Die Sinfonie, die das Orchester am Ende spielen soll, habe ich heute früh componirt, weil auf der kleinen Orgel nichts Rechtes zu machen war. Überhaupt sind mir eine Menge Sachen u. Pläne eingefallen – es giebt ungeheuer viel zu thun in der Welt, u. ich will fleißig sein. *Goethes* Wort das er zu mir sagte: *Schiller* hätte jährlich zwei große Trauerspiele liefern *können* hatte mir schon immer mit seinem handwerksmäßigen Ausdrucke besonderen Respect eingeflößt. Aber heut morgen ist es mir erst recht klar geworden, wieviel es eigentlich zu bedeuten hat und ich habe eingesehen, daß man sich zusammennehmen muß. –
Selbst die Irrthümer drin sind liebenswürdig und es ist etwas Großes drin; und so gewiß mir alle Bertha und Rudenz u. der alte Attinghausen als große Schwächen erscheinen, so kann man doch sehen, wie er sich was dabey gedacht hat u. wie *er* es eben so hat machen müssen, u. es ist

tröstlich, daß sich so ein großer Mann auch einmal tüchtig versehen hat. Ich habe einen sehr frohen Morgen dadurch gehabt, u. es hat mich in die Stimmung gesetzt, wo man sich solch einen Mann ins Leben zurückwünscht, um sich bei ihm einmal bedanken zu können, und wo man sich sehnt, auch einmal was zu machen, das einen Andern später in solche Stimmung versetzen könne.

Ihr werdet nicht begreifen, wie ich dazu komme mich hier in Engelberg ordentlich niederzulassen. Es ging so zu. Seit Unterseen hatte ich keinen Ruhetag gemacht u. wollte daher einen Tag in Meiringen bleiben, ließ mich aber durch das schöne Wetter des Morgens verlocken hieher zu gehen; auf den Bergen überfiel mich wieder der gewöhnliche Regen u. Sturm, u. so kam ich hier ziemlich ermüdet an. Nun ist hier das netteste Wirthshaus, das man sich denken kann: reinlich, ordentlich, sehr klein u. bäurisch, ein alter weißhaariger Wirth, das hölzerne Haus steht abwärts vom Wege auf einer Wiese allein, die Leute sind so freundlich u. doch gemütlich, als ob man zu Hause wäre – auch diese Art Annehmlichkeit kann man nur bei deutschsprechenden Leuten finden, glaub' ich, wenigstens ist sie mir sonst nirgend vorgekommen, u. wenn auch die andern Völker das nicht vermissen oder kaum gerne mögen, so bin ich eben aus Hamburg u. fühle mich gar wohl u. heimisch dabey. So ist es denn kein Wunder, daß ich heut meinen Ruhetag hier gemacht habe, bey den ehrlichen, alten Leuten.

Meine Stube ist von allen Seiten voll Fenster, die die Aussicht aufs Thal haben, von oben bis unten mit zierlichem Holz getäfelt, einige bunte Sittensprüche u. ein Cruzifix hängen an der Wand, ein dicker grüner Ofen mit einer Bank die herumgeht, zwei hohe Betten. Wenn ich in meinem Bett liege, sehe ich folgende Aussicht:

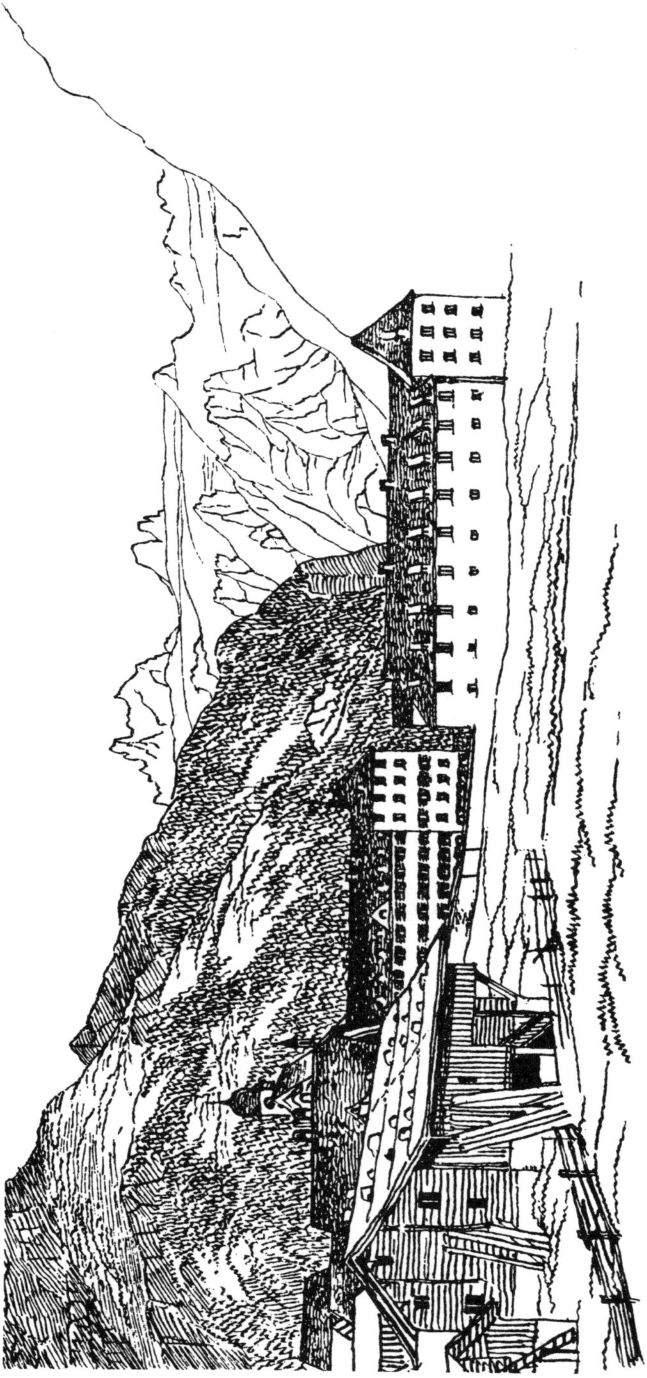

Hier sind nun wieder die Gebäude mißrathen und auch die Berge, aber ich denke es Euch in meinem Buche besser zu zeigen, wenn morgen erträglich Wetter ist. Das Thal wird mir wohl eines der liebsten aus der ganzen Schweiz werden. Noch hab ich die gewaltigen Berge nicht gesehen, von denen es eingeschlossen wird, sie waren den ganzen Tag mit Nebel bedeckt, aber die wunderlieblichen Wiesen, die vielen Bäche, die Häuser, u. der Fuß der Gebirge, soviel man davon sehen konnte, sind über alles schön. Namentlich ist das Grün in Unterwalden schöner, als in irgendeinem andern Canton, u. es ist auch unter den Schweizern seiner Matten wegen berühmt.
Schon die Reise von Sarnen aus, war reizend u. fortwährend habe ich es bedauert, daß Du, lieber Vater, nicht über den Brünig gegangen bist, es würde Dein Lieblingspunct geworden sein, schönere, größere Bäume u. ein fruchtbareres Land habe ich nie gesehen, als da; auch ist der Weg so wenig beschwerlich, als ginge man nur in einem großen Garten spazieren, die Abhänge sind mit langen schlanken Buchen bewachsen, die Steine ganz mit Moos und Kräutern verdeckt, Quellen, Bäche, kleine Seen, Häuser, auf der einen Seite der Blick auf Unterwalden mit seinen grünen Wiesen, dann nach ein paar Minuten das große Haslithal mit den Schneebergen u. den Wasserfällen von den Felswänden, u. immer ist der Weg von dicken gewaltigen Bäumen beschattet.
Gestern früh ließ ich mich nun, wie gesagt, durch den Sonnenschein verleiten durchs Gentheltal aufs Joch zu gehen. Das Genthelthal, voll Wiesen u. Wasserfälle ist sehr schön u. still, aber auf dem Joch überfiel uns wieder das schreckliche Wetter. Wir mußten wieder durch den Schnee, u. die Partie wurde ein Paarmal unangenehm. Doch kamen wir bald

aus Regen u. Schnee heraus u. da gab es einen himmlischen Moment, als sich die Wolken hoben und wir noch darin standen u. weit unter uns wie durch einen schwarzen Schleier das grüne Engelberger Thal durch die Nebel erscheinen sahn. Da ging es denn schnell hinunter, wir hörten bald die helle Klosterglocke *ave maria* läuten, sahen dann das weiße Gebäude in den Wiesen liegen, u. kamen nach einer 9stündigen Reise hier an.
Wie dann so ein freundliches Wirthshaus gut thut und wie der Milchreis schmeckt, und wie lange man den nächsten Morgen schläft laßt mich verschweigen. Heut war wieder den ganzen Tag trauriges Wetter, man holte mir Wilhelm Tell aus der Klosterbibliothek, u. den Rest wißt Ihr. –
Es ist mir noch aufgefallen, wie sehr er namentlich den Rudenz verfehlt hat, denn der ganze Character ist zu schwach u. ohne alles Motiv, u. es ist ordentlich, als habe er ihn absichtlich recht schlecht darstellen wollen. Die Worte, die er in der Scene mit dem Apfel spricht, würden ihn heben aber da war die Scene mit Bertha vorher, u. nun hilft das nichts, wie er sich nach dem Tode Attinghausens mit den Schweizern vereinigt will man denken, er sey umgewandelt, aber gleich platzt er mit der Nachricht heraus, seine Bertha sei ihm geraubt, da ist es freilich wieder sein Verdienst nicht. Mir ist eingefallen, wenn er die tüchtigen Worte gegen den Geßler ganz so spräche, *ohne* daß die Scene mit Bertha vorhergegangen wäre, u. wenn dann daraus sich im folgenden Act solch eine Scene entspänne, so wäre der Character gewiß viel besser, u. auch die Erklärungsscene wäre nicht so bloß theatralisch, wie jetzt.
Das ist nun so recht das Ei mit der Henne, aber ich möchte einmal Eure Meinung hierüber hören. Einem Gelehrten darf man über dergleichen nicht sprechen, die Herren sind

gar zu dumm. Wenn ich aber in diesen Tagen einem der neuern jungen Dichter begegne, die auf *Schiller* sehr hinabsehen u. ihn nur theilweise billigen, so ist es sein Unglück, denn ich will ihn todttreten. Es ist nebenbei die schreiendste Undankbarkeit, von solchen Jungen; sie haben ihn aber wahrscheinlich gar nicht gelesen u. sprechen es bloß nach. Nun gute Nacht. Morgen muß ich früh aufstehen, denn im Kloster ist großer Festtag u. feierlicher Gottesdienst u. da muß ich die Orgel dazu spielen. Die Mönche hörten heut früh zu, als ich ein wenig phantasierte, das hat ihnen gefallen u. so haben sie mich eingeladen morgen früh den Feiertag ein- u. auszuorgeln. Der *Pater* Organist hat mir auch ein Thema gegeben, um darauf zu phantasieren, das ist besser, als es irgendeinem Organisten in Italien je einfallen könnte:

Nun will ich sehen, ob mir morgen etwas darauf einfallen wird. Ein paar neue Orgelstücke von mir habe ich heut Nachmittag noch da in der Kirche gespielt, sie klangen ziemlich gut.

Als ich Abends beim Kloster vorbeykam wurde die Kirche geschlossen, u. kaum waren die Thüren zu, so fingen die Mönche in der dunklen Kirche mit Macht die Nocturnen zu singen an. Sie intonierten das tiefe *h*. Es klang prächtig, u. man konnte es noch weit im Thale hören.

Engelberg d. 24 Aug. Das war wieder ein Tag! Das herrlichste, heiterste Wetter, blauer Himmel wie ich ihn seit Chamouny nicht gesehen, Feiertag im Dorfe u. auf allen Bergen. Wenn man so nach langem Nebel u. Ungemach wieder einmal Morgens am Fenster die ganze reine Bergkette mit allen Spitzen sieht, das thut sehr wohl. Sie sind nach dem Regen bekanntlich am schönsten, aber heut sahen sie so klar aus, als seien sie aus dem Ei geschält.

Das Thal gibt keinem der Schweiz etwas nach, komme ich wieder hieher, so soll es mein Hauptpunct sein; es ist noch lieblicher u. breiter u. freier, als Chamouni u. luftiger als Interlaken. Die Spannörter sind unglaubliche Zacken u. der runde mit Schnee belastete Titlis, der den Fuß in den Wiesen hat, u. die Urner Felsen aus der Ferne sind auch nicht übel. Jetzt ist noch dazu Vollmond; das Thal ist geschmückt. Ich habe den ganzen Tag nichts gethan, als gezeichnet u. Orgel gespielt. Heut früh versah ich meinen Organistendienst, da war es prächtig. Die Orgel ist gleich beim Hochaltar, neben den Chorstühlen für die *patres*. So nahm ich denn meinen Platz mitten unter den Mönchen, der wahre Saul unter den Propheten, neben mir strich ein böser Benedictiner den Contrabaß, einige andere Geige, einer der Honoratioren geigte vor, der *pater praeceptor* stand vor mir, sang *Solo* u. dirigierte mit einem armdicken langen Prügel, die Eleven des Klosters machten den Chor in ihren schwarzen Kutten, ein alter reducirter Landmann spielte auf einer alten reducirten Hoboe mit, u. ganz in der Ferne saßen zwei u. tuteten still in große Trompeten mit grünen Quasten.
Und mit alledem war das Ding sehr erfreulich, man mußte die Leute liebhaben, denn sie hatten Eifer, u. arbeiteten alle so gut sie konnten. Es wurde eine Messe von Emmerich gegeben, jeder Ton hatte seinen Zopf u. seinen Puder; ich spielte treulich den Generalbaß aus meiner bezifferten Stimme, setzte von Zeit zu Zeit dicke Blasinstrumente zu, wenn ich mich langweilte, machte auch die Responsorien, phantasierte auf das gegebene Thema, mußte am Ende auf Begehren des Prälaten einen Marsch spielen, so hart es mir auf der Orgel ankam u. wurde ehrenvoll entlassen.

Heut Nachmittag mußte ich den Mönchen wieder allein vorspielen, sie gaben mir die hübschesten Themas von der Welt, unter andern das *Credo*. Da ist mir heut eine Phantasie darauf gelungen; es ist die erste meines Lebens, die ich gerne aufgeschrieben haben möchte, aber ich weiß nur noch den Gang davon, u. bitte um Erlaubnis eine Stelle davon, die ich nicht vergessen möchte, Fanny'n hier mitzutheilen. Es kamen nämlich nach u. nach immer mehr Contrathemas gegen den *Canto fermo*, erst punktierte Noten, dann Triolen, zuletzt schnelle Sechzehntel aus denen sich dann das Credo immer wieder herausarbeiten musste; ganz am Ende wurden die $^1/_{16}$ sehr toll u. es kamen *Arpeggios* über die ganze Orgel, in g moll, dann nahm ich in langen Noten (zu den fortwährenden Arpeggios) das Thema im Pedal, so daß es mit a schloß, auf dem a machte ich nun einen Orgelpunct in *Arpeggios*, u. da fiel es mir auf einmal ein, die *arpeggios* mit der linken Hand allein zu machen, so daß die rechte ganz oben wieder mit a das Credo einsetzte, ungefähr so:

Auf der letzten Note kam dann ein Halt u. eine Pause, u. dann schloß es. Ich wollte, Du hättest es gehört, ich glaube, es würde Dir gefallen haben.

Dann mußten die Mönche ins Complet u. wir nahmen recht herzlich Abschied, sie wollten mir Empfehlungsbriefe für einige andere Orte in Unterwalden mitgeben, aber ich verbat es, weil ich morgen früh nach Lucern denke, u. von da in 5 bis 6 Tagen schon aus der Schweiz sein will. Von Lucern aus dann das Ende dieses Briefes u. des Spazierganges; so Gott will finde ich dort gute Nachrichten von Euch.

Rigikulm d. 30 Aug. 1831. Abends.
Ich bin auf dem Rigi. Weiter braucht ich nichts zu sagen, Ihr wißt das übrige, denn Ihr kennt den Berg. Wenn es nur nicht Alles so unbegreiflich schön wäre!
Heut früh ging ich von Lucern weg; alle Berge waren verhängt, die Wetterkundigen prophezeiten schlecht Wetter. Da ich aber bis jetzt immer gefunden habe, daß das Gegentheil von dem eintraf, was die Kundigen sagten, so habe ich mir meine eigenen Symptome ausgesucht und bisher damit ebenso falsch prophezeit, wie die Andern.
Heut früh aber gefiel mir das Wetter nicht übel, und da ich doch nicht gerade hinaufgehen wollte, während Alles verhängt war (denn durchs Faulhorn wird man klug) so schlich ich mich den ganzen Morgen am Fuß des Rigi umher und guckte hinauf, ob es nicht klar werden wollte. Endlich um 12 Uhr in Küßnacht stand ich auf dem Scheidewege, rechts nach dem Rigi, links nach Immensee, entschloß mich den Rigi diesmal *nicht* zu sehen, nahm gerührt Abschied, ging durch die hohle Gasse nach dem Zugersee, am Wasser hin auf einem charmanten Weg nach Arth, schielte aber immer noch gegen den Rigikulm hin, ob er nicht klar werden wollte. Und während ich in Arth zu Mittag aß, wurde er klar. Der Wind war sehr gut die Wolken hoben sich von allen Seiten, ich entschloß mich u. ging hinauf.
Aber es war keine Zeit zu verlieren wenn ich den Sonnenuntergang sehen wollte, ich ging also tüchtigen Bergschritt, und war in $2^3/_4$ Stunden auf dem Kulm am wohlbekannten Hause. Da sah ich oben gegen 40 Menschen stehen, mit aufgehobenen Händen, bewundernd, zeigend, in der lebhaftesten Bewegung; ich lief hinauf, es gab da wieder ein neues wunderbares Schauspiel, in den Thälern war alles

voll Nebel u. Wolken u. drüber sahen hohe Schneegebirge u. die Gletscher mit den schwarzen Felsen rein u. klar hervor. Die Nebel zogen weiter, verdeckten einen Theil, da kamen die Berner Gebirge Jungfrau, Mönch Finsteraarhorn heraus, dann der Titlis u. die Unterwaldner, zuletzt stand die ganze Kette klar nebeneinander; nun fingen auch in den Thälern die Wolken an zu zerreißen, man sah die Seen, Luzern, Zug, u. gegen Sonnenuntergang lagen nur noch dünne helle Nebelstreifen auf der Landschaft.
Wenn man so aus den Bergen kommt u. dann noch den Rigi sieht, das ist als käme am Ende der Oper die Ouvertüre u. andere Stücke wieder; alle die Stellen, wo man so Himmlisches sah, die Wengernalp, die Wetterhörner, das Engelbergerthal, sieht man hier noch einmal nebeneinanderliegen u. kann Abschied nehmen. Ich dachte es könne nur das erstemal durch die Überraschung, wenn man die Gletscher noch nicht kenne, so große Wirkung machen, aber sie ist fast noch größer am Ende. –
Den Martin Bürgi mit seinem Hunde traf ich im Klösterli, er erinnerte sich unser noch vollkommen, gab mir seinen Jungen als Wegweiser, u. sagte mir ich würde schöne Aussicht haben, da ließ ich Staffel liegen u. ging den geraden, steilen Weg hinauf; ich habe aber doch heute gesehen, daß ich ein bißchen stärker bin, als damals, ich war durchaus nicht verwundert, als ich ankam, konnte umherlaufen nach Herzenslust, u. kam doch von Luzern her, während ich damals nur mit unendlicher Anstrengung heraufkam, ich weiß aber nicht mehr, ob ich 12 oder 14 Jahre alt war[52], im ersten Falle wärs natürlich. Ich möchte wirklich wissen welches Jahr wir hier waren; ich kanns nicht mehr herauskriegen, u. in keinem Buche hab ich unsre Namen finden können.

An Lächerlichem, das Du liebe Mutter, gern hast, fehlte es auch nicht oben. Als die Sonne über eine Viertelstunde unter war, u. die Berge ganz finster wurden, frug ein gräflicher Junker Student seinen Führer ob nun das Glühen bald kommen würde? Und da der ihm bedeutete, daß das nicht immer zu sehen wäre, so wurde er sehr böse, u. sagte, wenn so schön Wetter sei, wie heute, so müßten die Berge eigentlich glühen, u. er sey nur deswegen hinaufgekommen, u. warum sie es also heut nicht thäten? Der Führer half sich u. sagte, das Glühen sei ein Zeichen von schlechtem Wetter, da wurde er wieder gut. Ein anderer stellte sich so nah er konnte an den Abgrund hin, u. rief immerfort, von da habe sich ein Mensch hinabgestürzt u. sey auf der Stelle todt gewesen; er wollte gern die Aufmerksamkeit von den Bergen auf sich ziehen, aber er nahm sich zu sehr in acht u. stand ganz sicher.
Und so rütteln alle Wunder Gottes die Philister nicht aus ihrer Philisterhaftigkeit auf, sie stehen auf dem Rigi u. sind eigentlich im Bierhaus. Es waren aber keine Philister, sondern lauter Studenten. Ach Gott, ach Herre Gott! – Was wissen die Berge davon? Hättet Ihr sie heut gesehen in ihrer Klarheit!
Schwyz den 31 Aug. Denn Ihr wißt so etwas zu schätzen, u. versteht, was solch eine Bergkette sagen will. Ich habe heut und gestern dankbar anerkannt, unter wie glücklichen Umgebungen ich diesen Theil der Welt habe kennenlernen und wie es so viel dazu beigetragen hat mir den Sinn dafür zu öffnen oder zu schärfen, daß ich Euch damals in der höchsten Bewunderung sah u. alles übrige, alltägliche vergessend über diesen Wundern. Ich erinnerte mich heut oft an Eure Freude u. wie sie einen tiefen Eindruck damals auf mich machte.

Dafür ist der Rigi aber auch ganz offenbar unserer Familie zugethan und hat mir aus Anhänglichkeit heut wieder einen so herrlichen, reinen Sonnenaufgang beschert, wie damals. Der abnehmende Mond, das lustige Alphorn, die lange dauernde Morgenröthe, die sich erst um die kalten schattigen Schneeberge legte, die weißen Wölkchen über dem Zugersee, die Klarheit u. Schärfe der Zacken, die sich in allen Richtungen gegeneinander neigen, das Licht, das sich nach u. nach auf allen Höhen zeigte, die trippelnden frierenden Leute in ihren Bettdecken, die Mönche aus Maria zum Schnee – nichts hat gefehlt.
Ich konnte mich nicht von dem Anblick trennen, u. blieb noch 6 Stunden fortwährend auf der Spitze u. sah den Bergen zu; ich dachte mir, wenn wir uns einmal wiedersehen, so müßte doch manches anders geworden sein, u. wollte mir gern den Anblick so recht fest einprägen. Auch kamen ab und zu Leute, und man plauderte von den schweren, ängstlichen Zeiten, von Politik und von den hellen Bergen drüben.
So verstrich der Morgen; endlich um halb 11 mußte ich fort, es war die höchste Zeit, weil ich heut noch nach Einsiedeln wollte, über den Haken. Unterwegs aber auf dem steilen Wege nach Lowerz, brach mir mein treuer Regenschirm, der mir zugleich als Bergstock diente in viele Stücke entzwei, das hielt mich auf, so daß ich lieber hier geblieben bin u. morgen ganz früh hinübergehe.
In vier Tagen liegt ja ohnedies die Schweiz hinter mir u. es kommt wieder ein Buchdruckerstock, aus römischen Säulen, Orangenzweigen, einer Papstmütze, ein paar Seemöven, einem langen Bergstock, dem heutigen Alphorn u. dgl. bunt zusammengesetzt.*

* Ist als Abschluß von FMB an das Ende der Schweizer Reisebriefe gesetzt worden (siehe dort!).

Liebe Mutter, Dir habe ich heut eine heimliche Freude gemacht; mein schöner Backenbart ist dahin. Als ich in Lucern aus dem Tore gehen wollte, traf ich einen Mann, der mich freundlich anredete, (er kannte mich aus München her) mich bis Mörlischachen begleitete, sich als großer Verehrer meiner Musik zu erkennen gab, aber endlich mich inständig bat, den Bart abzuschneiden, wenn ich wieder nach München ginge, ich sähe wirklich zu schlecht darin aus und besonders «so verständig u. amtsmäßig».
Das bestimmte mich, u. ich versprach ihm dem nächsten Barbier die Haare zu lassen. Heut kam nun der nächste Barbier, ich gab meine Ordre, der Barbier meinte, es sey Schade um den schwarzen, dicken Bart, er machte Einwendungen, ich blieb standhaft wie Rinaldini u. endlich *tronca la barba, è barba e mirto parve*». Ich führe nämlich meinen kleinen Tasso immer im Bündel mit u. studire Abends vor dem Zubettgehen dran. Jetzt wird er vorgeholt; gute Nacht!
1 Sept. *Rapperschwyl au paon*, Pfauen.
Ich kann aber vor Wuth kaum zu Worte kommen, die Einsiedler sind ausgebälgte Spitzbuben, haben mich betrogen, irregeführt, alles Mögliche Unangenehme. Natürlich meine ich nicht die Einsiedler *hermites*, obwohl ich die auch nicht ausstehen kann, sondern die Einsiedler *Einsiedelois*. Die ehrlichste Person in der Schweiz ist Kellers Reisecarte, wär' ich ihr nur gefolgt! Die Betrugsgeschichte ist zu lang, um sie hier zu erzählen, kurz sie versicherten mich von hier nach Wesen sey 3 Stunden, u. als ich hier ankomme findet sichs, daß es mehr als 6 sind, u. daß ich den Weg hieher umsonst gemacht habe.
Das ganze Nest, wie sichs um das aufgeblasene Kloster hergelagert hat, u. die betenden Menschen auf der Landstraße,

u. die stolzen Pfaffen, u. die geschmacklos verzierte Kirche, mit zwei falschen Orgeln (das heißt die nur aussehen, wie Orgeln, u. gar nicht zum spielen sind) das alles hat mich schon ennuyiert, aber gar noch so angeführt zu werden von einem Einsiedler. Nun muß ich morgen hin- und herlaufen, wie ein Irrwisch. –
Gerechtigkeit muß sein, der Weg über den Haken ist prächtig. Daß man selten davon erzählen hört, begreif ich, denn er ist ziemlich steil u. beschwerlich von Schwyz her, dafür entschädigt einen die Aussicht auf den Vierwaldstätter u. Lowerzer See, die Schneeberge drüber, der frische Wind u. die lustigen Quellen, die Wiesen u. Waldungen auf der anderen Seite, die Spitzen die hier u. dort überall über den Wald hineinsehen, u. besonders die süperben Mythen, die man dicht neben sich hat. Ihr erinnert Euch ihrer doch noch? Auch die Aussicht vom Etzel ist lustig, wie die Schweizer sagen. Man sieht den ganzen Zürich-

see mit den vielen Häusern u. Dörfern, aber man merkt es schon sehr, daß es gegen die Grenzen der Schweiz hingeht; ein wohlbekannter Berg nach dem andern nimmt Abschied, nachdem man sich so oft wiedergefunden hatte wo man es nicht dachte, u. es bleiben nur noch angenehme, sanfte Hügel. Doch müssen am Wallenstätter See noch tüchtige Felsen sein, auf deren Bekanntschaft ich mich freue.
Was mich noch in Einsiedeln ärgerte, war daß ich auf einer Wiese eine Proclamation an das Volk fand, die offenbar absichtlich dahingelegt war, u. daß mein Führer ein ganzes

Paket anderer Proclamationen in entgegengesetztem Sinne bei sich trug um sie zu vertheilen. Wenn Kinder gern die Großen spielen, ists lächerlich; aber ein Volk! Und dabei das vornehme Wohlleben im Kloster, u. das wundertätige Bild, von geheilten Armen u. Beinen umgeben! Wenn da einmal eine wirkliche Revolution käme, so würde sie fürchterlich ernsthaft werden, darum sollten sie doch lieber nicht damit spaßen.

Aber ich werde politisch, u. Vater bemerkte schon früh bei mir Anlagen zum schlechtesten Kannegießer. Aber das Volk hat mich heut angeführt, darum schimpfe ich heut aufs Volk, so machen es alle Politiker; ich hab es ihnen abgesehen.

Heut muß ich viel schlafen. Denn morgen muß ich in den Beinen haben, was ich heut im Kopf nicht hatte: die sechs Stunden statt drei! *Never mind.*

Wallenstatt, den 2ten Sept. 1831 (Regen- und Sturmjahr).

Motto «Von dem versoffenen Kupferschmied. Und wer das neue Lied nicht kann, der fängt das alte von vorne an.» Da sitze ich wieder mitten in den Dünsten u. Wolken, kann nicht vorwärts noch rückwärts, u. wenns Glück gut ist, kann es wieder eine kleine Überschwemmung geben.

Als ich über den See fuhr prophezeiten die Schiffer vortreffliches Wetter, folglich fing es eine halbe Stunde drauf zu regnen an, u. hört wohl so bald nicht auf, denn die Wolken hängen nieder so traurig schwer, wie man es nur im Gebirge kennt. Würd es in drei Tagen noch so arg, ich machte mir nichts draus; aber wie kommt der Mensch morgen über die Churfirsten? Die lange Brücke würde wichtig sein, den Umweg über Sargans machte ich sehr ungern, die Kleider reißen, die Tage werden kürzer, ich muß nun nach München, die Schweiz geht zu Ende, es wär Schade, wenn sie mir zum Abschied solch ein böses Gesicht nachschnitte.

Eben komme ich aus der Kirche, wo ich drei Stunden lang, bis in die tiefe Dämmerung Orgel gespielt habe; ein alter lahmer Mann trat die Bälge sonst war kein Mensch in der Kirche, das einzige Register das brauchbar war, war eine sehr weiche, dumpfe Flöte im Manual, u. ein unbestimmter Subbaß, 16 Fuß im Pedal, damit hab' ich denn die ganze Zeit phantasiert, u. kam am Ende in eine Choralmelodie in e moll ohne daß ich mich besinnen konnte, wo sie her sei; ich konnte sie nicht loswerden, u. auf einmal fiel mir ein, daß es die Litanei war, deren Musik mir im Kopfe lag, weil mir die Worte im Herzen liegen; nun hatte ich ein weites Feld, u. viel zu phantasieren. Zuletzt kam der schwindsüchtige Subbaß ganz allein in e moll tief unten, und dann kam die Flöte ganz oben wieder mit dem Choral in e moll, und so brummte die Orgel nach und nach aus, u. ich mußte aufhören, weil es dunkel in der Kirche geworden war.

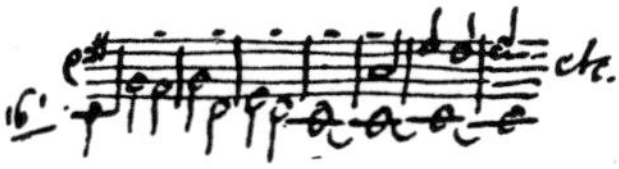

Draußen regnete u. stürmte es indessen ganz entsetzlich, von den prächtigen, hohen Felsenmauern war keine Spur zu sehen, als ich heraustrat; das trübste Wetter, dann las ich noch trübe Zeitungen, das ist alles grau. –
Sag mal, Fanny, kennst Du *Aubers*[53] Composition der Parisienne? Das halte ich für das schlechteste, schamloseste was er gemacht hat, vielleicht weil der Gegenstand ein wirklich hoher war, aber auch sonst. Für ein großes Volk in der gewaltigsten Aufregung ein kleines ganz kaltes Stückchen zu machen, gemein u. läppisch, das war nur *Auber* imstande, der Refrain empört mich so oft ich dran denke, es ist als ob Kinder mit einer Trommel spielen, dazu singen, nur etwas liederlicher. Die Worte taugen auch nichts, kleine Gegensätzchen u. Pointen sind bei so etwas nicht angebracht, aber

die Musik mit ihrer Leere, eine Marschmusik für Springer, und am Ende eine blasse, elende Copie der *marseillaise!* Das ist es nicht, was für die Zeit gehört, oder weh uns, wenn es das ist, das für die Zeit gehört, wenn es eine blasse Copie der Marseiller Hymne sein mußte; was in dieser frey, muthig, voll Schwung ist, das ist hier prahlerisch, kalt berechnet, künstlich gemacht; die *Marseillaise* steht so weit über der *Parisienne*, wie Alles, was aus der wahren Begeisterung hervorgegangen ist, über dem steht, was *für* irgend etwas, u. sey es selbst für Begeisterung gemacht ist. Die wird nie Herz zum Herzen schaffen, weil es ihr nicht von Herzen geht. –
Überhaupt aber finde ich nirgends zwischen Musikern u. Dichtern solche frappante Ähnlichkeit, wie zwischen *Auber* und *Clauren*[54]. *Auber* übersetzt treu Note für Note, was der andere Wort für Wort sagt: die infame Sinnlichkeit, die Leckerbißchen, die Gelehrsamkeit, das Coquettiren mit fremder Volksthümlichkeit. Einen Zweifel hatte ich noch: ich hielt *Clauren* für allgemeiner verachtet. Da traf ich neulich im Berner Oberland oft mit Preußen zusammen, sogenannten gebildeten Leuten, einem Officier u. dgl. u. eines Abends frug mich der Officier, ob mir nicht hier auf jedem Schritt *Mimili* einfalle; er könne nichts hier sehen, ohne an das Buch zu denken, es sey gar so reizend u. treu geschildert. Ich wollte ablenken, aber da fielen alle andern ein, u. sprachen nun weiter voll Begeisterung über alle seine Werke, über *Milibu*, die Amerikanerinnen usw. Als ich es am Ende nicht mehr aushalten konnte, meinte ich, er sey doch zuweilen etwas unsittlich, da sagten sie mir aber, ich möchte doch einmal was von *Goethe* lesen, den doch viele Leute so lobten, ob der nicht noch viel unsittlicher sei? Es waren gebildete Leute, aus der guten Gesellschaft;

sie sahen die Jungfrau und dachten an *Milibu*, sie nannten *Goethe* und Clauren in einem Athem.
Über so etwas wurde ich sonst sehr grimmig, aber das thu ich jetzt nicht mehr, überzeugt, wie ich bin, daß es Philister geben werde u. geben müsse bis an der Welt Ende. Der liebe Gott hat sie geschaffen, wie die Flöhe gleichfalls; sie beißen auch zuweilen, und wenn man sich juckt, thut es noch mehr weh; den andern Morgen ist es aber vorbei, und sie müssen in die Waschschüssel. Dies Gleichnis ist aus dem Leben gegriffen;
aber ernsthaft zu werden, wie wollt Ihr *Clauren* in der Literaturgeschichte streichen? Und thut es irgendeinen Schaden, daß er darin steht? Und les't Ihr darum was Gutes weniger gern? Ein junger Dichter müßte nicht weit her sein, wenn er den Quark nicht von Herzen verachtete u. haßte; aber daß die Leute ihn gern mögen, ist doch einmal wahr, also wird es auch schon recht sein; es ist nur ein Verlust für die Leute. – Schreib mir doch Deine Meinung über die *parisienne;* ich singe sie mir im Gehen zuweilen aus Spas vor, man marschiert dann gleich, wie ein Chorist im Zuge.
Heut bin ich wenig gegangen u. doch müde; es ist sonderbar, daß es mich weniger anstrengt auf dem schlechtesten, steilsten Weg zu gehen, als auf der breiten harten Chaussee. Erstlich macht es an den Füßen Schmerz, weil die Bewegungen u. die Stöße immer gleich sind; aber besonders sieht man den Weg immer so lange schon vor sich liegen, u. möchte ein Pferd sein oder haben. Bei der Gelegenheit muß ich aber meinen Füßen ein Loblied singen, ich betrachte sie jetzt oft mit Achtung, u. bedenke, daß sie zugleich Wagen u. Pferd u. Postillon sind. Und dazu sind sie so willig, u. sind immer pünctlich u. nehmen kein Trink-

geld; die einzige Erfrischung die ich ihnen Abends gewöhnlich reiche, ist etwas Seifenspiritus und Talg. Da kann man Mäßigkeit lernen.

Sargans d. 3ten Sept. Mittags. Trostloses Wetter, es hat wieder die ganze Nacht durch u. den Morgen geregnet, ist dabey schneidend kalt wie im Winter, auf den nächsten Hügeln liegt schon tiefer Schnee. In Appenzell ist eine neue furchtbare Überschwemmung gewesen, die den größten Schaden angerichtet u. alle Straßen verwüstet hat; am Zürichsee sind Wallfahrten u. Prozessionen in Menge wegen des Wetters.

Ich habe heut früh herfahren müssen, weil die Wege ganz voll Schlamm u. Wasser stehen, und werde nun bis morgen hier bleiben, da in aller Frühe die Diligence hier durchkommt, mit der ich dann das Rheintal hinauf bis Altstetten zu fahren denke. Wahrscheinlich bin ich morgen Abend schon an oder über der Gränze der Schweiz; denn die Lustreise ist nun beendigt, der Herbst ist da, und ich brauche auch nicht zu klagen, wenn ich ein Paar langweilige Tage habe nach so viel unvergeßlich schönen; im Gegenteil ist mir es fast lieb, zu thun giebt es doch immer genug, selbst in *Sargans*, einem Nest, u. selbst an einem Süntfluthtage, wie heut.

Denn zum Glück fehlt hier nirgends eine Orgel; sie sind zwar klein, die untere Oktave im Manual u. Pedal gebrochen, oder wie ich es nenne verkrüppelt, aber es sind doch Orgeln, das ist mir schon genug. Heut hab ich den ganzen Morgen gespielt, u. angefangen zu studiren, weil es eigentlich eine Schande ist, daß ich die Hauptsachen von Sebastian Bach nicht spielen kann. In München will ich wenn es angeht, jeden Tag eine Stunde üben, denn ich habe heut nach ein paar Stunden schon Fortschritte mit den Füßen

gemacht. (*nota bene* im Sitzen), *Ritz* hatte mir nämlich erzählt, daß ihm *Schneider* in Dresden die *d dur* Fuge aus dem wohltemperirten Clavier  auf der Orgel mit dem Pedal die Bässe, vorgespielt habe, das war mir bisher so fabelhaft vorgekommen, daß ich es nie recht begriffen hatte. Heut früh fiel es mir auf der Orgel wieder ein, da machte ich mich ungesäumt daran, u. bin wenigstens so weit gekommen zu sehen, daß es gar nicht unmöglich ist und daß ichs lernen werde. Das Thema ging schon ziemlich gut, u. so habe ich auch die Stellen aus der *d dur* Fuge für Orgel, aus der *f dur* Toccata, und die *g moll* Fuge, die ich auswendig wußte, geübt; wenn ich in München eine ordentliche, nicht gebrochene Orgel finde, werde ich es lernen, u. freue mich kindisch darauf die Sachen herunterzuorgeln. Die f dur Toccata mit der Modulation am Schluß klingt als sollte die Kirche zusammenstürzen. Das war ein furchtbarer Kantor. –
Außer dem Orgelspielen habe ich auch noch manches in meinem neuen Zeichenbuch auszuführen, (eines ist in Engelberg wieder fertig vollgezeichnet worden), dann muß ich essen wie 600 Streiter, nach dem Essen wieder Orgel üben, u. so vergeht der Sarganser Regentag. Es scheint schön zu liegen, mit dem Schloß auf dem Hügel; aber man darf keinen Fuß aus der Thüre setzen. Auch gibt es zur Unterhaltung hier die Schweizer Zeitungen, sie sind eigentlich widrig und man hat wenig Freude daran; der Styl erinnert an einen Schweizer Knüppeldamm, so löchrig, holprig u. lose zusammengesetzt; u. gar der Ton der da herrscht, er erinnert an Butter, Käse und Kühe, *pour ne pas dire* Ochsen; von solchen Grobheiten hat man anderswo gar keine Idee; hätten die Zeitungen Ehre im Leibe, so müßten sie sich miteinander schießen, denn eine droht der andern mit

Prügel, nennt sie lügenhaft niederträchtig u. sagt ihr alle möglichen Süßigkeiten der Art; die andere antwortet auf demselben Ton, eine dritte druckt den Streit ab u. begleitet ihn mit noch gröberen Noten; es fällt mir wirklich zuweilen *Mimili* dabei ein. *Abends*. Gestern um diese Zeit hatte ich noch Fußreiseprojekte, wollte wenigstens noch über den Kamm und aufs Wildkirchlein, und durch das ganze Appenzell. Da war es mir sonderbar, als ich eben erfuhr, daß es mit dem Bergreisen für dies Jahr wahrscheinlich vorbey wäre. Alle Höhen sind dick beschneit, denn wie es hier im Thal seit 36 Stunden regnet, so schneit es oben; die Herden müssen von den Alpen herunter, wo sie noch einen Monat hätten bleiben sollen, so daß an Fußwege natürlich nicht mehr zu denken ist. Gestern war ich also noch darin und heut ist es für das nächste halbe Jahr unmöglich. Die Fußreise ist vollendet, und war wunderschön; ich werde sie nie vergessen. Nun wollen wir einmal wieder tüchtig Musik machen. Zeit ists dazu. –

Ich sollte nun auch mein Tagebuch an die Schwestern schließen, aber bis an die Grenze der Schweiz schreibe ich noch daran. Wenn ich nach der Reise Abends mich hinsetze es zu schreiben, so möge das ein Surrogat sein für das Behagen, wenn ich zu Hause nach der Arbeit abends zum Tee zu Euch herunterkam; aber nein, da hatten wir es halt doch besser.

Ich habe eben noch bis zur Dämmrung Orgel geübt, u. trampelte wüthend auf dem Pedal herum, als wir auf einmal bemerkten, daß das tiefe Cis auf dem Subbaß ganz sanft, aber unaufhörlich mitsaus'te, alles Drücken, Rütteln, Stoßen der Taste half nichts, wir mußten in die Orgel hineinklettern, unter den dicken Pfeifen herum. Das *Cis* saus'te immer sanft fort, der Fehler lag in der Windlade, der Organist war in großer Verlegenheit weil morgen ein Festtag ist, da mußte ich am Ende mein Schnupftuch in die Pfeife stopfen, und da gab es kein Sausen aber auch kein *Cis* mehr. Einerlei, ich spielte doch fortwährend:

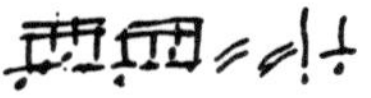

es geht schon ziemlich. Nun zeichne ich noch den Rhonegletscher fertig, und dann gehört der Tag mir, das heißt ich gehe schlafen. Auf die nächste Zeile werde ich nun hinschreiben, wo ich morgen Abend sein werde; heut weiß ich es aber noch nicht.

Gute Nacht, es schlägt achte in *f moll* u. regnet u. stürmt in *fis moll* oder *gis moll* in allen möglichen Kreuztonarten.

St. Gallen d. 4ten. Motto: *Vous pensez que je suis l'abbé de St-Gall (Citoyen)*. Denn so behaglich fühle ich mich jetzt hier nach überstandenem Sturm u. Unwetter. Die vier Stunden über die Berge von *Altstetten* hieher, waren ein förmlicher Kampf gegen das Wetter. Wenn ich sage, daß ich was Ähnliches weder erlebt, noch für möglich gedacht hatte, so will es noch nichts sagen; aber den ältesten Leuten des Cantons geht's ebenso. Eine große Fabrik ist zertrümmert, u. mehrere Leute umgekommen.

Wie ich heut nun noch einmal zu Fuß gehen mußte u. wie ich quer durch Appenzell hieher gelangt bin, aussehend wie Ägypten nach den sieben Plagen, das erzähle ich Euch morgen, aus dem letzten Schweizerort, denn jetzt läutet es zum Essen, u. da will ich äbtlich tafeln, auch sind mir die Hände noch steif vor Kälte (Ihr seht es an der Kalligraphie) und der Kopf brummt mir noch sehr vom Regensturm.

Anjetzt wird vertilgt, was eßbar ist; die ganze Carte wenigstens; auch französ. Journale gibt es u. eine geheizte Stube – man ist behaglich.

Lindau d. 5ten Sept.

Mir gegenüber liegt die Schweiz mit ihren dunkelblauen Bergen, mit der Fußreise, den Stürmen, den geliebten Höhen u. Thälern, hier ist wieder das Ende eines großen Teils der Reise, und des Tagebuchs ohnehin.

Heut mittag fuhr ich in einer Fähre über den wilden grauen Rhein oberhalb Rheineck, und nun bin ich schon in Bayern. Die projectirte Fußreise durchs bayrische Gebirge ist natürlich aufgegeben, es wäre Tollheit dies Jahr noch etwas derart zu unternehmen: vier Tage lang hat es *unaufhörlich*, nur mehr oder weniger heftig geregnet. Es war als ob der liebe Gott verdrießlich sey.

Ich kam heut durch weite Obstgärten, die nicht unter Wasser, sondern unter Schlamm u. Lehm standen, alles sieht kläglich u. niederschlagend aus. Verzeiht mir darum auch den litanischen Ton der vorigen Seite; ich habe nie in der Landschaft etwas Traurigeres gesehen, als die grünen, bewachsenen Hügel voller Schnee, während unten die Fruchtbäume mit den reifen Früchten im Wasser standen und sich abspiegelten.

Dieser schmutzige, dünne Schnee, wie er sich auf die Tannenwälder u. die Wiesen gelagert hatte, sah aus wie die leibhaftige Verwüstung, u. da mir ein Sarganser Bürger erzählte daß 1811 das ganze Städtchen abgebrannt u. jetzt mit Mühe wieder erneuert sey, daß sie hauptsächlich vom Weinbau lebten der dies Jahr durchaus verhagelt sei, u. daß nun sogar die Alpen nicht mehr zu brauchen seyen für diesmal, da muß man wohl ernsthaft werden und über dies Jahr nachdenken.

Nun ists aber sonderbar: muß ich in solchem Wetter zu Fuß gehen, u. recht ordentlich davon ausstehen, so macht es mich nicht verstimmt, sondern im Gegentheil, ich freu mich immer daß es mir doch nichts anhaben kann. Als ich gestern mit der Post in einer Decemberkälte in Altstetten ankam, fand es sich daß keine Fahrstraße nach Trogen war, wohin ich am letzten schönen Tage unglücklicherweise meinen Mantel u. Bündel geschickt hatte. Haben mußte ich es den Abend, denn die Kälte war grimmig, also besann ich mich nicht lange, stieg noch einmal, zum letztenmal über die Berge u. kam in den Canton Appenzell.
Wie da, in den Wäldern u. Hügeln u. Wiesen die Wege aussehen ist unbeschreiblich; einen Führer hatte ich nicht finden können, weil grad Sonntag u. Kirche war, auf dem ganzen Wege begegnete mir kein Mensch, sie waren alle in die Häuser gekrochen, u. so trabte ich denn ganz allein auf Trogen los.
Wenn man da durch einen Wald kommt, in solchem Wetter u. bei solchen Wegen, da glaubt Ihr gar nicht welch wunderliches Gefühl von Unabhängigkeit man hat. Man könnte kreuz u. quer gehen, oder hinpurzeln, oder ein Bein brechen, es krähte kein Hahn danach, aber man hat ebenso das lustige Gefühl, daß alles das *nicht* geschehen wird, u. trabt auf Trogen los. Noch dazu kann ich jetzt das Schweizer Krähen u. Jodeln perfect; so schrie ich denn frisch, u. sang mir mehrere Jodelcompositionen vor, u. kam sehr übermüthig nach Trogen.
Da waren die Leute grob u. ungezogen im Wirthshaus, u. so sagte ich höflich: Laßt Euch hängen, ich geh weiter und nahm die Carte raus u. fand, daß St. Gallen der nächste ordentliche Ort war u. noch dazu der einzige praktikable Weg. Nun wollte aber kein Mensch mitgehen, in dem

furchtbaren Wetter. Da wollte ich es selbst tragen, und schimpfte auf alle Schweizer Biederkeit, gleich kam aber das Gegenstück, wie es denn oft zu gehen pflegt. Den Boten nämlich, von dem ich meine Sachen abholen mußte, traf ich in seinem wundernetten, neugezimmerten Hause, u. da war die wirkliche rechte Schweizer Wirtschaft, wie man sie sich denken soll.

Er saß mit seiner ganzen Familie um den Tisch, das ganze Haus so reinlich u. warm, die Stube geheizt. Der alte Bote (er heißt Daniel Dobler) kam mir entgegen u. gab mir die Hand, nöthigte mich zum Sitzen, schickte im ganzen Ort nach einem Träger oder Wagen für mich herum und da keiner fahren oder gehen wollte gab er mir endlich seinen Sohn mit, um mein Bündel 2 Stunden weit zu tragen, ließ er sich zwei Batzen bezahlen, ein wunderschönes blondes Töchterlein saß am Tisch und arbeitete, die alte Mutter las in einem dicken Buch, der Bote selbst in den neuesten Zeitungen – es war prächtig.

Als ich fort ging war es als wollte das Wetter sagen «Wenn du trotzen willst, kann ichs auch» denn es fing mit verdoppeltem Grimm zu wüthen an; es war zuweilen als packe eine Faust den Regenschirm, u. schüttle ihn u. drücke ihn zusammen, mit den steifen Fingern konnte ich ihn kaum festhalten, die Wege waren entsetzlich glatt, so daß mein Führer vor mir der Länge nach in den Schlamm fiel – das that alles nichts; wir fluchten u. jodelten von Herzen, kamen endlich beim Nonnenkloster vorbei, sangen ihnen ein Ständchen u. gelangten nach St. Gallen.

Da war es denn überstanden, u. gestern fuhr ich von dort hieher, mußte einen Gesundheitsschein nehmen, u. meine schwarze Wäsche visitieren lassen, fand Abends eine wundervolle Orgel, wo ich «Schmücke dich, o liebe Seele» spie-

len konnte nach Herzenslust, heute geht es auf Memmingen, morgen nach Augsburg, übermorgen so Gott will nach München, und so bin ich in der Schweiz gewesen. –
Es hat Euch vielleicht gelangweilt, wenn ich Euch alle unbedeutenden Kleinigkeiten u. schlechten Witze schrieb; aber die Zeit ist so böse, da brauchen wir es nicht zu sein, u. wenn ich Euch mein Tagebuch schickte, so war es blos um Euch zu sagen, wie ich überall wo es mir wohl ist, wo ich Freude habe, Eurer gedenken muß u. bei Euch bin.
Der schmutzige, nasse Fußreisende mit dem Bündel nimmt Abschied, u. will als Städter mit Visiten Carten, reiner Wäsche u. einem Frack wieder schreiben. Lebt wohl.

PETER SUTERMEISTER

LEBENSBILD

Mendelssohns und seiner Familie

Moses Mendelssohn, der Begründer der Familie

Auf einer der vielen staubigen Chausseen, die nach Berlin führen, wandert einsam ein Jüngling, fast ein Knabe noch. Seine Kleider verraten den Juden, und auf seinem gekrümmten Rücken trägt er ein Bündel, das alle seine Habseligkeiten enthält.

«Ha, Jüd, gaude Waar, billiche Waar», rufen die Kinder hinter ihm her, wenn er durch ein Dorf kommt. Sie zupfen ihn auch an seinem schwarzen Rock, an seinem Bündel und beobachten neugierig, ob der Junge wohl böse wird. Der bleibt etwa stehen, wenn's die Kinder allzu bunt treiben, dreht sich vielleicht auch nach ihnen um. Aber böse wird er nicht, er lächelt sogar, und ein seltsames Leuchten in seinen Augen scheint dem Mutwillen der Kinder zu gebieten. Sie verstummen, scheu weichen sie zurück, und er setzt seinen Weg fort. Die Straße ist lang und beschwerlich. Hin und wieder braust die Karosse einer reichen Berliner Herrschaft vorüber. Unser Fußgänger könnte neidisch werden, wenn er zur Seite treten und nachher seinen Kaftan vom Staub befreien muß.

Neid aber liegt seinem Herzen fern. Er blickt nicht auf andere, um ihre Lage mit der seinen zu vergleichen. Die ganze Aufmerksamkeit gilt nur dem eigenen Weg, den er gewählt hat und den er gehen will, um jeden Preis, ruhig, unbeirrbar, einer Zukunft entgegen, von der er nur eines weiß: daß sie ihm Entbehrung und Arbeit bringen wird, aber auch Kenntnisse und Entdeckungen, für die er jede

Last zu tragen bereit ist. Seine Gedanken wandern bisweilen auch zurück nach dem Elternhaus, das er vor kurzem verlassen hat. Dessau ist seine Vaterstadt, wo er vor vierzehn Jahren, am 6. September 1729, geboren worden ist. Er erinnert sich an die dumpfe Luft in den niedrigen, engen Zimmern der jüdischen «Schul», an der sein Vater als Lehrer und Schreiber der Thorarollen wirkt. So lange er zurückdenken kann, mußte er lernen, immerzu lernen, vor allem das Lesen und Schreiben der hebräischen Sprache.

Gewissenhafteste Pflichterfüllung in strengstem Gehorsam gegenüber den Eltern war der Leitgedanke seines täglichen Lebens. Für Lust und Spiel blieb wenig oder keine Zeit. Aber war dies nicht selbstverständlich, da doch die Eltern mit ihrem Beispiel vorangingen? Von früh bis spät arbeitete seine Mutter, um mit den spärlichen Einkünften auszukommen, um sie wenn möglich um ein weniges zu vermehren. Sein Vater aber opferte die ganze freie Zeit, ja seinen Schlaf, um den Sohn zu rüsten für den harten Lebenskampf eines Israeliten. Der Fünfjährige beherrschte bald alle Kenntnisse seines väterlichen Lehrers. Er sollte noch mehr lernen, um es dereinst weiterzubringen als die Eltern. So wurde er in eine höhere Schule geschickt, an der die künftigen Rabbiner ihre Ausbildung erhielten.

Unser Fußwanderer erinnert sich besonders deutlich der Wintermorgen mit ihrer beißenden Kälte. Oft war er kränklich; die Empfindlichkeit seines Körpers, die durch Krümmung des Rückens verengte Brust machten ihm hart zu schaffen. Trotzdem nahm ihn seine Mutter lange vor Tagesgrauen aus dem warmen Bett, stärkte ihn, segnete ihn, wickelte ihn in einen alten, abgeschabten Mantel; und so trug ihn der Vater auf seinen Armen zur Schule, wo er

zu Füßen des über alles geliebten Rabbi Fränkel sitzen und die Fragen und Lehren der Religion aus dessen Munde vernehmen durfte.
Bitter war es dann für ihn, als bekannt wurde, Rabbi Fränkel habe eine Berufung als Oberrabbiner nach Berlin angenommen; bitter war es auch, als ihm sein Vater eröffnen mußte, daß zum Weiterstudium die Mittel fehlten. Sollte er nun Handelsjude werden, mit dem Pack auf dem Rükken die Dörfer durchwandern und sich so sein Brot verdienen? Dies wäre der gewöhnliche Weg für ihn gewesen, der sicherste. Jede andere Lösung führte ins Ungewisse.
Diese Entscheidung, vor die er sich gestellt sieht, öffnet ihm die Augen für die Nöte seines Volkes: Es ist entartet, verwahrlost, geknechtet wie zu Moses' Zeiten. Freilich sind die Umstände anders geworden. Damals war die ganze Nation in dem kleinen Nildelta Ägyptens vereinigt gewesen. Jetzt aber leben die Juden in alle Welt zerstreut, innig verwachsen mit dem Geschäftsleben der fest angesiedelten Nationen. An eine Erneuerung des Volkes durch Massenauswanderung wie zu Moses' Zeiten ist deshalb nicht zu denken. Woher aber mag die Rettung kommen? Ein Instinkt, den der Vater im Knaben entdeckt und gefördert hat, ein tief eingewurzelter Drang, alles zu erfahren und zu erlernen, was die Gegenwart an Kultur und Bildung bietet, läßt den Nachdenklichen den Weg ins Ungewisse einer gesicherten Existenz vorziehen. Er folgt seinem Lehrer nach Berlin.
Ein starkes Leuchten weckt den Wanderer aus seinen Gedanken. Die untergehende Sonne vergoldet die Ränder der Wolken, ihre Strahlen liegen beinahe waagrecht über der weiten Landschaft und berühren die Türme Berlins, die aus der Ferne herübergrüßen.

Die vorgerückte Stunde mahnt zur Eile. Endlich erreicht der Jüngling ein Tor. Mißtrauisch prüft der Torschreiber seine Papiere. Er liest:
«Moses Dessau, Sohn des Mendel, aus Dessau, jüdischer Religion –», da blickt er auf:
«Was will Er hier? Ich kann Ihn nicht einlassen. Fremde Juden haben Berlin durch das Rosenthaler Tor zu betreten.»
Die Wanderschaft ist für den Übermüdeten noch nicht zu Ende. Er muß um die Stadt herum gehen zum Rosenthaler Tor. Fremde Juden sind in Berlin nicht erwünscht, sie sind kaum geduldet.

Moses sitzt in seiner Dachkammer. Sie ist eng, niedrig, abgeschrägt; aber durchs Fenster schweift der Blick über die Dächer Berlins in unbegrenzte blaue Fernen. Beklemmt auch das Steigen über die schmalen steilen Stiegen seinen Atem, so liebt er dies kleine Zimmer dennoch seiner Aussicht wegen. Gerne schaut er hinaus, um seine Augen auszuruhen, wenn sie schmerzen von der beschwerlichen Schreibarbeit, die er neben seinem Studium übernehmen muß, um sich seinen Unterhalt zu sichern. Für Rabbi Fränkel kopiert er hebräische Akten. Damit verdient er wöchentlich einige Groschen. Bei Fränkel darf er auch essen an Sabbaten und an Festtagen. Daneben hat er noch einige Freitische bei vermöglichen Juden. Wie könnte er ohne diese Hilfe bestehen? Seine Armut ist so groß, daß er am Brotlaib, den er sich wöchentlich einmal als fast einzige Nahrung kauft, mit Strichen die täglichen Rationen bezeichnet, um bis ans Ende der Woche sein Essen zu haben.
Sollte er die Unterstützung reicher Glaubensgenossen erbitten? « Ich kann meinen Anspruch auf Unterstützung auf nichts begründen als etwa darauf, daß ich gern etwas lernen

möchte, und was geht das andere an», sagte er einem Freund. Moses fühlt sich bedrückt, nicht nur durch seine Armut. Einer seiner Schüler[55] ist ertappt worden mit einem deutschen Buch, das er seinem Lehrer hätte bringen sollen. Sofort hat der jüdische Gemeindevorsteher den Fehlbaren aus Berlin verwiesen. Und jetzt erwartet Moses jeden Augenblick seine eigene Ausweisung.

Nicht allein diese Gefahr stimmt ihn traurig. Bisher hat er nur die Lichtseiten der jüdischen Kultur kennengelernt, vor allem in seinem Elternhaus: Familienliebe, unbedingteste Ehrfurcht der Kinder gegenüber den Eltern, Stammesanhänglichkeit, regste Betriebsamkeit auf den wenigen Juden zugänglichen Gebieten menschlicher Tätigkeit, großzügigste Wohltätigkeit und strenge Religiosität. Nun hat ihm die Ausweisung seines Schülers die Augen geöffnet für die tiefen Schatten: die jüdische Nation verliert den weiten Blick, indem sie sich immer mehr abschließt vom lebendigen Wachsen und Werden der europäischen Kultur. Ängstlich bewahrt sie ihre besondere Sprache, ein häßliches Gemisch von Hebräisch und Deutsch, ihre besondere Art, Haar, Bart und Kleidung zu tragen. Und wie steht's um die Bildung der Juden? Medizin ausgenommen, dürfen sie nur ihre religiösen Bücher studieren. Die Religion ist erstarrt; als fromm gilt, wer sich im Labyrinth ihrer dogmatischen Haarspaltereien auskennt. Schriftsprache ist allein Hebräisch. Wie fern stehen Gefühlswelt und Ausdrucksformen dieser uralten morgenländischen Sprache dem Empfinden des heutigen Europäers!

Und zu alldem kommt die Vorliebe der jüdischen Gemeinden für polnische Rabbiner. Diese gelten für schriftgelehrter als die deutschen Lehrer, weil sie das Beharren in der dogmatischen Erstarrung fördern und jeden Juden aus der

Gemeinde ausstoßen, der ein deutsches Buch zu lesen wagt. Gibt es für Moses keinen Ausweg aus der geistigen Enge, in die er geboren worden ist? Wohl interessieren sich gebildete Gemeindeglieder für den jungen Studenten. Ein jüdischer Arzt gibt ihm täglich eine Viertelstunde Lateinunterricht. Im geheimen lernt er eifrig deutsch.
Moses steht auf und tritt ans Fenster. Er blickt hinab in die engen, schattigen Hinterhöfe, in deren Lichtlosigkeit Menschen geboren werden, leben und sterben müssen. Er sieht plötzlich das jüdische Volk überall in der Tiefe solcher Ghettos, begrenzt durch die Mauern der Unwissenheit, sich sehnend nach dem Lichte der Erkenntnis. Dann läßt er seine Augen schweifen, über die Dachfirste nach den Kuppeln und Türmen der Stadt, weiter, höher, in die Unendlichkeit des Himmels.
Nein, für ihn gibt es kein Zurück mehr in die lichtlose Alltagswelt eines jüdischen Gemeindegliedes. Aber er weiß auch, daß er sich vom Judentum nie lösen wird. Wohin soll er also? Als Bürger fühlt er sich nicht, im Staat ist keine Wirksamkeit für ihn.
Sind nicht überall in der Welt jüdische Anknüpfungspunkte, die ein Überspringen aller staatlichen und nationalen Schranken erlauben, ein Aufgehen in einem luftigen Weltbürgertum ohne Bindung, ohne Verpflichtung?
Moses aber hat mit dem großen biblischen Gesetzgeber nicht nur den Namen gemeinsam. Er fühlt eine ähnliche Verpflichtung, seinem Volke zu dienen, es zu lehren und zu führen wie Moses, der Israel aus Ägypten geführt und ihm das Gesetz gegeben hat. Er durchschaut das glänzende, aber hohle Wesen des Weltbürgertums, das seinem Volke keine Heimat bieten kann. Land sucht er, in dem er mit seinen Glaubensgenossen Wurzel fassen möchte.

Unerschütterlich lebt in ihm der Glaube, daß die Juden nicht immer zerstreut leben, sondern dereinst vom Messias wieder als freie Nation im Land ihrer Väter zusammengeführt werden. Aber er fühlt, daß dieses «dereinst» noch nicht an der Zeit ist. Die Juden müssen bleiben, wohin sie ihre Jahrhunderte dauernde Wanderschaft gebracht hat.
Und doch glaubt Moses ein Palästina zu sehen, in das er sein Volk führen kann: Die abendländische Kultur.
Er geht zurück an seinen Tisch. Seine Augen leuchten. Er will lernen, sich bilden, alles erfahren, alles kennen, um als gebildeter Jude Pionierarbeit zu leisten für seine Glaubensgenossen.
Plötzlich hört er Schritte auf der Treppe. Will jemand zu ihm? Er wird bleich. Ein nervöses Zittern geht über sein Gesicht. Der Ausweisungsbefehl! Er wird alle Pläne vernichten. Man klopft an die Tür. Moses faßt sich. Er will dem Büttel mit gelassener Miene begegnen. Was vermag der Mensch gegen den Willen Gottes?
Ein Bedienter in Livree tritt ein.
«Wohnt hier ein Moses Dessau? Sind Sie es selbst? Dann habe ich diesen Brief abzugeben. Mein Herr erwartet Ihre Antwort bis morgen.»
Der Bediente übergibt den Brief, nickt und geht. Mit zitternden Fingern erbricht Moses den Umschlag. Er enthält das Angebot einer Stellung als Hauslehrer beim Seidenwarenfabrikanten Bernhard, der ihm seinen Schutz und ein Honorar verspricht, das ihn aller materiellen Not enthebt.

Für Moses ist die schwerste Zeit der Prüfung vorüber. Sie hat immerhin sieben Jahre gedauert. Unter dem Schutz eines reichen, in der Gemeinde angesehenen Berliner Juden kann er nun ungestört seine Studien weiterführen. In kürzester Zeit beherrscht er alte und neue Sprachen, Mathematik, Philosophie.

Da er sich stets nur mit dem beschäftigt, was ihm gerade zusagt oder auf was ihn Freunde aufmerksam machen, finden sich in seinen Kenntnissen auch Lücken.

«Was weiß ich von Geschichte?» schreibt er an einen Freund, «was nur den Namen von Geschichte hat, Naturgeschichte, Erdgeschichte, Staatsgeschichte, gelehrte Geschichte, hat mir nie in den Kopf kommen wollen, und ich gähne allezeit, wenn ich etwas Historisches lesen muß, es müßte mich dann die Schreibart aufmuntern. Ich glaube, die Geschichte ist eine der Studien, die nicht ohne Unterricht erlernt werden können.» Freilich ist die Kost, welche in den «Allgemeinen Welthistorien» des achtzehnten Jahrhunderts geboten wird, für einen lebendigen Geist nicht eben schmackhaft. Aber der Hauptgrund, warum Mendelssohn – diesen Namen wird sich Moses Dessau später für seine ganze Familie beilegen – im Gebiet der Geschichte nicht heimisch werden kann, liegt darin, daß ihm die Geschichte die «Wissenschaft des Bürgers» ist. Er fühlt sich als Jude, nicht als Bürger; und jede Seite der Vergangenheit hält ihm die Unterdrückung seiner Nation vor. Nur im Reiche des Gedankens, der Philosophie, im Idealismus fühlt Mendelssohn sich heimisch. Dahin zieht ihn auch der angeborene Scharfsinn der Juden, die Liebe zu den oft abstrusen talmudischen Spekulationen, in denen er in der Dessauer und ersten Berliner Zeit sich geübt hatte. Sollte er Rabbiner werden? Er schreckt vor einer allzu engen Bindung an die Welt des jüdischen Dogmas zurück. Keine Rücksichten sollen ihn hindern an seinem reformatorischen Werk, dessen Grundzüge bei ihm feststehen.

So tritt er bei demselben Bernhard, dessen Kinder er erzogen hat, als Buchhalter in die Seidenfabrik ein. Er wird sich später zum Teilhaber emporarbeiten und das Unternehmen führen bis zu seinem Tode.

Mendelssohn hatte seiner schwachen Gesundheit wegen das Bad Pyrmont aufgesucht und dort den Kaufmann Gugenheim aus Hamburg kennengelernt.
«Rabbi Moses», sprach dieser eines Tages zu ihm, «wir alle verehren Sie, aber am meisten verehrt Sie meine Tochter. – Mir wäre es das höchste Glück, Sie zum Eidam zu haben. Besuchen Sie uns doch einmal in Hamburg.»
Lange kann sich Mendelssohn nicht zur Reise entschließen. Endlich überwindet er seine Schüchternheit, reist nach Hamburg, besucht unterwegs Lessing in Braunschweig und geht zu Gugenheim in dessen Kontor. Dieser sagt:
«Gehen Sie hinauf zu meiner Tochter. Sie wird sich freuen, Sie zu sehen; ich habe viel von Ihnen erzählt.»
Mendelssohn besucht die Tochter. Am andern Tag kommt er zu Gugenheim und fragt endlich, was die Tochter, die ein gar anmutiges Wesen sei, von ihm gesagt habe?
«Ja, verehrter Rabbi», sagt Gugenheim, «soll ich's Ihnen ehrlich sagen?»
«Ich bitte Sie darum!»
«Nun, Sie sind ein Philosoph, ein Weiser, ein großer Mann, Sie werden es dem Kinde nicht übelnehmen. Sie hat gesagt, sie wäre erschrocken, wie sie Sie gesehen hat, weil Sie –»
«– weil ich einen Buckel habe?»
Gugenheim nickt.
«Ich habe es mir gedacht. Ich will aber doch von Ihrer Tochter Abschied nehmen.»

Mendelssohn geht hinauf in die Wohnung und setzt sich zur Tochter, die näht. Sie sprechen gut und schön miteinander, aber das Mädchen blickt nicht von der Arbeit auf und vermeidet es, den Besucher anzusehen. Endlich, da dieser das Gespräch geschickt so gewendet, fragt sie:
«Glauben Sie auch, daß die Ehen im Himmel geschlossen werden?»
«Gewiß, und mir ist noch was Besonderes geschehen. Bei der Geburt eines Kindes wird im Himmel ausgerufen: ‚Der und der bekommt die und die!' Wie ich nun geboren wurde, wird mir auch meine Frau ausgerufen, aber dabei heißt es: ‚Sie wird, leider Gottes, einen Buckel haben, einen schrecklichen!' – ‚Lieber Gott', habe ich da gesagt, ‚ein Mädchen, das verwachsen ist, wird gar leicht bitter und hart. Ein Mädchen soll schön sein. Lieber Gott, gib mir den Buckel und laß das Mädchen schlank gewachsen und wohlgefällig sein.'»
Bei diesen Worten fällt Fromet ihrem Besucher um den Hals und verspricht, seine Frau zu werden.
Moses ist kein stürmischer Liebhaber. Seine Briefe an die Braut klingen weder himmelhoch jauchzend noch zu Tode betrübt. Sorgfältig dringt er in die Seele der Frau ein, die sein Leben teilen wird. Hellhörig sucht er aus ihren Antworten herauszuspüren, wie der Ton seiner Briefe in ihrem Herzen widerhallt. Er sendet ihr Bücher, die ihm lieb sind und die sie liest, um in ihrem Denken und Fühlen ihm nahe zu sein. Unnötige Spannungen mildert er sofort durch Beweise seiner Feinfühligkeit und Rücksichtnahme. Mit Humor und Takt beseitigt er das Mißtrauen der Geschwister seiner Braut, und seine liebenswürdige Aufrichtigkeit gewinnt bald die Herzen aller. Über schwierige Punkte des Ehekontraktes verhandelt er stets freundlich, bescheiden,

Felix Mendelssohn Bartholdy

aber fest und beharrlich da, wo seine Ehre und Treue in Frage gestellt werden.
Und die Ehe wird ungetrübt sein bis zu seinem Tode.

Mendelssohn ist zwar milde, aber es fehlt ihm durchaus nicht an schlagfertigem Witz. Ein Freund will ihn eines Tages mit folgenden Versen in Verlegenheit bringen:

«An Gott den Vater glaubt ihr schon.
So glaubt doch auch an seinen Sohn.
Ihr pflegt doch sonst bei Vaters Leben
Dem Sohne gern Kredit zu geben.»

Mendelssohn antwortete ohne langes Besinnen:

«Wie könnten wir Kredit ihm geben?
Der Vater wird ja ewig leben.»

Und einen preußischen Leutnant, der ihn anschnarrt:
«Womit handelt Er?»
fertigt er ab mit den Worten:
«Mit etwas, das Sie brauchen können: Mit Verstand!»

Mendelssohn ist gezwungen, seine ständig bedrohte Gesundheit durch ein streng geregeltes Leben zu schonen. Im Sommer wie im Winter steht er morgens um fünf auf und beschäftigt sich einige Stunden mit wissenschaftlichen Arbeiten. Um neun geht er in die Fabrik.
Dort muß er Arbeiter mit Stoffproben empfangen, Kaufleute mit Handelsfragen, aber auch Gelehrte mit philosophischen Problemen. Denn Freunde und Verehrer, die über Berlin reisen, wollen die Gelegenheit nicht verpassen, den Zauber seiner Persönlichkeit auf sich wirken zu lassen. Alle diese Menschen, die in bunter Folge seine Kontorarbeit

unterbrechen, behandelt Mendelssohn mit derselben Klarheit und Freundlichkeit. Dabei freut er sich wohl auf die stillen Augenblicke mit seinen Büchern, auf die er auch im Betrieb der Fabrik nicht verzichten kann.

«Die Geschäfte! Die lästigen Geschäfte!» schreibt er an Lessing. «Sie drücken mich zu Boden und verzehren die Kräfte meiner besten Jahre. Wie ein Lastesel schleiche ich mit beschwertem Rücken meine Lebenszeit hindurch; und zum Unglück sagt mir die Eigenliebe oft ins Ohr, daß mich die Natur vielleicht zum Paradepferd erschaffen hat.»

Dennoch verdankt Mendelssohn dem Geschäft auch Gutes. Während einer mehrjährigen Krankheit, die jede geistige Anstrengung, sogar das Briefschreiben, unmöglich macht, tröstet er sich mit seiner Arbeit in der Fabrik. Und überdies schärft dieser ständige Kontakt mit der Wirklichkeit des Alltags seine Menschenkenntnis, seinen unbestechlichen Blick.

Von drei Uhr an ist der Nachmittag frei. Bei schönem Wetter wird ein Spaziergang vors Tor gemacht. Leider bleiben Mendelssohn auch in den Stunden der Erholung bittere Erfahrungen nicht erspart.

«Ich ergehe mich», schreibt er in einem Brief, «zuweilen des Abends mit meiner Frau und meinen Kindern. Papa! fragt die Unschuld, was ruft uns jener Bursche dort nach? Warum werfen sie mit Steinen hinter uns her? Was haben wir ihnen denn getan? – Ja, lieber Papa! spricht ein anderes, sie verfolgen uns immer in den Straßen und schimpfen: Juden! Juden! Ist denn dieses so ein Schimpf bei den Leuten, ein Jude zu sein? Und was hindert dieses andere Leute? Ach! Ich schlage die Augen nieder und seufze mit mir selber: Menschen! Wohin habt ihr es endlich kommen lassen?»

Glücklicherweise ist es Mendelssohn gelungen, einen stillen Garten zu mieten, wo ihn niemand belästigen darf. «Kommen Sie zu uns!» schreibt er an Lessing während des Siebenjährigen Krieges, «wir wollen in unserm einsamen Gartenhause vergessen, daß die Leidenschaften der Menschen den Erdball verwüsten. Wie leicht wird es uns sein, die nichtswürdigen Streitigkeiten der Habsucht zu vergessen, wenn wir unsern Streit über die wichtigsten Materien des Geistes, den wir schriftlich angefangen, mündlich fortsetzen werden.»

Fast täglich versammelt sich bei Mendelssohn ein Kreis Bekannter. Jeder im Haus Eingeführte erscheint uneingeladen, wann es ihm beliebt, und bleibt, solange es ihm gefällt. Man trifft Menschen, wie sie der Zufall vereinigt, und es werden lebhafte, immer wechselnde Gespräche geführt. Das Abendessen ist einfach, denn das Einkommen Mendelssohns ist nicht groß. Viele seiner Schriften, zum Beispiel die umfangreiche Übersetzung der fünf Bücher Mosis, liefert er unentgeltlich, damit auch Unbemittelte sie kaufen können. Vermögen besitzt er nicht. So muß sein Gehalt als Buchhalter ausreichen. Frau Fromet aber verwaltet den Haushalt so klug, daß kein Mangel fühlbar wird, auch wenn die Gäste zahlreich erscheinen. Die Tradition dieser improvisierten Geselligkeit wird von allen kommenden Generationen der Familie Mendelssohn übernommen und hochgehalten werden.

Das Gespräch bei diesen abendlichen Zusammenkünften dreht sich mit Vorliebe um literarische und künstlerische Fragen. Seltener spricht man über streng wissenschaftliche Gegenstände.

Mendelssohn pflegt als Kampfrichter auf seinem Armstuhl zu sitzen, die Augen gesenkt. Oft ermutigt er den Sprechenden durch ein plötzliches Auffahren oder durch einen einsilbigen Ausruf. Dann wieder belohnt er durch lächelnden Beifall. Ein schnelles Niedersehen, ein verneinendes Kopfschütteln gilt ohne ein lautes Wort für bedeutenden Tadel. Wenn dies nicht wirkt, wenn der Gegner auf wohlbegründete Einwände sich nicht ergibt oder wenn endlich Rede und Gegenrede sich durchkreuzen und verwirren, dann steht Mendelssohn auf von seinem Sitze, tritt in die Mitte der Streitenden und scheint liebreich um Gehör zu bitten. Nachdem ehrerbietiges Stillschweigen eingetreten ist, nimmt Mendelssohn den Faden des Gesprächs auf, entwickelt die Streitfrage, stellt Satz und Gegensatz mit vorbildlicher Klarheit und Kürze gegeneinander und läßt die Streitenden die Vergleichspunkte selber finden. Wie sein großes Vorbild Sokrates entwickelt er das, was er lehren will, aus dem Geist der Schüler heraus, anstatt es in sie hineinzutragen.

«Wie? Ein Mann wie Sie soll täglich in Gefahr sein, durch die Polizei ausgewiesen zu werden?» fragt ungläubig der Marquis d'Argens[56], ein Verehrer Mendelssohns.
«Sokrates bewies ja seinem Freund Kriton, daß der Weise schuldig ist zu sterben, wenn es die Gesetze des Staates fordern», antwortet der Philosoph. «Ich muß also die Gesetze des Staates, in dem ich lebe, noch für milde halten, daß sie mich bloß austreiben, falls mich in Ermangelung eines anderen Schutzjuden auch nicht ein Trödeljude für seinen Diener erklären will.»
Da weder Mendelssohn noch seine Frau geborene Preußen sind, so können sie nach den geltenden Bestimmungen nur unter dem Schutz eines ansässigen Juden in Berlin leben.

Der Marquis verlangt, Mendelssohn solle eine Bittschrift aufsetzen, die er selbst übergeben wolle. Mendelssohn wendet ein:
«Es tut mir weh, daß ich um das Recht der Existenz erst bitten soll, welches das Recht eines jeden Menschen ist, der als ruhiger Bürger lebt. Wenn aber der Staat überwiegende Gründe hat, Leute wie meine Nation nur in gewisser Anzahl aufzunehmen, welches Vorrecht kann ich vor meinen übrigen Mitbrüdern haben, eine Ausnahme zu verlangen?»
Erst nach häufigen Ermahnungen der Freunde entschließt sich Mendelssohn zur Abfassung der Bittschrift. Auf ein Duplikat derselben schreibt d'Argens:
«*Un Philosophe mauvais catholique supplie un Philosophe mauvais protestant de donner le privilège à un Philosophe mauvais juif. Il y a trop de philosophie dans tout ceci, pour que la raison ne soit pas du côté de la demande.*»
Nach einiger Zeit erhält Mendelssohn das Privileg. Dagegen weigert sich Friedrich der Große, dessen Wirkung auf die Nachkommen des Philosophen auszudehnen. Erst Friedrich Wilhelm II. wird dies Privileg auch der Witwe und den Kindern gewähren, «wegen der bekannten Verdienste Ihres Mannes und Vaters», wie es in der Urkunde heißt.
Welcher Art sind die Verdienste Moses Mendelssohns? Man tut wohl besonders heute, im Zeitalter ungehemmt sich austobender Leidenschaften, gut daran, sie nicht nur im philosophischen Werk, sondern vor allem in der rein menschlichen Ausstrahlung Mendelssohns zu suchen. Denn Mendelssohn gehört nicht unter die bahnbrechenden großen Philosophen, die Welt verdankt ihm weder neue Systeme noch umwälzende Gedanken.
Dagegen fällt ihm das große Verdienst zu, durch Veröffentlichungen und durch persönliches Beispiel die menschen-

freundlichen Erkenntnisse der Philosophie des achtzehnten Jahrhunderts weitesten Kreisen zugänglich und lebendig gemacht zu haben.
Diese Philosophie wagt den Versuch, den Menschen ohne Rücksicht auf Herkommen, Rasse und Religion als Menschen zu einem von Gottesliebe und Vernunft erleuchteten Einzelwesen heranzubilden. Gegen Erstarrung, Engherzigkeit und Aberglaube ging der Kampf. Moses Mendelssohn wählte sich noch einen dritten Feind: die Leidenschaft.
«Wer die Absicht, mich zu reizen, so deutlich merken läßt, der soll Mühe haben, sie zu erreichen», schreibt er. Doch ist für ihn Leidenschaftslosigkeit durchaus nicht dasselbe wie Teilnahmslosigkeit. Mit welch innerer Anteilnahme Mendelssohn seine Kämpfe ausfocht, zeigt folgendes Beispiel:
Der bekannte Zürcher Theologe Lavater[57] hatte im Jahre 1763 auf einer Reise Mendelssohn flüchtig kennengelernt und war, wie so viele Besucher vor und nach ihm, vom Zauber dieser Persönlichkeit aufs tiefste beeindruckt.
Einige Jahre später gibt er eine Übersetzung von Bonnets[58] «Beweise für das Christentum» heraus, eignet das Buch Mendelssohn zu und fordert ihn öffentlich auf, diese Beweise zu widerlegen oder – Christ zu werden.
Der gefühlswarme, heilsgewisse Seelsorger Lavater ist sich im Augenblick nicht bewußt, daß er Mendelssohn vor die Wahl stellt, entweder das Christentum anzugreifen und damit sich und seinen Glaubensgenossen neue Verfolgungen zuzuziehen (Kirche und Staat sind ja noch nicht getrennt) oder aber der Gewalt zu weichen und sich taufen zu lassen. Und Mendelssohn, den jede Gewalttätigkeit besonders im Reiche des Geistes mit Entsetzen erfüllt, fühlt sich durch diesen öffentlichen Bekehrungsversuch in

seinem Innersten verletzt. Soll er schweigen? Dann verleugnet er seine heiligsten Überzeugungen und gibt seinen Feinden recht, die seine Leidenschaftslosigkeit, seine Abscheu vor jeder Gewalttat als Angst und Feigheit bezeichnen. So tritt er Lavater entgegen und bekennt sich öffentlich aus tiefster Gläubigkeit zum Judentum. Er stürmt nicht vernichtend gegen den, der ihn herausgefordert. Mit ruhiger Sachlichkeit legt er dar, daß mit den Bonnetschen Lehrsätzen jede geoffenbarte Religion sich verteidigen läßt. So milde, so überzeugend strahlt die Sonne seiner klaren Vernunft, daß die Gunst auch des christlichen Lesers ihm gehört.
Lavater sieht schließlich die begangene Taktlosigkeit ein. Reumütig bittet er ab. Die Gegner werden gute Freunde. Dieser Streit aber hat Mendelssohn derart aufgeregt, daß er schwer nervenkrank wird und während sieben Jahren jede geistige Anstrengung meiden muß. Immerhin hat die Antwort an Lavater die Durchführung seines Reformplanes wesentlich gefördert. Moses Mendelssohn wird als geistvoller, überlegener Verfechter des Judentums berühmt. Vorurteile fallen. Gebildete Christen anerkennen gebildete Juden als gleichberechtigt und nehmen sie in ihre Kreise auf. Die Juden selber aber sehen die Notwendigkeit der Ausweitung ihrer Geisteswelt ein.

Nicht nur für ein aufgeklärtes Judentum kämpft Moses Mendelssohn. Durch Arbeiten an der «Bibliothek der schönen Wissenschaften und freien Künste» und namentlich an den «Literaturbriefen» bekennt er sich auch zum Deutschtum, und dies in einer Zeit, in der nur die Anbetung und Nachahmung des Französischen in Literatur

und Kunst Anerkennung und Geltung findet. Wie unerschrocken Mendelssohn vorgeht, möge folgendes Beispiel zeigen:
Friedrich der Große gibt einen Gedichtband in französischer Sprache heraus. Mendelssohn stellt zunächst fest, daß jeder Autor, der an die Öffentlichkeit tritt, und sei er auch König, sich der Kritik unterwerfen müsse. Sodann tadelt er schonungslos des Königs Vorliebe für die französische Sprache.
Ein kleinerer Geist als Friedrich der Große hätte sich an dem in Berlin kaum geduldeten Juden gerächt. Mendelssohn aber bleibt unbehelligt. Er gilt von nun an als allgemein anerkannter Vorkämpfer für die deutsch-nationalen literarischen Bestrebungen.
Bis in unsere Zeit bedeutungsvoll geblieben sind die Übersetzungen der fünf Bücher Mosis, der Psalmen und des Hoheliedes. Frei von allen theologischen und mystischen Ausdeutungen, geben sie den Sinn des Originals mit größter sprachlicher Treue wieder. Die Sätze sind kurz, einfach, klar, ohne den reichen künstlerischen Schmuck der Übertragung Luthers, aber auch ohne die schwülstigen Wendungen, die in der Zeit beliebt waren, als Mendelssohn seine Übersetzung schuf. Von ihrer sprachlichen Meisterschaft ließ sich Franz Schubert zur Komposition des herrlichen Frauenchors: «Gott ist mein Hirte» inspirieren.
Die ersten Ausgaben wurden zum Teil mit hebräischen Buchstaben gedruckt, um den Juden in ihrer Schrift das Deutsche vertraut zu machen. Mendelssohn hatte die Absicht, das ganze alte Testament zu übertragen; aber der Tod zerstörte diesen großartigen Plan. Eine dem damaligen Stand der Philosophie angepaßte Übertragung und Bearbeitung von Platos «Phädon» wurde in fast alle Kultursprachen übersetzt.

Zu den wesentlichen Teilen seines Lebenswerkes gehören noch folgende Schriften: «Jerusalem, oder über religiöse Macht und Judentum», das politisch-religiöse Testament des Philosophen – es vertritt die damals noch unerhörte Forderung der Trennung von Kirche und Staat – sowie «Morgenstunden», ein philosophisches Testament, das er zur Belehrung seiner Kinder und ihrer Freunde schrieb.

Unter den vielen Freunden Mendelssohns – mit fast allen bedeutenden Männern seiner Zeit hat er korrespondiert – sei besonders Gotthold Ephraim Lessing (1729–1781) hervorgehoben, der ihm am nächsten stand. Gemeinsame Arbeit an den «Literaturbriefen» führte die beiden zusammen. Sogar Streitigkeiten befestigten die Freundschaft, da es beiden nie um Persönliches, sondern stets um eine gegenseitige, streng sachliche, fördernde Kritik ging. Das schönste Denkmal hat Lessing dem Freund im «Nathan» gesetzt. Die meisten Figuren dieses Schauspieles sind dem Kreis um Mendelssohn entnommen, und vor allem ist die maßvolle, kluge und milde Gestalt des Nathan das getreue Bild Moses Mendelssohns.
Der Philosoph schreibt nach Lessings Tod über seinen Freund: «Mich beschäftigt jetzt der einzige Gedanke: Lessings Tod. Er macht mich nicht traurig, nicht tiefsinnig; aber er ist mir immer gegenwärtig wie das Bild einer Geliebten. Ich schlafe mit ihm ein, träume von ihm, wache mit ihm auf und danke der Vorsehung für die Wohltat, die sie mir erzeigt hat, daß ich diesen Mann so frühzeitig habe kennenlernen und daß ich seinen freundschaftlichen Umgang so lange genossen habe. Die Welt kennt seinen Wert

als Schriftsteller, wenige aber kennen seinen Wert als Freund. Wenn aber irgendein Mensch besser war, als er sich in seinen Schriften zu erkennen gab, so war es Lessing. Die am meisten wider ihn eingenommen waren, wußte er in einer Stunde persönlichen Umgangs zu gewinnen, und gleichwohl ist ihm meines Wissens nie eine geflissentliche Schmeichelei aus dem Munde gegangen; ja er hatte sogar die – wie soll ich es nennen? – Bizarrerie, ein abgesagter Feind von aller äußeren Höflichkeit zu sein. Seine gesellschaftlichen Tugenden bestanden vielmehr in echter Teilnahme, aufrichtiger Dienstbeflissenheit, in der äußersten Entfernung von Eigennutz und Eigendünkel und in der milden Bereitwilligkeit, einem jeden mit seinem Reichtum an Begriffen so zuvorzukommen, daß man sich in einer Unterredung mit ihm allezeit scharfsinniger glaubte, als man wirklich war. Sarkastisch und bitter gegen jeden Geck, der sich die Wahrheit allein gefunden zu haben einbildete, war er liebreich und bescheiden gegen jeden, der Wahrheit suchte ...»

Mendelssohns Gesundheit war in der Jugend durch angestrengtes Arbeiten bei unzulänglicher Nahrung untergraben worden. Dessen blieb er sich immer bewußt und lebte äußerst diszipliniert. Die treue Pflege seiner Frau sowie seine regelmäßige Lebensweise ließen ihn jede Krankheit überwinden.

Da kam Lessings Tod, und ein kurz danach ausbrechender, Jahre dauernder Streit mit Jacobi[59] über Lessings philosophische Ansichten erregte Mendelssohn wieder zutiefst. Silvester 1785 brachte er das Manuskript seines letzten Wortes in dieser Streitsache zu seinem Verleger Voß. Am Schluß dieser letzten Bogen, die er geschrieben, heißt es:

«Ich glaube, es sei bei so bewandten Umständen durch Disput wenig auszurichten und also wohlgetan, daß wir auseinander scheiden. Er kehre zu dem Glauben seiner Väter zurück, bringe durch die siegende Macht des Glaubens die schwermäulige Vernunft unter Gehorsam, schlage die aufsteigenden Zweifel, wie in dem Nachsatz seiner Schrift geschieht, durch Autoritäten und Machtsprüche nieder, ‚segne und versiegele seine kindliche Wiederkehr mit Worten aus dem frommen, engelreinen Mund Lavaters'. – Ich von meiner Seite bleibe bei meinem jüdischen Unglauben, traue keinem Sterblichen einen ‚engelreinen Mund' zu, möchte selbst von der Autorität eines Erzengels nicht abhängen, wenn von ewigen Wahrheiten die Rede ist, auf welche sich des Menschen Glückseligkeit gründet, und muß also schon hierin auf eignen Füßen stehen und fallen; oder vielmehr da wir alle, wie Herr Jacobi sagt, ‚im Glauben geboren' sind, so kehre auch ich zum Glauben meiner Väter zurück, welcher nach der ersten ursprünglichen Bedeutung des Wortes nicht in Glauben an Lehre und Meinung, sondern in Vertrauen und Zuversicht auf die Eigenschaften Gottes besteht. Ich setzte das volle, uneingeschränkte Vertrauen in die Allmacht Gottes, daß sie dem Menschen habe die Kräfte verleihen können, die Wahrheiten, auf welche sich seine Glückseligkeit gründet, ohne Autorität zu erkennen, und hege die kindliche Zuversicht zu seiner Allbarmherzigkeit, daß sie mir diese Kräfte hat verleihen wollen. Von diesem unwankenden Glauben gestärkt, suche ich Belehrung und Überzeugung, wo ich sie finde. Und, Preis sei der seligmachenden Allgütigkeit des Schöpfers, ich glaube sie gefunden zu haben, und glaube, daß jeder sie finden könne, der mit offenen Augen sucht und sich nicht selbst das Licht verstellen will.»

Auf diesem Gang zum Verleger erkältete sich Mendelssohn. Die Krankheit schien zunächst unbedeutend, verschlimmerte sich aber schnell, und am 4. Januar 1786 starb er. Sein Ende war, wie das fast aller seiner Nachkommen, schnell, nahezu schmerzlos. Die Teilnahme war allgemein in ganz Deutschland.

Abraham und Lea Mendelssohn, die Eltern des Komponisten

Von den vielen Kindern des Moses Mendelssohn überlebten den Vater drei Söhne: Joseph, Abraham, Nathan, und drei Töchter: Dorothea, Henriette und Recha.
Der älteste Sohn Joseph wurde Kaufmann und gründete in Hamburg mit seinem jüngeren Bruder Abraham das Bankhaus Mendelssohn.
Joseph lebte nationalökonomischen und mathematischen Privatstudien, stets fern der Öffentlichkeit, zurückgezogen im Kreise seiner Familie. Am 26. November 1848 verschied er ruhig und schmerzlos wie sein Vater. Josephs Sohn war Georg Benjamin Mendelssohn, Geograph, gestorben 1874 zu Horchheim als Professor der Universität Bonn.
Der jüngste Sohn von Moses, Nathan, wurde Staatsbeamter in Schlesien und überlebte alle seine Geschwister; er starb erst im Jahre 1852. Von den Nachkommen sei sein Enkel Arnold Mendelssohn erwähnt, der als Professor, Komponist und Kirchenmusikdirektor von Darmstadt bekannt wurde. Neben Psalmen und Kantaten schrieb er eine Oper nach Gotthelfs Roman «Elsi, die seltsame Magd».
Während Moses' Tochter Recha den mecklenburgischen Hofagenten Meyer heiraten mußte, von dem sie sich bald wieder scheiden ließ, wurde Dorothea durch ihres Vaters Machtwort an den jüdischen Kaufmann Veit verheiratet, von dem sie sich trennte, um dem Schriftsteller, Gelehrten und Diplomaten Friedrich Schlegel zu folgen. Vor ihrer

Heirat trat sie in Paris zum Protestantismus und später in Köln zusammen mit Schlegel zum Katholizismus über. Katholisch wurde auch ihre Schwester Henriette, Erzieherin der reichen, schönen, sanften, aber schwachbegabten, unglücklichen Generalstochter Fanny Sebastiani[60]. «Tante Jette», wie sie in der Familie genannt wurde, lebte später in Berlin in der Nähe ihres Bruders Abraham. Sie war nicht schön, etwas verwachsen, hatte aber von ihrem Vater nicht nur diese körperlichen Gebrechen, sondern auch das Sanfte, Sichere, Gewinnende, Eindringliche seines Geistes geerbt. Wohl deshalb stand sie ihrem Neffen Felix besonders nahe. Obwohl sie zurückgezogen lebte, hatte sie in England, Frankreich und Deutschland berühmte Freunde. Zu ihren Korrespondenten zählten Madame de Staël und Benjamin Constant[61]. Henriette Mendelssohn starb unverheiratet 1831 in Berlin.
Es war Abraham, dem zweitgeborenen Sohn Moses', bestimmt, dem Namen Mendelssohn neue Bedeutung zu geben in seinem Sohne Felix.
«Früher war ich der Sohn meines Vaters. Jetzt bin ich der Vater meines Sohnes. Zwischen Vater und Sohn stehe ich gewissermaßen wie ein Gedankenstrich», schrieb er in feiner Selbstironie im Jahre 1833 aus London, wo Felix bereits berühmt war. Gewiß, Abraham blieb die schöpferische Kraft im Gebiete der Kunst versagt. Dafür aber hatte er den Sinn für weltmännische Sicherheit und kaufmännische Tatkraft wohl von seinem Urgroßvater geerbt, dem Vater von Moses Mendelssohns Mutter. Jener berühmte, reiche Dessauer Hofjude Wulff hatte sich, seiner Verdienste um die Staatsfinanzen wegen von seinem Fürsten mit der Rechtsfähigkeit ausgestattet (was damals für einen Israeliten eine selten gewährte Gunst bedeutete), in einen Prozeß um die Zwangsvollstreckung einer Forderung gewagt,

zu deren Sicherung das Herzogshaus Gotha dem Juden eine Ortschaft verpfändet hatte. Nach schweren, zwei Jahrzehnte dauernden Kämpfen bekam der Jude gegen den Herzog von Gotha schließlich recht. Sein ganzes Vermögen aber war inzwischen an die Anwälte und Richter verlorengegangen. Dadurch, daß Wulff, obwohl ein unglücklicher Ausgang vorauszusehen war, den Kampf bis zum Sieg des Rechtes durchgefochten, hatte er sich weit über den Kreis seiner Glaubensgenossen hinaus Achtung und Verehrung erworben. Dies Gefühl für Gerechtigkeit und Ehrenhaftigkeit war auch Abraham eigen. 1816 empfiehlt ihn Professor Zelter an Goethe mit folgenden Worten:
«Der Bankier Abraham Mendelssohn ist es, der Dir diesen Brief bringt. Er ist der zweite Sohn des Philosophen, und von seinen ersten Jünglingsjahren an hat er sich mein Haus mit dem, was drinnen war, gefallen lassen. Er gehört zu den Braven, und so wirst Du ihn aufnehmen. Er hat liebenswürdige Kinder, und sein ältestes Töchterchen könnte Dich etwas von Sebastian Bach hören lassen. Sie, die Frau, ist zugleich eine höchst treffliche Mutter und Hausfrau, leider von etwas schwacher Gesundheit. Er, der Mann, ist mir sehr gewogen, und ich habe offene Kasse bei ihm; denn er ist in Zeiten der allgemeinen Not ohne Schaden an seiner Seele reich geworden.»
Während Moses Mendelssohn die geistige Kultur der Familie begründet und ausgebreitet hatte, schuf Abraham die materiellen Voraussetzungen, die eine vielseitige, von Existenzkämpfen unbeschwerte Erziehung erlaubten, wie sie unter den großen Deutschen außer Felix Mendelssohn wohl nur Goethe zuteil geworden ist.
Abraham begann seine Laufbahn als Kassier am Fouldschen Bankhause in Paris. Da er Berlin nicht liebte, wäre

er gern bei Fould in Paris geblieben, wo er durch das Erlebnis der glanzvollen Aufführungen Gluckscher Opern in der ursprünglichen Inszenierung des Meisters ein begeisterter Anhänger von Gluck geworden war. Allein die Mutter des Mädchens, das er liebte, erklärte, daß sie ihre Tochter einem «Kommis» nicht geben würde. Henriette Mendelssohn, die intime Freundin der Braut, schreibt darüber ihrem Bruder Abraham:

«Ich hoffe in Deinem nächsten Brief zu lesen, daß Du Lilla schon gesprochen hast, und je öfter Du sie sprichst, je mehr wirst Du gesehen haben, daß Du selten, vielleicht nie wieder eine Frau wie diese findest. Ich billige es darum nicht, daß die Lebensweise in Berlin, die Dir mißfällt, einen solchen Einfluß auf den wichtigsten Entschluß haben soll. Ich habe mich nicht enthalten können, Dich einer jugendlichen Übereilung zu beschuldigen, wie ich diese Stelle in Deinem Briefe gelesen habe: *‚Je préférerais manger du pain sec à Paris.'* – *Du pain sec* ist freilich nicht zu verachten, besonders in Paris nicht, wo es weiß ist. Ich fürchte aber immer, es könnte auf die Länge, wenn Du so für andere bloß arbeitest, ohne Mittel, Dich weiter zu bringen, bei allen Deinen Talenten immer von der Laune und dem Eigensinn, den wir kennen, abhängend – *du pain amer* werden; und Gott behüte Dich, daß Du es je bereuen mögest, wenn Du jetzt refusierst.»

Vernunft und Liebe siegten bei Abraham. Er heiratete Lea Salomon und begründete in Hamburg mit seinem Bruder Joseph das Bankhaus Mendelssohn. (Salomon hieß also seine Frau mit ihrem Mädchennamen, nicht Bartholdy!) Ein Bruder von Lea Salomon, preußischer Generalkonsul in Rom, hatte bei der Taufe den Namen Bartholdy angenommen, um sich von seinen Verwandten jüdischen Glaubens

Moses Mendelssohn

zu unterscheiden. Abraham Mendelssohn, der selbst erst 1822 zur evangelischen Kirche übertrat, ließ schon 1816 alle seine Kinder taufen und fügte von da an auf Rat seines Schwagers dessen Namen Bartholdy dem Namen Mendelssohn bei. Später schrieben sich Felix und seine Nachkommen «Mendelssohn Bartholdy», ohne Bindestrich, um sich zu unterscheiden von der Familie seines Bruders Paul Hermann, der den Bindestrich zwischen die beiden Namen setzte.

Lea war, nach der Schilderung des Salomonschen Hausfreundes Merkel[62], nicht schön, hatte aber lebendige, sprechende Augen und feines, rücksichtsvolles Empfinden neben treffendem, aber immer schonend geäußertem Witz. Sie spielte Klavier, sang, zeichnete, sprach und las Französisch, Englisch und übersetzte, allerdings nur für sich und heimlich, Homer aus der Ursprache; denn nie hätte sie mit ihrem Können geprunkt. Das Vermächtnis einer Verwandten hatte sie reich gemacht. Sie lebte trotzdem bescheiden mit ihrer wenig bemittelten Mutter, der sie Kostgeld bezahlte und die Wirtschaft aufs sorgfältigste führte. Ihr Leben in der Nähe von Berlin schildert Lea in einem Brief an Merkel:

«Jetzt bewegt die Zeit nur noch sanft mein Gemüt mit stillem, liebevollem Andenken. Die milde Jahreszeit, der Genuß heiterer, freier Luft, ein herrliches Leben in dem reizendsten Garten, gesellige Freuden, das wichtige Amt einer Haushälterin, die ernste Würde der Honneurs unseres gemeinschaftlichen kleinen Zirkels, angenehme Beschäftigungen, der liebliche, ungestörte Anblick der schönen Natur geben meinem Herzen das reinste Vergnügen, die wohltätigste Stimmung. Ich hoffe, Sie führen noch Ihren Plan aus, uns im Herbst hier in meinem kleinen Paradiese zu besuchen. Erwarten Sie aber nach diesem vielversprechenden Ausdruck keine Wunderdinge. Brandenburgs flaches Land, sein magerer Boden, sein gänzlicher Mangel an allem, was zu einer romantischen Anlage gehört, sagen Ihnen, daß allein die Kunst hier das Reiche, Volle, Große einer trefflichen Natur ersetzen muß. Doch war man einsichtsvoll genug, nicht kleinliche Nachahmung von englischen Parks, Modegrotten, Liliputfelsen und neu angelegten Ruinen (wie in Ihrem beliebten Monbijou etwa) hier hervorbringen zu wollen. Denken Sie sich die dichtesten, kühlsten Schatten ehrwürdiger Kastanienbäume, Linden und Platanen; hohe, gewölbte Laubengänge; freundliche, runde Plätze und niedliche Lusthäuser; eine Fülle von Florens und Pomonens Schätzen, wie von Küchengewächsen und Treibhäusern, deren Anblick als Bild des Fleisches und der Betriebsamkeit gewiß auch interessant ist, und Sie haben eine richtige Idee unseres Sommeraufenthaltes. Rechnen Sie dazu ein kleines, bequemes, ländliches Wohnhaus, an dem sich Weinstöcke, Maulbeeren und Pfirsichbäume hinaufranken, und in dem ich ein nettes, aber höchst einfaches Zimmerchen besitze: mein Klavier, Bücherschrank und Schreibpult die einzigen Möbel, das Bild meiner Jette Mendelssohn und frische Blumen der einzige Schmuck darin; Raum und Einrichtung nicht für einen glänzenden Zirkel, sondern bloß für den engen Kreis weniger Freunde – das ganze still, freundlich und einsam.»

Diese Schilderung charakterisiert die Schreibende, die später ihrer Familie ein einzigartiges Heim erlesenster Kultur des Geistes und des Herzens geschaffen hat, von dem sie sich selber jeweilen nur schwer und für kurze Zeit trennen konnte. Abraham und Lea Mendelssohn lebten nach ihrer

Hochzeit im idyllischen Landhause «Martens Mühle» bei Hamburg. Dort wurden ihnen drei Kinder geboren: Fanny am 14. November 1805 (ihre Mutter entdeckte kurz nach der Geburt an ihr «Bachsche Fugenfinger» und sollte recht behalten), Felix am 3. Februar 1809 und Rebekka am 11. April 1811.

Da sich die Mendelssohns bei der französischen Besetzungsbehörde von Hamburg durch deutsche Gesinnung verhaßt gemacht hatten, mußten sie im Sommer 1811 heimlich bei Nacht in Verkleidung nach Berlin fliehen, wo die beiden Brüder Abraham und Joseph das Bankhaus weiterführten. In Berlin wurde Abraham am 30. Oktober 1813, im Jahre der Völkerschlacht bei Leipzig, das vierte Kind Paul Hermann geboren, der später, nach Abrahams Tod, das Bankhaus übernommen und der Familie erhalten hat.

Abraham war seiner Familie und sich selbst gegenüber nüchtern, streng und nicht ganz ohne jenen jüdischen Despotismus, der schon Moses Mendelssohn bewogen haben mag, seine Töchter entgegen ihren Neigungen zu verheiraten. Doch war Abraham ein gewissenhafter, weitsichtiger Erzieher, der nicht nur die Pflichten der Kinder ihren Eltern gegenüber kannte, sondern auch die Pflichten der Eltern ihren Kindern gegenüber. Die besten Lehrer waren für sie gut genug. Stets wurde nützlich und planvoll gearbeitet, und nie wurde der wachsende Reichtum Versuchung zum Müßiggang, weder für die Eltern noch für die Kinder. War Abraham geschäftlich auf Reisen, so mußten ihm die Kinder regelmäßig über ihr Tun und Lassen schriftlich Bericht erstatten. Der Vater versäumte nie, ihnen verständnisvoll, bisweilen tadelnd und mahnend zu antworten. So schreibt Abraham am 29. Oktober 1817 an seine Kinder:

«Eure Briefe, liebe Kinder! haben mir sehr viel Vergnügen gemacht. Ich würde auch jedem einen besonderen Brief schreiben, wenn ich nicht so bald wieder zu Euch käme, was Euch denn doch wohl lieber ist als ein Brief.

Du, liebes Beckchen, hast mir recht gut geschrieben, und ich lobe Dich, daß Du Dich des Eichhörnchens erbarmt und es in die Stube hast bringen lassen. Wenn das Wetter bei Euch so abscheulich ist wie hier, so hätte es auch ein Eich-Elefantchen nicht aushalten können im Freien. Was hat denn aber Mutter dazu gesagt? Führe Dich gut, fleißig und folgsam auf. Ich bringe Dir etwas sehr Schönes mit, das Du Dir aber auch verdienen mußt.

Du, liebe Fanny, hast Dich in Deinem ersten Briefe recht schöner Schrift befleißigt. Der zweite war schon eiliger. Es macht Dir Ehre, daß Dich B.s üble Späße nicht erfreuen. Ich finde auch keinen sonderlichen Geschmack daran, und es ist ein sündhaftes Bestreben, Lachen erregen zu wollen auf Kosten des Guten und Schönen. Leider beschränkt sich hierauf fast allein die Unterhaltung und das Leben in der Gesellschaft. Daher ist es ein übles, unlöbliches Leben und eine goldene Regel, lieber zu schweigen als etwas Unziemliches zu sagen.

Mit Dir, lieber Felix, ist die Mutter bis jetzt, wie sie mir geschrieben, zufrieden, und das freut mich sehr. Ich hoffe, ein wahrhaftes und erfreuliches Tagebuch vorzufinden. Beherzige meinen Wahlspruch: ‚Sei wahrhaft und gehorsam.' Besseres kannst Du nicht sein, und wenn Du es nicht bist, nichts Schlechteres. Deine Briefe haben mir Vergnügen gemacht. Indessen waren im zweiten mehrere Nachlässigkeiten, die ich Dir zu Hause zeigen werde. Du mußt Dich bemühen, besser zu sprechen, dann wirst Du auch besser schreiben.

Deine Briefe, o du dreimal gerührter Morgenkönig, sonst auch Paul Hermann genannt!, waren die besten. Auch nicht ein einziger Fehler war darin, und sie waren so schön kurz. Ich lobe Dich aber im Ernst wegen Deiner guten Aufführung, von der mir Mutter, Beckchen und Fanny schöne Dinge erzählen. Wo werde ich nun aber Ziegen für Dich herbekommen?
Ich freue mich sehr, Euch alle bald wiederzusehen und grüße Euch von Herzen.»
Wie sehr für den Vater jede erreichte Stufe nur Ansporn zu rastloser Weiterentwicklung bedeutete, zeigt folgender Geburtstagsbrief an die dreiundzwanzigjährige Fanny:
«Wir werden beide mit jedem Jahr dreihundertfünfundsechzig Tage älter. Wer weiß, wie lange ich Dir noch zu Deinem Geburtstag gratulieren und ein ernstes Wort sagen kann; wer weiß, wie lange Du es noch hören kannst oder willst.
So will ich Dir heute sagen, liebe Fanny, daß ich in allen wesentlichen Punkten mir Dir so zufrieden bin, daß mir nichts zu wünschen übrig bliebe. Du bist gut in Sinn und Gemüt. Das Wort ist verdammt klein, aber es hat es hinter den Ohren, und ich sage es nicht von einem jeden.
Aber Du kannst noch besser werden! Du mußt Dich mehr zusammennehmen, mehr sammeln. Du mußt Dich ernster und emsiger zu Deinem eigentlichen Beruf, zum *einzigen* Beruf eines Mädchens, zur Hausfrau, bilden. Die unausgesetzte Beschäftigung mit dem Kleinsten, das Auffangen eines jeden Regentropfens, damit er nicht im Sande verdunste, sondern, zum Bache geleitet, Wohlstand und Segen verbreite; die stete, unausgesetzte Beobachtung des Einzelnen, die Wohltat jedes Augenblicks und die Benutzung jedes Augenblicks zur Wohltat, das, und alles das, was Du

Dir dazu denken wirst, sind die Pflichten, die schweren Pflichten der Frauen.
Es fehlt Dir wahrlich nicht am Gemüt, noch weniger am Verstande, um sie treu zu erfüllen; aber am ernsten Willen, an der Sammlung, an der rechten Wahl und Würdigung Deiner Beschäftigung wirst Du noch genug Stoff finden, Deine Kraft zu üben. Tue es, so lange Du freiwillig kannst! ehe Du gezwungen bist. Übe Dich, so lange es Dir noch vergönnt ist, mit Deinen Eltern zu leben, vieles besser zu machen als diese. Gib dem Gebäude einen festen Grund; der Zierden wird es nicht mangeln.
Doch ich will ja nicht predigen und bin noch nicht alt genug, schwatzhaft zu werden. Nimm noch einmal meine väterlichen Wünsche für Dein Wohl und meinen wohlgemeinten Rat zu Herzen. Dein Vater.»
Nicht zuletzt dieser weisen, selbstlosen Erziehung verdanken wir es, daß Mendelssohns Jugendbriefe, besonders die in diesem Bande veröffentlichten Reisebriefe, in ihrem natürlichen und dennoch formvollendeten Charme bis heute anziehend und lebendig geblieben sind. Für die Weitsicht und geistige Bedeutung des Vaters spricht die Tatsache, daß er trotz der Warnung seiner Verwandten und Freunde Felix Musiker werden ließ; denn es muß daran erinnert werden, daß dieser Beruf damals in den Kreisen des satten, reichen Bürgertums als materiell aussichtslos verpönt war. Ohne diesen Vater, der seinem Sohne zeit seines Lebens der beste Freund und der treueste Berater geblieben ist, hätte Felix wohl kaum sich so rasch entwickeln und in jungen Jahren schon sein Bestes geben können.

Felix Mendelssohn Bartholdy

Weimar, 4. November 1821. Die Kirche ist aus. Die Bürger sind in ihre Häuser zurückgekehrt, und über den Straßen liegt die Stille des Sonntagmorgens. Aus den nahen bunten Herbstwäldern steigen Nebel auf und drehen sich vor der Sonnenscheibe, deren Strahlen, wenn sie durchzudringen vermögen, an den altersgrauen Mauern des Lucas Cranach-Hauses spielen, vor dem auf einem Prellstein ein Knabe sitzt und eifrig zeichnet. Mit überlegener Sicherheit wirft er die Umrisse des Gebäudes aufs Papier. Bisweilen schüttelt er die langen, braunen, bis auf den Rücken herabwallenden Locken aus der hohen Stirn, und seine großen, schwarzen, hell leuchtenden Augen vergleichen die Proportionen von Zeichnung und Vorbild.

Plötzlich hört man Schritte und das Aufschlagen eines Stockes auf dem Pflaster. Ein älterer Mann kommt hastig um die Ecke. «Da bist du endlich! Aber du malst ja, anstatt Klavier zu üben! Goethe ist da! Der alte Herr ist da!» ruft er ungeduldig und scharf.

Der Knabe springt auf. Blitzschnell verschwindet das Skizzenbuch in der Tasche. Er kennt den barschen Ton seines geliebten Lehrers und läßt sich nicht beeindrucken. Fröhlich springend und hüpfend eilt er mit seinem Begleiter dem Frauenplan zu.

Aber wie sie das hohe, kühle Haus Goethes betreten, verwandelt sich der Knabe. Wird er nicht plötzlich älter? Ernst und gemessen wirkt seine Miene, strenge Erziehung zur

Selbstbeobachtung verraten seine Bewegungen. Im hohen, hallenden Treppenhaus begegnen sie einem Diener. Die Exzellenz sei im Garten, heißt es. Man weist ihnen den Weg. Doch schon erscheint der Dichterfürst. Mit aufmunternder Herzlichkeit empfängt er seinen alten Duzfreund Zelter, mit abwägender Freundlichkeit begrüßt er den kleinen, zartgebauten Wunderknaben Felix Mendelssohn, von dem er viel Merkwürdiges gehört hat.

Man steigt die breite, in klassischem Stil gebaute Treppe hinan zu den oberen Räumen, aus denen gedämpftes Stimmengewirr herabtönt. Goethe will den jungen Gast vor einer erlesenen Gesellschaft examinieren. Der greise Künstler hat gelernt, seine Gunst abzumessen. Er ist zwar gewohnt, zu geben. In seinem langen Leben ist er von unzähligen Menschen aufgesucht, um Rat befragt, bewundert worden. Wer sich durch Leistungen ausweist, wer dem einsamen Mann etwas bringen will, der findet ein offenes Herz, das bereit ist, im Alter noch wie einst in der Jugend immer neue Gedanken und Empfindungen in verschwenderischer Fülle zu verschenken. Wer dagegen kommt, um zu starren, zu staunen, um nur zu nehmen, der begegnet einer kühlen, steifen Exzellenz, die ihre Hände auf dem Rücken vor dem Gast verbirgt.

Wie Goethe das Musikzimmer betritt, verstummen die Stimmen. Der große Streicher-Flügel ist bereits geöffnet. Mendelssohn wird mit ein paar Worten der Gesellschaft vorgestellt und zum Instrument geführt. Die Damen und Herren setzen sich und tuscheln leise; ihre neugierigen Blicke kehren immer wieder zu dem auffallend hübschen Knaben zurück, der noch keine Anstalten macht, mit seiner Produktion zu beginnen. «Was soll ich spielen?» fragt er ruhig seinen Lehrer Zelter. «Nun, was du kannst, mein

Kind, was dir nicht zu schwer fällt», antwortet der. Es wird hin- und hergeredet. Schließlich einigt man sich darauf, daß Felix phantasieren solle. Zelter geht zum Flügel und tippt mit seinen steifen, gelähmten Fingern in G-dur ein einfaches Liedchen in Triolenbewegung. Es ist der beliebte Schlager: «Ich träumte einst von Hannchen.» Nun fängt der Knabe Feuer, denn er hat seine Aufgabe erkannt. Er setzt sich ans Instrument, läßt sich noch ein Kissen unterlegen; dann beginnt er. Erst wiederholt er das Thema, übt ein paarmal mit beiden Händen die Triolenfiguren und geht dann sofort in ein brausendes Allegro über, worin er das Thema bald im Baß, bald in der Oberstimme mit blendender Leichtigkeit variiert. Alles staunt. Die kleinen Kinderhände wühlen in den Tonmassen, beherrschen die schwierigsten Kombinationen; die Passagen rollen, perlen, verklingen. Mit sicherem Taktgefühl bricht der Knabe nach einem energisch aufschnellenden Schlußakkord ab, ehe die Gesellschaft ermüdet ist. Ein überraschtes, wie gefesseltes Schweigen herrscht. Zelter bricht als erster die Stille: «Na, du hast wohl von Kobolden oder Drachen geträumt! Das ging ja über Stock und Block!» Aus pädagogischen Gründen möchte er den Enthusiasmus rechtzeitig dämpfen.

Goethe aber nimmt den Kopf des erhitzten Knaben zwischen die Hände, liebkost ihn und scherzt: «Aber damit kommst du nicht durch. Du mußt noch mehr spielen, bevor wir dich anerkennen!»

Zelter hat Goethes musikalischen Geschmack im Laufe der Zeit ganz auf Johann Sebastian Bach ausgerichtet. Felix weiß das und spielt mit vollendeter Sicherheit eine Fuge des Altmeisters. Zelter schmunzelt zufrieden, Goethe lebt auf. Doch er möchte Abwechslung; der strenge Fugensatz könnte ihn ermüden. So wünscht er einen recht anmutigen Tanz zu hören.

«Soll ich das schönste Menuett spielen, das es gibt auf der ganzen Welt?» fragt Felix mit leuchtenden Augen. «Gewiß», antwortet Goethe, «nun, welches wäre das?»
Der Knabe spielt das Menuett aus «Don Giovanni» von Mozart. Jetzt lauscht der Dichter gebannt und verläßt das Instrument nicht mehr. Nachdem Felix geendet, will er noch die Ouvertüre der Oper hören. Doch der kleine Virtuose schlägt's ihm rundweg ab: «Man kann sie nicht so spielen, wie sie geschrieben steht; und ändern darf ich nichts daran.» Dagegen darf Goethe die Ouvertüre zu «Figaro» hören. Dabei gelingen Mendelssohn so überraschende Orchestereffekte, so viele feine Andeutungen der Instrumentation durch geschickte Abschattierungen der Stimmen, daß die Gesellschaft hingerissen ist.
Goethe aber zeigt sich noch nicht befriedigt. Ob ihn der eigenwillige Widerstand des Knaben geneckt hat? «Bis jetzt hast du mir nur Stücke gespielt, die du kannst», sagt er mit einem listigen Seitenblick auf Zelter, «jetzt wollen wir sehen, ob du auch spielen kannst, was du nicht kennst. Da habe ich einiges aus meiner Manuskriptsammlung. Wirst du es spielen können?»
Mendelssohn erkennt auf dem Blatt, das ihm Goethe vorlegt, Mozarts Handschrift. Ohne Mühe spielt er das Stück vom Blatt so, als kennte er es längst.
«Das ist noch gar nichts! Das können andere auch lesen. Jetzt will ich dir etwas geben, worin du steckenbleiben wirst. Nimm dich in acht!» warnt Goethe und legt ein mit Tinte verspritztes, an unzähligen Stellen verwischtes Blatt vor Mendelssohn hin. «Rate mal, wer hat das geschrieben?»
Felix lacht verwundert auf: «Wie ist das geschrieben! Wie sollte man das lesen?»

Zelter wird unruhig. Jetzt darf sich sein Schüler keine Blöße geben. Er steht auf und blickt Felix über die Schulter. «Das hat ja Beethoven geschrieben!» ruft er ärgerlich, «das kann man doch auf eine Meile sehen! Der schreibt immer wie mit einem Besenstiel und mit dem Ärmel über die frischen Noten gewischt.»

«Siehst du», sagt Goethe zum Knaben mit einem triumphierenden Seitenblick auf Zelter, «sagt' ich dir nicht, du würdest steckenbleiben?»

«Beethoven, Beethoven», wiederholt Felix staunend und voll Ehrfurcht, indem er geschwind das Manuskript überfliegt. Goethe aber läßt ihm keine Zeit. «Jetzt zeig, was du kannst», drängt er.

Der Knabe beginnt sofort zu spielen. Es ist das Lied «Wonne der Wehmut». Beim ersten Durchspielen müssen einige unleserliche Noten zusammengesucht und ergänzt werden; aber beim zweitenmal spielt Felix ohne Fehler und mit plastischem Ausdruck. «Das ist ganz Beethoven», ruft er bei einer für den Meister bezeichnenden Wendung, «daran hätte ich ihn bestimmt erkannt.»

Goethe ist überrascht, erstaunt, eigentlich betroffen. Jetzt schweigt er noch; aber in den nächsten Tagen schon wird er ihn, in dem er das Genie erkannt hat, umarmen und küssen, und Mendelssohn wird sich sogar selber Küsse nehmen dürfen vom Schöpfer des «Werther» und des «Faust».

Eduard Devrient, einer der treuesten und aufrichtigsten Freunde des Hauses Mendelssohn, schreibt über das Wunderkind Felix:

«Ich hatte den Knaben dann und wann gesehen. Er fiel

durch sein langes braunes Lockenhaar auf, wenn er an seines Vaters Hand, in seinen großen Schuhen, rüstig durch die Straßen stapfte. In den letzten Jahren bemerkte ich ihn oft auf meinem gewohnten Wege zu meiner Braut, vor der Tür des großmütterlichen Hauses auf der Neuen Promenade, eifrig mit andern Knaben ‚Zweck' oder ‚Anschlag' spielend. In musikalischen Kreisen hatte ich von den außerordentlichen Fähigkeiten des Knaben gehört, ihn in der Singakademie und in Zelters Freitagsmusiken gesehen, auch in einer Singteegesellschaft getroffen, wo er unter den Erwachsenen in seinem Kinderanzuge, dem sogenannten Habit, stand: einer am Halse weit ausgeschnittenen engen Jacke, über welche das weite Beinkleid geknöpft war. In dessen seitwärts eingeschnittene Taschen hatte der Kleine gern die Hände gesteckt und wiegte den Lockenkopf seitwärts hin und her, wobei er unruhig von einem Fuß auf den andern trat. Mit fast ganz zugelegten Augenlidern, zwischen denen die braunen Augen hervorblitzten, stieß er seine Antworten auf die neugierig prüfenden Fragen – wie man sie an Wunderkinder zu richten pflegt – mit etwas anstoßender Zunge fast trotzig hervor.

Bei dem Reichtume, den man Felix' Vater zuschrieb, mußte die Einrichtung der Wohnung fast gesucht einfach erscheinen. Tapeten und Möbel waren sehr bescheiden; aber die Wände des Salons waren mit den Kupferstichen der Raffaelschen Logen bedeckt. Bei den Musikproben saßen wir um den großen Eßtisch nahe beim Flügel, an dem auf einem hohen Kissen Felix saß und unbefangen, ernsthaft, eifrig uns dirigierte und meisterte, so, als ob er ein Knabenspiel mit seinen Kameraden vorhätte. Daß so viele erwachsene Personen um seine Kompositionen sich bemühten, schien ihn gar nicht eitel zu machen. Ihm war es nur um die Musik zu tun, und er nahm an, daß wir dasselbe wollten. Schon am ersten Abend fiel mir auf, daß das Persönliche, Eitle bei Felix sehr schwach, dagegen das Verlangen zu erfahren, zu lernen, zu prüfen, um der Sache willen weiterzukommen, entschieden vorherrschend war. Wenn die Sache durchgeprobt war, hatte er keine andere Sorge, als die Notenblätter sorgsam zusammenzusuchen und in Ordnung zu legen, bevor er auf unsere lobende Ansprache hörte, die er artig annahm, aber gern ablenkte auf Einzelheiten der Ausführung, indem er Fragen stellte oder manches berichtigte.

Wir musizierten so manchen Abend, lasen mit verteilten Rollen Shakespeare, nahmen tätig oder zuhörend teil an den Sonntagsmusiken, wozu der vermögende Vater dem Sohn ein kleines Orchester aus der Hofkapelle sammeln konnte. Auf einem Taburett stand der Knabe vor seinem Notenpult und nahm sich unter den gesetzten Musikern, besonders neben dem riesigen Kontrabassisten, wunderkindlich genug aus in seinem Knabenhabit, wenn er, die langen Locken in den bloßen Nacken schüttelnd, über die Männer hinsah wie ein kleiner Feldherr, dann tapfer mit dem Taktstock einschlug und mit Ruhe und Sicherheit, und doch immer wie lauschend und aushorchend, sein Stück zu Ende dirigierte.

Die Mutter, eine ebenso verstandesscharfe und feingebildete wie haushälterisch fleißige Frau, die man stets beschäftigt fand, sei es mit Lektüre oder wirtschaftlicher Handarbeit, hielt die Kinder mit unerbittlichem Nachdruck zum Fleiß an. Daß die Tätigkeit für Felix zu einem Gewohnheitsbedürfnis wurde, kam wohl daher. Wenig anmutende Arbeiten mußte er wohl in der Mutter Zimmer zu ihren Füßen an Rebekkas Kindertischchen machen.

Wenn ich zum Vormittagsbesuch bei der Mutter war und er mit seinem Butterbrote, das ihm das Recht gab, von der Arbeit wegzugehen, ins Vorderzimmer kam und länger mit mir plauderte, als das Butterbrot reichte, so scheuchte ihn gewiß sehr bald der Mutter kurzab hingeworfene Äußerung: «Felix, tust du nichts?» ins Hinterzimmer. Für Freundschaften war Felix von Natur besonders glücklich angelegt. Er besaß schnell einen seltenen Schatz von vertrauten Freunden. Zu ihnen war er voll offener Hingebung, von zarter Aufmerksamkeit, ja von süßer Zärtlichkeit. Es hatte etwas Beglückendes, von Felix geliebt zu sein. Aber seine Empfindlichkeit, sein Mißtrauen selbst seinen Vertrautesten gegenüber, waren gelegentlich kaum zu begreifen. Eine hingeworfene Äußerung, ein dummer Scherz, wie er sie lachend von mir hinzunehmen pflegte, ließ ihn unerwartet die Augenlider senken, mich zweifelnd anblinzeln und fragen: ‚Wie meinst du das? – Nein, erkläre, was du eigentlich damit sagen willst' usw., so daß man Mühe hatte, ihn zur Verständigung zu bringen.
Felix hatte das empfindlichste Rechtsgefühl für andere, selbst für Tiere. Ich erinnere mich, daß ich ihn als dreizehnjährigen Knaben für Leben und Freiheit eines Fisches sich ereifern sah, den sein kleiner Bruder Paul geschenkt bekommen hatte und für sich wollte braten lassen. Felix redete auf ihn ein: ‚Wenn du ein ordentlicher Junge wärest, so trügest du ihn gleich wieder ins Wasser!', obschon die Mutter des Nesthäkchens Eigentumsrecht und Bratgelüst protegierte, bis der Vater entschied: ‚Paul, wirf den Fisch ins Wasser. Du hast kein Recht an sein Leben, du bist kein Fischer. Aus Vergnügen oder um einer Lekkerei willen tötet man kein Tier!' Felix faßte nun den Kleinen bei der Hand, lief mit ihm zum Graben hinüber,

um das zappelnde Tier hineinzuwerfen. – Ich habe später oft an den Fisch gedacht, wenn ich Felix gegen Unrecht und Bedrängnis, die einem Menschen widerfuhren, eintreten und helfen sah, wo er nur konnte.»

Was wäre der junge Mozart ohne Salzburg gewesen? In seiner Musik lebt die unerschöpflich reiche, farbige Barockarchitektur seiner Geburtsstadt, ihre von südlichem Licht durchflutete und erwärmte Atmosphäre.
Dem jungen Felix Mendelssohn dagegen, dessen Anlagen sich in mehr als einer Beziehung mit denjenigen des jungen Mozart vergleichen lassen, war es bestimmt, im nördlichen, nüchternen Berlin des beginnenden 19. Jahrhunderts aufzuwachsen. Wohl herrschte in Preußens Hauptstadt emsiger Musikbetrieb; namhafte Musikkritiker und Akademiker bemühten sich redlich, die zarte Blume der Tonkunst nach Berlin zu verpflanzen; aber sie wollte nicht so recht Wurzel fassen im trockenen märkischen Sand.
Wackerer Betreuer der Berliner Musik, bisweilen auch ihr Vormund, war Karl Friedrich Zelter (1758–1832), der, in reiferen Jahren vom Maurerhandwerk zur Musik hinüberwechselnd (obwohl ihm der berühmte Musiktheoretiker Kirnberger davon abriet mit den Worten: «Ein gemeiner Handwerker ist immer eine respektable Person, während es nichts Erbarmungswürdigeres gibt als einen gemeinen Künstler, wie Sie einer sein werden»), sich durch seinen natürlichen, praktischen Sinn bald eine geachtete Stellung als Leiter der Singakademie, Gründer des Männerchores «Liedertafel» und als Professor an der Akademie der schönen Künste geschaffen hatte. Zelter war mit Goethe befreundet. Seine von künstlerischer Eigenart unbeschwerten

Vertonungen Goethescher Lieder waren dem Dichter die liebsten, ließ er doch die wundervollen Kompositionen, die ihm Franz Schubert voll Sehnsucht nach einem Zeichen der Anerkennung übersandt hatte, unbeachtet. Dafür las er, dem tiefer eindringendes Verständnis für das Wesen der Musik zu fehlen schien, mit Behagen die ausführlichen Berichte seines schreibseligen Freundes über das Berliner Kunstleben und nahm gerne von ihm Belehrung an über technisch-musikalische Fragen.

Neben Zelter wirkte in Berlin der urmusikalische Kölner Bernhard Klein (1793–1832) als Kompositionslehrer am neugegründeten Institut für Kirchenmusik. Seine Oratorien «Hiob», «Jephta», «David» sind den trockenen Blumen der Zelterschen Muse weit überlegen und haben als Übergang von Haydns Chorwerken zu Mendelssohns Oratorien ihre musikgeschichtliche Bedeutung bis heute nicht verloren. Dennoch wählte Abraham Mendelssohn den alten, rauhen Zelter und nicht den jugendlichen, sensiblen Klein als Lehrer für seinen Sohn. Der erfahrene Menschenkenner ließ sich wohl von Zelters Tüchtigkeit und Nüchternheit, die jeder ungesunden Verhätschelung des Wunderknaben entgegentrat, sowie von Zelters großem persönlichem Einfluß im Berliner Musikbetrieb zu dieser Wahl bestimmen.

Zelter nahm den kleinen Mendelssohn in eine strenge, pedantische Schule. Vor allem brachte er ihm einen korrekten Tonsatz bei. Felix lernte spielend Generalbaß und Kontrapunkt, las und transponierte bald jede Partitur. «Ach was, ein Genie frisiert ein Schwein und macht ihm Locken», pflegte ihn der Alte aufzumuntern, wenn ein Hindernis dem Schüler gar zu groß erschien. Der Zehnjährige wurde als Altist in die Singakademie aufgenommen und lernte

Abraham Mendelssohn

dort zusammen mit seiner hochbegabten Schwester Fanny in praktischer Arbeit Werke von Palestrina, Händel und Bach kennen. Das größte Verdienst aber erwarb sich Zelter dadurch, daß er, als eifriger Sammler und Hüter der Handschriften von Bach, seinen Schüler immer wieder nachdrücklich auf den großen Thomaskantor aufmerksam machte. Felix blieb Zelter deswegen zeitlebens dankbar. Auch vergaß er es seinem Lehrer nie, daß dieser ihn bei Goethe eingeführt hatte. Goethes Freundschaft mit Mendelssohn, die erst durch des Dichters Tod ihr Ende finden sollte, war für den jungen Komponisten von unschätzbarem menschlichem und künstlerischem Gewinn.

Als Klavierlehrer wirkte neben Zelter für Felix und Fanny der Clementi-Schüler Ludwig Berger, dessen Etüden noch heute nicht vergessen sind. Er machte die Geschwister mit den musikalischen Formen vertraut, mit ihrer Bedeutung, mit ihrer Wirkung. Seine weiche, gemütreiche Art ergänzte wohltuend Zelters Strenge.

Den Violinunterricht erteilte Eduard Rietz, der bald zum Freund seines jungen Schülers wurde. Felix bevorzugte die Bratsche und vermochte schon nach kurzem Unterricht dies Instrument in den Mendelssohnschen Hauskonzerten mühelos zu spielen.

Wenn auch vor allem die Musik gepflegt wurde, so duldete die väterliche Erziehung doch keine Einseitigkeit. Felix wurde früh schon im Zeichnen und Malen unterrichtet, und sein ganzes Leben hindurch bildete er sein großes Talent auch auf diesem Gebiet unermüdlich weiter aus. Ohne Zweifel wäre Mendelssohn ein ausgezeichneter Kunstmaler geworden, wenn nicht der innere Drang zur Musik viel stärker, elementarer gewesen wäre. Einige seiner Zeichnungen und Aquarelle verraten eine Meisterschaft,

die nur von den ersten Malern seiner Zeit erreicht worden ist.
Für eine umfassende Allgemeinbildung sorgte der Hauslehrer Dr. Ludwig Heyse, der Vater des späteren Dichters Paul Heyse. Gemeinsam mit seiner jüngeren, sprachbegabten Schwester Rebekka studierte Felix sogar Griechisch und Latein[63]. Später hörte er auf der Hochschule Vorlesungen und war ein Schüler des Philosophen Hegel, ohne daß er sich jemals dessen Anschauungen zu eigen gemacht hätte. Auch die körperliche Ausbildung wurde nicht vernachlässigt. Felix lernte reiten, schwimmen und tanzen.
Bedeutungsvoll für seine Entwicklung aber war besonders der ungezwungene, gesellige Verkehr im elterlichen Hause. Abraham hatte die Tradition des «offenen Hauses» von seinem Vater Moses übernommen und weitergeführt. Am Abend trafen sich im Hause Mendelssohn die führenden Geister der Hauptstadt, die zuweilen auch berühmte durchreisende Gäste mitbrachten. Neben Alexander von Humboldt verkehrten hier Hegel, Varnhagen mit seiner berühmten Gattin Rahel, geb. Levin – Felix war ihrer intellektuellen Art nicht gewogen – ferner die Philologen Boeckh und F. A. Wolf, der Bildhauer G. Schadow, die Hofrätin Henriette Herz, der Musiker Bernhard Klein, Wilhelm Müller, der Dichter der von Franz Schubert vertonten «Müllerlieder», und Heinrich Heine[64], der sich jedoch durch Taktlosigkeiten der jüngsten Tochter Rebekka gegenüber nicht beliebt machte. In diesem Zusammenhang sei festgehalten, daß jener ironische Ton, der so oft die Gespräche intellektueller Kreise unfruchtbar macht, im Hause Mendelssohn streng verpönt war und besonders Felix unwillig und traurig stimmte. Zersetzender Satire, wo sie ihm auch begegnen mochte, stand er zunächst verständnislos

gegenüber; dann wandte er sich voll Abscheu davon ab, und nie hätte er sich dazu hergegeben, mitzulachen oder mitzuhöhnen. Dabei war eine von Herzen kommende Fröhlichkeit und Offenheit dem Leben gegenüber Grundzug seines Wesens, und immer lag ihm daran, jede Verstimmung sofort zu überwinden und seine Umgebung darunter nicht leiden zu lassen. Alles Sichgehenlassen empfand er als Undankbarkeit gegen Gott, der ihn mit reichen Gaben verschwenderisch ausgestattet hatte. Diese heitere Harmonie, aus echter, tief empfundener Dankbarkeit heraus immer wieder neu gewonnen, finden wir in den schönen, klaren, ausgeglichenen Zügen seiner Schrift, in seinen Reisebriefen und vor allem in seiner Musik.

Kehren wir zurück zum Kreis des Mendelssohnschen Hauses. Ein Ereignis von größter Bedeutung für das rasch sich entwickelnde Talent des jungen Komponisten war seine Bekanntschaft mit Carl Maria v. Weber, der anläßlich der epochemachenden Uraufführung des «Freischütz» am 18. Juni 1821 durch die Berliner Hofoper im Hause Mendelssohn verkehrte. Felix hatte bisher Bach, Händel, Haydn, Mozart und Beethoven als Vorbilder kennengelernt. Auch an Dittersdorf erinnerten einzelne seiner ersten Kompositionsversuche. In Weber trat ihm nun zum erstenmal ein Romantiker entgegen, der seiner Phantasie die mondbeglänzten Gefilde der Geister, Nixen und Feen auftat und zugleich seiner musikalischen Palette die Farben vermittelte, jene mannigfaltige, zarte, durchsichtige Welt dem innern Auge des Hörers vorzuzaubern. Webers Einfluß auf die Orchesterwerke Mendelssohns, namentlich auf die Musik zu Shakespeares «Sommernachtstraum» war und blieb entscheidend.

Unter den jungen Mitgliedern des Mendelssohn-Kreises sind zu nennen: der später als Gerichtsmediziner bekannt gewordene Dr. Casper, der die Texte zu Felix' ersten Opernversuchen «Soldatenliebschaft», «Die beiden Pädagogen», «Die wandernden Komödianten», «Der Onkel aus Boston» verfaßte und bei den Aufführungen die Tenorbuffopartien sang; der Theologe Julius Schubring, der Mendelssohn als Freund und Textautor des Oratoriums «Paulus» zeitlebens verbunden blieb; der Historiker Droysen, dessen lyrische Gedichte Felix und Fanny um die Wette vertonten; der Hofopernsänger und Dramaturg Eduard Devrient, der als Bühnenfachmann in dem theaterfreudigen Haus immer viel zu raten und zu begutachten hatte; und schließlich der Dichter und hannoversche Legationssekretär Karl Klingemann, der Felix bis zum Tode besonders nahe gestanden ist.

Den anhänglichsten, vertrautesten Freund und einen völlig neidlosen Mitarbeiter aber hatte Felix schon früh in seiner um drei Jahre ältern Schwester Fanny gefunden. Abraham hatte ihr dieselbe sorgfältige Erziehung zuteil werden lassen wie Felix. Schon mit dreizehn Jahren überraschte sie ihren Vater zum Geburtstag mit 24 auswendig vorgetragenen Bach-Präludien. Sie soll schöner, ausdrucksvoller gespielt haben als ihr Bruder, der ihr dafür an Kraft und Fertigkeit überlegen war. Jedenfalls rührte ihr Klavierspiel die alte Großmutter Salomon derart, daß sie Fanny aufforderte, sich etwas zu wünschen. Die orthodoxe Jüdin hatte ihren Sohn, der Christ geworden war und, wie bereits erwähnt, den Namen Bartholdy angenommen hatte, aus der Familie ausgestoßen und feierlich verflucht. Fanny antwortete nun: «Wenn ich mir etwas wünschen darf – vergib dem Onkel Bartholdy!» Und die Großmutter, die erwartet hatte, das Kind werde sich irgendeinen Putzgegenstand ausbitten, war so betroffen, daß sie sich sofort mit ihrem Sohne aussöhnte, «um Fannys Willen», wie sie ihm nach Rom schrieb. Diese Versöhnung wurde Anlaß zu einer großen Liebe zwischen Fanny und ihrem Onkel. Sie erhielt von ihm später ein prachtvolles römisches Schmuckstück, das zwei Weltkriege überdauert hat und heute noch in der Familie aufbewahrt wird.

An Felix' Entwicklung nahm Fanny tätig Anteil und durfte 1822 von ihrem Bruder schreiben: «Bis zu dem jetzigen Zeitpunkte besitze ich sein uneingeschränktes Vertrauen. Ich habe sein Talent sich Schritt für Schritt entwickeln sehen und selbst gewissermaßen zu seiner musikalischen Ausbildung beigetragen. Er hat keinen musikalischen Ratgeber als mich, auch sendet er nie einen Gedanken aufs Papier, ohne ihn mir vorher zur Prüfung vorgelegt zu haben. So habe ich zum Beispiel seine Opern auswendig gewußt, noch ehe eine Note aufgeschrieben war.»

Fanny komponierte ebenfalls. Ihre ersten Lieder hat Felix unter seinem Namen veröffentlicht. Später ließ Fanny Lieder unter ihrem eigenen Namen erscheinen, entgegen dem Empfinden ihres Bruders, der es nicht gerne sah, daß seine Schwester, obwohl sie inzwischen Frau und Mutter geworden war (sie heiratete 1829 den Hofmaler Wilhelm Hensel), sich der öffentlichen Diskussion preisgab.

Wie Mozart trat auch Felix schon mit neun Jahren öffentlich auf. Mit dreizehn Jahren trug er in einem Konzert der berühmten Sängerin Anna Milder-Hauptmann ein selbstkomponiertes Klavierkonzert vor. In diese Jahre fallen unzählige kleinere unveröffentlichte Arbeiten. Außer den schon erwähnten Opernversuchen wissen wir durch Fannys Aufzeichnungen von Klavierfugen, Streichquartetten und geistlichen Chören. Diese Jugendwerke wurden bei Sonntagsmusiken, die seit 1822 regelmäßig bei Mendelssohns

stattfanden, durch Mitglieder der Hofkapelle aufgeführt. So konnte Felix schon sehr früh die Wirkung seiner Kompositionen prüfen und sich im Dirigieren üben.
Obwohl Mendelssohn von Kindheit an sein ganzes Leben hindurch gefeiert und verwöhnt wurde wie kaum ein zweiter Komponist, verlor er dennoch keinen Augenblick seine taktvolle, liebenswürdige Bescheidenheit und seine schonungslose Selbstkritik. Ein Beispiel für deren Unbestechlichkeit bietet unter anderem die 1825 entstandene «Trompetenouvertüre». Obgleich das Werk beim Publikum begeisterten Anklang fand und Abraham Mendelssohn sagte, er möchte es in seiner Sterbestunde vernehmen, hielt es der Komponist nicht der Veröffentlichung wert. Es erschien erst nach seinem Tode als op. 101. An Bedeutung steht es hinter den übrigen Konzertouvertüren in der Tat weit zurück. Mendelssohn hielt nur die besten seiner Werke zur Veröffentlichung geeignet, und durch nachträgliche Publikation von Manuskripten, die der Meister zurückbehalten hätte, wurde seinem Künstlernamen Unrecht getan. Die letzte Veröffentlichung von seiner Hand trägt die Opuszahl 72. (Diese Zahlen geben die Reihenfolge nicht der Niederschrift, sondern der Veröffentlichung an.) Nach Mendelssohns Tod aber stieg die Zahl der bis heute veröffentlichten Werke bis auf weit über hundert!
Am 6. Juli 1822 wurde die erste Schweizer Reise unternommen. Gleich zu Beginn gab es einen Zwischenfall: Felix wurde in Potsdam vergessen. Man reiste in mehreren Wagen, und jeder vermutete den Knaben im andern Gefährt. Felix aber verlor den Mut nicht, obwohl die Staubwolken der Wagen bald am Horizont verschwanden. In der anmutigen Gesellschaft eines hübschen Bauernmädchens zog er rüstig fürbaß und begegnete vergnügt dem aufge-

regten Hauslehrer Dr. Heyse, der zurückgeschickt worden war, um seinen Zögling zu suchen.

In Kassel besuchte man den damals berühmten Musiker Louis Spohr, und in Frankfurt lernte Felix den etwas jüngeren Knaben Ferdinand Hiller kennen, der ihm später in seinen «Erinnerungen» ein rührendes Denkmal gesetzt hat. Von Frankfurt ging die Reise über Darmstadt und Stuttgart nach Schaffhausen und von da bis zum Gotthard. Auf der Paßhöhe kehrte man um, besuchte Interlaken, Wengen, Meiringen und zuletzt den Genfer See. Von Genf aus, wo das Klavierquartett in c-moll op. 1 entstand, wagte man einen Abstecher nach Chamonix.

Über Frankfurt, wo man sich mit Schelble, dem Dirigenten des Cäcilienvereins, befreundete (wie wichtig die Folgen dieser Freundschaft für Felix dereinst werden sollten, wird später auszuführen sein), fuhr man nach Weimar, um Goethe zu besuchen. Der alte Herr öffnete seinen Streicher-Flügel, der seit seines jungen Freundes letztem Besuch unberührt geblieben war, mit den Worten: «Komm und wecke mir all' die geflügelten Geister, die lange darin geschlummert.» Und ein anderes Mal, nachdem Felix ihm vorgespielt hatte, sprach er bewegt: «Du bist mein David. Sollte ich krank und traurig werden, so banne die bösen Träume durch dein Spiel. Ich werde auch nie wie Saul den Speer nach dir werfen.» 1824 erhielt Goethe das Klavierquartett in h-moll op. 4 zugeeignet.

Mendelssohn hatte sich auf dieser Reise verändert. Fanny schrieb darüber: «Die Wirkungen unserer Reise äußerten sich bei Felix unverzüglich nach unserer Zurückkunft. Er war bedeutend größer und stärker geworden, Züge und Ausdruck des Gesichts hatten sich mit unglaublicher Schnelligkeit entwickelt, und die veränderte Haartracht (man hatte ihm seine schönen, langen Locken abgeschnitten) trug nicht wenig dazu bei, sein Ansehen zu entfremden. Das hübsche Kindergesicht war verschwunden, seine Gestalt hatte etwas Männliches gewonnen, was ihn auch sehr gut kleidete. Er war anders, aber nicht weniger schön als früher.»

Obwohl Zelter den Fünfzehnjährigen, nach seiner Konfirmation, im Kreise der Familie und ihrer Freunde feierlich zum Gesellen gemacht hatte «im Namen Mozarts, im Namen Haydns und im Namen des alten Bach», wollte der vorsichtige Vater das Talent seines Sohnes noch in Paris vom Altmeister Luigi Cherubini prüfen lassen. Cherubini, dessen scharfe, spöttische Kritik sehr gefürchtet war, äußerte nach Anhören des h-moll-Klavierquartettes freundlich lächelnd und mit italienischem Akzent das r rollend: «Ce garçon est riche, il fera bien, il fait même déjà bien, mais il dépense trop de son argent, il met trop d'étoffe dans son habit. Je lui parlerai, alors il fera bien.»

Felix aber ließ sich durch den berühmten alten Maestro nicht beeindrucken. Er verglich ihn mit einem «ausgebrannten Vulkan, der noch zuweilen sprüht, aber ganz mit Asche und Steinen bedeckt ist». Er setzte für Cherubini ein fünfstimmiges Kyrie, das er, nach Zelters Ausdruck, «fast ironisch» in Cherubinis Geist verfaßte.

Berlin, Sommer 1826. Die Sonne neigt sich dem Westen zu, und der helle, klare Sommerabend bringt endlich die ersehnten kühlen Lüfte aus den Wäldern in die staubigen Straßen der erhitzten Stadt. Auch die Wipfel der uralten Bäume im Mendelssohnschen Park draußen vor dem Potsdamer Tore bewegen sich leise im Abendwind.
Felix verläßt den Gartensaal, wo man eben sein «Oktett» zum ersten Male geprobt hat. Um sein erregtes Herz zu beruhigen, atmet er den feuchten, würzigen Duft der Fichten und Föhren tief ein. Noch klingen in ihm die *staccato* und *pianissimo* vorgetragenen *Tremolando*-Schauer des geisterhaften Scherzo nach, die leicht aufblitzenden Pralltriller und das federleichte Aufflattern der ersten Geige am Schluß:

Wolkenflug und Nebelflor
Erhellen sich von oben.
Luft im Laub und Wind im Rohr,
Und alles ist zerstoben.

Die Stimmung dieser Verse aus Goethes «Walpurgisnacht» in Töne umzudichten – ist's ihm gelungen?[65]
Die Erregung in ihm weicht allmählich einem Gefühl von Glück und ruhiger Harmonie, das er immer dann spürt, wenn inneres Wollen und äußeres Gelingen übereinstimmen. Mit Behagen läßt er seinen Blick dem hohen, breiten Haus entlangschweifen, das jedes Geräusch der Straße fernhält, so daß man hinter seinen efeuumrankten Mauern wie in tiefster Waldeinsamkeit träumend komponieren kann. Rückwärts, gegen den Garten zu, liegt die Sommerwohnung mit ihrem in barocker Manier ausgemalten Konzertsaal, in dem Felix mit mehreren hundert Personen gleichzeitig seinen Tonschöpfungen lauschen und ihre Wir-

kung aufs Publikum prüfen kann. Aus den weinumrankten Glastüren dieses Raumes aber tritt man hinaus in einen altmodischen, idyllischen Park, der an die Gärten des Prinzen Albrecht grenzt und deshalb sich in der Unendlichkeit zu verlieren scheint. Wie viele versteckte, lauschige Rasenplätze, umgeben von Immergrün, Jasmin und Fliederbüschen, birgt er unter den kühlen Laubkronen seiner hochragenden Bäume!

Vater Abraham hat durch Ankauf dieser einzigartig schönen, ehemals von der Reckschen Besitzung Leipzigerstraße 3[66] der Familie eine bleibende Heimat geschaffen; und nun kommt auch über die Kinder ein Gefühl der Sicherheit und Geborgenheit, das in Felix die spielerischen, die wahrhaft genialen Kräfte freimacht. Und er spürt jetzt, nachdem er sein «Oktett» zum ersten Male gehört hat, daß diese Kräfte stark genug sein werden, auf dem schwerfälligen, soliden Fundament der Zelterschen Kompositionstechnik ein reiches, luftiges Gebäude ureigenster Inspiration zu errichten.

In freudiger Stimmung schlendert Felix durch die verschlungenen Gartenwege. Auf dem Tischchen eines einsamen Pavillons findet er einige Bücher: Jean Paul und Shakespeare. Er nimmt einen Band Jean Pauls zur Hand und blättert in den wohlbekannten Seiten. Wie liebt er die gefühlvolle, leicht melancholische, verspielte Ironie dieses Dichters! Seine Geschwister teilen diesen Geschmack; gerne ziehen sich auch Fanny und Rebekka in die Stille dieses Gartenkabinettes zurück, um sich an den «Flegeljahren», am «Siebenkäs» oder am «Hesperus» zu ergötzen. Sogar mit dem nüchternen, verständigen Bruder, dem künftigen Bankdirektor, läßt sich von Jean Paul schwärmen. Die Geschwister Mendelssohn sind eben alle in dem

Alter, wo man nur Jean Paul kennt, wo Jünglinge und Mädchen nicht gerne dick werden wollen, um Viktor oder Klothilden oder Lianen zu gleichen. Man möchte womöglich auch ein bißchen früh sterben, aber nur auf kurze Zeit!

Felix legt den Band auf den Tisch zurück und entnimmt der Schublade die «Gartenzeitung», in die, wer vorüberkommt, mit raschen Zügen hineinschreibt, was ihm an tollen oder hübschen Gedanken gerade einfällt. Selbst würdige Herren, wie Vater Abraham, Zelter, Humboldt, verschmähen nicht, launige Beiträge zu liefern. Zeichnungen, zärtliche Gedichte, Witzbriefe, Geistvolles in allen Formen findet sich da, um jedes Mitglied des kleinen schöngeistigen Kreises immer wieder zu überraschen und zu erfreuen.

Felix überfliegt die Blätter und verweilt lächelnd bei besonders hübschen Stellen. Und er fühlt, wie sehr das bunte, fröhliche Leben dieser Sommermonate voll Poesie, Musik, sinnreicher Spiele, geistvoller Neckereien, Verkleidungen und Aufführungen seinen Geist befreit von aller Erdenschwere, ihn trägt und beflügelt zur Reise ins liebenswürdige Reich der Phantasie. Fast unbewußt schlägt er den «Sommernachtstraum» von Shakespeare auf und versenkt sich in das bunte, heitere Treiben der Menschen und Geister. Das luftige Spiel flüchtiger Verblendung, heiterer Verzauberung, komischer Verwandlung zieht Felix unwiderstehlich in seinen Bann: wie es die Menschen, erhaben über das Pathos irdischer Leidenschaften, auf neckisch verschlungenen Wegen durch die Gefilde einer duftigen Sommernacht hinführt zur Freude und zum Glück; wie der zarte, durchsichtige Reigen der Elfen wechselt mit derbem Rüpeltanz und Zettels Eselsgeschrei; wie aus der Ferne goldener Hörnerklang durch die in silbernem Mondlicht träumende Waldlandschaft klingt . . .

Von Visionen gepackt, eilt Felix durch die hereinbrechende Dämmerung dem Hause zu. Er fühlt in sich einen neuen Quell von Melodien aufbrechen. Er braucht die Stille seines Zimmers.
Wie er an den erleuchteten Fenstern des Gartensaales vorüberkommt, vernimmt er wieder die Klänge seines «Oktettes». Aber wie weit zurück liegt für ihn jetzt diese Musik! Viel Lebensvolleres noch wird er schreiben.
Allmählich zerstreuen sich Musiker und Gäste, erstaunt, daß sich der junge Meister, den sie gebührend zu feiern gedachten, nicht mehr zeigt. Das Haus wird dunkel und still. Nur ein einziges Fenster bleibt erleuchtet. Dort oben geht Felix im Fieber schöpferischer Arbeit auf und ab. Und während draußen der Mond seine Strahlen durchs Gezweige sendet, während in seinem Scheine zarte Dunstschleier aufsteigen aus den Wiesengründen des Parkes, entsteht ein Werk, das seinen kaum achtzehnjährigen Schöpfer unsterblich machen wird. Es ist die Ouvertüre zu Shakespeares «Sommernachtstraum».

Die Ouvertüre zum «Sommernachtstraum» wurde am 20. Februar 1827 in Stettin mit großem Beifall uraufgeführt. Im gleichen Konzert spielte Mendelssohn zusammen mit Karl Loewe[67] dessen Doppelkonzert für zwei Klaviere und anschließend das f-moll-Konzertstück von Carl Maria v. Weber.
Nach diesen Leistungen, die beim Publikum die größte Bewunderung hervorriefen, setzte sich Felix mit seiner Geige neben den Konzertmeister und half ihm während der Aufführung von Beethovens Neunter Symphonie mit unerschütterlicher Sicherheit über die vielen Stellen hinweg,

deren Eigenwilligkeit damals manchem Orchestermusiker neu und unverständlich war.
Bei der Rückreise nach Berlin zeigte der junge Meister seine Tatkraft noch von einer ganz anderen Seite. Als die Schnellpost, die er benützte, umgeworfen wurde, verloren nicht nur die Mitreisenden, sondern auch die Postillone den Kopf. Mendelssohn aber bestieg ruhig einen Gaul, ritt bei fast unerträglicher Kälte zurück und holte Hilfe.
Daß die kompositorische Arbeit ohne Rast weiterging, beweisen die 1826 entstandenen drei Sätze des liebenswürdigen A-dur-Quintettes op. 18. 1832 kam in Paris das ergreifende, an Mozart erinnernde Andante sostenuto dazu, eine wehmütige Klage um den verstorbenen geliebten Geigenlehrer und Freund Eduard Rietz. Das a-moll-Streichquartett op. 13 sowie die Es-dur-Fuge für Streicher wurden 1827 geschrieben. An Klaviermusik entstanden gleichzeitig die als op. 106 erschienene B-dur-Sonate und eine Fuge mit Präludium in e-moll. In diesem Jahr gab Mendelssohn auch die ersten zwölf einstimmigen Lieder op. 8 heraus. Nr. 2, 3 und 12 dieser Sammlung hatte Fanny komponiert, ohne daß jedoch ihr Name genannt wurde.
Schon in diesen Liedern sind alle Merkmale zu erkennen, die Mendelssohn von seinen Vorgängern Reichardt, Zelter, Klein einerseits und vom Vollender des deutschen Liedes, von Franz Schubert, andererseits unterscheiden. Während jene sich eng an das volkstümliche Lied mit seiner Objektivität und klaren Gliederung in Strophen anschließen, deutet Schubert frei von jeder Bindung an Herkömmliches den dichterischen Vorwurf mit unerschöpflicher subjektiver Phantasie aus. In seinen «Müllerliedern» und in der «Winterreise» erweitert er das Lied sogar zum Drama. Wenn er auch die Form mit hintergründiger Genialität bis fast

ins Metaphysische ausdehnt, so sprengt er sie doch niemals, im Gegensatz zu seinen schwächeren Epigonen, die über der Naturwahrheit des Ausdrucks die musikalische Form oft vernachlässigen.

Mendelssohn nimmt eine Mittelstellung ein. Er bevorzugt zwar das Strophenlied, hält aber auch seine subjektive Ausdruckskraft nicht zurück. Diese stellt sich nicht, wie bei Schubert, in den Dienst der Interpretation des Dichterwortes, sondern sie dient vor allem der eigenen musikalischen Eingebung. Ihr hat sich stellenweise sogar das Dichterwort anzupassen. Zum Beispiel ändert Mendelssohn in Heines «Ich wollt', meine Schmerzen ergössen sich» «Schmerzen» in «Liebe» um; in Goethes «Schenkenlied» aus dem Divan wird der «zierliche Knabe» durch ein «zierliches Mädchen» ersetzt, obwohl damit das orientalische Kolorit verlorengeht; in Goethes Gedicht «Auf dem See» wird der Schlußvers einfach weggelassen, weil er sich dem musikalischen Einfall nicht anpassen will. Es ist kein Zufall, daß Mendelssohn im Gebiete musikalischer Lyrik erst in den «Liedern ohne Worte» höchste Meisterschaft erreicht hat. Nie verlegt Mendelssohn, wie Schumann es zuweilen tut, den musikalischen Gedanken in die Klavierbegleitung. Diese ist meist zurückhaltend und sparsam. Mit wenigen Tönen wird die Stimmung der Dichtung getroffen. Gleich Schumann ihre seelische Tiefe zu ergründen oder ihre Dramatik durch kühne musikalische Akzente herauszuarbeiten, wie es Schubert meisterlich versteht, liegt Mendelssohn fern. Durch seine Lieder geht ein naiver, volkstümlicher Zug, der in Verbindung mit Sangbarkeit und gefühlswarmer Melodik die große Beliebtheit dieser Kompositionen erklärt. Einzelne unter ihnen, wie «Es ist bestimmt in Gottes Rat», «Leise zieht durch mein Gemüt», haben die Herzen aller musikalischen Völker erobert. Aber auch unter den schwierigeren Kunstliedern werden einige, wie das «Frühlingslied», op. 47 Nr. 3, und das «Nachtlied», op. 71 Nr. 6, unsterblich bleiben.

Um von seinen geistigen Anstrengungen auszuruhen, unternahm Felix im Spätsommer 1827 eine lange Ferienreise durch den Harz und durch Süddeutschland nach dem Rhein.
In Baden-Baden lockte das packende Klavierspiel des jungen hübschen Meisters das mondäne Publikum an, und die Spielsäle leerten sich zum Verdruß der Bankhalter. Diese ließen den Flügel wegschaffen; aber Felix fand in einem andern Saal des Kurhauses ein Klavier, und unter jubelnder Zustimmung der Gäste, aber zum Ärger der Croupiers ging das Konzert weiter.
Nachdem er in Heidelberg dem berühmten Juristen und Musikkenner Thibaut[68] einen Besuch abgestattet und von ihm anregende Mitteilungen über altitalienische Kirchenmusik empfangen hatte, fuhr Felix mit seinen Freunden auf einem Kahn unter Lachen und Gesang das romantische, weder durch Krieg noch durch industrielle Ausbeutung entstellte Rheintal hinunter nach Horchheim, wo auf dem Gut des Onkels Professor Benjamin Mendelssohn die Weinlese mitgefeiert wurde.
Nach der Heimkehr wird sofort die Arbeit weitergeführt. Mit einem kleinen Elitechor übt Felix jeden Samstag Gesänge aus der Matthäuspassion von Joh. Seb. Bach ein. Aus dieser Tätigkeit heraus entsteht eine geistliche Komposition, «Christe, du Lamm Gottes», die Fanny gewidmet wird. Einer Gelegenheitskomposition zur Feier des dreihundertsten Todestages von Dürer verdankt der Achtzehn-

jährige die Ehrenbürgerschaft des Berliner Künstlervereins. Zur Entspannung komponiert er zwei entzückende Kindersymphonien.
Als bleibende Kunstwerke reifen in den Jahren 1828 und 1829 die «Variations concertantes» für Klavier und Cello op. 17, die der Komponist seinem Bruder Paul, der ausgezeichnet Cello spielt, zueignet; ferner das Es-dur-Streichquartett op. 12, das mit seiner reizenden Canzonetta einer jungen Dame des Freundeskreises, Fräulein Betty Pistor, zugedacht war, und schließlich die Ouvertüre «Meeresstille und glückliche Fahrt». Sie ist durch Goethes gleichnamiges Liederpaar angeregt. Heute noch lebt sie dank dem kräftigen, für Farbe empfänglichen Naturempfinden, mit dem Mendelssohn den Gegensatz zwischen Windstille und bewegter See, zwischen banger Erwartung und fröhlicher Erfüllung durch ein blendendes Orchesterkolorit auszudrücken versteht. Spannend und für den Meister bezeichnend sind besonders die beide Teile verbindenden Übergangstakte mit dem aufjubelnden Ruf der Flöte und dem nachfolgenden mächtigen Crescendo der Holzbläser und Hörner, inspiriert durch Goethes Verse:

Die Nebel zerreißen,
Der Himmel ist helle,
Und Aeolus löset
Das ängstliche Band.
Es säuseln die Winde,
Es rührt sich der Schiffer,
Geschwinde! Geschwinde!

Das nachher folgende, schöne, zuerst von den Celli aufgenommene Gesangsthema wird unter den jungen Freunden

Felix Mendelssohn Bartholdy

des Hauses Mendelssohn zum Erkennungs- und Begrüßungssignal werden. Mit schallenden Fanfarentönen verkündet der Schluß des Stückes die glückliche Landung:

Es teilt sich die Welle,
Es naht sich die Ferne,
Schon seh' ich das Land!

An einem Abend im Januar 1829 hatte Felix mit seinem kleinen Elitechor den ganzen ersten Teil der «Matthäuspassion» von Joh. Seb. Bach durchgesungen, wobei die Berufssänger unter den Freunden des Hauses Mendelssohn als Solisten mitwirkten. Interpreten und Zuhörer waren entzückt von den Schönheiten dieses Werkes.
In der Nacht darauf faßte der Opernsänger Eduard Devrient, der mit besonderer Liebe und Gestaltungskraft die Partie des «Jesus» gesungen hatte, den Entschluß, eine öffentliche Aufführung des ganzen, damals völlig vergessenen Oratoriums durchzusetzen. Seine Frau Therese, die vor Begeisterung ebenfalls keinen Schlaf finden konnte, ermutigte ihn.
Kaum konnte Devrient das Ende der langen Winternacht abwarten. Als er morgens um acht Uhr zu Mendelssohn kam, lag dieser noch in tiefem, totenähnlichem Schlaf. Paul, der schon auf war, rüttelte seinen Bruder und rief: «Felix! Wach auf! Es ist acht Uhr!» Felix aber drehte sich auf die andere Seite und murmelte halb im Traum: «Ach laß doch, ich hab's immer gesagt. Es ist lauter Dudelei.»
Endlich schlug er die Augen auf, erkannte Devrient und sagte mit seiner freundlichen Stimme: «I Edeward, wo kommst *du* her?» Schnell schlüpfte er in seine Kleider und ging mit Devrient in das niedere Arbeitszimmer nebenan,

wo auf dem großen weißen Schreibtisch das Frühstück wartete und auf dem Ofen der Kaffee dampfte. Devrient ließ seinen Freund ruhig essen, ohne ihn zu unterbrechen; aber sobald das Geschirr abgetragen war, eröffnete er ihm: «Ich habe in dieser Nacht beschlossen, daß die Passion in den nächsten Monaten, jedenfalls vor deiner Abreise nach England, in der Singakademie aufgeführt werden muß.»
Felix lachte ungläubig: «Wer soll denn dirigieren?»
Devrient: «Du.»
«Hast *du* eine Ahnung! Ich will was für Knarren und Waldteufel[69] hinzukomponieren und diese Partien selber spielen!»
«Spaß beiseite. Die Sache ist wohlüberlegt.»
«Potz Wetter, du wirst feierlich. So laß mal hören.» Nun sprach Devrient mit innerer Überzeugung: «Wir haben erkannt, daß die Matthäuspassion das größte und wichtigste deutsche Musikwerk ist. Wir dürfen demnach nicht ruhen, bis es, zu neuem Leben erweckt, die Gemüter erbaut.»
Noch in der Zeit vor Felix' Geburt hatte Abraham Mendelssohn Zelter, mit dem er gut befreundet war, eine große Zahl von Bach-Originalhandschriften geschenkt. In der Folge pflegte Zelter seine Schüler vor den Schrank zu führen, der diese Schätze enthielt, und genießerisch zu sagen: «Da stehen sie. Was da alles drinnen steckt! Was da alles verborgen ist!» Aber nicht einmal Felix wurde ein Blick in die eifersüchtig gehüteten Manuskripte gegönnt. Später erlangte Großmutter Salomon nach langen diplomatischen Verhandlungen von Zelter die Erlaubnis, die Matthäuspassion kopieren zu dürfen, um des Enkels sehnlichsten Wunsch nach einer Abschrift des unsterblichen Werkes zu erfüllen. So war zu befürchten, daß Zelter einer öffentlichen Aufführung der Matthäuspassion nicht geneigt sein

werde. Er aber war Direktor der Singakademie, die unbedingt herangezogen werden mußte. Deshalb mußte vor allem *er* gewonnen werden.
Felix und Devrient legten sich noch am gleichen Morgen einen Schlachtenplan zurecht und begaben sich sogleich in die Höhle des Löwen. Zelters Zimmer lag im Erdgeschoß der Singakademie. Vor der Tür sagte Felix zu Devrient: «Du, wenn er grob wird, geh' ich fort. Ich darf nicht mit ihm kabbeln[70].»
«Grob wird er ganz gewiß», antwortete Devrient, «aber das Kabbeln übernehme ich.»
Devrient klopfte an. Eine rauhe Stimme gab Bescheid. Der alte Riese saß, die lange Pfeife im Munde, in dichtem Tabaksqualm an seinem alten, mit doppelter Klaviatur versehenen Flügel, in der Hand eine Schwanenfeder und vor sich ein Notenblatt. Er trug einen erdfarbenen Schlafrock, dicke wollene Strümpfe und gestickte Hausschuhe. Als die Türe sich öffnete, hob er seinen Kopf mit den zurückgestrichenen weißen Haaren, wandte das Gesicht mit seinen derben, bürgerlichen und doch nicht unbedeutenden Zügen dem Eingang zu und rief, indem er die Brille leicht nach vorne schob und über die Gläser blinzelte: «Ei, sieh da! Schon so früh zwei so junge, schöne Leute! Nun, was verschafft mir die Ehre? Hier, Platz genommen.»
Nun begann Devrient den Angriff auf die Festung, indem er Zelters unschätzbares Verdienst pries, neben vielen anderen Werken Bachs auch Bruchstücke der «Matthäuspassion» der Singakademie mitgeteilt und mit ihr eingeübt zu haben.
Zelter nickte geschmeichelt, doch nicht ohne Mißtrauen. Als er aber merkte, daß man das Werk mit Hilfe seiner Singakademie der Öffentlichkeit zurückgeben wolle, rief er unwillig: «Ja, wenn das so zu machen wäre! Dazu gehört

aber mehr, als wir heutzutage zu bieten haben. Verstehen denn unsere Geiger und Sänger diese Musik noch? Ich hätte doch längst alle vier Passionsmusiken von Bach aufgeführt, wenn diese Schwierigkeiten nicht wären!»

Zelter war warm geworden, legte die Pfeife weg und schritt auf und ab. Die beiden Freunde erhoben sich ebenfalls. Felix zupfte Devrient am Ärmel und gab die Sache verloren. Nun legte aber Devrient los: Die Singakademie sei mit Bachs Musik bereits bekannt, Zelter selbst habe den Chor vortrefflich geschult und auch Felix das Dirigieren glänzend beigebracht, und er, Devrient, der seit zehn Jahren der Singakademie treu sich zur Verfügung gestellt habe, brenne darnach, die Partie des «Jesus» zu singen.

Jetzt platzte der alte Herr beinahe: «Das soll man nun geduldig anhören! Haben sich's ganz andere Leute müssen vergehen lassen, diese Arbeit zu unternehmen; und da kommen nun so ein paar junge Rotznasen daher, denen das alles Kinderspiel ist!»

Zelter, der unersetzliche Sachverständige für Musik am Hofe des Weimarer Dichterfürsten, pflegte sich hie und da die Schwäche einer kräftigen Berliner Grobheit zu gestatten. Während Devrient das Lachen kaum verbeißen konnte, stand Felix verstimmt und bleich an der Tür, drückte auf die Klinke und bedeutete seinem Freund, daß sie beide gehen wollten. Devrient aber, weit entfernt, sich zu ergeben, benutzte geschwind die Blöße, die Zelter soeben gezeigt hatte, und betonte sachlich und ernst, daß er und Felix nicht ganz unreif seien, da sie schon so manche schwierige Aufgabe zur vollen Zufriedenheit ihres Lehrers gelöst hätten. Es müsse doch erfreulich sein für Zelter, daß gerade zwei seiner Schüler sich an dem Höchsten versuchten, in das er, der hochverehrte Meister, sie eingeführt habe.

Übrigens seien die besten Mitglieder der Singakademie durch die Proben im Mendelssohnschen Hause gewonnen.
« Ja, die Mitglieder! Die Mitglieder! » rief Zelter, « da fängt der Jammer erst an. Heut' kommen ihrer zehn zur Probe, und morgen bleiben zwanzig davon weg, ja! »
Man lachte herzlich über diesen Witz, die Krise schien überwunden. Auch Felix faßte neuen Mut. Die Freunde legten nun ihre Pläne dar, gegen die der alte Herr bald keine Bedenken mehr vorzubringen wußte. « Na, ich will euch nicht entgegen sein, auch zugute sprechen, wo es not tut. Geht denn in Gottes Namen daran, wir werden ja sehen, was daraus wird. »
« Aber höre », sprach Felix draußen zu seinem Freund, « du bist doch eigentlich ein verfluchter Kerl, ein Erzjesuit. »
« Alles zur höheren Ehre Gottes und Sebastian Bachs », entgegnete Devrient, und beide jubelten in die Winterluft hinaus, froh, daß der erste und wichtigste Schritt gelungen war.
Das übrige ergab sich sehr schnell. Mendelssohn übte die Chöre auf das genaueste ein und fesselte das Interesse der Sänger immer wieder durch seine präzisen, klaren Erläuterungen über Aufbau und Wirkungsmöglichkeiten des Werkes. Solange das Orchester nicht dabei war, mußte er mit der Linken auf dem Flügel die Begleitung markieren und mit der Rechten dirigieren. Der Zwanzigjährige tat beides auswendig, mit der größten Ruhe und Sicherheit, als ob er schon mindestens zehn Musikfeste gelenkt hätte. Mit leisen Kopf- und Handbewegungen erinnerte er an die verabredeten Schattierungen des Vortrages, und sobald große Stücke von gleichmäßiger Bewegung ganz im Zuge waren, ließ er den Taktstock sinken und hörte mit verklärter Miene zu, bis er vorausempfand, daß es nötig sei, den Takt wieder anzugeben.

Am 11. März fand die erste, am 21. März, an Bachs Geburtstag, die zweite ausverkaufte Aufführung zugunsten von Nähschulen für arme Mädchen statt. Die Begeisterung war so groß, daß selbst der weltberühmte Geigenvirtuose Paganini, der gleichzeitig in Berlin konzertierte, kaum beachtet wurde. Das Publikum verlangte nach einer dritten Aufführung. Aber Mendelssohn wollte seine längst geplante Reise nach England nicht hinausschieben.
Da ergriff der alte Zelter, vom Saulus zum Paulus geworden, den Taktstock und dirigierte die letzte Aufführung.
So hatten, wie Mendelssohn sich später ausdrückte, ein «Komödiant» und ein «Judenjunge» der Christenheit eines der großartigsten Bekenntniswerke, das seit seiner Uraufführung am 15. April 1729 nicht mehr gehört worden war, wiedergeschenkt.

Nach einer stürmischen Überfahrt, erschöpft von seiner Seekrankheit, kam Mendelssohn am 21. April 1829 in London an. Von seinen Freunden Klingemann und Moscheles wurde er herzlich empfangen und treu gepflegt.
Ignaz Moscheles[71] hatte 1824 auf einer Konzerttournee in Berlin sich mit dem Wunderknaben Felix angefreundet. Diese Freundschaft bewährte und vertiefte sich nun in England, wo Moscheles durch die Koketterie, Eleganz und Grazie seines Klavierspieles eine beherrschende Stellung erobert hatte. Er und der in London als Diplomat tätige Klingemann führten Mendelssohn in die vornehmsten Kreise der Hauptstadt ein. Dem Sohn des reichen, hochgeachteten Bankiers Abraham und Enkel des berühmten Philosophen Moses Mendelssohn öffneten sich schnell alle Türen und Herzen. Er aber ließ es sich angelegen sein, die

Liebe und Verehrung, die ihm entgegengebracht wurde, durch verschiedene Konzerte, in denen er als Dirigent und Pianist sein Bestes gab, zu verdienen. Die Sommernachtstraum-Ouvertüre und das Scherzo seines Oktettes mußten wiederholt werden. Mit dem auswendig vorgetragenen Es-dur-Konzert von Beethoven, das bis dahin noch niemand in London öffentlich zu spielen gewagt hatte, erregte er stürmischen Jubel. Man fand es unerhört, daß Mendelssohn auswendig vortrug. Sogar Franz Liszt spielte, wenn er nicht improvisierte, selten ohne Noten. Als der junge Künstler in einem Wohltätigkeitskonzert, das er selbst gegen großen Widerstand zugunsten notleidender Schlesier durchgesetzt hatte, am Schluß der Londoner Konzertsaison zum letzten Male vor das Publikum trat, gehörte er unumstritten zu den fashionablen Größen.
Da er kein Geld nahm für sein Auftreten, betrachteten ihn die vornehmen Londoner als ihresgleichen. Bezahlte Virtuosen aber, nachdem sie ihre Arbeit getan und die Gesellschaft mit ihrer Kunst unterhalten und beglückt hatten, verwies man an die Bedientenafel oder behandelte sie wie Luft. So fand Felix einmal die berühmte Sängerin Malibran[72] bei einer Einladung, an der sie zu singen hatte, allein und verlassen am Ende des Saales sitzen. Da hielt er den erstaunten Gastgebern gegenüber mit seiner Empörung über diesen Mangel an menschlichem Takt nicht zurück. Sogleich entstand – bezeichnend für die damalige mondäne Gesellschaft – das sinnlose Gerücht, Mendelssohn sei in die Malibran leidenschaftlich verliebt.
Eine Reise mit Klingemann durchs schottische Hochland bis zu den Hebriden brachte reiche Natureindrücke und mit ihnen neue musikalische Ideen. Aus Edinburg schreibt Felix am 30. Juli 1829:

«In tiefer Dämmerung gingen wir heut nach dem Palaste (Holyrood), wo Königin Maria gelebt und geliebt hat; es ist da ein kleines Zimmer zu sehen mit einer Wendeltreppe an der Tür. Da stiegen sie hinauf und fanden den Rizzio im kleinen Zimmer, zogen ihn heraus, und drei Stuben davon ist eine finstere Ecke, wo sie ihn ermordet haben. Der Kapelle daneben fehlt das Dach, Gras und Epheu wachsen viel darin, und am zerbrochenen Altar wurde Maria zur Königin von Schottland gekrönt. Es ist da alles zerbrochen, morsch, und der heitere Himmel scheint herein. Ich glaube, ich habe da heut den Anfang meiner *Schottischen Symphonie* gefunden.» Von Edinburg aus wurde Sir Walter Scott in Abbotsford aufgesucht. Die beiden Freunde waren allerdings von der kurzen, leeren Konversation mit dem weltberühmten Dichter enttäuscht.

Am 7. August 1829 sandte Mendelssohn von einer Hebride aus eine Seite Partitur nach Hause. Diese unmittelbar durch die Landschaft inspirierten paar Takte enthielten das Thema der künftigen «Hebridenouvertüre». Hiller schreibt darüber in seinen «Erinnerungen»:

«Mendelssohn erzählte mir, wie ihm nicht allein Gestalt und Farbe des Stückes beim Anblick der Fingalshöhle aufgegangen, sondern wie ihm auch die ersten Takte mit dem Hauptmotiv dort eingefallen seien. Abends machte er mit seinem Freund Klingemann einen Besuch in einer schottischen Familie. Im Salon stand ein Piano. Aber es war Sonntag und deshalb keine Möglichkeit, Musik zu machen. Mendelssohn wandte nun seine ganze Diplomatie auf, bis es ihm gelang, das Instrument eine Minute lang zu öffnen, um dem Freund jenes Thema vorzuspielen, aus dem später die ‚Hebridenouvertüre' hervorgewachsen ist.»

In Liverpool trennte sich Klingemann von Mendelssohn,

der noch einige Zeit in Coed Du auf dem Landgut eines Bergwerkbesitzers namens Taylor zubringen wollte. Diesen Mann hatte Felix ganz zufällig im Postwagen kennengelernt. Die drei Töchter des Hauses schlossen den interessanten Gast bald in ihr Herz. So mußte er der Ältesten ein *Impromptu* ins Album komponieren über ein Nelkenbukett mit einer Rose in der Mitte, das sie ihm geschenkt hatte, und über die Noten zeichnete er ihr einen duftigen Strauß. Für die Jüngste, die einmal mit gelben, offenen Blumenkelchen im Haar zu ihm kam und versicherte, das seien Trompeten, schrieb er einen Tanz, zu dem die gelben Trompetenkelche aufspielen sollten. Der Mittleren schilderte er in Tönen den Bach, der ihnen während eines Spazierrittes so sehr gefallen, daß sie abgestiegen waren und sich an seinem Ufer hingesetzt hatten. Diese drei Capriccios erschienen später als op. 16.
Die eine der Töchter beschrieb nach Mendelssohns Tod in einem Brief dieses Idyll: «Mendelssohn war nicht die Spur sentimental, hatte aber echtes, tiefes Gefühl. Niemand freute sich mehr über Unsinn als er, und sein Lachen war das fröhlichste, das man hören konnte. An einem Abend blieben wir länger als gewöhnlich im Wald oberhalb unseres Hauses. Wir hatten dort ein Haus aus Fichtenästen gebaut. In dessen Nähe machten wir ein Feuer. Mendelssohn half mit größtem Eifer mit und schleppte immer mehr Holz herbei. Dann wurden wir müde von der lustigen Arbeit, lagerten uns ums Feuer, der Rauch wehte darüber hin, die Kohlen glimmten, es wurde dunkel, aber wir konnten uns nicht entschließen, heimzukehren. Da sagte Mendelssohn: ‚Wenn wir nur etwas Musik hätten, könnte nicht irgend jemand etwas zum Spielen besorgen?‘ Nun fiel es meinem Bruder ein, daß der Gärtner eine Violine hätte.

Als sie gebracht wurde, war sie das elendeste Ding von der Welt, mit einer einzigen Saite! Mendelssohn probierte das Instrument und schüttelte sich vor Lachen über die komischen Töne. Sein Lachen war ansteckend, und wir wurden alle sehr lustig. Dann aber entlockte er der armen, alten Geige plötzlich die allerschönste Musik. Wir saßen und horchten einer Melodie nach der andern, bis die Kälte der Nacht uns nach Hause trieb.
Mein Vetter John Taylor hatte ein Stück komponiert und spielte es eines Morgens vor dem Frühstück durch, ohne zu wissen, daß Herr Mendelssohn, dessen Schlafzimmer an das Wohnzimmer stieß, jeden Ton hörte. Am Abend, als wir wie gewöhnlich musizierten, setzte sich unser Gast ans Klavier, und nach einem zierlichen Vorspiel hörte John sein armes kleines Liedchen so vorteilhaft als möglich als Musikstück des Abends eingeführt. Und als Mendelssohn dabei verweilt und es in der graziösesten Weise ausgeschmückt hatte, verbeugte er sich in seiner liebenswürdigen, mutwilligen Art gegen den Komponisten und erkannte diesem alle Ehre zu.
Vielleicht lag etwas vom Reiz seiner Rede in den ungewöhnlichen Worten, die er als Deutscher beim Englischsprechen wählte. Er lispelte ein wenig. Er hatte die Art, rasch mit dem Kopf zu nicken, bis die langen Haarlocken ihm über seine hohe Stirn fielen, wenn er einem Gedanken nachdrücklich zustimmte, der ihn freute. Da er sah, daß wir Geschwister uns untereinander und die Eltern herzlich liebten, so erzählte er meiner Mutter, daß er Familien gekannt hätte, wo es nicht so sei, und sagte: ‚Sie wissen nicht, wie glücklich Sie sind!‘ »
Nach so vielen frohen Tagen forderte auch das Mißgeschick seinen Tribut. Mendelssohn verunglückte mit einem Gig

und verletzte sich am Knie. Er mußte lange liegen und konnte nicht zur Hochzeit seiner Schwester Fanny fahren. Erst anfangs Dezember 1829 traf er, immer noch am Stocke gehend, wieder in Berlin ein.

1830 wurde an der Berliner Universität im Hinblick auf den einundzwanzigjährigen Mendelssohn ein Lehrstuhl für Musik geschaffen. Felix aber lehnte die ehrenvolle Berufung ab[73]; er sehnte sich nach dem Süden. Am 7. Mai 1830 verließ er Berlin. Über die weiteren Ereignisse seiner Reise über Wien nach Italien und zurück durch die Schweiz unterrichten ausführlich die in diesem Bande veröffentlichten Briefe.
Im September 1831 kehrte er nach München zurück. Die Bayern mit ihrer Gemütswärme und Herzlichkeit gefielen ihm ausnehmend. Besonders die sechzehnjährige Münchnerin Josephine Lang, ein zart-melancholisches Temperament von ungewöhnlicher Begabung für lyrische Kompositionen, schloß er ins Herz. Später, nachdem sie einen Tübinger Universitätsprofessor geheiratet hatte, wurde er Pate ihres Erstgeborenen.
Das Hauptereignis seines Münchner Aufenthaltes aber war sein Wohltätigkeitskonzert im Odeonsaal, in dem er unter anderem das soeben vollendete g-moll-Klavierkonzert op. 25 vortrug. (Es ist seiner Münchner Kunstgenossin Delphine von Schauroth gewidmet, die es 1870, als bejahrte Künstlerin, bei einer Mendelssohn-Gedächtnisfeier im Gewandhaussaal zu Leipzig selbst gespielt hat.) Zum Schluß des Abends phantasierte Mendelssohn mit großem Beifall auf Wunsch des Königs über das Mozart-Thema *Non più andrai*. Das Ergebnis dieses Konzertes war der ehrenvolle Auftrag, für München eine Oper zu schreiben.

Von München aus fuhr Felix über Stuttgart nach Frankfurt, wo er die alten Beziehungen zum Cäcilienverein und zu dessen Dirigenten Schelble erneuerte. In Frankfurt erhielt er die Nachricht von der Verlobung seiner jüngeren Schwester Rebekka mit dem Mathematiker Lejeune-Dirichlet. Auch die für ihn sehr schmerzliche Botschaft vom Tode seiner geliebten Tante Henriette Mendelssohn traf ihn dort.

In Düsseldorf verhandelte er mit dem Landesgerichtsrat und Bühnenleiter Karl Immermann (1794–1840) über die Bearbeitung von Shakespeares «Sturm» zu einem Opernlibretto für München. Daneben verkehrte er viel mit den Vertretern der bildenden Künste, vor allem mit dem Maler Friedrich Wilhelm von Schadow.

Eine gewisse Oberflächlichkeit des künstlerischen Lebens in Paris, wo wir Mendelssohn Mitte Dezember 1831 finden, war seinem deutschen Empfinden zunächst fremd. Aber bald gab er sich rückhaltlos den mannigfaltigen Anregungen hin. Die ersten Jahre nach der Juli-Revolution waren voll neuen Lebens: für die Tuilerienkapelle schrieb Cherubini seine Kirchenmusik, die äußeren Glanz mit Verinnerlichung harmonisch vereinigte; an der Oper feierte Meyerbeer seine ersten Triumphe mit «Robert der Teufel»; Rossini elektrisierte die Welt mit seinem «Wilhelm Tell»; Scribe und Auber warfen ihre besten Produktionen auf den Schauspiel- und Opernmarkt; Paganinis dämonische Persönlichkeit riß mit ihrem Feuer die musiktrunkenen Massen hin; Liszt wühlte die empfindsame, elegante Damenwelt durch sein pathetisch perlendes Klavierspiel auf; Chopin schilderte mit ganz neuen, packenden Rhythmen und Farben das leidvolle Schicksal seiner verbannten polnischen Landsleute.

Inmitten aller Pariser Zerstreuungen benützte Mendelssohn jede ruhige Stunde zum Arbeiten. Neues entstand nicht viel, vor allem feilte er seine bereits niedergeschriebenen Kompositionen aus. Daneben erholte er sich gern beim Schachspiel und pflegte die stärksten Gegner, darunter auch Meyerbeers Bruder, den Dichter Michael Beer, immer wieder zu besiegen. Wenn sein Partner verlor und verstimmt wurde, sagte Felix beruhigend: «Wir spielen beide *ganz* gleich gut – *ganz* gleich gut – nur spiele ich ein *bißchen* besser.» Als ihm aber seine Ähnlichkeit mit Meyerbeer vorgehalten wurde, verlor er die Geduld, ging zum Barbier und ließ sich die Haare greulich verschneiden; denn Meyerbeer mochte er gar nicht leiden[74]. Der berühmte Opernkomponist jedoch nahm diese drastische Demonstration mit unerschütterlicher Liebenswürdigkeit auf. Zum Entzücken Mendelssohns spielte Liszt dessen Klavierkonzert glänzend vom beinahe unleserlichen Manuskript. Später erkannte Felix, daß dieser unvergleichliche, fast unheimliche Künstler die meisten neuen Sachen zum ersten Male am schönsten spielte, weil sie ihm dann gerade genug zu tun gaben. Das zweitemal mußte Liszt schon selber dazutun, damit sein Interesse wach blieb.
Die jungen Musiker des Konservatoriumsorchesters waren bezaubert von Felix' Zugänglichkeit und Natürlichkeit. Als bei der Probe zur Sommernachtstraum-Ouvertüre der Paukist ausblieb, sprang ohne Zögern der Komponist selbst zur Pauke und wirbelte wie ein Tambour der alten Garde. Leider lehnte das Orchester die «Reformationssymphonie», die Mendelssohn zur Dreihundertjahrfeier der Augsburger Konfession geschrieben hatte, rundweg ab. Man bezeichnete sie als zu scholastisch, zu arm an Melodien. Felix war verletzt. Dazu verdüsterten noch zwei Todesnachrichten seinen

Pariser Aufenthalt: im Januar verlor er seinen über alles geliebten Lehrer und Freund Eduard Rietz[75], und am 22. März 1832 starb Goethe.
Daß Zelter den Freund nicht lange überleben werde, fühlte Mendelssohn richtig voraus. Als er, von einem leichten Choleraanfall geschwächt, Paris verließ und nach seinem geliebten London kam, wo er vom Orchester und vom Publikum mit Händeklatschen und lautem Jubel begrüßt wurde, erreichte ihn die Botschaft, daß am 15. Mai auch der alte, rauhe, aber gutherzige Lehrer und Berater entschlafen sei.
Sofort bat Felix seinen Vater, er möge darüber wachen, daß Zelters Bach-Handschriften nicht verkauft würden. Abrahams Vorschlag, sich um Zelters Stelle zu bewerben, lehnte er ab, erklärte sich aber bereit, eine eventuelle Wahl anzunehmen. Hätte er sich nur ganz zurückgezogen. Denn nun lernte er nach seiner Heimkehr die abscheulichsten Intrigen kennen. Dem singenden Berliner Spießbürger war Mendelssohn viel zu jung. Und dazu noch die semitische Abstammung! Daß der Meister seinen evangelischen Glauben nicht nur durch seinen Lebenswandel, sondern auch durch tief empfundene Werke kirchlicher Musik unter Beweis gestellt hatte, berührte die damals schon blinden Berliner Rassenfanatiker nicht im geringsten. Und die Tatsache, daß der Jüngling drei Jahre vorher die Matthäuspassion mit souveräner Meisterschaft einstudiert und aufgeführt hatte, vermochte das mangelnde Dienstalter nicht zu ersetzen. Mit der Wahl des verknöcherten 54jährigen Rungenhagen, der als biederes Anhängsel Zelters seinen Posten zäh ersessen hatte, war dem sangesfreudigen Berliner Spießer die geliebte Mittelmäßigkeit auf lange Jahre hinaus gesichert. Mendelssohn aber empfing wohl zum erstenmal in seinem Leben die unheilbare Wunde, die

grobe Undankbarkeit einer sensiblen, zur Hingabe an ein großes Ziel bereiten Seele zufügt. Von nun an kam in sein äußeres Leben eine gewisse Rastlosigkeit. Nach Berlin zog ihn sein Elternhaus, das er über alles liebte. Aus Berlin fort dagegen trieb ihn die Mittelmäßigkeit, zu der dort die Musik auf lange Zeit hinaus verdammt blieb, und die scharfe, unfruchtbare Kritik der Berliner Intellektuellen.
Zunächst gab er einige Wohltätigkeitskonzerte und arbeitete am Text zum geplanten Oratorium «Paulus», da der Münchner Opernplan aus Mangel an einem brauchbaren Text sich zerschlagen hatte. Zurückgezogen vom gesellschaftlichen Leben versenkte er sich in die Arbeit an seiner «Italienischen Symphonie», die er im Auftrag der Londoner Philharmonischen Gesellschaft am 13. März 1833 vollendete.
Da erreichte ihn der ehrenvolle Ruf, am 26. und 27. Mai 1833 in Düsseldorf das 15. niederrheinische Musikfest zu leiten. Voller Freude über die neue Aufgabe nahm Mendelssohn an und ging sogleich an die Programmgestaltung. Aber bevor er mit den Proben begann, fuhr er für kurze Zeit nach London, um den Sohn Felix seines Freundes Moscheles aus der Taufe zu heben. Als Patengeschenk brachte er ein Album mit, das ein reizendes Wiegenlied, «Schlummre und träume von kommender Zeit» (op. 47, Nr. 6), nach einem Gedicht von Klingemann sowie zwei Zeichnungen von seiner Hand enthielt. Am 13. Mai führte er mit den Londoner Philharmonikern seine «Italienische Symphonie» zum erstenmal auf und spielte am gleichen Abend Mozarts d-moll-Klavierkonzert.
Das Düsseldorfer Musikfest wurde für den von Berlin Enttäuschten zu einem unvergleichlichen Triumph. Am ersten Tag dirigierte er seine Trompetenouvertüre und Händels

«Israel in Ägypten» (er selbst hatte die Originalpartitur dieses Werkes aufgefunden). Am zweiten Tag folgten, neben unbedeutenden Werken, Beethovens «Pastoralsymphonie» und «Leonorenouvertüre». Beide Male tobte das Publikum vor Freude. Blumen regneten auf den Dirigenten nieder, zwei hübsche Düsseldorfer Damen brachten ihm auf einem kunstvoll gestickten Samtkissen einen Lorbeerkranz dar, mit dem er sich krönen lassen mußte. Das Orchester aber gab seiner Begeisterung durch anhaltenden Tusch Ausdruck. Am dritten Tage wurde – etwas ganz Neues für ein Düsseldorfer Musikfest – eine Matinee improvisiert, an der Felix unter tosendem Beifall Webers «Konzertstück» spielte.

Diesem unvergleichlichen Erfolg verdankte Mendelssohn ein vorteilhaftes Angebot, das er annahm. Es verpflichtete ihn zur Leitung der Düsseldorfer Kirchenmusik und des Musikvereins sowie zur Veranstaltung mehrerer Konzerte. Neben dem Gehalt von 600 Talern wurde ein jährlicher Urlaub von drei Monaten ausbedungen. Besonders befriedigt über diese angesehene Stellung eines Musikdirektors von Düsseldorf war Vater Abraham, der immer darauf gedrungen hatte, daß Felix eine Kapellmeisterstelle annehmen müsse.

Nach diesem Sieg fuhr Mendelssohn zum vierten Male nach London, diesmal in Begleitung seines Vaters, der England noch nie gesehen hatte. Scharf und kritisch musterte der alte Herr alles Neue, das ihm entgegentrat. In seinen Briefen konnte er leisen Spott über Felix' blinde Englandbegeisterung nicht unterdrücken. Aber er freute sich doch, mitzuerleben, wie sich wiederum Konzert an Konzert, Triumph an Triumph reihte. Am meisten aber war Abraham Mendelssohn wohl darüber gerührt, daß Felix sich durchaus

Cécile Mendelssohn Bartholdy, geb. Jeanrenaud

nichts einbildete auf all die glänzenden Erfolge und ihm, dem alten, künstlerisch ganz unproduktiven Vater, in kindlicher Treue ergeben blieb. Als er krank war, pflegte ihn sein Sohn mit Aufopferung. Er schrieb darüber an seine Frau: «Ich kann nicht sagen, was Felix an mir getan, ich kann nicht sagen, welchen Schatz von Liebe, Geduld, Ausdauer, Ernst und Freundlichkeit und zärtlichster Sorgfalt er gezeigt; und so unendlich viel ich ihm auch mittelbar schuldig geworden durch die tausend Freundlichkeiten und Annehmlichkeiten, die mir von anderen seinetwegen geworden, so kam das Beste doch von ihm selbst, und mein bester Dank gilt ihm.»

Ende August kehrte man aufs Festland zurück, und Felix siedelte, nach einem kurzen Aufenthalt im Elternhaus, nach seinem neuen Wirkungskreis über, glücklich, nicht mehr an die Berliner Verhältnisse gebunden zu sein.

In Düsseldorf stürzte sich der Vierundzwanzigjährige mit dem ganzen Feuer seiner Jugend in die neue, vielseitige künstlerische Tätigkeit, die folgende Gebiete umfaßte: Kirchenmusik, Konzertmusik, Malerei und Theater.

Die Kirchenmusik lag im argen. Der neue, fortschrittliche Bürgermeister wollte sie reformieren. In diesem Bestreben konfrontierte er zunächst den alten Stadtmusikus und Messekomponisten mit dem neuen Musikdirektor. Mendelssohn schreibt über diese komische Begegnung:

«Ein ganz alter, verdrießlicher Musikant mit einem schäbigen Rock, welcher bisher den Takt dazu geschlagen hatte, wurde vorgeladen, und als sie ihm auf den Pelz fuhren, sagte er, er werde und wolle keine bessere Musik machen; wollten wir es besser haben, so möchten wir es einem andern geben. Er wisse wohl, daß man jetzt viel Ansprüche mache; es solle jetzt alles schön klingen; das sei zu seiner Zeit nicht gewesen, und er mache es noch ebensogut wie damals.

Da wurde es mir wahrhaftig schwer, ihm die Sache abzunehmen, wiewohl es die andern gewiß besser machen werden; aber ich dachte mir so, wenn ich in fünfzig Jahren einmal auf ein Rathaus gerufen würde und möchte so sprechen, und ein Gelbschnabel schnauzte mich an, und mein Rock wäre so schäbig, und ich wüßte eben auch gar nicht, warum alles besser klingen sollte – da wurde mir schlecht zumute.»

Mendelssohn quälte diesen alten Mann nicht länger. Er durchstöberte die Bibliotheken von Elberfeld, Bonn und Köln nach brauchbarer Kirchenmusik und kehrte zurück mit vergessenen, wundervollen Kompositionen von Palestrina, Allegri, Lotti, Pergolese und von Orlando di Lasso. Aber auch Händel und Bach führte er in der katholischen Kirche auf, deren Musik ihm unterstellt war. Er selbst komponierte wohl ebenfalls für den augenblicklichen Gebrauch, und vermutlich stammt der als op. 121 aus Mendelssohns Nachlaß herausgegebene Vespergesang für Männerstimmen, Celli und Bässe aus der Düsseldorfer Zeit.

Für den Konzertsaal vollendete er am 11. November 1833 eines seiner vollkommensten Werke: die «Ouvertüre zum Märchen von der schönen Melusine». Robert Schumann, damals Mitarbeiter an der «Neuen Zeitschrift für Musik», schwärmte begeistert von dieser neuen Arbeit; und Richard Wagner, der zuerst Mendelssohn bewunderte, sich aber später, nach dessen Tod, abfällig über ihn äußerte, verstand es, in seiner Oper «Rheingold» das reizvolle Wellenmotiv der Melusinenouvertüre geschickt zu benützen.

Im Hause der Familie v. Woringen, wo viel Quartett gesungen wurde, empfing Mendelssohn die Anregung, seine vierstimmigen A-cappella-Lieder zu schreiben und damit an die Musik der Madrigalisten des 16. Jahrhunderts anzuknüpfen. So vertonte er Heinrich Heines «Tragödie» und vereinigte sie mit drei andern Liedern als op. 41 unter dem Titel: «Sechs Lieder für Sopran, Alt, Tenor und Baß, im Freien zu singen.» Den beiden Töchtern des v. Woringenschen Hauses, Elise und Rosa – sie waren es gewesen, die ihm am Musikfest den Lorbeerkranz überreicht hatten –, widmete er zwei Hefte «Lieder ohne Worte» op. 30 und 38.

Wenn auch darauf verzichtet werden muß, in dieser kurzen Lebensbeschreibung auf sämtliche Werke Mendelssohns einzugehen, so darf doch nicht unerwähnt bleiben, daß 1834 an Liedern mit Klavierbegleitung folgende unvergängliche Werke entstanden sind: das «Minnelied», das volkstümliche «Sonntagslied» mit den festlichen Glockenklängen und «Auf Flügeln des Gesanges». Das letzte dieser musikalischen Schmuckstücke spiegelt vielleicht am reinsten die schwärmerisch-zarte Melodik wider, die Mendelssohns empfindsame Natur charakterisiert.

Mendelssohn, immer noch Junggeselle, bewohnte einige angenehme Zimmer im Haus des Akademiedirektors und Malers Friedrich Wilhelm v. Schadow. Durch diesen wurde er mit mehreren damals berühmten Malern befreundet, besonders eng mit Eduard Bendemann und Professor Johann Wilhelm Schirmer, bei dem er sich im Aquarellieren weiterbildete. Auch am festlichen und fröhlichen Treiben der Akademie nahm er teil. Als der Kronprinz von Preußen, der später als König Friedrich Wilhelm IV. versuchte, Mendelssohn den Berlinern zurückzugeben, nach Düsseldorf kam, stellten die Maler und Bildhauer lebende Bilder, u.a.

«Israel in Ägypten» mit Musik von Händel, ferner – echt biedermeierisch – den «Lorenzo Medici, umgeben von den Genien der Poesie, Skulptur und der Malerei, die durch Dante, Raffael, Michelangelo und Bramante dem Fürsten an der Hand zugeführt werden». Die Musik und den Schlußchor mit der Nutzanwendung auf den Kronprinzen hatte Mendelssohn komponiert. Zum fröhlichen Teil des Festes leiteten die Rüpeltänze aus dem «Sommernachtstraum» über, von den übermütigen Malern zur Musik der Ouvertüre aufgeführt.

So mangelte es nie an Abwechslung. Zur Erholung trieb Mendelssohn seinen gewohnten Sport: er turnte, tanzte, schwamm und hielt sich ein Reitpferd. Zu Pfingsten 1834 besuchten ihn seine Freunde Hiller und Chopin. Man tauschte neue Ideen und musikalische Gedanken aus. Zusammen besuchte man – diesmal als Zuhörer – das Aachener Musikfest.

Bei der Betrachtung von Mendelssohns Leben und Werk fragt man sich unwillkürlich: Warum hat der Meister keine bleibende Oper geschaffen? Vielleicht bringt uns ein Rückblick auf seine Tätigkeit am Düsseldorfer Stadttheater einer Antwort näher.

Obwohl er ein Opernlibretto Immermanns als unbrauchbar zurückgewiesen hatte, befreundete sich Mendelssohn mit dem Düsseldorfer Bühnenleiter bald so eng, daß beide sich zusammentaten, um im Winter 1833/34 eine Anzahl «Mustervorstellungen» von Opern zu geben. Dies Unternehmen sollte die Gründung eines ständigen Stadttheaters großen Stils vorbereiten. Die erste Aufführung – man gab die während zwanzig Proben sorgfältig einstudierte Mozart-

Oper «Don Giovanni» – wurde ausgepfiffen, da einige Mißvergnügte Anstoß nahmen an den erhöhten Eintrittspreisen und an der Bezeichnung «Mustervorstellung». Mendelssohn erlebte den ersten Theaterskandal seines Lebens. Mit eiserner Ruhe hielt er ihm stand, während Immermann vor Aufregung fieberkrank wurde. Unter größtem Beifall wurde die Oper wiederholt. Später dirigierte Mendelssohn weitere «Mustervorstellungen»: Mozarts «Figaro», Cherubinis «Wasserträger», Beethovens Musik zu «Egmont», seine eigene Bühnenmusik zu Calderons «Der standhafte Prinz» sowie Liedeinlagen, die er zu Immermanns «Andreas Hofer» komponiert hatte.

Das Unternehmen war erfolgreich: finanzkräftige Düsseldorfer gründeten eine Aktiengesellschaft, bauten ein neues Stadttheater, und Immermann teilte sich mit Mendelssohn in die Intendanz.

Aber nun begann für Mendelssohn eine der unangenehmsten Perioden seines Lebens. Die Verhandlungen mit Sängern, Chor- und Orchestermitgliedern, das Feilschen um die Gagen, die scharfe Theaterluft, der oft grobe Ton, die giftigen Intrigen zehrten fühlbar an seiner Nervenkraft, obwohl er Julius Rietz, den Bruder seines verstorbenen Lehrers und Freundes Eduard Rietz, als Gehilfen und zweiten Kapellmeister nach Düsseldorf berufen hatte. Mendelssohn schrieb am 23. November 1834 an seine Schwester Rebekka:

«Ich wollte nichts als dirigieren und einstudieren, und das war Immermann nicht genug. Wir wechselten verzweifelt grobe Briefe, in denen ich meinen Stil sehr zusammennehmen mußte, um keine Spitze unerwidert zu lassen und meinen unabhängigen Grund und Boden zu behaupten. Wir verständigten uns darauf und zankten uns gleich wieder, weil ich nach Aachen reisen sollte, um dort eine Sängerin zu prüfen und zu engagieren, und weil ich das nicht wollte. Darauf mußte ich für jedes Mitglied des Orchesters zwei Verträge ausfertigen, mich vorher um einen Taler Monatsgage bis aufs Blut streiten; dann gingen sie weg; dann kamen sie wieder und unterschrieben doch; dann wollten sie wieder nicht am zweiten Pult sitzen; dann kam die Tante eines ganz erbärmlichen Musikers, den ich nicht engagieren konnte, und die Frau mit zwei unmündigen Kindern eines andern Erbärmlichen, um ein gutes Wort beim Herrn Direktor einzulegen; dann ließ ich drei Kerls Probe spielen, die geigten so unter aller Würde, daß ich keinen von ihnen annehmen konnte; da waren sie demütig und gingen still betrübt fort und hatten ihr Brot verloren; dann kam die Frau noch einmal wieder und weinte. Unter dreißig Leuten war ein einziger, der kurz sagte: ‚Ich bin zufrieden' und seinen Kontrakt unterschrieb. Alle andern handelten und mäkelten erst eine Stunde, bis sie mir glaubten, daß ich *prix fixe* hätte. Mir fiel Vaters Spruch ‚Fordern und Bieten machen den Kauf' den ganzen Tag ein, aber es waren die vier jämmerlichsten Tage, die ich je erlebt habe . . . Inzwischen studierte Rietz morgens und abends den ‚Templer' ein; der Chor betrank sich, und ich mußte mit Autorität reden. Dann rebellierten sie gegen den Regisseur, und ich mußte sie anschreien wie ein Hausknecht. Dann wurde die Beutler heiser, und ich bekam Angst für sie (eine mir neue Art von Angst, eine der ekligsten). Kurz – ich faßte den Entschluß, drei Wochen nach Wiedereröffnung des Theaters meinen Intendantenthron zu verlassen, den ich denn Gott sei Dank auch ausgeführt habe . . . »

Mendelssohns Vater antwortete hierauf seinem Sohne: «Jeder, der Gelegenheit und Lust hat, Dich näher und innerlicher kennenzulernen, sowie alle die, denen Dich deutlicher zu machen Du Lust und Gelegenheit hast, werden Dich lieb gewinnen und achten. Das allein reicht aber wirklich nicht aus, um tätig und wirksam ins Leben einzugreifen; es wird vielmehr bei vorrückendem Alter, wenn anderen und Dir jene Lust und Gelegenheit ausgehen, zu Isolierung und Mißmut führen. Selbst das, was wir für Fehler halten, will, wenn es sich einmal in der Welt festgesetzt hat, respektiert oder doch wenigstens geschont sein.

Nun hast Du dich unleugbar bis jetzt noch nicht von einer gewissen Schroffheit und Heftigkeit, von einem raschen Ergreifen und ebenso raschem Loslassen trennen können und Dir dadurch selbst in praktischer Hinsicht vielfache Hindernisse geschaffen.

Du hattest von Anfang an, sehr richtig, Dich nicht festbinden, sondern nur das Einstudieren und Leiten einzelner Opern übernehmen wollen. Wie Du nun vor einiger Zeit hieher kamst, um Krethi und Plethi zu engagieren, gefiel mir das Ding schon gar nicht; ich meinte aber, Du habest, da Du ohnedies hierher gekommen warst, diese Besorgung als eine Gefälligkeit nicht verweigern können. Nun aber, bei Deiner Rückkehr nach Düsseldorf, statt alle *odiosa* abzuweisen, lässest Du Dich damit überschütten; und da sie Dir, wie natürlich, ekelhaft werden, lenkst Du nicht etwa ruhig ein und schaffst sie Dir nach und nach wieder vom Halse, sondern Du springst mit einem Male ab und zurück, gibst Dir dadurch unleugbar den Anschein von Unbeständigkeit und Unzuverlässigkeit, machst Dir einen Mann, den Du auf jeden Fall aus Klugheit schonen solltest, zum entschiedenen Gegner. Betrachte ich diese Sache falsch, so belehre mich eines Bessern.»

Nach seinem Rücktritt, dessen Rücksichtslosigkeit auch Devrient mißbilligte, blieb Mendelssohn in der Tat mit Immermann dauernd verfeindet. Damit war seine Wirksamkeit am Düsseldorfer Theater zu Ende.

Mendelssohn ist weder feige noch bequem. Immer wieder beweist er seine Anhänglichkeit und Treue auch Menschen gegenüber, deren Kunst ihm fremd ist. Um so mehr zeigt sein rascher Rückzug vom Theater, daß er innerlich zutiefst verletzt und aus dem Gleichgewicht gebracht ist. Lieber bricht er sein Versprechen, lieber nimmt er den ungerechten Vorwurf der Charakterlosigkeit auf sich, als daß er länger die schreiende Dissonanz ertrüge zwischen der Reinheit seines künstlerischen Wollens und den niederen, dumpfen Trieben der brutalen Wirklichkeit. Seine Liebe zum Theater ist so echt, aufrichtig und ideal, so weit entfernt von jeder niederen Spekulation, daß sie an der grausamen Wirklichkeit des Theaterlebens, an der Nervosität, am ganzen kläglich entzauberten Komödiantentum zerbrechen muß.

Mendelssohn ist von Natur aus seelisch äußerst reizbar. Der Vater hat deshalb bisher jeden seiner Schritte sorgfältig geführt, gefördert und behütet; die Mutter hat ihn verwöhnt, und wenn ihn die äußere Welt verstimmte, konnte er sich jederzeit hinter die schützenden Mauern seines Elternhauses zurückziehen. Dort fand er im Kreise seiner Geschwister und Freunde stets Verständnis, die Bestätigung seiner selbst; dort konnte er ungestört träumen unter den hohen Wipfeln des weiten, stillen Parkes.

Alle großen Dramatiker aber haben zu Beginn ihrer Laufbahn, bevor sie Meisterwerke schrieben, den Kampf ums nackte Dasein kennengelernt. Täglich stellte er sie vor die Wahl, entweder aller ästhetischen Empfindlichkeit zum

Trotz sich mit den brutalen Anforderungen der Wirklichkeit herumzuschlagen, oder – unterzugehen. So, und nur so lernten diese Künstler die elementaren Kräfte kennen, die das Menschenschicksal bewegen und erschüttern. Ihr ästhetisches Empfinden aber, entwickelt und geformt im Kampf um die Existenz, ließ sie die Gesetze ahnen, nach denen diese elementaren Kräfte auf der Bühne zum Ausdruck gebracht und gegeneinander geführt sein wollen, damit das Publikum gepackt wird.

Alle diese Kämpfe und materiellen Sorgen blieben Mendelssohn erspart. Wohl machte er in den Pariser Vorstadttheatern fleißig dramatische Studien; aber der Mangel an eigenen Erfahrungen und Erschütterungen wurde dadurch nicht behoben.

Werfen wir zum Schluß dieses Abschnittes noch einen Blick auf seine Opernversuche. Gleich Mozart komponierte er schon als Kind mehrere kleinere Opern, die außerhalb des Hauses jedoch nicht aufgeführt wurden. 1825 beendete er seine erste größere Oper: «Die Hochzeit des Camacho.» Den ganz undramatischen Text dazu hatte sein Freund Klingemann geschrieben. Der Stoff ist Cervantes' *Don Quichotte* entnommen: Der fahrende Ritter verhilft durch allerlei verwickelte Situationen hindurch den beiden unglücklich Liebenden Basilio, der einen Selbstmordversuch vortäuscht, und Quiteria, die an den reichen, ungeliebten Camacho verschachert werden soll, zu ihrem Recht; der allezeit gefräßige Sancho Pansa sorgt mit dem lustigen Liebespaar Lucinde und Vivaldo zusammen für komische Episoden. Das Textbuch arbeitet mit abgenützten Requisiten, ohne neue Spannungen zu schaffen. Die Musik des Sechzehnjährigen ist noch ganz abhängig von Weber und Spohr. Erstaunlich reif erscheinen dagegen Formgefühl und Technik. Mit großer Kunst sind die oft komplizierten Vokalsätze aufgebaut, und die Instrumentation verrät den künftigen Meister. Von Interesse ist, daß Mendelssohn hier lange vor Wagner das Leitmotiv anwendet: immer dasselbe kurze, pathetische Posaunenthema kündet Don Quichottes Auftritt an.

Nach anfänglichem Zögern reichte Mendelssohn auf Wunsch und Betreiben seiner Mutter 1826 das Werk beim Königlichen Theater ein, da auch Vater Abraham mit einer sicheren Annahme rechnete. Generalmusikdirektor Spontini jedoch, der mit seinen eigenen Spektakelopern Berlins Opernbühne eifersüchtig beherrschte, setzte einer Aufführung geheimen und offenen Widerstand entgegen. «*Mon ami, il vous faut des idées grandes, grandes comme cette coupole*», sprach, um den Siebzehnjährigen zu entmutigen, mit pathetischer Geste auf den französischen Dom weisend, der alte fuchsschlaue Theaterpraktiker. Dabei hatte er die Partitur nur ganz oberflächlich durchgeblättert!

Schließlich erlebte das Werk am 29. April 1827 seine erste und einzige Aufführung. Die zahlreich erschienenen Freunde des Hauses Mendelssohn spendeten lebhaften Beifall; aber eine höhnische Kritik in Saphirs «Schnellpost»[76] verletzte den Komponisten derart, daß er die Initiative für weitere Aufführungen nicht mehr selbst übernehmen wollte. Selbstkritisch sagte er sich wohl auch, daß der große Wurf noch nicht gelungen sei. Und damit hatte er recht.

Als er 1829 von seiner ersten Englandreise zurückkam, brachte er ein Liederspiel, «Die Heimkehr aus der Fremde»[77], mit, das er zur Feier der Silbernen Hochzeit seiner Eltern komponiert hatte. Der konventionelle Text stammte wiederum von Klingemann. Von dieser liebenswürdigen

Gelegenheitskomposition lebt heute nur noch die Ouvertüre. Hatte Mendelssohn das Unglück, nie auf einen brauchbaren Text zu stoßen?
Sein treuer Freund, der Opernsänger Eduard Devrient, bemühte sich immer wieder um ein Libretto. Er schrieb «Olint und Sophronia». Mendelssohn lehnte ab. Dann verfaßte Devrient seinen «Hans Heiling». Der Komponist lehnte wieder ab. Als Heinrich Marschner (1795–1861) daraus eine höchst wirksame Oper machte, mußte Mendelssohn einsehen, daß er ein bühnenwirksames Textbuch sich hatte entgehen lassen. Diese Erkenntnis war für ihn sehr schmerzlich.
«Ich fürchte, Felix wird bei seiner Mäkelei ebensowenig einen Operntext als eine Frau erhalten», grollte der verstimmte Vater. Neidlos bewunderte Mendelssohn Marschners effektvolle Musik. Er selbst hatte immer noch keinen Text. Unterhandlungen mit gewiegten Theaterleuten, wie Immermann, Scribe, Holtei[78], Gutzkow, Charles Duveyrier, blieben erfolglos. Neben wertlosem Zeug wurden ihm bestimmt auch bühnenwirksame Libretti unterbreitet. Aber sie inspirierten ihn nicht, wahrscheinlich weil, wie wir gesehen haben, Gefühl und Verständnis für elementare dramatische Effekte Mendelssohn nicht gegeben waren.

Im Frühjahr 1835 dirigierte Mendelssohn die Konzerte des Kölner Musikfestes. Aus seiner vornehmen und ehrlichen Bescheidenheit heraus unterließ er es diesmal, eigene Kompositionen aufzuführen. Sein Erfolg allein als Dirigent war jedoch so groß, daß er die 23 Foliobände umfassende Londoner Gesamtausgabe der Werke Händels zum Geschenk erhielt mit einer Pergamentrolle, in die sämtliche

600 Mitwirkenden eigenhändig Worte ihres begeisterten Dankes eingetragen hatten.
Als wichtigstes Ereignis aber brachte dieses Frühjahr Mendelssohns Berufung nach Leipzig. Der auch in Sachsen gefeierte Dirigent, Komponist und Virtuose hatte schon in verschiedenen Konzerten Gelegenheit gehabt, sich von der hervorragenden Qualität des Gewandhausorchesters zu überzeugen. Dazu empfand er es als besondere Ehre, an Bachs Wirkungsstätte arbeiten zu dürfen. Auch mochte ihn das anregende geistige Leben der kulturell aufgeschlossenen Universitätsstadt locken. Nur zwei für ihn bezeichnende Bedingungen – Dirigenten von heute werden darüber lächelnd den Kopf schütteln – stellte Mendelssohn: erstens dürfe durch seine Berufung kein Vorgänger verdrängt werden, und zweitens müsse er selber mindestens dasselbe Einkommen erhalten wie in Düsseldorf. Beide Bedingungen wurden erfüllt. Nach einem glänzenden Abschiedskonzert verließ Mendelssohn die rheinische Malerstadt und traf am 30. August 1835 in Leipzig ein.
Hier begann für ihn eine rastlose Tätigkeit. Sobald er sich verstanden fühlte – und in Leipzig war dies der Fall – bedeutete es seine größte Freude, gleichsam sein Lebenslicht an beiden Enden anzuzünden und seine Kräfte ohne Berechnung zu verschwenden. Er bewältigte spielend ein Arbeitspensum, das einen gewöhnlichen Künstler schon nach kurzer Zeit aufgezehrt haben würde. Abgesehen von seiner unermüdlichen Kompositionstätigkeit – «man müsse alle Tage etwas komponieren», äußerte er einmal Robert Schumann gegenüber – trat er fast in jedem der zahlreichen großen Konzerte auf, die ein Leipziger Winter mit sich brachte. Oft dirigierte er und spielte abwechslungsweise Klavier, Violine oder Bratsche am gleichen Abend.

Man bedenke die anstrengende Probenarbeit! Die Leipziger waren Mendelssohn besonders dankbar, daß er als erster ihnen Beethoven und Schubert zugänglich machte durch streng werkgetreue Wiedergaben. Bisher hatte der Konzertmeister von seinem Pult aus mit dem Geigenbogen die allernotwendigsten Zeichen gegeben, und das Orchester war gewohnt, Symphonien so zu spielen, wie sie eben der einzelne Musiker verstand oder auch nicht verstand. Es ist deshalb durchaus begreiflich, daß Beethoven bis dahin dem Publikum fremd geblieben, daß ihm Schubert zu langatmig vorgekommen war.

Joseph Joachim, der berühmte Geigenvirtuose, erzählte aus seinen Erinnerungen dem Mendelssohn-Biographen Ernst Wolff:

«Mendelssohn war geistig und technisch der bedeutendste Dirigent, den ich je erlebt habe. Er beherrschte alle Mitwirkenden durch seine unbeschreibliche elektrische Ausstrahlung. Frei von allem äußerlichen Pultvirtuosentum, verstand er durch eine fast unmerkliche, aber äußerst beredte Zeichensprache den Geist seiner Persönlichkeit auf Chor und Orchester zu übertragen, kleine Entgleisungen mit einem Wink seines Fingers wieder einzurichten und seinen künstlerischen Willen mühelos durchzusetzen. Er liebte frische Tempi, war aber von einem oberflächlichen Drüberhingleiten, wie es ihm unter andern Richard Wagner nachsagte, himmelweit entfernt.»

Obgleich Mendelssohn die vorgetragenen Werke immer auswendig beherrschte und nie in Verlegenheit geriet, wenn die Partitur fehlte, dirigierte er selten ohne Noten. Oft, während das Orchester weiterspielte, legte er vorübergehend den Taktstock nieder, um – wie unbeteiligt an der Aufführung – der Musik ganz objektiv zuzuhören und sich

von ihr zum Weiterdirigieren inspirieren zu lassen. Über alles ging ihm der unpersönliche Dienst am Werk.
Dasselbe ist vom Virtuosen Mendelssohn zu sagen. Klara Schumann-Wieck, selbst eine der größten Pianisten des vergangenen Jahrhunderts, rechnet ihre Erinnerungen an sein Klavierspiel zu den schönsten ihres Künstlerlebens. «Mendelssohn war für mich», erzählt sie, «ein glänzendes Ideal, voll Genie und Leben, und seine Wiedergaben waren technisch vollkommen. Wer ihm zuhörte, vergaß den Spieler und ging ganz im Genuß der Musik auf.» Hans von Bülow, der berühmte Pianist und Dirigent, Schwiegersohn von Franz Liszt, rühmt Mendelssohns streng rhythmische, durchsichtige Interpretationskunst, seinen raffiniert sparsamen Pedalgebrauch unter Vermeidung von jedem willkürlichen Arpeggieren[79].
Mendelssohns Einfluß auf Robert Schumann, der damals als Musikschriftsteller in Leipzig wirkte, war groß, fast erschütternd. Schumann war geblendet durch Mendelssohns unermüdlich schöpferische und dennoch ausgeglichene Persönlichkeit, der von Natur aus eigen war, was Schumann immer wieder sich hart erkämpfen mußte: vollkommene Harmonie zwischen innerem und äußerem Leben, zwischen Vision und künstlerischem Ausdruck. Lange nach Mendelssohns Tod, schon von der Nacht des Wahnsinns umgeben, bat Schumann von der Irrenanstalt Endenich aus, man möge seinem neugeborenen Kinde den «Namen des Unvergeßlichen» geben. Sein Wunsch wurde erfüllt. Felix Schumann war außergewöhnlich schön und dichterisch wie musikalisch gleich begabt. Mit dem Namen schien auch Mendelssohns glückliches Temperament auf ihn übergegangen zu sein. Leider starb er schon in jungen Jahren an der Schwindsucht.

Schumann hat ein Heft mit kurzen, nicht zusammenhängenden Notizen über seinen vergötterten Freund hinterlassen. Diese Aufzeichnungen, wohl aus dem täglichen Umgang mit Mendelssohn heraus entstanden, geben einzelne Züge seines Wesens plastisch wieder. Deshalb seien hier wenigstens die bezeichnendsten von ihnen zitiert. Schumann schreibt: «Sein Liebstes aus seiner Jugendzeit war ihm wohl das Oktett; er sprach mit Freude von der schönen Zeit, wo es entstanden. Das Konzert in g-moll für Klavier schrieb er, wie er sagte, in wenig Tagen (er sagte in drei, glaub' ich) in München. Delphine von Schauroth, der ausgezeichneten, sehr schönen Klavierspielerin, gedachte er dabei als einer, die ihm gefährlich werden konnte. Er schilderte ihr Persönliches höchst anmutig.»

«Als ich auf die Sammlung seiner ‚Lieder ohne Worte' deutend einmal sagte: ‚Das war ein guter Gedanke von Ihnen', sagte er: ‚Es war wenigstens gut gemeint.'»

«Selbstkritik, die strengste, gewissenhafteste, die mir je an einem Künstler vorgekommen. Er änderte an einzelnen Stellen fünf- bis sechsmal.»

«Er blieb nichts schuldig. Sagte man ihm etwas Gutes, Bedeutendes, so konnte man versichert sein, daß man es doppelt, dreifach zurückerhielt.»

«Frei von allen Schwächen der Eitelkeit war er. Orden trug er nie. Sein Zurückschicken des belgischen Ordens. Wie Berlioz mit den roten Bändchen in Leipzig erschien – und Mendelssohns Bemerkung.»

«Höchste sittliche und künstlerische Maxime; daher unerbittlich, scheinbar manchmal schroff und inhuman. Seine Religiosität.»

«Er mochte nicht leiden, wenn jemand, vollends ein

Musiker, in der Partitur nachlas. Der Musiker habe ja eben Ohren. Seine Voraussetzung des feinsten musikalischen Gehörs, ‚daß man als Kind den Ton der Fensterscheibe erraten müsse' – schien er bei allen vorauszusetzen.»

«Sein Urteil in musikalischen Dingen, namentlich über Kompositionen – das Treffendste und den innersten Kern Erfassende, was man sich denken kann. Den Fehler, seine Ursache und Wirkung erkannte er im Nu überall.»

«Seine ungeheure literarische Belesenheit. Die Bibel, Shakespeare, Goethe, Jean Paul, auch Homer kannte er in den Hauptstellen gewiß beinahe auswendig. Und nun erst die musikalische! Seine Sprachkenntnisse. Auf meine Frage, ‚ob er nicht in seiner Jugend irgendeinmal daran gedacht, *nicht* Musiker zu werden' – ‚Ein einziges Mal', antwortete er, ‚an einem trüben, regnerischen Tag.' Er habe da ‚Jurist' werden wollen.»

«Musikalische Zeitungen las er selten – am liebsten ließ er sie sich holen, wenn er unwohl war und das Bett hüten mußte. Dann las er sie gleich jahrgangweise. Doch wußte er von allen bedeutenderen erscheinenden Kompositionen. Las er eine neue Komposition, so konnte man seine Gedanken auf seinem Gesicht deutlich genug verfolgen. ‚Nun, so schlag' ein Donnerwetter hinein', hörte man wohl auch gelegentlich.»

«Von Bachs h-moll-Messe: Manches wäre trocken, das meiste unvergleichlich schön: ‚Sehen Sie nur schon die Noten an.' Vom Requiem von Cherubini hielt er viel. Er sprach mir schon vorm Jahr davon, doch entsinne ich mich nicht mehr genau der Worte mehr. Dann vieles über ‚Paulus'. Ich zeigte ihm die Stellen, die mir in der Probe nicht recht gewesen waren. Er: ‚Ich möchte ihm aufrichtig sagen, ob das Oratorium nicht trocken, nicht monoton mir

Felix Mendelssohn Bartholdy auf dem Totenbett

mit der Zeit würde, er hätte schon eine Arie herausgenommen.‘ Ich: ‚Ein solcher Gedanke käme nicht auf.‘ »
« Über Chopin: ‚Er ist ein entschiedenes Talent. Seine zweiten Erfindungen (seine zweiten Themas) sind immer schwächer als die ersten.‘ »
« Über Klara. Das ‚Schlüpfende‘ ihres Spiels. Er hielt sie immer sehr hoch. ‚Die versteht, Klavier zu spielen.‘ Es macht ihm immer Vergnügen, recht lebhafte Tempis mit ihr zu nehmen, bei vierhändigen Sachen, namentlich beim Vistaspiel. Von Bach, Gluck, Händel, Mozart, Haydn und Beethoven sprach er stets mit der tiefsten Verehrung. »
« Er hat sich nie Tagebücher oder ähnliches gehalten. »
« Wo er nichts zu loben fand, verhielt er sich ruhig. Wo er aber unfehlbar Talent fand, war er der erste, es auszusprechen. »
« Bei dem Choralvorspiel von Bach, ‚Schmücke dich, o liebe Seele‘ (in Es-dur), sagte er mit dem innigsten Ausdruck: ‚Wenn mir das Leben alles genommen hätte, dies Stück würde mich wieder trösten.‘ »
« Hatte er jemanden ungerechterweise beleidigt, gegen einen Dritten mißbilligend sich ausgesprochen, so ließ es ihm keine Ruhe, sein Unrecht wieder gutzumachen. »
« Fühlte er, daß seine Sendung erfüllt war? Ich glaube es. Der Zug von Melancholie, der sich in den nach dem ‚Lobgesang‘ erschienenen Kompositionen oft findet. »
« Seine Unterhaltung mit Kindern so lieb und sinnig. »
« Strengste Erfüllung seiner Pflichten gegen Gott und die Menschen. »
« Daß er England noch einmal sah. Daß er die Bergluft in der Schweiz noch einmal atmen müßte. »

Am 19. November 1835 traf Mendelssohn einer der härtesten Schläge seines Lebens: er verlor seinen Vater. Er und Moscheles hatten noch kurz vorher zusammen dem alten Herrn vierhändig vorgespielt, wobei der stark Erblindete heiterster Stimmung war und herzlich darüber lachen mußte, daß er, sich wundernd über Felix' künstlich geziertes Spiel und Moscheles' ungewohnte Natürlichkeit, die beiden Freunde miteinander verwechselt hatte. Abraham starb im Schlaf. Der Augenblick seines Todes blieb auch den im Zimmer anwesenden Angehörigen verborgen, die ihn während seines leichten Unwohlseins mit ihrer Liebe unermüdlich umgeben hatten.
Am Totenbett seines Vaters traf Felix zum erstenmal seit langer Zeit mit dem Violinvirtuosen Ferdinand David, seinem Kameraden aus der Kindheit, zusammen, der in Hamburg ein Jahr nach ihm in demselben Haus geboren war. In David, den er als Konzertmeister nach Leipzig verpflichtete, fand Mendelssohn besonders in der ersten schweren Zeit der Trauer einen ehrlich teilnehmenden Freund und Tröster.
Um über diese erste Begegnung mit dem Tode hinwegzukommen, versenkte er sich immer intensiver in seine künstlerische Arbeit. Neben der anstrengenden Konzerttätigkeit – er führte unter anderem sämtliche Symphonien Beethovens auf mit Ausnahme der ersten – vollendete er im Winter 1835/36 sein erste Oratorium «Paulus». Der Vater hatte sich immer und immer wieder nach dem Fortgang dieses Werkes erkundigt, und sein sehnlichster Wunsch war es gewesen, die Aufführung noch zu erleben. So faßte Felix diese Arbeit als ein Vermächtnis des besten Freundes und Beraters auf.
Der Text des «Paulus» enthält außer den Chorälen aus

dem evangelischen Kirchengesangbuch nur Bibelworte, die zum größten Teil der Apostelgeschichte entnommen sind. Mendelssohn wählte sie mit Hilfe zweier geistlicher Freunde ohne jede geschichtlich-philologische Pedanterie aus. Er folgte einzig und allein seinem künstlerischen Empfinden. Die dramatische Form – Chöre und Arien geben den wechselnden Empfindungen der Handelnden Ausdruck oder schildern sie, ohne eigentlich zu erzählen – ist von Händel übernommen. Die Einfügung der Choräle dagegen verrät den Einfluß der Passionen von Bach.

Unbeschreiblich war der Enthusiasmus, den das Werk bei seiner Uraufführung am 22. Mai 1836 in Düsseldorf erregte. Mendelssohn, der wiederum das Musikfest leitete, dirigierte selbst. Ein Augenzeuge schreibt: «Die Wirkung und Begeisterung, welche die Aufführung des großen Werkes unter der anfeuernden Direktion Mendelssohns bei Mitwirkenden und Zuhörenden in dem gedrängt vollen Saal hervorrief, war unerhört. Das kleine, niedliche Kerlchen wurde fast buchstäblich auf Händen getragen.»

Trotz diesem durchschlagenden Erfolg feilte der Komponist am «Paulus» unermüdlich weiter, bis das Werk schließlich die Form erhielt, in der es als op. 36 veröffentlicht worden ist. Es erlebte allein in den ersten anderhalb Jahren nach seinem Erscheinen über fünfzig Aufführungen!

Mendelssohn wollte ursprünglich anschließend an das Düsseldorfer Musikfest nach der Schweiz und ans Meer reisen. Da erreichte ihn die Nachricht von der schweren Erkrankung seines Freundes Schelble. Ohne sich zu besinnen, verzichtete der Unermüdliche auf jede Erholung und übernahm vertretungsweise für Schelble, der zur Kur im Schwarzwald weilte, die Leitung des Frankfurter Cäcilienvereins.

Als Mendelssohn in der Mainstadt eintraf, herrschte dort eine ungeheure Aufregung: Rossini, der berühmteste aller Maëstros, war soeben mit Frau Baronin James von Rothschild aus Paris angekommen, um – gegen entsprechende Bezahlung natürlich – die Hochzeit eines der jüngeren Glieder der Familie Rothschild durch seine Anwesenheit zur Sensation zu steigern. Im Hause ihres gemeinsamen Freundes Ferdinand Hiller traf Felix mit Rossini zusammen. Obwohl er sich innerlich dagegen sträubte, wurde er dennoch durch Rossinis überlegen humoristische Liebenswürdigkeit dafür gewonnen, dem Maëstro, dessen Melodien damals die ganze singende Welt beherrschten, fast täglich vorzuspielen. Mit wachem, aufrichtigem Interesse lernte Rossini Mendelssohns Werke kennen und gab dem jüngeren Kollegen den Rat, noch viel populärer zu komponieren. Mendelssohn schreibt darüber an seine Mutter:
«Gestern früh kam ich zu Hiller. Wer sitzt da? Rossini, groß und breit, in liebenswürdigster Sonntagslaune. Ich kenne wahrlich wenig Menschen, die so amüsant und geistreich sein können wie der, wenn er will; wir kamen die ganze Zeit aus dem Lachen nicht heraus. Ich habe ihm versprochen, ihm im Cäcilienverein die h-moll-Messe und einige andere Sachen von Sebastian Bach vorsingen zu lassen; das wird gar zu schön sein, wenn Rossini den Sebastian Bach bewundern muß. Er denkt aber: ländlich-sittlich, und will mit den Wölfen heulen. Von Deutschland ist er entzückt, sagt er, und wenn er sich abends am Rhein die Weinkarte einmal geben läßt, so muß ihm der Kellner sein Zimmer zeigen, sonst findet er's nicht mehr. Von Paris und allen Musikern dort, von sich selbst und seinen Kompositionen erzählt er die lächerlichsten, lustigsten Dinge. Er hat vor allen gegenwärtigen Menschen so ungeheuren Respekt,

daß man ihm wirklich glauben könnte, wenn man keine Augen hätte, um sein kluges, schalkhaftes Gesicht dabei zu sehen.»

Noch in den letzten Jahren seines Lebens erzählte Rossini immer wieder mit großer Herzlichkeit, und nicht ohne Bewunderung für Mendelssohn, von diesem unerwarteten Zusammentreffen.

Die wohltätigste Linderung des Schmerzes über den Tod seines Vaters aber brachte Mendelssohn die Bekanntschaft mit Cécile Charlotte Sophie, der siebzehnjährigen Tochter des aus Neuenburg in der Schweiz stammenden reformierten Pfarrers Jeanrenaud. Auch sie hatte ihren Vater verloren und lebte nahe beim Fahrtor im Hause ihres Großvaters mütterlicherseits, des reichen Frankfurter Patriziers Souchay.

Anstatt, wie sie erwartet hatte, in Mendelssohn einem höchst steifen, ekligen, alten Mann zu begegnen, der keinen Menschen neben sich bestehen ließ und mit einem Samtkäppchen auf dem Kopfe fortwährend Fugen spielte, erblickte sie einen jungen, geistvollen, schönen Mann.

Mendelssohn hatte eine feingebaute, schmächtige Figur. Seine gewandten, behenden Körperbewegungen waren außerordentlich lebhaft. Dem entsprach der öfters plötzlich wechselnde Gesichtsausdruck. Das dunkle Auge blitzte vor Feuer. Es konnte ebenso schnell einen freundlich wohlwollenden und heitern wie einen scharf durchdringenden oder auch ernst sinnenden Ausdruck annehmen. Die hohe, schön gewölbte Stirn war von schwarzem Haupthaar umrahmt, welches zur Seite und nach hinten in Locken herabfiel. Die mäßig gebogene Nase erinnerte an römische Profile. Der nervöse, fein geformte Mund verlor auch im Schweigen nie seinen beredten Ausdruck. Mendelssohn liebte es, schnell, leise, etwas lispelnd zu sprechen und seine Worte mit raschen, ausdrucksvollen Bewegungen seiner sensiblen Hände zu begleiten.

Wie aber soll man Céciles lebendige Schönheit beschreiben? Vielleicht ist ihr Wesen am ehesten einem leichten, duftigen Pastellbild vergleichbar. Fürchtet man nicht, die Farben zu verwischen, wenn man das schützende Glas entfernt, um die zarten Linien besser zu erkennen, die doch nur geahnt sein wollen?

Schon als Kind schien Cécile von Geheimnis umgeben. Ihre dunkelblauen Augen strahlten ein bezauberndes Leuchten aus, das alle, die ihr nahe kamen, in seinen Bann zog. Das ebenmäßige Oval ihres Gesichtes war eingerahmt durch wundervolles braunes Haar. Ihr war eine äußerst feine Einfühlungsgabe eigen, und ihre Art, sich zu geben, war klar, heiter, schlicht und gewinnend. Mühelos beherrschte sie drei Sprachen. Sie hatte eine schöne Stimme; aber ihre zarte Gesundheit verbot ihr das Singen. So wurden Zeichnen und Malen ihre ganze Freude. Streng mit sich selbst, war sie nachsichtig andern gegenüber. Von Religion sprach sie selten; der christliche Glaube bedeutete ihr, deren Vorfahren als Hugenotten aus Frankreich vertrieben worden waren, etwas so Selbstverständliches, daß er jede ihrer Handlungen prägte. In Gesellschaft hörte sie meist nur zu und redete wenig; die ausdrucksvolle Ausgeglichenheit ihres Wesens jedoch legte, mehr als alle Worte, Zeugnis ab vom Reichtum ihrer Seele.

Cécile ahnte nicht im geringsten, daß Mendelssohn ihretwegen immer wieder in das behagliche Patrizierhaus am Fahrtor kam. Sie glaubte, die Besuche würden ihrer Mutter gelten. Sprach Felix in dieser ersten Zeit wenig mit Cécile, so redete er um so mehr von ihr mit seinen Freunden. Auf langen Spaziergängen durch die milden Sommernächte schwärmte er von der Auserwählten. Schwulst lag ihm fern, in der Kunst wie im Leben. Mit reizender Offenheit und Natürlichkeit ließ er sich über alle Vorzüge des geliebten Mädchens aus, oft heiter, halb lachend, dann wieder warm und herzlich, doch nie pathetisch oder sentimental.

Um seine Neigung vor dem entscheidenden Schritt der Verlobung gewissenhaft zu prüfen, unternahm er eine Reise nach Holland. Vor der Abreise von Frankfurt schrieb er am 24. Juli 1836 an seine Schwester Rebekka:

«Ich bin so entsetzlich verliebt, wie noch niemals in meinem Leben, und ich weiß nicht, was ich anfangen soll. Übermorgen muß ich von Frankfurt abreisen; mir ist aber, als kostete das den Hals, ich will in jedem Fall vor Leipzig wieder hier sein, um dies gar zu nette Mädchen noch einmal zu sehen. Aber ob sie sich etwas aus mir macht, das weiß ich eben gar nicht, und was ich anfangen soll, wie gesagt, auch nicht. Das ist aber gewiß, daß ich die ersten frohen Stunden dieses Jahres *ihr* verdanke und daß mir zum ersten Male wieder ein wenig freier zu Mute geworden ist als bisher.»

Mendelssohn langweilte sich unaussprechlich in Scheveningen und konnte den Tag kaum erwarten, an dem er seine Geliebte wieder sehen sollte. Bald nach seiner Rückkehr nach Frankfurt, am 9. September 1836, schrieb er an seine Mutter: «In diesem Augenblick, wo ich wieder in mein Zimmer trete, kann ich nichts anderes tun, als an Dich schreiben, daß ich mich jetzt eben mit Cécile Jeanrenaud verlobt habe. Mir schwindelt der Kopf von dem, was ich an diesem Tag erlebt. Es ist schon tief in der Nacht, ich weiß weiter nichts zu sagen, aber ich mußte noch an Dich

schreiben. Wie ist mir so reich und glücklich! Morgen, wenn es irgend sein kann, schreibe ich Dir ausführlich, und womöglich auch meine liebe Braut.
Dein Brief liegt eben da, ich hab' ihn geöffnet, um zu sehen, daß Ihr wohl seid, aber noch nicht lesen können. Lebt wohl und mir immer nah. Felix.»
Als er später einmal mit Schumann am Fahrtor beim Hause Souchay vorbeiging, packte Mendelssohn plötzlich den Freund am Arme und sagte erschauernd: «Schumann! Wenn ich an diesem Hause vorübergegangen wäre ...»

Der Leipziger Konzertwinter 1836/37 brachte wiederum die gewohnte Überlastung an Arbeit. Dennoch fand Mendelssohn Zeit, Weihnachten bei seiner Braut zu verleben. Am Schluß des Konzertes vom 12. Dezember mußte er auf Wunsch der Konzertdirektion das zweite Finale aus «Fidelio» aufführen. Nachdem «Wer ein holdes Weib errungen, stimm' in unsern Jubel ein» verklungen war, applaudierte das Publikum so lange, bis der Dirigent sich an den Flügel setzte und mit immer neuen, kühneren, innigeren Einfällen über dies Thema phantasierte, zur Freude der Leipziger, die wußten, daß der Glückliche am folgenden Tag zu seiner Braut reisen werde.
Die Trauung fand am 28. März 1837 in der französischen Kirche zu Frankfurt statt. Anschließend unternahm das junge Paar seine Hochzeitsreise über Worms, Speyer, Straßburg, Freiburg nach dem Schwarzwald und ins Markgräflerland, wo Mendelssohn – feinsinniger Kenner und Verehrer von Johann Peter Hebel, wie Devrient uns überliefert – mit seiner Gattin von St. Blasien, Todtnau und Lörrach aus alle Täler und Fluren durchstreifte, die der

pfarrherrliche Mundartdichter mit unvergleichlicher Wärme und Heiterkeit geschildert hat. Ein Tagebuch, das Felix und Cécile zusammen führten und mit reizenden Zeichnungen belebten – heute noch wird es in der Familie wie ein Heiligtum aufbewahrt – berichtet von den vielen kleinen Ereignissen, die, für gewöhnliche Menschen ganz unwichtig, für Liebende voll unerschöpflicher, mannigfaltiger Beziehung und Bedeutung sind.

Sogar auf der Hochzeitsreise konnte Felix die Arbeit nicht lassen. Neben mehreren Orgelstücken brachte er den 42. Psalm, für Chor, Soli und Orchester komponiert, nach Frankfurt zurück, wo er das Violinquartett e-moll, op. 44 Nr. 2, vollendete. Er trug sich damals auch mit dem Gedanken, dem «Paulus» ein Oratorium «Petrus» zur Seite zu stellen. Leider blieb der eigenartige Plan unausgeführt.

Schon in den ersten Monaten ihrer Ehe mußten sich die beiden Neuvermählten trennen. Mendelssohn traf am 27. August 1837 zu seinem fünften Besuch in London ein und wohnte in Exeter Hall einer Aufführung seines «Paulus» bei. Vom 19. bis 22. September leitete er das Musikfest in Birmingham, wo er neben Händels «Salomo» und Mozarts D-dur-Symphonie seine Sommernachtstraum-Ouvertüre, sein soeben vollendetes d-moll-Klavierkonzert und den «Paulus» unter stürmischem Jubel dirigierte.

Unterdessen wartete seine Frau in Frankfurt auf ihn. Das Wetter war in jenen Tagen rauh und düster. Ihre Angst und Sehnsucht anvertraute sie dem Tagebuch der Hochzeitsreise. Für jeden Tag ließ sie Platz frei, wo dann Felix nach seiner Rückkehr eintrug, was er zur selben Zeit jeweilen erlebt hatte. Nach einer sechs Tage und Nächte dauernden Fahrt voller Hindernisse traf er am 27. September in Frankfurt ein; und am 1. Oktober schon dirigierte der Unermüdliche in Leipzig das erste Abonnementskonzert des Winters 1837/38.

Die Wohnung des jungen Paares in «Lurgensteins Garten» war, nach Hillers Schilderung, frei und ruhig gelegen. Man mußte im Innern des Mietshauses zwei Treppen emporsteigen. Durch das Vorzimmer trat man alsdann rechts in eine geräumige Wohn- und Eßstube, an die sich die Schlafzimmer anschlossen. Links waren die Türen zu Musikzimmer und Salon, der zugleich als Gastzimmer diente. Aus den hohen Fenstern sah man hinüber zur Wirkungsstätte von Johann Sebastian Bach, zur Thomaskirche.
Mendelssohn war schon als Kind an eine höchst einfache Lebensweise gewöhnt worden, die er auch dann beibehielt, als er durch Erbschaft und durch den ungeheuren Erfolg seiner veröffentlichten Kompositionen – eigene Konzerte veranstaltete er immer nur für wohltätige Zwecke – sehr reich geworden war. Um 8 Uhr nahm er das Frühstück ein: Kaffee und Brot. Er machte sich kleine Brocken, die er in den Kaffee eintauchte, «wie er es von jeher gewöhnt». Butter mochte er nicht. Dagegen liebte er Reiskuchen über alles, und auf seinen Schweizer Reisen bestellte er sich immer wieder «Schwyzerrys mit viel Milch und Zucker». Um ein Uhr aß man – meist sehr rasch – zu Mittag. Nach dem Abendessen dagegen blieb man, sofern nicht Musik gemacht wurde, durch mehrere Stunden plaudernd, nie rauchend, am Tisch beisammen.
Das Leben in diesem Hause war, ohne daß man äußerlich viel davon gemerkt hätte, völlig durchdrungen von Céciles klugem, stillem Walten. Unauffällig, freundlich, aber be-

stimmt verhandelte sie mit Dienstboten und Lieferanten[80]. Immer wieder linderte ihre wohltuende Ausgeglichenheit die mit den Jahren zunehmende nervöse Reizbarkeit ihres Gatten. Unerschütterlich hielt sie zu ihm. Aus einem Konzert nach Hause gekommen, erzählte sie einmal lachend, daß einige Damen auf sie gezeigt und geseufzt hätten: «Wie unmenschlich, wie grausam und barbarisch behandelt doch dieser Mendelssohn seine Frau!»

Was er auch tun, wohin er sie führen mochte, immer war sie, ohne ihre seelische Selbständigkeit im geringsten aufzugeben, zufrieden und glücklich, wenn sie nur bei ihm sein konnte. Im Verlauf der einzigartig glücklichen Ehe schenkte sie ihrem Gatten drei Söhne: Carl, Paul, Felix, sowie zwei Töchter: Marie und Lili. Carl wurde später Geschichtsprofessor in Heidelberg und Freiburg i. B., Paul, ein echtes Kind seiner Zeit, kämpfte als Ulan bei Königgrätz und als Offizier im deutsch-französischen Krieg von 1870. Er war Mitbegründer der Anilinwerke Rummelsburg und starb schon mit 38 Jahren am Gehirnschlag wie sein Vater.

Die musikalische Tradition des Hauses führte in Leipzig Mendelssohns jüngste Tochter Lili weiter. Sie wurde die Gattin des berühmten Juristen und Rechtskonsulenten des Königs von Sachsen, Prof. Dr. Adolf Wach, der, begeisterter Alpinist, gleich seinem Schwiegervater eine besondere Liebe zur Schweiz hegte. Ob Wilderswil kaufte er das herrliche Gut Ried und erhielt später, als Dank für wohltätige Stiftungen zum Gedächtnis an seine Frau, das Ehrenbürgerrecht dieser Gemeinde. Im gastfreien Hause Wach-Mendelssohn verkehrten neben vielen anderen geistig bedeutenden Menschen Johannes Brahms, Clara Schumann, Heinrich von Herzogenberg, Max Reger, Prof. Andreas Heusler.

Kehren wir zurück zu Mendelssohns Leipziger Wirksamkeit. Obwohl immer häufiger in seinen Briefen die tiefe Sehnsucht nach ruhigem, durch keine offizielle Tätigkeit gestörtem Schaffen zum Ausdruck kommt, eilen die Jahre, gejagt durch unstillbaren Arbeitsdrang, vorüber:
1838: Mendelssohn leitet das zwanzigste niederrheinische Musikfest und führt in Köln zum erstenmal eine Kantate von J. S. Bach auf. – Er komponiert den 95. Psalm für Chor, Soli und Orchester (op. 46).
1839: Am 14. Februar dirigiert er die Welt-Uraufführung der C-dur-Symphonie von Franz Schubert aus dem Manuskript, das Schumann beim Bruder des Komponisten in Wien entdeckt hat. Dem schwerverständlichen Werk verhilft Mendelssohn zu einem durchschlagenden Erfolg. – In zwei Tagen schreibt er die Ouvertüre zu Victor Hugos «Ruy Blas». – Professor Schirmer in Düsseldorf widmet er den im Frühling dieses Jahres entstandenen 114. Psalm für achtstimmigen Chor und Orchester. – Wiederum leitet er das niederrheinische Musikfest in Düsseldorf. – Es entstehen das D-dur-Trio op. 49, Mendelssohns bekanntestes Kammermusikwerk, und «Sechs Lieder, im Freien zu singen» op. 48[81], dem als op. 50 ein Heft Männerchorlieder folgt, von denen «Des Jägers Abschied» zum Volkslied geworden ist. – In dieses Jahr fällt auch die Komposition der sechs Gesänge op. 47, von denen «Es ist bestimmt in Gottes Rat» ebenfalls in alle Schichten der singenden Welt gedrungen ist. – Daneben kämpft Mendelssohn unermüdlich für die Verbesserung der materiellen Lage der Orchestermusiker. Seinen zähen Bemühungen ist es zu verdanken, daß die Leipziger Gewandhauskonzerte im Laufe der Zeit immer mehr zu den größten musikalischen Ereignissen der Welt gezählt werden.

1840: Obgleich er dessen Kompositionen ablehnt, führt Mendelssohn Franz Liszt in Leipzig ein. Wie die ungeschickten, unbescheidenen Forderungen des Geschäftsführers von Liszt das Publikum verstimmen und ein Fiasko wahrscheinlich machen, veranstaltet Mendelssohn auf seine Kosten einen zwanglosen Musikabend mit Bewirtung im Gewandhause, zu dem er die Gegner des brillanten Komponisten und Virtuosen einlädt und sie mit ihm versöhnt. Zum vierhundertjährigen Jubelfest der Erfindung der Buchdruckerkunst komponiert er außer dem Festgesang: «Vaterland, in deinen Gauen», den der Gymnasiallehrer Prölss verbrochen hat, die Symphonie-Kantate «Lobgesang» op. 52 nach Texten aus der Bibel. – Im Juli leitet er das Schweriner Musikfest, und im August gibt er ein großes Orgelkonzert in der Leipziger Thomaskirche zugunsten des Denkmals für J. S. Bach. Trotz schwerer Erkrankung dirigiert er hierauf in Birmingham seinen «Lobgesang» unter dem gewohnten glänzenden Beifall. Dann beginnt schon wieder der Leipziger Konzertwinter mit seiner Hetzjagd von Probe zu Probe, von Aufführung zu Aufführung.

1841: Von Neujahr bis Ende März tritt Mendelssohn neben seiner Dirigententätigkeit neunmal als Pianist auf, wobei er das Leipziger Publikum unter anderem mit Beethovens G-dur- und Mozarts d-moll-Klavierkonzert bekanntmacht. – Am 21. Januar erklingen unter seiner Stabführung zum erstenmal im Gewandhaus Teile aus Bachs h-moll-Messe. – Die Korrespondenz des Vielbeschäftigten steigt bis auf durchschnittlich 30 Briefe pro Tag. – Am 31. März dirigiert Mendelssohn die Uraufführung von Schumanns B-dur-Symphonie, die größtes Aufsehen erregt, da Schumann bis dahin nur als Musikschriftsteller bekannt gewesen war. – Am 4. April führt der unermüdliche Vorkämpfer für Bach

seit 1729 in der Thomaskirche zum ersten Male dessen «Matthäuspassion» auf, wiederum zugunsten des Denkmalfonds. – Im Mai folgt er einem Ruf des neuen Königs Friedrich Wilhelm IV. nach Berlin und komponiert dort die Chöre zur «Antigone» des Sophokles. Nach der zweiten Aufführung dieses Werks vom 6. November eilt er nach Leipzig, um seinem Versprechen gemäß drei Gewandhauskonzerte zu dirigieren.
1842: Mendelssohn stößt mit seinen «Paulus»-Aufführungen auf Widerstand beim Berliner Publikum, das durch Liszt bezaubert und berauscht ist[82]. – Am 20. Januar schließt er die jahrelange Arbeit an der Schottischen Symphonie op. 56 ab und bringt sie am 3. März in Leipzig zur Uraufführung. Schon am 8. März ist er wieder in Berlin zur Verfügung des Königs. – Im Juni fährt er zum siebenten Male nach London und gibt dort mehrere Konzerte. Von der vieltausendköpfigen Menge nimmt er Ovationen entgegen, wie sie sonst nur Kaisern und Königen dargebracht werden. Seine Stellung als Musiker ist nun in England mit derjenigen Händels vergleichbar. Er ist Gast der Königin Viktoria, der er die «Schottische Symphonie» widmet. Am 10. Juli verreist er zur Erholung in die Schweiz, wo er viel zeichnet, malt und die alten Stätten lieber Erinnerungen aufsucht. – Er wird zusammen mit Rossini, Liszt und Meyerbeer Ritter des Ordens *Pour le mérite*. – Auf seiner Rückreise nach Berlin im Oktober dirigiert er in Leipzig unter dem Jubel des Publikums das erste Abonnementskonzert. – Die unklaren Verhältnisse in Berlin bedrücken ihn. Sein Tätigkeitsgebiet ist nicht eindeutig umrissen. So kehrt er nach Leipzig zurück und packt dort mit neuer Lust die riesige Probenarbeit an. – Am 12. Dezember trifft ihn der Verlust seiner Mutter. Sie ist ganz unerwartet an einem Gehirn-

schlag gestorben. Er wird krank, erholt sich aber bei der halb mechanischen Arbeit des Instrumentierens.
1843: Wie Mendelssohn dem ihm ferne stehenden Liszt in selbstloser Kameradschaft den Weg zum Leipziger Publikum geebnet hat, so organisiert er auch für Berlioz, dessen Musik ihm fremd ist, mehrere Konzerte[83]. – Viel näher steht ihm die Kompositionsweise des Dänen N. W. Gade, den eigentlich er entdeckt und dessen c-moll-Symphonie er am 2. März im Gewandhaus aus dem Manuskript zur Uraufführung bringt. – Am 3. April wird das Leipziger Konservatorium eröffnet. Die Gründung dieses Institutes ist in erster Linie Mendelssohns Werk, der sich jahrelang unermüdlich auch mit den kleinsten Vorarbeiten dafür befaßt hat. Unter andern bedeutenden Musikern gewinnt er Schumann und David als Lehrer. – Im August führt er das zwölfjährige Wunderkind Joseph Joachim in Leipzig zum erstenmal in die Öffentlichkeit ein und dirigiert kurz darauf im Berliner Dom des Deutschen Reiches Tausendjahrfeier, für die er ein Tedeum geschrieben hat. Daneben beendet er im Auftrag des Königs von Preußen die Bühnenmusik zu Racines «Athalia» und zum «Sommernachtstraum»[84]. – Am 25. November siedelt er ganz nach Berlin über, wo ihm die Leitung der Kirchenmusik und der Symphoniesoireen der Königlichen Kapelle übertragen wird. 1844: Für die Neujahrsfeier im Dom hat er den 98. Psalm in D-dur für achtstimmigen Chor und Orchester komponiert. Später folgen drei A-cappella-Psalmen op. 78 und mehrere zweistimmige Lieder mit Klavierbegleitung. Einen Auftrag des Königs, die «Eumeniden» des Aeschylos zu komponieren, lehnt er ab, da diese Arbeit seine Kräfte übersteige. Daraus entstehen neue Reibereien mit dem König. Mendelssohn verläßt Berlin und fährt zu seinem achten

Besuch nach London, wo er fünf Konzerte dirigiert und den Wunderknaben Joseph Joachim, der mit Beethovens Violinkonzert einen beispiellosen Erfolg erringt, bei der Philharmonischen Gesellschaft einführt. – Am 13. Juli trifft er sich mit Frau und Kindern in Soden bei Frankfurt und versucht, im Verkehr mit Lenau, Hoffmann von Fallersleben und Freiligrath sich zu erholen. Aber schon am 1. August finden wir ihn in Zweibrücken, wo er den «Paulus» und die «Walpurgisnacht» aufführt. Nach Soden zurückgekehrt, vollendet er in einer seiner glücklichsten Schaffensperioden das Violinkonzert in e-moll, das, unvergänglich, ins Repertoire eines jeden Violinvirtuosen eingehen wird. Auch die sechs Orgelsonaten op. 65 entstehen größtenteils in der unbeschwerten Sodener Zeit. – Im Herbst löst Mendelssohn den Vertrag mit Berlin wenigstens teilweise und geht, mit dem festen Entschluß, den Winter in der Zurückgezogenheit seinem Schaffen zu widmen, nach Frankfurt. Eine ehrenvolle Einladung, das New Yorker Musikfest zu leiten, lehnt er ab. Nicht einmal der erfolgreichen Uraufführung seines Violinkonzertes durch David in Leipzig wohnt er bei. Er will nur noch komponieren.

1845: Mendelssohn vollendet sein zweites Klaviertrio in c-moll op. 66 und die Musik zu «Oedipus in Kolonos». Dann arbeitet er rastlos an seinem neuen Oratorium «Elias». Im August nimmt er wieder festen Wohnsitz in Leipzig, Königsstraße 21. Die Leitung der Gewandhauskonzerte teilt er nun mit Gade. Dazwischen dirigiert er in Berlin den «Oedipus» und die «Athalia». Am 4. Dezember führt er die Sängerin Jenny Lind, die «schwedische Nachtigall», deren zurückhaltende und formvollendete Kunst der seinigen verwandt ist, beim Leipziger Publikum ein.

1846: Am 14. Februar erklingt unter Mendelssohns Leitung zum erstenmal die «Tannhäuserouvertüre» von Richard Wagner. Mendelssohn äußert offen seine neidlose Bewunderung für Wagners erfolgreiches Schaffen auf einem Gebiet, zu dem er selbst schwer Zugang findet[85]. – Im Sommer verbieten die Ärzte Mendelssohn seiner Reizbarkeit wegen das öffentliche Klavierspiel. Nur gelegentlich darf er noch Lieder begleiten. So konzentriert sich seine Tätigkeit auf den «Elias» und auf die Weiterführung des Konservatoriums[86]. Zu seiner größten Freude übernimmt Moscheles die Oberleitung des Klavierunterrichts. – Trotzdem Mendelssohn immer wieder davon spricht, daß er sich von jeder öffentlichen Tätigkeit ganz zurückziehen wolle, dirigiert er am 31. Mai, am 1. und 2. Juni das 28. niederrheinische Musikfest in Aachen. Am 11. Juni finden wir ihn in Lüttich, wo die von ihm vertonte Sequenz des Thomas von Aquin «Lauda Sion salvatorem» op. 73 am Fronleichnamsfest zu St. Martin aufgeführt wird. Von Lüttich geht er nach Köln zum ersten deutsch-flämischen Sängerfest, für das er den «Festgesang an die Künstler» op. 68 für Männerchor und Blechinstrumente komponiert hat. Zweitausend Männerkehlen singen das Werk unter seiner Leitung und stimmen anschließend zur Freude des Komponisten spontan sein «Wer hat dich, du schöner Wald» an. – Das wichtigste Ereignis dieses Jahres aber wird für Mendelssohn die Uraufführung seines «Elias» am Musikfest zu Birmingham, unter seiner eigenen Leitung. Obwohl bei religiösen Oratorien jeder Applaus streng verpönt ist, müssen vier Chöre und vier Arien unter unaufhörlichen Beifallsstürmen wiederholt werden. – Nach Leipzig zurückgekehrt, geht der Komponist sofort an eine Umarbeitung des «Elias»; denn seine Selbstkritik bleibt unbestechlich, mag der Erfolg noch so groß sein. Im Gegensatz zum «Paulus», den die Zeitgenossen über den «Elias» stellen (die Nachwelt wird dem Komponisten recht geben, der seinem «Elias» vor dem «Paulus» den Vorzug gibt), fehlt der Choral beim zweiten Oratorium, das durch Verzicht auf forlaufende Erzählung stärker noch als der «Paulus» dem dramatisch geballten Ausdruck Händelscher Oratorien sich nähert. – Am 5. November bringt Mendelssohn Schumanns C-dur-Symphonie zur Uraufführung[87]. 1847: Mendelssohn arbeitet an einer Oper «Loreley» nach dem unter Devrients Mitwirkung von Geibel gedichteten Textbuch. Daneben beschäftigt ihn ein neues Oratorium, «Christus». – Im April geht er, wieder von Joachim begleitet, zum zehnten Male nach London, um den «Elias» zu dirigieren. Weitere Aufführungen leitet er in Manchester und Birmingham. Erschöpft verläßt er London am 8. Mai. Unterwegs wird er von der Polizei mit einem Revolutionären namens Dr. Mendelssohn verwechselt und vorübergehend zurückgehalten. Wie er verspätet in Frankfurt ankommt, trifft ihn die Nachricht, daß seine Schwester Fanny am 14. Mai an einem Gehirnschlag gestorben sei. Mit einem grellen Aufschrei bricht er zusammen und bleibt bewußtlos liegen.

Fanny, die um drei Jahre ältere Schwester, war es gewesen, die Felix' Talent zuerst entdeckt und liebevoll gefördert hatte. Später wurde immer mehr Fanny zum Mittelpunkt des häuslichen musikalischen Lebens an der Leipzigerstraße 3. Auch sie komponierte, ohne daß je «der Pferdefuß weiblicher Eitelkeit in ihren Arbeiten zu entdecken gewesen wäre», wie sich der Bruder ausdrückte.
Musik ging Mendelssohn über alles. So stand ihm Fanny

künstlerisch und deshalb auch menschlich am nächsten. Die Geschwister ermunterten, ermutigten sich gegenseitig und tauschten ihre Erfahrungen und Einfälle aus. Fannys Kritik war für Felix unfehlbar. Wie viele Lieder hat er im Gedanken an seine Schwester komponiert! Ihr Bildnis trug er immer bei sich in einem Band Jean Paul, der sein treuer Reisebegleiter war. Gemeinsam freuten sich Bruder und Schwester über die glücklichen Ereignisse in der Familie, gemeinsam trugen sie die Trauer um den Tod der wahrhaft verehrten und geliebten Eltern. Keine Entdeckung, kein geistiges Gut wurde dem andern vorenthalten, alles war beiden gemeinsam. Fannys Gatte Hensel hatte Mühe, Felix' Eifersucht zu besiegen; und es ist nur dem sanften Zauber zuzuschreiben, der von Cécile ausging, daß Fanny ihre neue Schwägerin sofort ins Herz schloß. So sehr hingen die Geschwister auch später aneinander, als beide verheiratet waren.

Vor allem aber eines: Fanny, sein «lieber Fenchel», sein «Kantor mit den dicken Augenbrauen», blieb für Felix, als er älter wurde, das lebendige Symbol der ewigen Gegenwart einer unaussprechlich glücklichen Jugend. In seinen Briefen an die Schwester finden sich immer wieder geheimnisvolle Anspielungen an längst Vergangenes, von dem nur die beiden Geschwister wissen. Das Gefühl der Dankbarkeit Gott, seinem Schicksal, seiner Familie, seiner Schwester gegenüber erfüllt immer wieder seine Seele ganz.

So ist mit Fanny seine Jugend, das Feenland seiner Inspiration, alles, von dem seine schöpferische Kraft lebt, entschwunden. Das Alter naht. Wird er es tragen können ohne seinen Genius? In Baden-Baden, wohin ihn die Ärzte zur Kur schicken, schreibt Mendelssohn zwei seiner schönsten kirchlichen A-cappella-Werke: «Mein Herz erhebet Gott

den Herrn» und «Herr, nun lässest du deinen Diener in Frieden fahren», die er mit einer 1846 komponierten Motette als op. 63 zum Druck fertigmacht.
Doch die Linderung, die ihm diese Arbeit gebracht, hält nicht an. Die politischen Zänkereien beginnen ihn immer stärker aufzuregen. Er, der früher radikal dachte, haßt nun alles National-Revolutionäre. Das Ansinnen seines Verlegers, ein deutsches Schutz- und Trutzlied «Sie sollen ihn nicht haben, den freien deutschen Rhein» zu komponieren, lehnt er scharf ab. Die Wortführer der neuen Parteien kommen ihm hohl und aufgeblasen vor. Intuitiv ahnt er das Grobe, Laute, Kunstfeindliche der kommenden Zeiten. Eine nervöse Unruhe kommt über ihn. Halb wie im Traum geht er umher. Er will fort, weiter, die freie Luft der Schweizer Berge atmen, ihre gewaltige Schönheit in sich aufnehmen. In Schaffhausen malt er den Rheinfall und spürt dabei, daß dies tätige Eindringen in die Landschaft mit ihren unendlich vielen Formen und Farben ihn tröstet und seine Nerven beruhigt. Aber er kann nicht bleiben. In Luzern entsteht ein weiteres entzückendes Aquarell, das die Hofkirche mit der alten Capellbrücke darstellt. Dann wird er weitergetrieben. Vierzehn Tage weilt er in Thun. Frau und Kinder sind bei ihm. Auch Bruder Paul hat sich ihm angeschlossen. Der Umgang mit den Seinen tut ihm wohl; fremde Besuche aber empfängt er äußerst ungern. Ihr konventionelles Geschwätz kann er kaum aushalten. Bald steht er auf und entläßt die Erstaunten mit Gesten nervöser Ungeduld. Dann sitzt er, der sonst rastlos Tätige, auf einem Stuhl und starrt vor sich hin, bis es seiner Frau gelingt, ihn zu einem Spaziergang zu überreden. An ihrem Arm ist es ihm wohl. Am liebsten möchte er so mit ihr zusammen weiterwandern, immer weiter, und nie mehr zurückkehren.

Man reist nach Interlaken, wo alte Erinnerungen aufleben: unter den hohen, kühlen Nußbäumen bei der Schloßkirche hat Felix als Zwölfjähriger mit Fanny gezeichnet; noch ist da die gleiche Wirtin, die ihn abgewiesen, als er auf der Rückreise von Italien im Unwetter mit schmutzigen Kleidern Obdach begehrt hatte.

In Interlaken erwacht der Schaffensdrang von neuem. Das f-moll-Streichquartett op. 80 spiegelt seine düstere Stimmung wider. An «Loreley» und «Christus» wird weitergearbeitet. Plötzlich aber läßt Mendelssohn die Arbeit, eilt auf die Pässe, ins Gebirge, manchmal mit Frau und Kindern, öfters aber allein. Spät abends kommt er dann erhitzt und zerschlagen zurück. Etwas Dämonisches treibt ihn um. Spürt er die Tragik des Wunderkindes, das, früh verbrennend an seiner Kunst, um die gesunden Freuden des ruhig sich entwickelnden Durchschnittslebens betrogen worden ist? Die Haare des Achtunddreißigjährigen sind angegraut. Fühlt er den nahen Tod? Unersättlich trinken seine Augen die Schönheiten der Berge. Seine letzten Aquarelle aus Interlaken gehören zu den besten und persönlichsten Wiedergaben von Schweizer Landschaften; sie übertreffen an künstlerischer Feinheit der Auffassung zum Teil die Bilder von Lory und König. Malen ist für Mendelssohn jetzt der wirksamste Trost.

Endlich fühlt er sich genügend stark, um nach Berlin zu fahren. Dort angekommen, eilt er durch Fannys Räume. Alle Gegenstände findet er unberührt so, wie sie die Verstorbene zurückgelassen hat. Immer wieder muß man ihm den Hergang ihres Todes schildern: Bei einer Probe zu des Bruders «Walpurgisnacht» am Klavier hatten ihre Hände plötzlich den Dienst versagt. Man übte trotzdem weiter, während Fanny in einem entfernten Zimmer sich die

Hände in heißem Essigwasser badete. Durch die geöffneten Türen hörte sie zu und rief erfreut: «Wie schön das klingt!» Aber als sie in den Saal zurückging, verlor sie plötzlich das Bewußtsein, und eine jähe Lähmung erfaßte ihren ganzen Körper. Sie kam nicht mehr zu sich. Am gleichen Abend um 11 Uhr war sie tot.

Mendelssohn wandert durch die verschlungenen Wege des Parkes. Dort in jenem Gartenkabinett hat er mit der Schwester geschwärmt von Shakespeare und Jean Paul. Plötzlich weht ihn wieder jene glückverheißende Luft an, in der er das Scherzo seines Oktettes und die Sommernachtstraumouvertüre geschrieben hat. Ist Fanny denn wirklich gestorben? Ist ihr Tod nicht nur ein bedrückender Traum? Wird sie nicht plötzlich um jene Buchshecke kommen und ihm mit einem Scherz auf den Lippen entgegeneilen? Ihre liebe kleine Gestalt mit der etwas schiefen Schulter, die schönen, großen, dunklen Augen ... die zarten, vom Klavierspiel durchgearbeiteten Hände, ihre schnellen, dezidierten Bewegungen, und wie sie tief atmete und dann sagte, frische Luft sei einer der größten Genüsse des Lebens ... der komische Ausdruck des Gesichts, wenn sie über irgendeine Kleinigkeit unglücklich war, dann wieder die fast überirdische Schönheit ihrer entspannten Züge, wenn sie Musik hörte ...

Erregt kehrt Mendelssohn nach Leipzig zurück. Die günstige Wirkung der Schweizer Reise ist in Frage gestellt. Gade muß die Leitung aller Gewandhauskonzerte übernehmen. Dagegen verpflichtet sich der Komponist, am 14. November den «Elias» mit Jenny Lind in Wien zu dirigieren. Er beteiligt sich noch an den Aufnahmeprüfungen des Konservatoriums und schreibt Generalbaß-Beispiele an die Tafel. Am 9. Oktober muß ihm die Sängerin Livia

Frege mehrmals seine letzte Komposition nach Eichendorffs Worten vortragen:

«Vergangen ist der lichte Tag,
Von ferne kommt der Glocken Schlag;
So reist die Zeit die ganze Nacht,
Nimmt manchen mit, der's nicht gedacht.»

Plötzlich fröstelt Mendelssohn und fühlt sich elend. Seine Hände scheinen abzusterben, sein Kopfschmerz wird unerträglich. Er verläßt die Wohnung der Frau Frege und geht allein nach Hause. In den nächsten Tagen tritt eine kleine Besserung ein: er kann am Arm seiner Frau wieder spazieren gehen. Unmittelbar darauf aber bekommt er einen Schlaganfall, der sich am 3. November wiederholt und ihm die Besinnung raubt. Er braust und trommelt mit dem Munde, als ob Musik durch seinen Kopf ginge. Plötzlich wird sein Gesicht emporgeschnellt, mit aufgerissenem Mund stößt er einen scharfen Schrei aus und sinkt ins Kissen zurück. Von da an bleibt er betäubt. Nur einmal noch antwortet er auf die Frage seiner Frau, wie ihm sei: «Müde, sehr müde.»
Die Ärzte wechseln ab am Krankenlager. Cécile hilft ihnen gefaßt und unermüdlich. Paul, der aus Berlin gekommen ist, tritt ernst, wie eine bewegliche Marmorstatue, hin und wieder ans Bett. Um 9 Uhr werden die Atemzüge des Sterbenden langsamer. Vierundzwanzig Minuten später tut er einen tiefen Seufzer. Das Herz steht still.

Robert Schumann hält in seinen Notizen folgende Einzelheiten der Leipziger Totenfeier fest:

«Sonnabend den 6. Um 3 ½ Uhr Ankunft in Leipzig – in Mendelssohns Haus – seine Kinder unten mit Puppen spielend – oben Schleinitz – das Publikum – der edle Tote – die Stirn – der Mund – das Lächeln darum – wie ein glorreicher Kämpfer sah er aus, wie ein Sieger – gegen den Lebenden wie etwa um 20 Jahre älter – zwei hoch geschwollene Adern am Kopf – die Lorbeerkränze und Palmen – Eduard Devrient und Professor Hensel – früher Bendemann und Hübner – um 7 Uhr in das Gewandhaus – Probe zur Totenfeierlichkeit – Nummer aus Paulus –.
Sonntag den 7. Milder Tag, wie im Frühling – Erinnerungen, überströmende an Mendelssohn – um 3 Uhr nachmittags nach der Königstraße – große Menschenmasse – der geschmückte Sarg – seine Freunde alle – Moscheles, Gade und ich zur rechten, Hauptmann, David und Rietz zur linken des Sarges, außerdem Joachim und viele andere dahinter – unabsehbarer Zug – von der Wohnung bis in die Paulinerkirche eine Stunde – Trauermarsch e-moll aus den «Liedern ohne Worte» – zwei Musikchöre abwechselnd – in der Kirche Orgeleinleitung: einfacher Choral, Rede von Pastor Howard – Chor aus Paulus (Wir preisen selig) – Segen, Schlußchor in c-moll aus der Passionsmusik von S. Bach.»

Die Kirche hat sich geleert. Noch ist der Sarg nicht geschlossen, noch lächelt verklärt das bleiche Gesicht des Toten zwischen Lorbeer und Palmen im Scheine der sechs Kandelaber, die den Katafalk umgeben. Da wird eine Dame in tiefster Trauer zum Sarg geführt. Sie kniet nieder und betet still. Es ist Cécile, die zum letztenmal Abschied nimmt. Sie fühlt schon den Todeskeim ihrer Krankheit in sich; sie weiß, daß auch sie nicht lange mehr leben wird[88].

In der Nacht überführt man den Toten im Extrazug nach Berlin. Wie er um Mitternacht in Cöthen ankommt, empfängt ihn der Sängerverein beim Scheine unzähliger Fakkeln mit einem Choral. Dasselbe erhabene Schauspiel wiederholt sich morgens um halb zwei in Dessau, der einstigen Heimat von Moses Mendelssohn. Wo der Großvater als armer Jude in die Welt hinausgezogen war, da wird des Enkels Leichnam mit höchsten Ehren empfangen.
Aber nicht nur in Deutschland, auch in England, Amerika, in allen Kulturländern werden in Kirchen und Konzertsälen Trauerfeiern für Felix Mendelssohn abgehalten. Prinzen und Könige geben öffentlich ihrem Schmerze Ausdruck. Seit Menschengedenken hat kein Todesfall die Teilnahme der ganzen kunstliebenden Welt so erregt. Nur die Trauer um Raffael, von der uns Vasari erzählt, ist vergleichbar mit der Trauer um Felix Mendelssohn.
So stampft der Zug immer weiter durch die Nacht. Eilt er nicht einer neuen Epoche entgegen, da er die edelste Verkörperung einer vergangenen zum Grabe fährt? Dort lassen sich die Umrisse gewaltiger neuer Fabrikbauten erkennen, und hier, wo jetzt noch stille Felder sich ausbreiten, wird bald eine riesige Stadt von Mietskasernen aus dem Boden wachsen. Vorbei ist die Zeit träumerischer Fußwanderungen, vorbei das fröhliche Pferdegetrappel idyllischer Postkutschen, vorbei der goldene Hörnerklang in silberner Mondnacht, vorbei all' der duftige Elfen- und Geisterspuk mit den zarten Melodien. Signalpfeifen werden schrill ein neues, diesseitiges Geschlecht zu scharfer Arbeit treiben; Flugzeuge werden durch den entgötterten Äther surren und Alarmsirenen die heilige Stille der Nacht zerreißen. Die neue Musik aber, Ausdruck entfesselter Leidenschaften und Triebe, wird des Toten Kunst verachten und vergessen.

Sie wird dem unbefriedigten Stampfen der Maschinen gleichen, dem ungeduldigen, kalten Klirren von Eisen und Stahl, dem Aufschrei gehetzter Massen, die keine Zeit mehr haben werden für unschuldige Rüpeltänze. Das Jahr 1848 steht vor der Tür. Jetzt haben Technik und Politik das Wort! Der Sommernachtstraum ist ausgeträumt.

Eine riesige Menschenmenge empfängt den Sarg im Anhalter-Bahnhof zu Berlin. Mächtig und feierlich stimmen die Posaunen «Jesus, meine Zuversicht» an. Es ist, als gelte diese beispiellose Trauer nicht allein Felix Mendelssohn, als fühle die unübersehbare, schweigende Menge, die sich zum Trauerzug formt, daß sie mit dem Entschlafenen die ganze helle, lichte, geistige Zeit der Haydn, Mozart, Goethe, Beethoven, Schubert unwiederbringlich, für immer, zu Grabe geleitet.

Wie der Sarg auf dem Dreifaltigskeitskirchhof ankommt, dringen die ersten Strahlen der Morgensonne durch die herbstlichen Nebel. Pfarrer Berduschek, der geistliche Freund der Familie Mendelssohn, spricht einige wenige, ergreifende Worte. Nach Gebet und Segen stimmt die Singakademie unter Rungenhagens Leitung «Wie sie so sanft ruhen» an, und Engelsstimmen gleich antwortet der Domchor mit dem liturgischen Schlußchoral: «Christus ist die Auferstehung.»

Felix wird in der Familiengruft neben seiner Schwester Fanny beigesetzt. Als er das letztemal in Berlin von ihr Abschied genommen, hatte sie ihm Vorwürfe gemacht, daß er so lange nicht an ihrem Geburtstag bei ihr gewesen sei. Er aber hatte noch beim Einsteigen in den Wagen ihr die Hand gegeben: «Verlass' dich drauf, das nächste Mal will ich bei dir sein.» Und Felix hat sein Versprechen gehalten. Der vierzehnte November ist Fannys Geburtstag.

ANMERKUNGEN

Die im Text mit [. . .] bezeichneten ausgelassenen Stellen beziehen sich auf reisetechnische Fragen, die für die Nachwelt ohne Bedeutung sind, oder auf Mitglieder des Mendelssohnschen Bekanntenkreises, die heute keinerlei Interesse mehr beanspruchen.

1 Zöglinge des Gymnasiums zu Schulpforta.

2 Plumpe, schwere Reisewagen.

3 Ludwig Elsholz, 1805–1852, war ein beliebter Genre- und Schlachtenmaler.

4 Ottilie, geb. v. Pogwisch, 1796–1872, war Goethes Schwiegertochter.

5 Wilhelm Hensel, 1794–1861, der Gatte von Felix' Schwester Fanny, war Hofmaler und Professor an der Berliner Akademie. Berühmt ist seine 47 Mappen umfassende Sammlung von über tausend Bildnissen aller zeitgenössischen Persönlichkeiten, die er gekannt hat.

6 Ulrike v. Pogwisch, die Schwester von Goethes Schwiegertochter, lebte jahrelang im Hause Goethe.

7 Walter und Wolf: Goethes Enkel.

8 Goethes Sohn August.

9 Ferdinand Ries, 1784–1838, ein Schüler Beethovens, war Pianist, komponierte auch Opern.

10 Friedrich Wilhelm Riemer, 1784–1838, Erzieher von Goethes Sohn, später Goethes Mitarbeiter.

11 Wallis = Wales. Hier sind die für das Album der drei Töchter Taylor in Coed Du geschriebenen Stücke op. 16 gemeint.

12 Diese beiden Distichen hat Goethe für das Stammbuch seines Sohnes gedichtet.

13 Johann Nepomuk Hummel, 1778–1837, ein Schüler Mozarts, lebte, als Komponist und Hofkapellmeister von Goethe geschätzt, in Weimar.

14 Eduard Magnus, 1799–1872, wirkte als berühmter Porträtmaler und Akademieprofessor in Berlin.

15 Die Brüder Karl und Traugott Eberwein komponierten beide Musik zu Goethes Dramen und Singspielen. Karl schrieb eine Ouvertüre zu Goethes «Proserpina», und Traugott komponierte Goethes «Jahrmarkt zu Plundersweilern».

16 In den Papieren der Mutter Mendelssohns findet sich diese Geschichte aufgezeichnet: «Es war ein Hofkonzert, bei dem ein recht mittelmäßiger Pianist ein endloses Klavierstück mißhandelte. Goethe litt sichtlich, ja er schien es für eine Tortur anzusehen, aushalten zu müssen; denn als es immer und immer kein Ende nahm, wandte er sich an den neben ihm leidenden Hofmann und flüsterte ihm zu: ‚Wenn dies noch lange angehet, gestehe ich alles!'»

17 Diese Baronin Jenny v. Gustedt, geb. v. Pappenheim, schreibt über Mendelssohns Besuch bei Goethe: «Felix sah zart aus, ging etwas gebückt, und sein Gesicht machte mir keinen bedeutenden Eindruck. Denselben Nachmittag traf ich ihn bei der Gräfin Henckel und glaubte, einen anderen Menschen zu sehen. Die Lebhaftigkeit seines Mienenspiels, seine Grazie, die doch durchaus nichts Weibisches hatte, sein strahlendes Lächeln, als ob man einen Vorhang von einem Fenster wegzöge und nun in den schönen Frühling sähe, das alles machte seine Erscheinung zu einer sich der Erinnerung dauernd einprägenden. Und nun sein Spiel, das so ganz er selber war: kein Gefühl, das ins Bizarre ging, keine Disharmonie, die sich nicht milde auflöste, keine Virtuosenkunststückchen, bei deren Anblick uns schwindlig wird. Hummel schien mir mit mehr Feuer, mit mehr äußerer Leidenschaft zu spielen; aber man empfand nicht wie bei Mendelssohn, daß so ganz das Herz im Spiele lag. Von Anfang an verbrachte Felix den größten Teil des Tages im Goetheschen Hause. Er war wirklich Goethes David, denn er verscheuchte jede Wolke von der Jupiterstirn unseres Dichters. Jedem, der damals Mendelssohn kannte, wird es begreiflich sein; trat er doch mit dem ganzen Zauber der Jugend, der Genialität, der glücklichen Zukunftsträume in unsern Freundeskreis. Vormittags war er meist allein mit seinem Gönner, der nicht müde wurde, ihm zuzuhören. Alles, was Kunst im weitesten Sinne berührte, faßte er mit Begeisterung auf, während das wissenschaftliche Gebiet, besonders das naturhistorische, nicht in seinen Interessenkreis zu ziehen war, obwohl er es gut zu verbergen wußte. Goethe, dem, seiner eigenen wunderbaren Natur nach, jede Einseitigkeit unverständlich blieb, versuchte oft, auf Felix einzuwirken. Es blieb vergebene Mühe.

Einmal soll Goethe sogar – ganz Saul! – seinem Liebling zornig den Rücken gekehrt haben, weil er ihn nicht verstand. Aufs höchste erschrocken, saß Mendelssohn wie versteinert vor dem Flügel, bis er, fast unbewußt, mit den Fingern die Tasten berührte und, wie zu eigenem Trost, zu spielen begann. Plötzlich stand Goethe wieder neben ihm und sagte mit seiner weichsten Stimme: ‚Du hast genug. Halt's fest!' So erzählte mir Felix, der lange dem Sinn dieser Worte nachgrübelte ...» Als Mendelssohn nach langen Jahren in Berlin Baronin v. Gustedt wieder traf, sagte er zu ihr: «Wer weiß, was ohne jene Weimarer Tage, ohne Goethe aus mir geworden wäre ...»

18 Charlotte Hagn war eine berühmte Schauspielerin, die schon mit fünfzehn Jahren, 1828 in München, das Publikum zur Begeisterung hinriß.

19 Henriette Sontag war eine der größten Sängerinnen des 19. Jahrhunderts. Auf der Höhe ihrer Triumphe wurde sie 1854 in Mexiko von der Cholera dahingerafft.

20 Wahrscheinlich eine entfernte Verwandte der Mutter Mendelssohns.

21 Adolf Bernhard Marx, 1795–1866, Musikschriftsteller und Professor für Musikwissenschaft in Berlin, war ein Freund des Hauses Mendelssohn.

22 Georg Jos. Vogler, 1749–1814, vielseitiger Modekomponist. In Rom zum Priester geweiht, wurde er Kapellmeister zu Mannheim und Lehrer von Carl Maria v. Weber.

23 Christian Karl Josias Freiherr v. Bunsen, 1791–1860, war erst Theologe und Philologe, wurde 1818 preußischer Gesandtschaftssekretär und 1827 Gesandter beim Heiligen Stuhl. Er suchte Mendelssohn für die musikalische Ausgestaltung der evangelischen Liturgie zu gewinnen.

24 Johann Veit, 1790–1854, Enkel von Moses Mendelssohn und somit Felix Mendelssohns Vetter, war 1810 in Wien Katholik geworden und lebte später bis zu seinem Tode in Rom.

25 Giuseppe Baini, 1775–1844, berühmter italienischer Kirchenkomponist, wurde 1804 päpstlicher Konzertdirigent und 1814 Generaldirektor der päpstlichen Kapelle. Sein «Miserere» ist das einzige Werk eines neueren Komponisten, das in der Heiligen Woche in der Sixtinischen Kapelle gesungen wird. Baini hat sich durch ein ausführliches Werk über Palestrina auch in der Musikwissenschaft einen Namen gemacht.

26 Das Originalmanuskript des Briefes schließt hier. In der Ausgabe von 1861 ist noch ein Abschnitt eingefügt, der vom musikalischen Betrieb im Hause Bunsen handelt und, da sein Ton etwas steif gehalten ist, einem Bericht an Zelter entnommen sein könnte.

27 Gemeint ist die Hebridenouvertüre.

28 Bertel Thorwaldsen, 1770–1844, Schöpfer des «Sterbenden Löwen» im Gletschergarten zu Luzern und des «Segnenden Christus» in der Frauenkirche zu Kopenhagen, war der größte dänische Bildhauer.

29 In der Ausgabe von 1861 ist hier noch folgendes Postscriptum beigefügt, das im Original fehlt und wahrscheinlich einem andern, mir nicht bekannten Brief entnommen worden ist: «Soeben erhalte ich Euern Brief, der mir die Nachricht von Goethes Krankheit bringt. Wie mir persönlich dabei zu Mute geworden, ist nicht zu sagen. Mir klangen den ganzen Abend seine letzten Worte: ‚Wir wollen sehn, uns bis zu Ihrer Rückkehr aufrecht zu erhalten' fortwährend in den Ohren und ließen keine andern Gedanken aufkommen; und wenn er fort ist, so bekommt Deutschland für die Künstler eine andere Gestalt. Ich habe nie ans Land Deutschland gedacht, ohne mich von Herzen zu freuen und stolz darauf zu sein, daß Goethe darin lebe; und das Nachwachsende sieht meist so schwach und kränklich aus, daß einem bange ums Herz wird. Er ist der letzte und schließt eine heitere, glückliche Zeit vor uns zu! Das Jahr endigt furchtbar ernst.»

30 Horace Vernet, 1789–1863, berühmter französischer Schlachtenmaler.

31 Das Liederspiel «Die Heimkehr aus der Fremde».

32 Seit dem 16. Jahrhundert in Italien der Begleiter und Gesellschafter, bisweilen auch Liebhaber einer verheirateten Dame. In den höheren Ständen durfte nach einem verbreiteten Brauch der Ehemann nur zu Hause seiner Frau Gesellschaft leisten, zu öffentlichen Lustbarkeiten begleitete sie der *Cicisbeo*.

33 Horace Vernet war damals Vorsteher der Villa Medici, in der noch heute die Träger des vom französischen Staat ausgerichteten «Prix de Rome» untergebracht sind.

34 Charles Vernet, 1758–1836, Schlachten-, Tier- und Landschaftsmaler, Vater von Horace Vernet.

35 Leopold Robert, 1794–1835, berühmter Maler, gebürtig aus Eplatures (Kt. Neuenburg).

36 Peter von Cornelius, 1783–1867, stand den «Nazarenern» nahe, Malern, die eine Erneuerung der Kunst auf katholisch-christlicher Grundlage anstrebten. Er schuf die Fresken für die Glyptothek und für die Ludwigskirche zu München.

37 Joseph Anton Koch, 1768–1839, Maler heroischer Landschaften und kolossaler Gebirgsbilder.

38 Friedrich Overbeck, 1789–1869, aus Lübeck stammend, trat in Rom zum Katholizismus über und wurde das Haupt der «Nazarener».

39 *Camaldolenser*, auch «weiße Benediktiner» genannt. Die Patres des Ordens, der nur noch in Italien existiert, leben nach der Benediktinerregel, aber wie Einsiedler abgesondert voneinander in kleinen Einzelhäusern innerhalb des Klosters. Der Orden wurde 1012 vom hl. Romuald in Camaldoli gegründet.

40 Adam Mickiewicz, 1798–1855, aus Polen verbannter Schriftsteller.

41 Mendelssohn spielt hier auf seine «Schottische Symphonie» an.

42 Gemeint ist die «Italienische Symphonie».

43 Berlioz schreibt 1864 in seinen «Erinnerungen»:
«Als Mendelssohn und ich uns das erstemal trafen, sprach er über meine preisgekrönte Kantate ‚Sardanapale'. Ich gestand ihm sogleich, daß ich das erste Allegro selber nicht mochte. ‚Wie gut!' rief Mendelssohn freudig, ‚ich beglückwünsche Sie zu Ihrem Geschmack! Ich fürchtete schon, Sie seien mit Ihrem Allegro zufrieden. Offen gestanden: es ist sehr schwach.'
Am folgenden Tag wäre es beinahe zu einer Verstimmung zwischen uns gekommen, weil ich mit Begeisterung über Gluck sprach und weil Mendelssohn mir überrascht und spöttisch antwortete: ‚Wie . . . Sie lieben Gluck?', genau so, als wollte er sagen: ‚Wie kann nur ein Musiker wie Sie überhaupt für Größe des Stils und Echtheit der Ausdruckskraft genügend Verständnis aufbringen, um Gluck wahrhaft zu lieben!'
Ich fand aber bald Gelegenheit zur Rache. Aus Paris hatte ich die Arie der Asteria aus Glucks Oper ‚Telemaco' mitgebracht. Dies wundervolle Werk war damals fast vergessen. Ich legte das Manuskript – es enthielt den Namen des Autors nicht – auf mein Klavier. Bei seinem nächsten Besuch nahm Mendelssohn das Stück, glaubte, es sei der Schlager irgendeiner neuen italienischen Oper, setzte sich an mein Instrument und klimperte die zarte, ausdrucksvolle Musik herunter, indem er auf

groteske Art einen modischen Opernsänger nachäffte. Ich unterbrach ihn aber und sagte erstaunt: ‚Ah, Sie mögen Gluck nicht.‘

‚Wie – Gluck?‘

‚Gewiß, mein Lieber, die Arie ist von ihm und nicht von Bellini, wie Sie dachten. Sie müssen zugeben, daß ich Gluck besser kenne als Sie und daß meine Liebe zu ihm vielleicht noch tiefer ist als die Ihre.‘

Um mich zu ärgern, nannte Mendelssohn den Namen Joh. Seb. Bach nie, ohne spöttisch beizufügen: ‚Ihr kleiner Schüler.‘ Bald wußte ich nicht mehr, wie ich mit ihm über Musik sprechen sollte, ohne befürchten zu müssen, mich an seinen starren Ansichten zu stoßen. Im übrigen war er liebenswürdig, freundlich, und ertrug jeden Widerspruch, soweit er nicht das musikalische Gebiet streifte.

Einmal ergingen wir uns in den Thermen des Caracalla und diskutierten über die Belohnung der guten Werke durch Gott. Als ich – welcher Blasphemie ich mich schuldig machte, weiß ich nicht mehr – seiner streng evangelisch-kirchlichen Gläubigkeit widersprach, verlor Mendelssohn das Gleichgewicht und stürzte eine steile Treppe hinunter.

‚Bewundern Sie die göttliche Gerechtigkeit!‘ lachte ich laut heraus, indem ich ihm aufstehen half, ‚ich bin es, der spottet, und Sie sind es, der fällt!‘

Von diesem Augenblick an brach Mendelssohn jede religiöse Diskussion mit mir sofort ab.

Oft, wenn mich der Scirocco bedrückte, ging ich zu Mendelssohn. Der unermüdlich Tätige unterbrach dann bereitwillig seine Arbeit und spielte mir vor, was ich wollte, um meine Verstimmung aufzuhellen. Wie oft lag ich auf seinem Divan und sang Arien aus Glucks ‚Iphigenie in Tauris‘. Während Mendelssohn mich begleitete, rief er zuweilen plötzlich aus: ‚Wie schön ist das! Wie schön!‘ Mendelssohn mochte es auch gerne, wenn ich, in dieser horizontalen Lage, mit müder, abgelegter Stimme meine Chansons murmelte, für die er eine kleine Schwäche hatte.

Nachdem wir so einen Monat miteinander verkehrt hatten, verschwand Mendelssohn plötzlich, ohne sich zu verabschieden, und ich sah ihn erst viele Jahre später in Leipzig wieder, als er mir bei der Organisation meiner Konzerte in uneigennützigster Weise behilflich war.»

44 Berlioz liebte damals leidenschaftlich die englische Schau-

spielerin Henriette Smithson, die er später, im Sommer 1833, geheiratet hat.

45 Mendelssohn pflegte auf Reisen seine Lieblingsbücher mitzuführen, in die sein Schwager Hensel die Porträts der Schwestern gezeichnet hatte.

46 August Graf von Platen-Hallermünde, 1796–1835, war erst Offizier, wurde dann Dichter, nachdem er mit Goethe und Rückert persönlich bekannt geworden war. Er schrieb viele Sonnette und Romanzen, aber durch sein ganzes Schaffen und Leben ging ein tragischer Widerspruch zwischen Wollen und Vollbringen. Er lebte, vom bayrischen König unterstützt, meist in Italien.

47 Karl Ludwig Sand, ein Theologiestudent, erdolchte am 23. März 1819 den russischen Staatsrat und dramatischen Vielschreiber August von Kotzebue. Sand beschuldigte Kotzebue der Spionage und des Verrates zugunsten Rußlands. Er wurde 1820 hingerichtet.

48 Gemeint ist *Ein Sommernachtstraum*. Mendelssohn war schon damals durch seine Ouvertüre zu diesem Schauspiel in Deutschland berühmt geworden.

49 Joachim Murat, 1767–1815, war ursprünglich Theologe, brachte es dann zum Reiterführer im Heer Napoleons, der ihn 1808 zum König von Neapel machte. Murat wurde, als er 1815 Neapel zu erobern versuchte, gefangen genommen und erschossen.

50 Gemeint sind die Sonntagsmusiken im Hause Mendelssohn.

51 Auf der Schweizer Reise im Sommer 1822.

52 Mendelssohn war damals 13 Jahre alt.

53 Daniel François Auber, 1782–1871, schrieb 48 Opern (die berühmteste davon heißt «Die Stumme von Portici»), Messen, Streichquartette usw.

54 H. Clauren war der Hehlname des Schriftstellers Karl Heun, 1771–1854. Clauren errang mit seinen Romanen voll verlogener, mit versteckter Lüsternheit gewürzter Romantik einen Erfolg, der nur mit dem der Courths-Mahler zu vergleichen ist. Clauren starb als Hofrat in Berlin.

55 Dieser Schüler wurde später als Samuel Bleichröder Gründer der gleichnamigen weltberühmten Bankfirma.

56 Jean-Baptiste de Boyer, Marquis d'Argens, 1704–1771, zuerst französischer Offizier, wandte sich nach schwerer Verwundung der Philosophie zu. Friedrich der Große berief ihn als Direktor der Akademie nach Berlin.

57 Johann Kaspar Lavater, 1741–1801, der als einer der ersten Goethes Genie erkannte, wurde berühmt durch seine «Physiognomischen Fragmente». Er versuchte, das Innenleben der Menschen an ihrer äußeren Gestalt abzulesen.

58 Charles de Bonnet, 1720–1793, Naturforscher aus Genf, baute sich ein eigenes System auf, Nerven und Seelenleben organisch verbunden darzustellen. Seine Erkenntnisse versöhnte er mit seinem positiven Christentum.

59 Friedrich Heinrich Jacobi, 1743–1819, erst Kaufmann, später Philosophieprofessor zu München, war Goethes Jugendfreund und Verehrer von Lavater. Als gläubiger Christ bekämpfte er Spinoza, Kant und Fichte. Er behauptete, auch Lessing habe im Alter die freigeistigen Lehren Spinozas verleugnet und sich dem rechtgläubigen Christentum zugewandt. Darüber geriet er mit Moses Mendelssohn in erbitterten Streit.

60 Fanny Sebastiani wurde von ihren Eltern gezwungen, den Herzog von Praslin zu heiraten, der sie im Jahre 1847 auf grauenhafte Weise umgebracht hat. Diese Untat eines bei Hofe Begünstigten beschleunigte den Sturz des französischen Königs Louis Philippe.

61 Benjamin Constant, geb. 1767 in Lausanne, gest. 1830 zu Paris als Staatsrat und Verfasser des vielgelesenen Romanes «Adolphe», war als Freund der freiheitsliebenden Germaine de Staël zusammen mit ihr 1802 von Napoleon I. aus Frankreich verbannt worden.

62 Garlieb Merkel, 1769–1850, lebte als Schriftsteller auf seinem Gute bei Riga. Er verkehrte mit fast allen bedeutenden Zeitgenossen, besonders mit Herder in Weimar.

63 Eine Übersetzung der Terenz-Komödie «Das Mädchen von Andros» im Versmaß des Originals von Felix Mendelssohn wurde anonym veröffentlicht und von Goethe günstig beurteilt.

64 Devrient schreibt: «Unter den Freunden, die für kurze Zeit im Hause Mendelssohn verkehrten, ist mir besonders Heinrich Heine in Erinnerung, dessen schläfrig blasierte Manier wenig gefiel. Als die Kinder Mendelssohn für Jean Paul schwärmten, sagte Heine gedehnt: «Was ist schon Jean Paul! Hat ja das Meer nicht gesehen.» (Heines Meerlieder waren damals gerade erschienen. Der reiche Salomon Heine hatte seinem Neffen durch reichliche Subventionen einen Aufenthalt am Meer ermöglicht.) – Fanny gab schlagfertig zurück: «Freilich, Jean Paul hatte keinen Onkel Salomon, der ihm das Reisegeld dazu gegeben hätte.»

65 Dieser Text inspirierte Mendelssohn zur Komposition des Oktettes. Seiner Komposition «Walpurgisnacht» op. 60 liegt dagegen kein Text aus Goethes «Faust» zugrunde. Vielmehr ließ er sich dazu von einem Gedicht begeistern, das Goethe schon am 26. August 1799 an Zelter geschickt hatte, der sich lange mit dem Gedanken trug, es zu komponieren. Mendelssohn nahm den Text auf seine Reise nach Rom mit. Das Werk wurde in seiner ersten Fassung am 15. Juli 1831 in Mailand beendet, die Ouvertüre jedoch erst im Jahre 1832 in Paris. Goethe, der von dem Unternehmen in Kenntnis gesetzt worden war, schrieb am 9. September 1831 an den Komponisten:
«*Dies Gedicht ist im eigentlichen Sinn hochsymbolisch intentioniert. Denn es muß sich in der Weltgeschichte immerfort wiederholen, daß ein Altes, Gegründetes, Geprüftes, Beruhigendes durch auftauchende Neuerungen gedrängt, geschoben, verrückt, und wo nicht vertilgt, doch in den engsten Raum eingepfercht werde. Die Mittelzeit, wo der Haß noch gegenwirken kann und mag, ist hier prägnant genug dargestellt, und ein freudiger, unzerstörbarer Enthusiasmus lodert noch einmal in Glanz und Klarheit hinauf.*»
Diesen Ausschnitt aus dem Goethebrief hat Mendelssohn an den Anfang der Erstausgabe der Partitur der «Walpurgisnacht» gesetzt.

66 Nach dem Tod von Felix Mendelssohn mußte die Familie dieses Palais verkaufen. Der preußische Landtag erwarb das Grundstück und ließ das Haus für seine Zwecke umbauen. Der Musiksaal wurde Sitzungsraum des «Herrenhauses».

67 Karl Loewe, 1796–1869, war berühmt besonders durch die Kompositionen der Meisterballaden «Edward», «Erlkönig», «Tom der Reimer».

68 Anton Friedrich Justus Thibaut, 1772–1840, war ein Vorkämpfer für die Vereinheitlichung des Zivilrechtes in Deutschland. Seine 1825 erschienene Schrift «Über die Reinheit der Tonkunst» erregte seinerzeit Aufsehen.

69 «Knarren und Waldteufel» waren beliebte Kinderinstrumente, die auf dem Berliner Weihnachtsmarkt verkauft wurden.

70 «Kabbeln», Berliner Ausdruck für «sich zanken».

71 Ignaz Moscheles, geb. 1794 zu Prag, gest. 1870 als Professor am Leipziger Konservatorium, war einer der ersten Pianisten seiner Zeit.

72 Marie Malibran, geb. 1808 in Paris, gest. 1836 in Manchester, war eine der größten Altistinnen des 19. Jahrhunderts.

73 Mendelssohn hatte eine tiefe Abneigung gegen alles lehrhafte Theoretisieren über Kunst. Auch konnte er sich nie dazu verstehen, in eine Zeitung zu schreiben; und die Tatsache, daß Schumann neben seiner kompositorischen Tätigkeit musikkritische Artikel schrieb, hinderte Mendelssohn daran, Schumanns bekenntnishafte Offenheit zu erwidern. Nie kam das vertrauliche «Du» zwischen den beiden Meistern auf.

74 Mendelssohn äußerte sich einmal zu Schumann über Meyerbeer: «Daß eine Komposition eben ein Stück Leben des Künstlers ist, davon weiß der nichts.»

75 Devrient erzählt in seinen Erinnerungen: «Mendelssohn sagte uns am ersten Abend, da er aus Paris zurück war, daß er an diesem Tage in seines Freundes Eduard Rietz Wohnung gewesen sei und die letzten Spuren seines Lebens verfolgt habe. Wir sprachen von der Trefflichkeit des Verstorbenen – Felix brach ab, machte einen Gang durchs Zimmer und blieb vor dem Flügel stehen: er wolle doch den altbekannten Ton wieder hören. So präludierte er, sprach von Ton und Anschlag des Instrumentes und vertiefte sich dann in eine über stundenlange Phantasie. Wir saßen regungslos und in Andacht vor diesen Offenbarungen des tiefsten Seelenschmerzes, der stürmenden Verzweiflung, der heiligen Wehmut und des frommen Trostes. Es war das schönste Denkmal der Freundestreue, in unsern Herzen bleibend errichtet. Ich habe vor- und nachher nie einen ähnlichen erschütternden Eindruck von Musik empfangen.»

76 Mendelssohn äußerte zu Devrient im Zusammenhang mit dieser Kritik: «Das glänzendste Lob in der ersten Zeitung freut einen nicht so sehr, wie einen der verächtliche Tadel eines Schmierenblattes verdrießt.» Auch diese Worte zeigen, daß Mendelssohn viel zu fein empfand, als daß er sich auf die Dauer in der rauhen Luft des Theaters hätte behaupten können.

77 Als das Liederspiel für die silberne Hochzeitsfeier zur Aufführung bereit war, wurde Devrient, der Hauptdarsteller, zu einem Hofkonzert ins Schloß befohlen. Die drohende Verschiebung der Aufführung um einige Stunden störte das innere Gleichgewicht von Felix derart, daß er anfing, irre zu reden, unaufhörlich englisch zu sprechen und durch unverständliche Laute seine Umgebung in Schrecken zu versetzen. Das Machtwort des Vaters brachte ihn schließlich zum Schweigen, man führte ihn zu Bett, und ein zwölfstündiger totenähnlicher Schlaf machte Mendelssohn wieder gesund. Devrient konnte

sich dann doch vom Hofkonzert wenigstens teilweise dispensieren lassen, so daß der Aufführung nichts mehr im Wege stand. Wie reizbar, ja hilflos konnte Mendelssohn sein, wenn das äußere Leben sich seinem Willen nicht fügte!

78 Karl von Holtei, 1798–1880, Schriftsteller und Bühnenleiter, brach schließlich die Verhandlungen mit Mendelssohn ab und schrieb: «Mendelssohn wird niemals einen Opernstoff finden, der ihm genügt. Er ist viel zu gescheit dazu.» Holtei hatte bestimmt recht. Mendelssohn suchte das Vollkommene. Die Oper muß sich mit dem singenden *Menschen* befassen! Der Mensch aber ist niemals vollkommen. Deshalb konnte Mendelssohn unmöglich finden, was er suchte.

79 Hans von Bülow, der als Wunderkind bei Mendelssohn Unterricht nehmen durfte, schreibt in seinen Notizen: «Über Meister der Tonkunst»: «Mendelssohn hielt vor allem auf strenge Taktobservanz. Kategorisch verbot er jedes nicht vorgeschriebene Ritardando und wollte die vorgeschriebenen Verzögerungen auf das allergeringste Maß beschränkt haben. Verhaßt war ihm ferner alles willkürliche Arpeggieren. Pedalgebrauch statuierte er nur zu gewissen Klangzwecken. Mit welch raffinierter Vorsicht dabei zu Werke gegangen werden sollte, dafür spricht überall seine Niederschrift der betreffenden Zeichen. Endlich protestierte er auch gegen jene «prickelnde» Unruhe, gegen das Abhetzen und Abjagen seiner Stücke durch Spieler, welche dem Vorwurf sentimentaler Auffassung durch solch beschleunigtes summarisches Verfahren am sichersten zu begegnen glaubten. Hierbei müssen wir jedoch zugleich sehr entschieden markieren, daß seine zahlreichsten Zurufe beim Unterricht waren: *Nur flott, frisch, immer vorwärts!* und daß die Tempi seiner Stücke meist von den heutigen Dirigenten viel zu langsam genommen werden. Das Studium der Mendelssohnschen Klaviermusik wird um so fruchtbarer für äußerste Verfeinerung in Anschlags- und Bewegungsschattierungen sich erweisen, je strenger die Grenzen der Reinerhaltung der Zeichnung eingehalten werden. Wenn auch kaum jemals ein Pianist mit dem überbekannten «Frühlingslied» ohne Worte ein solches Kabinettstück von Grazie, Ungezwungenheit und kunstvollem Raffinement schaffen wird wie Mendelssohn selbst, wenn er es vortrug, so wird dies Studium stets ein «musikalischeres» Musizieren im Gefolge haben als die Grübelei und krankhafte Überschwänglichkeit wesentlich befördernde Schumann-Klimperei.»

80 Wie sozial Mendelssohn in einer Zeit dachte, da Dienstboten gering geachtet wurden, zeigt folgende Erinnerung Devrients: «Mendelssohns Hausarzt verlangte, der schwer erkrankte Diener Johann solle ins Spital gebracht werden, da er keine Zeit habe, Domestiken zu behandeln. Felix dagegen beharrte darauf, daß er den treuen Menschen in seinem eigenen Hause pflegen wolle, daß er ein Mitglied der Familie sei und daß einem Diener ärztliche Hilfe verweigern, sie seinem Hause verweigern heiße. Das half. Aber der Kranke selbst setzte die Geduld seiner Herrschaft auf manche Probe. Von seinem Krankenbette aus wollte er noch alles anordnen, von allem wissen. Seine Glocke war immer in Bewegung, Auskunft zu erlangen. Bei einer Tischgesellschaft läutete er unaufhörlich um zu erfahren, welche Gäste gekommen, wer diese oder jene Schüssel hineingetragen und wie sie aufgestellt worden sei. Über den Tod dieses Dieners, dem nicht mehr geholfen werden konnte, war Mendelssohn lange untröstlich.»

81 Über die Uraufführung dieser Lieder berichtet Mendelssohn am 3. Juli 1839 aus Frankfurt an seine Mutter:
«Das Schönste, was ich in meinem Leben bis jetzt von Gesellschaften gesehen habe, war ein Fest im Walde hier, das ich Dir genau beschreiben muß, weil es einzig in seiner Art war. Eine Viertelstunde vom Wege ab, tief im Walde, wo hohe dicke Buchen einzeln stehen und oben ein großes Dach bilden und man ringsumher nur grünen Wald durch die vielen Stämme durchschimmern sah, da war der Saal. Man mußte auf einem kleinen Fußweg durchs Gesträuch sich dahin arbeiten, und sobald man auf dem Platze ankam, sah man in der Entfernung die vielen weißen Gestalten unter einem Rand von Bäumen, die mit dicken Blumenkränzen verbunden waren. Wie lieblich da der Gesang klang, wie die Sopranstimmen so hell in die Luft trillierten und welcher Schmelz und Reiz über all' den Tönen war, alles so still und heimlich und doch so hell – das hatte ich mir nicht vorgestellt. Es war ein Chor von etwa zwanzig guten Stimmen, aber bei einer Probe im Zimmer hatte manches gefehlt, und alles war unsicher gewesen.
Wie sie sich nun den Abend unter die Bäume stellten und mein erstes Lied «Ihr Vöglein in den Zweigen schwank» anhoben, da war es in der Waldstille bezaubernd, daß mir beinah die Tränen in die Augen kamen. Wie lauter Poesie klang es. Und so schön sah es aus – alle die hübschen weißgekleideten Frauengestalten, und Herr V. in Hemdsärmeln stand in der Mitte und

schlug den Takt, und die Zuhörer saßen auf Feldstühlen und Gerätekörben und im Moose. So sangen sie das ganze Heft durch, und dann drei neue Lieder, die ich dazu komponiert hatte, und das dritte (es heißt «Lerchengesang») wurde kaum gesungen, nur gejubelt, und dreimal nacheinander wiederholt, und dazwischen wurden auf dem feinsten Gerät Erdbeeren und Kirschen und Apfelsinen und vielerlei Eis und Wein und Himbeersaft herumgereicht; aus dem Dickicht in der Ferne kamen überall Leute, vom Schall gelockt, lagerten sich da und hörten zu.
Dann wurde es dunkel. Man pflanzte große Laternen und Windlichter in der Mitte des Chors auf, und sie sangen Lieder von Schelble, Hiller, Schnyder von Wartensee und Weber. Dann wurde ein großer, dick bekränzter Tisch mit vielen Lichtern herbeigetragen. Auf dem stand ein vortreffliches Nachtessen mit allen möglichen guten Schüsseln und Flaschen, und zu dem allem war es so ruhig und einsam im Walde, das nächste Haus wohl eine Stunde weit entfernt, und die dicken Stämme wurden immer dunkler und ernsthafter, und die Menschen darunter immer lauter und lustiger.
Nach Tische wurde vom ersten Liede wieder angefangen. Man sang alle sechs durch und dann die drei neuen und das Lerchenlied wieder dreimal. Dann mußten wir fort. Im Dickicht begegneten wir dem Leiterwagen, in welchem all' das Gerät und das Silberzeug herbei- und wieder in die Stadt geschafft wurde; der konnte nicht von der Stelle und wir auch nicht, und dann ordnete sich's doch, und wir kamen um Mitternacht wieder nach Frankfurt, nach Hause. Die Festgeber und -geberinnen mußten bis zwei Uhr draußen bleiben und alles einpacken und verloren den Fahrweg mit dem großen Leiterwagen und kamen bei Isenburg unvermutet heraus und erst spät wieder nach Hause.
Es waren drei Familien, von denen wir zwei gar nicht und die dritte nur entfernt kannten, die auf den Einfall gekommen waren und denen wir dies unvergeßliche Fest verdanken. Nun weiß ich erst, wie Lieder im Freien klingen müssen, und will nächstens wieder ein lustiges Heft zusammen haben.»

82 Mendelssohn schreibt aus Berlin an David: «Sogar Liszt gefällt mir hier nicht halb so sehr wie an anderen Orten; er hat ein großes Stück meiner Hochachtung durch die albernen Possen eingebüßt, die er nicht nur mit dem Publikum (das schadete nichts), sondern mit der Musik selbst treibt.»

83 Berlioz wollte mit Mendelssohn den Taktstock tauschen. Mendelssohn ging darauf ein und gab ihm sein zierliches, mit weißem Leder überzogenes Fischbeinstöckchen. Berlioz übersandte ihm hierauf seinen kräftigen Eichenstock und schrieb dazu: «Großer Häuptling! Wir haben gelobt, unsere Tomahawks auszutauschen. Hier, nimm den meinen! Er ist plump; der Deine ist schlicht. Nur die Weiber und Bleichgesichter lieben geschmückte Waffen. Sei mein Bruder! Und wenn der Große Geist uns in die ewigen Jagdgründe ruft, werden unsre Krieger unsre Tomahawks zusammen am Eingang zum Häuptlingszelt aufhängen!»
Von allen Werken Mendelssohns schätzte Berlioz besonders die «Walpurgisnacht» und die Musik zum Sommernachtstraum.

84 Daß Mendelssohn im gleichen Stil da fortfahren konnte, wo er vor sieben Jahren aufgehört hatte, zeigt, wie ungeheuer frühreif der Schöpfer der Sommernachtstraum-Ouvertüre gewesen war und wie wenig seine spätere Entwicklung von der damals eingeschlagenen Richtung abgewichen ist.

85 Öfters nannte Wagner im Gespräch Mendelssohn «das größte spezifische Musikergenie, das der Welt seit Mozart erschienen ist» Dagegen bekämpfte er später in seiner Schrift «Das Judentum in der Musik» den Juden Mendelssohn, dem er «die tiefe, Herz und Seele ergreifende Wirkung» abspricht. Dennoch ist Wagner zeitlebens nie ganz von Mendelssohns Einfluß frei geworden.

86 Mendelssohn teilt seine Grundsätze den musikalischen Unterricht betreffend in einem Brief an Ignaz Moscheles mit: «Die Schüler wollen alle komponieren und theoretisieren, während ich glaube, daß ein tüchtiges praktisches Wirken, tüchtig spielen und Takt halten, tüchtige Kenntnis aller tüchtigen Werke usw. die Hauptsache ist, die man lehren kann und muß. Aus denen findet sich alle andere Lehre von selbst, und das Weitere ist nicht Sache des Lernens, sondern der Gottesgabe. Daß ich demungeachtet kein Handwerk aus der Kunst machen möchte, brauche ich wohl nicht erst zu sagen.»

87 Im ersten Teil dieses Konzertes wiederholte Mendelssohn, um dem stürmischen Verlangen des Publikums zu genügen, Rossinis Tell-Ouvertüre. Das wurde von einigen Übelwollenden als Demonstration gegen die C-dur-Symphonie, die Novität des Abends, ja gegen Schumann persönlich, ausgelegt, und der Referent des «Leipziger Tagblattes» fühlte sich veranlaßt,

Mendelssohn für diese Wiederholung «mosaische» Gründe unterzuschieben. Mendelssohn wurde gereizt und zornig. Er verweigerte seine Mitwirkung in Clara Schumanns Konzert vom 16. November. Durch Schumanns freundliche Bitten ließ er sich aber schnell versöhnen und dirigierte an diesem Abend die C-dur-Symphonie zum zweiten Male.

88 Nachdem sie im Jahre 1851 ihren Sohn Felix verloren hatte, starb Cécile Mendelssohn an Lungentuberkulose, 36 Jahre alt, am 25. September 1853 im großelterlichen Haus beim Fahrtor zu Frankfurt.

Quellen des Lebensbildes:

Sämtliche Szenen und Dialoge des Lebensbildes sind den unten aufgeführten Quellen und der Überlieferung innerhalb der Familie des Komponisten entnommen; es enthält also keine romanhafte, erfundene Stellen. Eine vollständige Biographie will es nicht sein. Dem Autor ging es nur darum, als Ergänzung zu den Briefen die Persönlichkeit des Komponisten in ihrer einzigartigen Vielfalt und Natürlichkeit dem Leser nahezubringen und zu berichtigen, was gewisse Romanschriftsteller äußerlicher Sensation zuliebe verfälscht haben.

Die vollständigste wissenschaftliche Biographie bis heute ist diejenige von *Ernst Wolff;* sie entstand in engem Kontakt mit der Tochter des Komponisten, Frau Lili Wach in Leipzig.

Die benützten Quellen:

H. Barbedette: F. M., sa vie et ses œuvres, Paris 1868.

Hector Berlioz: Mémoires, Calmann-Lévy, Paris.

Eduard Devrient: Meine Erinnerungen an F. M. B. Köln 1874.

Briefwechsel zwischen Goethe und Zelter. Berlin 1833.

Jenny v. Gustedt, geb. v. Pappenheim: Erinnerungen, erschienen in der Deutschen Rundschau 1891.

Sebastian Hensel: Die Familie Mendelssohn. Leipzig 1924.

Ferdinand Hiller: Meine Erinnerungen an F. M. B. Leipzig 1869.

W. A. Lampadius: F. M. B. Berlin 1872.

Karl Mendelssohn Bartholdy: Goethe und F. M. B. Leipzig 1876.

Paul Mendelssohn Bartholdy: Briefe aus den Jahren 1830–1847. Leipzig 1861.

Robert Schumann: Erinnerungen an F. M. B. Zwickau 1947.

Ernst Wolff: Felix Mendelssohn Bartholdy. Berlin 1906.

Otto Zarec: Moses Mendelssohn. Amsterdam 1936.

Bitte beachten Sie auch die folgende Seite...

INTERNATIONALE
MENDELSSOHN-STIFTUNG E.V.

Felix Mendelssohn Bartholdy

war nicht nur ein außergewöhnlicher Komponist und Virtuose, er wirkte auch als Musikerzieher und Kulturpolitiker.
Mit seiner Tätigkeit als Gewandhauskapellmeister in Leipzig legte er den Grundstein für Leipzigs Aufstieg zu einer der führenden Musikmetropolen Europas.

Der Initiative der Internationalen Mendelssohn-Stiftung e.V. ist es zu verdanken, daß Mendelssohns Wohn- und Sterbehaus in Leipzig vor dem Abriß gerettet werden konnte. Seit 1991 bemühte sich der Verein um die Sanierung des kulturhistorisch wertvollen Gebäudes, dessen Eröffnung als kulturelles Zentrum am 4. November 1997, dem 150. Todestag des Komponisten, gefeiert werden konnte.

Die Internationale Mendelssohn-Stiftung e.V. freut sich auf den Besuch vieler interessierter Musikfreunde im Mendelssohn-Haus, in dem das Leben und die Person des Künstlers auf vielfältige Weise zu entdecken sein wird - im Museum mit dem originalen Arbeitszimmer, im Musiksalon bei einem anspruchsvollen und vielseitigen Programm oder im neu gestalteteten Garten.

Für seine weitere Arbeit bittet der Verein um Spenden (Spendenquittung wird zugeschickt):
Deutsche Bank AG Leipzig, Konto Nr. 1330 13300, BLZ 860 700 00.

Führungen durch das Mendelssohn-Haus sowie weitere Wünsche können bei den Mitarbeitern der Stiftung angemeldet werden.

Internationale Mendelssohn-Stiftung e.V.
Goldschmidtstraße 12 · 04103 Leipzig · Telefon 0341/1270294